Helmut Schmalen

unter Mitarbeit von

Dirk Schachtner
und
Christine Wiedemann

Übungsbuch

zu

Grundlagen und Probleme der Betriebswirtschaft

3. Auflage

Wirtschaftsverlag Bachem Köln

CIP-Titelaufnahme der Deutschen Bibliothek

Schmalen, Helmut:
Übungsbuch zu Grundlagen und Probleme der Betriebswirtschaft /
Helmut Schmalen. Unter Mitarbeit von Dirk Schachtner
und Christine Wiedemann. –
3., überarb. Aufl. – Köln: Wirtschaftsverlag Bachem, 2000
ISBN 3-89172-421-7
NE: Schmalen, Helmut: Grundlagen und Probleme der Betriebswirtschaft;
Grundlagen und Probleme der Betriebswirtschaft

3. Auflage 2000

Einbandentwurf: Bettina Dyhringer, Köln
Gesamtherstellung: Druckerei J. P. Bachem GmbH & Co. KG, Köln
Printed in Germany
ISBN 3-89172-421-7

Inhaltsübersicht

Vorwort

Das vorliegende Übungsbuch stellt einen Begleitband zur Studienausgabe des Buches „Grundlagen und Probleme der Betriebswirtschaft" dar. Die Fragen sind identisch mit den Arbeitsaufgaben, wie sie am Ende des jeweiligen Kapitels im Lehrbuch aufgeführt sind. Die vorliegenden Antworten sind ausschließlich als Lösungsskizzen bzw. Lösungsvorschläge gedacht. Sie orientieren sich an dem im Lehrbuch präsentierten Stoff, beschränken sich dabei auf die jeweils wichtigsten Aspekte und erheben keinen Anspruch auf Vollständigkeit. Vielmehr ist es die Intention des Verfassers, Anregungen für einen systematischen Lösungsansatz der jeweiligen Aufgabe zu geben. Das Übungsbuch eignet sich für die Wiederholung und Vertiefung von ausgewählten Fragestellungen – zum Teil im Lichte auch anderer Kapitel der „Grundlagen und Probleme der Betriebswirtschaft".

Bei der 1. Auflage hat Herr Dr. Ulrich van Douwe maßgeblich mitgewirkt; die 2. Auflage wurde – hierauf aufbauend – von Frau Dipl.-Kffr. Verena Kanther und Frau Dr. Silke Lebrenz mitgestaltet. Die 3. Auflage geht auf die Mitarbeit von Herrn Dipl.-Kfm. Dirk Schachtner und Frau Dr. Christine Wiedemann zurück. Allen danke ich herzlich für die kreativen Lösungskonzepte in einem vielgestaltigen Lernprogramm.
Mein besonderer Dank gilt den studentischen Hilfskräften sowie meiner Sekretärin, Frau Erika Biber, für die zügige und umsichtige Anfertigung des Manuskripts.

Passau im März 2000

Arbeitsaufgaben und Lösungen zum 1. Kapitel Die betriebswirtschaftlichen Grundbegriffe und Grundtatbestände

1. Aufgabe

Der Kieler Nationalökonom Erich Schneider hat einmal die Notwendigkeit des Wirtschaftens begründet mit „dem kalten Stern der Knappheit, der über uns steht." Erläutern Sie diese Aussage!

2. Aufgabe

„Bei einer marktwirtschaftlichen Wirtschaftsordnung bekommen die Katzen der Reichen, nicht aber die Kinder der Armen Milch." Ist diese Kritik an der Marktwirtschaft stichhaltig?

3. Aufgabe

„Das ist das kleine Einmaleins des wirtschaftlichen Verhaltens: Maximierung des Nutzens bei Minimierung des Aufwandes." Nehmen Sie Stellung!

4. Aufgabe

Nehmen Sie Stellung zu folgendem Satz: „Das betriebliche Geschehen kann durch die Kurzformel: Geld → Ware → mehr Geld beschrieben werden."

5. Aufgabe

In welchem Verhältnis zueinander stehen Wirtschaftlichkeitsprinzip und erwerbswirtschaftliches Prinzip?

6. Aufgabe

Vergleichen Sie – möglichst in mathematischer Darstellung – das Begriffspaar: Gewinn- und Rentabilitätsmaximierung!

7. Aufgabe

Welche sind die grundlegenden Aspekte der Insolvenzordnung?

8. Aufgabe

Das Gesamtkapital einer Unternehmung soll 40 000 DM, das Fremdkapital 10 000 DM betragen. Ein Gewinn ist in Höhe von 4000 DM erwirtschaftet. Auf das Fremdkapital sind 8 % Zinsen zu entrichten. Ermitteln Sie die Eigen- und Gesamtkapitalrentabilität!

9. Aufgabe

„Die Produktion ist allenfalls eine Nebenerscheinung des Erzielens von Profit“ (Josef Schumpeter, 1883–1950). Was bedeutet das?

10. Aufgabe

„Dispositive Arbeitsleistungen sind auf nahezu allen Ebenen der betrieblichen Hierarchie anzutreffen.“ Erläutern Sie diese Aussage!

11. Aufgabe

„Die Finanzierungsaufgabe eines Betriebes besteht darin, das beim Absatz verdiente Geld für die Beschaffung bereitzustellen.“ Nehmen Sie Stellung!

12. Aufgabe

Welche Funktion hat der Markt in einer marktwirtschaftlichen Wirtschaftsordnung?

13. Aufgabe

Definieren Sie die Begriffe:
a) Eigenkapitalrentabilität
b) Gesamtkapitalrentabilität
c) Umsatzrentabilität

14. Aufgabe

„Nicht von dem Wohlwollen des Fleischers, Brauers oder Bäckers erwarten wir unsere Mahlzeit, sondern von ihrer Bedachtnahme auf ihr eigenes Interesse. Wir wenden uns nicht an ihre Humanität, sondern an ihre Eigenliebe“ (Adam Smith). Interpretieren Sie diese Aussage!

15. Aufgabe

Wieso sah Karl Marx in der Wettbewerbsproblematik den entscheidenden Systemwiderspruch des Kapitalismus?

16. Aufgabe

„Das EU-Öko-Audit stellt die unternehmerische Umweltorientierung auf eine systematische Basis". Nehmen Sie Stellung!

17. Aufgabe

„Subventionen sind Gift für die Marktwirtschaft". Nehmen Sie Stellung zu dieser Aussage!

18. Aufgabe

Viele Unternehmen stehen immer wieder vor einer „Make or buy" – Entscheidung. Was sollten sie bedenken?

19. Aufgabe

„Das an vielen Stellen weitverstreute Wissen, das der einzelne weder besitzen noch übersehen kann, wird durch den Marktmechanismus zusammengeführt und damit für die Gesamtheit in optimaler Weise verwendbar gemacht". (Friedrich von Hayek, Nobelpreisträger)

20. Aufgabe

„Gewinnerzielung sichert die Existenz der Unternehmen und die Effizienz des Wirtschaftsprozesses". Erläutern Sie diese Aussage!

21. Aufgabe

Manches, was wünschenswert ist, rechnet sich nicht. Ist hier der Staat als Unternehmer gefordert?

22. Aufgabe

„Privateigentum ist eine notwendige Bedingung für die Funktionsfähigkeit einer Marktwirtschaft" Nehmen Sie Stellung zu dieser Aussage!

23. Aufgabe

Inwiefern ist die Betriebswirtschaftslehre „entscheidungsorientiert", und was versteht man unter „Entscheidungsmodellen"?

24. Aufgabe

Was versteht man unter Technologiefolgeabschätzung, und worin liegt ihre Problematik?

25. Aufgabe

Erörtern Sie Lösungskonzepte einer ökologisch orientierten Marktwirtschaft!

26. Aufgabe

Welche Möglichkeiten hat der Staat, den Wettbewerb zu fördern?

27. Aufgabe

Übertragen Sie die Prinzipal-Agent-Theorie auf die Situation des Handels!

28. Aufgabe

Umwelt darf es nicht zum Nulltarif geben. Wer aber bestimmt ihren Preis?

29. Aufgabe

Was beinhaltet und beabsichtigt das EU-Öko-Audit?

30. Aufgabe

Sozialhilfe ist sehr hilfreich, manchmal aber auch hinderlich. Nehmen Sie Stellung zu dieser Aussage!

31. Aufgabe

Welche Vor- und Nachteile hat es, wenn der Eigentümer eines Unternehmens einen Geschäftsführer einstellt? Auf welcher theoretischen Grundlage basieren Ihre Überlegungen?

32. Aufgabe

Eine der wichtigsten Voraussetzungen für die Funktionsfähigkeit einer Marktwirtschaft ist die Aufrechterhaltung eines wirksamen Wettbewerbs. Begründen Sie diese Aussage und zeigen Sie geeignete Instrumente auf!

33. Aufgabe

Charakterisieren Sie die Anwendung von Optimierungs- und Simulationsmodellen in der Betriebswirtschaftslehre!

34. Aufgabe

Die Rentabilität eines Unternehmens ist definiert als:

$$R(x) = \frac{G(x)}{C(x)}$$

Ermitteln Sie die notwendige Bedingung für das Rentabilitätsmaximum und interpretieren Sie diese (auch graphisch)!

35. Aufgabe

Erläutern Sie das System produktiver Faktoren in der Betriebswirtschaftslehre und begründen Sie seine Sinnhaftigkeit!

Lösung zu Aufgabe 1:

Den umfangreichen Bedürfnissen der Individuen stehen nur begrenzte Mittel gegenüber, d.h. es herrscht Knappheit an den zur Befriedigung der Bedürfnisse geeigneten Mittel.

Es müssen folglich einerseits von den Individuen (Haushalten) Entscheidungen darüber gefällt werden, welche Bedürfnisse – in welchem Umfang – befriedigt werden (Konsumentscheidung). Die Unternehmen andererseits müssen entscheiden, welche Mittel – in welchem Umfang – vermehrt werden sollen (Produktionsentscheidung). Die Knappheit der Mittel erfordert also von allen Beteiligten, zu „wirtschaften". Zwar gibt es auf einzelnen Märkten Sättigungserscheinungen, eine nachhaltige Verminderung des Spannungsverhältnisses ist dennoch nicht zu erwarten: technologischer Fortschritt, ökologische Einsicht, modische und gesellschaftliche Strömungen werden weiterhin dafür sorgen, dass gewirtschaftet werden muss.

Lösung zu Aufgabe 2:

In einer „reinen" Marktwirtschaft funktioniert der Arbeitsmarkt wie jeder andere Markt auch: Je begehrter die Leistung ist, die jemand anbietet, desto besser ist sein Einkommen und damit die Versorgung seiner Familie (mit Katze). Wer hingegen keine Arbeit findet, muss mit den Seinen verelenden. In der sozialen Marktwirtschaft gibt es eine umfangreiche Arbeitsmarktordnung und ein soziales Netz. Die Arbeitsmarktordnung sorgt neben bestimmten Standards der Arbeitswelt (z.B. Kündigungsschutz, Urlaub) auch dafür, dass es keinen Lohnverfall bei reichlichem Angebot bestimmter Qualifikationen gibt: Arbeitnehmer erhalten (in der Regel) zumindest den zwischen Gewerkschaften und Arbeitgeberverbänden ausgehandelten Tariflohn. Darüber hinaus sorgt das soziale Netz für ein sozialkulturelles Existenzminimum bei den Arbeitslosen.

Lösung zu Aufgabe 3:

Die Forderung, mit möglichst geringem Aufwand einen möglichst hohen Nutzen zu erzielen, bedeutet letztlich, mit „nichts alles erreichen zu wollen". Dieser Zustand erscheint zwar äußerst „wirtschaftlich", ist aber leider nicht realisierbar. Eine praktikable Formulierung des Wirtschaftlichkeitsprinzips erfordert vielmehr die Fixierung einer Zielgröße: Es wird entweder versucht, einen gegebenen Output mit minimalem Input zu realisieren (Minimumprinzip), oder bei festgelegtem Input ein Maximum an Output zu erzielen (Maximumprinzip).

Lösung zu Aufgabe 4:

Das betriebliche Geschehen besteht darin, den Input eines Betriebes in Output zu veredeln. Der Input, bestehend aus Werkstoffen, Betriebsmitteln und Arbeitsleistungen, wird transformiert zu einem bestimmten Output. Dabei kann es sich sowohl um Güter (Waren) als auch um Dienstleistungen handeln, wobei die Besonderheit der Dienstleistungen darin besteht, dass sie bei ihrer Herstellung keine Werkstoffe benötigen. Der Input des Betriebes kostet Geld (Arbeitslöhne, Einkauf von Rohmaterialien etc.), für den Output bekommt man Geld. Ziel des Betriebes ist es, durch die geeignete Kombination der Inputfaktoren ein Output zu erbringen, für welchen mehr Geld erzielt werden kann, als ursprünglich für den Input aufgewendet wurde. Das betriebliche Geschehen ist also auf die Erwirtschaftung von Überschuss ausgerichtet (erwerbswirtschaftliches Prinzip).

Lösung zu Aufgabe 5:

Das erwerbswirtschaftliche Prinzip besagt, dass das oberste Ziel eines Unternehmens in der Erwirtschaftung von Überschüssen liegt. Es legt somit den Rahmen fest, in welchem die Gesamtheit unternehmerischen Handelns stattfindet: Das Produktionsniveau wird so festgelegt, dass ein möglichst großer Gewinn (Umsatz – Kosten) oder eine möglichst hohe Rentabilität (Verzinsung des eingesetzten Kapitals) erzielt wird. Das Wirtschaftlichkeitsprinzip verlangt dann, dieses Produktionsniveau bei möglichst geringer Verschwendung zu erreichen. Das Wirtschaftlichkeitsprinzip bestimmt also die konsequente Umsetzung der durch das erwerbswirtschaftliche Prinzip vorgegebenen Ziele.

Lösung zu Aufgabe 6:

G = Gewinn	U = Umsatz
R = Rentabilität	K = Kosten
C = Kapitaleinsatz	x = Absatzmenge

Gewinnmaximierung	Rentabilitätsmaximierung
$G(x) = U(x) - K(x)$	$R(x) = G(x) / C(x)$

$$\frac{dG}{dx} = \frac{dU}{dx} - \frac{dK}{dx} = 0 > \frac{dU}{dx} = \frac{dK}{dx} \qquad \frac{dR}{dx} = \frac{\frac{dG}{dx} \cdot C(x) - G(x) \cdot \frac{dC}{dx}}{[C(x)]^2} = 0 => \frac{dG}{dC} = \frac{G}{C}$$

Im Gewinnmaximum sind Grenzumsatz und Grenzkosten gleich.

Im Rentabilitätsmaximum sind Grenzgewinn und Durchschnittsgewinn in Bezug auf den Kapitaleinsatz gleich.

Es lässt sich zeigen, dass das Rentabilitätsmaximum bei einer Absatzmenge liegt, die kleiner ist als die gewinnmaximale Menge!

Lösung zu Aufgabe 7:

Insolvenz liegt dann vor, wenn ein Unternehmen seinen Zahlungsverpflichtungen nicht mehr nachkommen kann. Bei drohender Insolvenz kann das Unternehmen selbst ein Insolvenzverfahren beantragen; ist die Zahlungsunfähigkeit eingetreten, wird dies ein Gläubiger tun. Das Insolvenzverfahren selbst ist auf die Fortführung des Unternehmens angelegt, wobei die Gläubiger das letzte Wort haben. Ein Insolvenzverwalter hält zunächst das Vermögen zusammen (die Vorrechte „des Staates" wurden abgeschafft, die Absonderungsrechte besonders gesicherter Gläubiger ruhen zunächst) und entwickelt einen Insolvenzplan. Für die entscheidende Gläubigerversammlung gilt ein Obstruktionsverbot (z.B. Ablehnung der Sanierung aus Rache). Wird das Unternehmen veräußert oder liquidiert, dürfen die Absonderungsrechte wahrgenommen werden; die übrigen Gläubiger erhalten aus dem Erlös eine gleiche Quote auf ihre Forderungen. Der Schuldner kann nach sieben Jahren eine Restschuldbefreiung erlangen.

Lösung zu Aufgabe 8:

Gesamtkapital	(GK)	$= 40000$		
Fremdkapital	(FK)	$= 10000$		
Gewinn	(G)	$= 4000$		
Fremdkapitalzinssatz	(i)	$= 0.08$		
Eigenkapital	(EK)	$= GK - FK$	$= 40000 - 10000$	$= 30000$
Fremdkapitalzinsen	(Z)	$= i\,FK$	$= 0.08 \cdot 10000$	$= 800$

Eigenkapitalrentabilität (EKR):

$$EKR = \frac{G}{EK} \cdot 100 = \frac{4000}{30\,000} \cdot 100 = 13{,}3\,\%$$

Gesamtkapitalrentabilität (GKR):

$$GKR = \frac{G + Z}{GK} \cdot 100 = \frac{4000 + 800}{40\,000} \cdot 100 = 12{,}0\,\%$$

Lösung zu Aufgabe 9:

Nach dem erwerbswirtschaftlichen Prinzip erstreben die Unternehmen einen möglichst großen Gewinn oder eine möglichst große Rentabilität. Dies ist jedoch – angesichts eines vielfältigen Substitutionswettbewerbs innerhalb einer Branche, aber auch über Branchengrenzen hinweg – nur möglich, wenn den Abnehmern etwas geboten wird, wofür diese bereit sind, (viel) zu bezahlen. Den Unternehmen bleibt also nichts anderes übrig, als einen „produktiven Umweg“ zur Erreichung ihres eigentlichen Ziels einzuschlagen: Ein Angebot guter Produkte und/oder Leistungen zu akzeptablen Preisen.

Lösung zu Aufgabe 10:

Dispositive Arbeitsleistungen befassen sich mit der Leitung und Lenkung betrieblicher Vorgänge, was vorrangig Vorbereiten und Treffen von Entscheidungen bedeutet. Neben den originären (zentralen) Führungsentscheidungen des „Top-Managements“ gehören hierzu die daraus abgeleiteten – derivativen – Entscheidungen zur Planung, Organisation und Kontrolle der betrieblichen Abläufe. Insbesondere die modernen Fertigungsverfahren haben bewirkt, dass noch mehr Entscheidungskompetenzen aus dem mittleren Management „ans Band“ verlagert wurden (z.B. Überwachung und Steuerung der weitgehend automatisierten Produktion, Qualitätskontrolle).

Lösung zu Aufgabe 11:

Die Finanzierungsaufgabe eines Betriebes steht zwischen Absatz und Beschaffung. Sie beinhaltet aber mehr als die Bereitstellung der Absatzerlöse für die Beschaffungsaufgaben. Da die für die Beschaffung notwendigen Ausgaben in der Regel nicht zum gleichen Zeitpunkt und in gleicher Höhe anfallen wie Einnahmen aus dem Verkauf der Erzeugnisse zufließen, müssen die Geldmittel „gemanaget“ werden. Die Finanzierungsaufgabe erstreckt sich also auch auf das Entleihen vorübergehend fehlender und das Verleihen vorübergehend überschüssiger Geldmittel bei Wahrung des finanziellen Gleichgewichts.

Lösung zu Aufgabe 12:

Der Markt ist der ökonomische Ort des Tausches. Auf ihm treffen die Angebote der Unternehmen mit den Nachfragen der Haushalte zusammen. Die Unternehmen versuchen entsprechend dem erwerbswirtschaftlichen Prinzip, möglichst viel Gewinn bzw. Rentabilität zu erzielen, während die Haushalte ihren Nutzen maximieren wollen. Dem Markt kommen dabei folgende Funktionen zu:

- Belohnungs- / Bestrafungsfunktion
  Trifft das Angebot eines Unternehmens auf viel Nachfrage – ist das Angebot also „knapp" – kann das Unternehmen einen guten Preis dafür erzielen. Unternehmen, deren Angebot auf wenig Nachfrage stößt, werden durch einen schlechten Preis am Markt „bestraft".
- Steuerungsfunktion
  Ein Unternehmen, das mit seinem Angebot Verluste macht, wird andere Unternehmen abschrecken ihm nachzueifern. Gewinne dagegen werden weitere Unternehmen anlocken, dem erfolgreichen Anbieter zu folgen. Durch den Markt wird folglich der Einsatz der Produktionsfaktoren so gesteuert, dass sich ein der Nachfrage entsprechendes Angebot „einpendelt".

Lösung zu Aufgabe 13:

a) Die Eigenkapitalrentabilität gibt an, zu wie viel Prozent sich das in einem Unternehmen eingesetzte Kapital der Eigentümer in einer Periode verzinst hat. Sie berechnet sich aus dem Verhältnis von Gewinn zu Eigenkapital.

b) Die Gesamtkapitalrentabilität gibt an, zu wie viel Prozent sich das gesamte in einem Unternehmen eingesetzte Kapital in einer Periode verzinst hat. Sie berechnet sich aus dem Verhältnis von Gewinn zuzüglich der den Gläubigern zustehenden Fremdkapitalzinsen zum gesamten Kapital (Eigen- und Fremdkapital).

c) Die Umsatzrentabilität gibt den Anteil des Gewinns am Umsatz einer Periode an. Sie berechnet sich folglich aus dem Quotienten von Gewinn und Umsatz.

Lösung zu Aufgabe 14:

Unternehmer treten grundsätzlich aus eigennützigen und nicht aus altruistischen Gründen am Markt auf: Sie entscheiden sich für die Herstellung bestimmter Produkte und Dienstleistungen, weil sie sich davon einen hohen Gewinn erhoffen, mit dem sie wiederum eigene Interessen verwirklichen können. Dies versuchen allerdings auch zahlreiche oder mächtige Konkurrenten, weshalb sie dabei die Wünsche der Nachfrager berücksichtigen müssen, treffen sie doch auf Kunden, die – angesichts vielfältiger Substitutionsmöglichkeiten – ihren Nutzen maximieren wollen. Erhalten die Nachfrager also die Produkte, die sie wünschen, so liegt das daran, dass die Anbieter die Belohnungs- und Bestrafungsfunktion des Marktes kennen und bei ihren Entscheidungen berücksichtigen: Nur Produkte, die die Nachfrager wollen, können in ausreichender Menge zu guten Preisen verkauft werden und den Gewinn der Anbieter mehren. Der Marktmechanismus koordiniert somit die „Eigenliebe" der Marktteilnehmer zu einer für alle zufriedenstellenden Situation.

Lösung zu Aufgabe 15:

Auf einem sich selbst überlassenen Markt versuchen die Anbieter häufig, z.B. durch Kartellabsprachen oder Konzernbildung, den Wettbewerb aufzuheben: Bei fehlendem Wettbewerb kann das Warenangebot knapp und die Preise und damit Gewinne („Profite") hoch gehalten werden. Marx prognostizierte daraus die Kapitalkonzentration in den Händen weniger „Kapitalisten", denen dann eine große Mehrheit von „Proletariern" gegenübersteht. In dieser Tendenz zur Aufhebung des Wettbewerbs sah Marx den entscheidenden Systemwiderspruch im Kapitalismus. Dieser sollte letztlich zur sozialen Revolution führen. Eine liberale Wettbewerbsordnung (z.B. durch Öffnung der Märkte) und eine wirksame Wettbewerbsaufsicht (z.B. durch das Kartellamt) sind deshalb unverzichtbarer Bestandteil der Marktwirtschaft.

Lösung zu Aufgabe 16:

Wurden bisher freiwillige Umweltschutzaktivitäten von Unternehmen eher unsystematisch und einzelfallbezogen durchgeführt, so soll die Verordnung 1836/93 zum EU-Öko-Audit für mehr Transparenz und Vergleichbarkeit beim betrieblichen Umweltmanagement sorgen. Insbesondere wird die Bestandsaufnahme und kontinuierliche Verbesserung der betrieblichen Umweltschutzleistungen durch eine systematisierte, standardisierte Vorgehensweise gefördert. Zentrale „Einrichtungen" hierbei sind der – meist innerbetriebliche – Umweltbetriebsprüfer und ein externer und neutraler Umweltgutachter, der das Umweltzertifikat – für jeweils drei Jahre – erteilt. Dieses darf zur Imagewerbung verwendet werden.

Lösung zu Aufgabe 17:

Der Preismechanismus ist das zentrale Steuerungsinstrument der Marktwirtschaft. Er führt dazu, dass Unternehmen, die „falsch liegen", Verluste machen und letztlich aus dem Markt ausscheiden müssen. Subventionen ermöglichen es ihnen jedoch, ihre Verluste auszugleichen und im Markt zu verbleiben. Unwirtschaftlich arbeitende Unternehmen werden auf diese Weise künstlich „am Leben" erhalten. Die Subventionen hintergehen den Preismechanismus und sind daher – aus der Sicht des Marktes – nicht zu rechtfertigen; außerdem behindern sie oft indirekt die leistungsfähigere Konkurrenz, die ohne Subventionen am Markt bestehen muss. Sinnvoll erscheinen sie allenfalls als – zeitlich begrenzte – Anpassungssubventionen, um den notwendigen Strukturwandel für die Betroffenen zu erleichtern oder zur Herstellung der Waffengleichheit im internationalen Subventionswettlauf.

Lösung zu Aufgabe 18:

Grundsätzlich besteht für Unternehmen die Möglichkeit, Leistungen selbst zu erstellen (make) oder Spezialisten damit zu beauftragen (buy); bei Eigenerstellung erfolgt die Koordination durch Hierarchie („Befehl und Gehorsam"), bei externem Zukauf wirkt hingegen der Preismechanismus („Angebot und Nachfrage").

Da Markttransaktionen Kosten der Informationsbeschaffung sowie Vorbereitung, Überwachung, Kontrolle und Anpassung von Verträgen verursachen, kann es vorteilhaft sein, diese im Unternehmen zu erstellen. Mit zunehmender Zahl der internen Transaktionen steigen allerdings die Organisationskosten. Im Rahmen von Make or buy-Entscheidungen müssen diese Organisationskosten mit den Transaktionskosten verglichen werden, um den vorteilhaften Koordinationsmechanismus zu ermitteln; die optimale Unternehmensgröße kann deshalb als Ergebnis zahlreicher Make or buy-Entscheidungen betrachtet werden. In der Regel laufen diese darauf hinaus, leicht austauschbare Standardleistungen über den Markt zu beziehen.

Lösung zu Aufgabe 19:

In einer Marktwirtschaft erstellt jedes Unternehmen seinen Verkaufsplan und jeder Haushalt seinen Verbrauchsplan. Die Alternative hierzu ist nicht praktikabel: eine zentrale Planung der Produktion auf der Basis eines vorher festgestellten Gesamtbedarfs aller Haushalte. Die erforderliche Wissensbasis ist nicht zu übersehen. Die Abstimmung der – zunächst – unkoordinierten Einzelpläne gelingt aber über den Markt: Seine Belohnungs- bzw. Bestrafungsfunktion sowie seine Steuerungsfunktion sorgen dafür, dass sich Angebot und Nachfrage optimal aufeinander einstellen.

Lösung zu Aufgabe 20:

Der Gewinn ergibt sich aus der Differenz von Umsatz und Kosten. Ein Unternehmen, das Gewinn erwirtschaftet, ist also in der Lage, die eingesetzten Produktionsfaktoren so zu kombinieren, dass der Marktwert der erbrachten Leistung (Umsatz) über der Summe der Werte der einzelnen Faktoren (Kosten) liegt. Der Gewinn ermöglicht es dem Unternehmen, weiterhin Forschung und Entwicklung zu betreiben und Investitionen zu tätigen, um auch in Zukunft seine Existenz – und die der Arbeitsplätze – zu sichern.

Für die anderen Marktteilnehmer bedeutet das Signal „Gewinn", dass es sich lohnen könnte, in diesem Bereich zu investieren. Es werden also weitere Produktionsfaktoren (Ressourcen) aus weniger gewinnträchtigen Bereichen abgezogen und einer effizienteren Verwendung zugeführt. Investitionen gegen das Gewinnsignal werden mit dem „Gemeinwohlinteresse" begründet und vom Staat veranlasst bzw. subventioniert.

Lösung zu Aufgabe 21:

Ein häufig gegen die Marktwirtschaft vorgebrachter Kritikpunkt setzt an ihren Defiziten bei der Bereitstellung von Infrastrukturleistungen zur Befriedigung gesellschaftlicher Bedürfnisse – wie z.B. Krankenhäuser, Theater oder Schwimmbäder – an: Da private Unternehmen nur profitable Leistungen anbieten, wird gefordert, dass hier der Staat als Unternehmer auftreten müsse.

Allerdings sollte der Staat sich dem Subsidiaritätsprinzip zufolge auf die wichtigen Aufgaben beschränken, die kein anderer erfüllen kann oder will. Er muss also nicht zwangsläufig als Unternehmer auftreten, sondern kann versuchen, Infrastrukturangebote zu initiieren, indem er Anreize (z.B. zeitlich begrenzte Subventionen bzw. Steuererleichterungen) für private Unternehmen schafft: Private Unternehmer werden in der Regel kostengünstiger arbeiten, weil sie – insbesondere bei der Aufgabenprivatisierung – stets damit rechnen müssen, dass nach Vertragsablauf ein anderer Bieter den Zuschlag erhält. Beim Betreibermodell müssen vor Errichtung der Infrastrukturleistung die Konditionen – im Wettbewerb der Bieter – festgelegt werden. In beiden Modellen verbleiben allerdings die Kontrollkosten bei der zuständigen Gebietskörperschaft.

Lösung zu Aufgabe 22:

Der Marktmechanismus belohnt mit Gewinnen und bestraft mit Verlusten. Belohnung und Bestrafung sind dann besonders wirkungsvoll, wenn sie am Privateigentum anknüpfen. Privateigentum bedeutet in diesem Zusammenhang, dass die in den Betrieben eingesetzten Produktionsmittel sowie die dort erwirtschafteten Gewinne (bzw. Verluste) Privaten (Personen oder Institutionen) gehören. Die Aussicht auf die ihm winkenden Gewinne veranlassen den Eigentümer (Unternehmer), den Wettbewerb einzugehen. Dabei bewirkt das von ihm persönlich zu tragende Verlustrisiko, dass möglichst wirtschaftlich und marktorientiert gearbeitet wird.

Lösung zu Aufgabe 23:

Erkenntnisobjekt der Betriebswirtschaftslehre sind all jene Prozesse, die in Einzelwirtschaften ablaufen bzw. von diesen ausgehen. Es wird versucht, diese Prozesse in Form von (Ursache-Wirkungs-) Erklärungsmodellen abzubilden und daraus Entscheidungsmodelle abzuleiten. Ein Entscheidungsmodell ist ein Instrument, welches aus einer vorgegebenen praktischen Problemstellung (Ziel) eine Handlungsempfehlung (Mittel) ableitet. An der zunehmenden Entwicklung von Entscheidungsmodellen zeigt sich die „Entscheidungsorientierung" der Betriebswirtschaftslehre. Ein Entscheidungsmodell ist in der Regel ein mathematisches Modell: entweder ein Optimierungsmodell, das auf hohem Abstraktionsniveau optimale Handlungsempfehlungen gibt oder ein – computergestütztes – Simulationsmodell, das unter realistischeren Rahmenbedingungen befriedigende Lösungen des Problems anbietet. Da Entscheidungsmodelle immer abstrahieren müssen, sind sie stets nur Intelligenzverstärker.

Lösung zu Aufgabe 24:

Als Technologiefolgeabschätzung bezeichnet man den Versuch, die Konsequenzen der Einführung bestimmter Basistechnologien zu prognostizieren. Dabei beschränkt man sich nicht nur auf eine technische Analyse, es sollen vielmehr auch die wirtschaftlichen, sozialen, ökologischen und politischen Auswirkungen abgeschätzt und bewertet werden. Anhand des Ergebnisses wird dann die zukünftige Förderungswürdigkeit der Technologie festgelegt. Die Technologiefolgeabschätzung erscheint jedoch problematisch. Angesichts der Komplexität und auch Fristigkeit der technologischen Wechselwirkungen ist es sehr schwierig, realistische Abschätzungen der Folgen zu erhalten; zudem beinhalten Bewertungen auch immer Werturteile, die – je nach Interessenlage – sehr unterschiedlich ausfallen können. Technologiefolgenabschätzungen neigen zu einer Betonung der Risiken, weshalb sie durch Technologieunterlassungsabschätzungen ergänzt werden sollten. Im Übrigen ist eine staatliche Technologieförderung ohnehin problematisch: Staatliche Stellen haben keine weitergehende Vorausschau als der Markt. Man sollte deshalb stärker auf den Markt als „Entdeckungsverfahren" vertrauen.

Lösung zu Aufgabe 25:

Ein häufiger Kritikpunkt an der Marktwirtschaft ist, dass sie den Erfordernissen des Umweltschutzes zu wenig Rechnung trägt. Diese Kritik ist insofern gerechtfertigt, als der Markt nur auf Preissignale reagiert. Die Umwelt muss folglich „ihren Preis" haben. Anstelle ordnungsrechtlicher Maßnahmen mit Grenzwerten und Verboten sollte deshalb ein „Preismechanismus" für Belastungsrechte entwickelt werden: Der Staat definiert die Zertifikatspreise direkt oder er stellt ein – im Zeitablauf sinkendes – Volumen an Emissionsrechten zur Verfügung, die dann gehandelt werden können. Fraglich ist freilich, wie die Preise bzw. Mengen – und damit das Niveau der Umweltbelastung – festgelegt werden sollte. Dieses Problem muss politisch gelöst werden.

Lösung zu Aufgabe 26:

Eine Marktwirtschaft funktioniert nur bei Aufrechterhaltung eines wirksamen Wettbewerbs. Anderenfalls würde wirtschaftliche Macht zum Nachteil der Verbraucher entstehen. Zwei Wege stehen zum Schutz des Wettbewerbs offen: Wettbewerbsaufsicht durch das Kartellamt (z.B. zur Verhinderung von Kartellen) und eine liberale Wirtschaftsordnung. Als besonders effizient erweist sich eine liberale Wirtschaftsordnung: Durch

Verzicht auf protektionistische Maßnahmen und die Durchsetzung eines innovationsfreundlichen Klimas schafft der Staat einen scharfen Substitutionswettbewerb zwischen Inländern und Ausländern bzw. zwischen den Produktgenerationen. Der Ruf nach Ausnahmeregelungen wegen „offenkundigen Marktversagens" begründet sich in der Regel nur auf dem Wunsch nach Besitzstandswahrung.

Lösung zu Aufgabe 27:

Grundsätzlich besagt die Prinzipal-Agent-Theorie, dass Eigentümer von Betrieben häufig Agenten damit beauftragen, ihre Interessen wahrzunehmen. Hierbei sind sie sich der Gefahr bewusst, dass Agenten nicht immer zum ausschließlichen Vorteil des Prinzipals arbeiten, sondern auch eigene Interessen verfolgen. Agenten werden solange eingesetzt, wie die Kosten ihrer Überwachung (Vorschriften, Strafen, Kontrolle usw.) geringer sind als die Vorteile, die durch ihre professionelle Mandatsausübung und die Entlastung der Eigentümer entstehen. Den Handel nutzen sowohl Hersteller als auch Nachfrager als „Doppelagenten": Für die Hersteller soll der Handel den Absatz im Vergleich zum Direktvertrieb erhöhen und gegebenenfalls weitere Funktionen (z.B. Information über Kundenbedarf) übernehmen. Als Entgelt hierfür bekommt er einen Teil der ersparten „Transaktionskosten" als Handelsspanne zugestanden. Für die Nachfrager konzentriert der Handel eine Fülle von Gütern und Dienstleistungen auf engem Raum und erspart ihnen dadurch einen Teil der Beschaffungskosten, die bei einem Direktbezug vom Hersteller entstehen würden. Auch im Falle des Handels können die Prinzipale, also Hersteller und Kunden, die Androhung von Sanktionen wie z.B. den Wechsel zu einem anderen Händler nutzen, um ihre Interessen durchzusetzen. Bietet der Handel weder dem Hersteller noch dem Nachfrager Vorteile, kommt es zum direkten Absatz (z.B. über Internet).

Lösung zu Aufgabe 28:

Prinzipiell gibt es zwei Möglichkeiten, den Erfordernissen des Umweltschutzes Rechnung zu tragen: Die ordnungsrechtliche Variante droht mit Strafen bei Überschreitung zulässiger Grenzwerte. Die marktwirtschaftliche Variante hingegen schafft Anreize zu umweltfreundlichem Verhalten, indem sie es belohnt; umweltschädigendes Verhalten wird dementsprechend verteuert. Fraglich ist allerdings, wie der Preis für Umwelt bzw. ihre Verschmutzung bestimmt werden soll, weil sämtliche Effekte kaum zu erfassen sind und darüber hinaus ihre Bewertung von den Prioritäten beim Umweltschutz abhängt. Neben der Fixierung eines Preises für jeden Emittenten ist die Versteigerung einer begrenzten Zahl von Emissionsrechten denkbar, mit denen frei gehandelt werden kann; bei dieser Lösung würde der Umfang der zulässigen Emission vorab festgelegt, der Preis für die Zertifikate ergibt sich dann – marktgerecht – aus Angebot und Nachfrage.

In allen Varianten bestimmt letztlich „der Staat" den Preis: in der ordnungsrechtlichen Lösung die Höhe der Strafe, in der marktwirtschaftlichen den Zertifikatspreis direkt oder indirekt über den freigegebenen Umfang an Emissionsrechten.

Lösung zu Aufgabe 29:

Die auf freiwilliger Basis am EU-Öko-Audit teilnehmenden Unternehmen implementieren ein standardisiertes ökologisches Managementkonzept, das von Umweltbetriebsprüfern entwickelt und – nach Abnahme durch einen zugelassenen Gutachter – in einer Umwelterklärung veröffentlicht wird. Diese Umwelterklärung enthält z.B. Energie-, Wasser- und Abwasserbilanzen, aber auch umweltorientierte Analysen der Produkte und Produktionsverfahren. Mit dem EU-Öko-Audit wird eine Bestandsaufnahme und kontinuierliche Verbesserung der betrieblichen Umweltschutzleistungen verfolgt. Insbesondere soll die Verordnung für mehr Transparenz bei den bisher eher unsystematisch durchgeführten und nur schwer vergleichbaren Umweltschutzaktivitäten von Unternehmen sorgen. Eine „Sogwirkung" verspricht man sich zudem davon, dass das Umweltzertifikat zur Imagewerbung verwendet werden darf.

Lösung zu Aufgabe 30:

Sozialhilfe garantiert die Versorgung mit lebensnotwendigen Gütern, wenn kein Anspruch auf Arbeitslosengeld bzw. -hilfe besteht oder das Einkommen aus anderen Gründen unter dem „soziokulturellen Existenzminimum" liegt. Insbesondere hilft die Sozialhilfe, kritische Lebensphasen (wie z.B. Krankheit oder Scheidung) zu überbrücken.

Allerdings führt eine Annäherung der Sozialhilfe an die Untergrenze der Arbeitslöhne zu erheblichen Motivationsproblemen; der Wiedereinstieg ins Berufsleben erscheint dann wenig attraktiv. Außerdem könnte es generell Probleme geben, Arbeitnehmer für gering bezahlte Tätigkeiten zu finden, wie sich beispielsweise bei der Spargelernte oder Weinlese regelmäßig zeigt. Eine Anhebung der Mindestlöhne zur Wahrung des „Abstandsgebots" ist auch keine Lösung, da dies einen weiteren Rationalisierungsschub in den Unternehmen – und damit letztlich noch mehr Sozialhilfeempfänger – provozieren würde.

Lösung zu Aufgabe 31:

Die Eigentümer von Unternehmen beauftragen oft ein professionelles Management mit deren Leitung, um Informationsvorsprünge zu nutzen und sich selbst zu entlasten. Problematisch dabei ist, dass die Geschäftsführer bzw. Vorstände (Agenten) nicht immer im Sinne des Eigentümers (Prinzipal) handeln, sondern auch eigene Ziele wie z.B. Macht- und Prestigegewinn verfolgen könnten oder sich ganz allgemein zu wenig für das

Unternehmen einsetzen. Aufgrund ihrer besseren Marktkenntnis und der mangelnden permanenten Überwachungsmöglichkeit ihrer Tätigkeit können die Agenten beispielsweise ungünstige Umweltzustände für schlechte Ergebnisse verantwortlich machen. Gute Ergebnisse könnten hingegen auch auf besonders günstige Umstände zurückzuführen sein, weshalb es für den Prinzipal schwierig ist, die Leistung seiner Agenten zu beurteilen. Den Vorteilen der Nutzung professioneller Geschäftsführer stehen somit Kosten der Kontrolle bzw. Schaffung von Anreizen gegenüber: Der Prinzipal könnte beispielsweise die Vergütung des Agenten an das Arbeitsergebnis koppeln, um eine Aufgabenerfüllung in seinem Sinne zu gewährleisten; die Ziele von Prinzipal und Agent wären dann – zumindest teilweise – identisch. Diesen Gedanken liegt die Prinzipal-Agent-Theorie zugrunde, die sich mit der Delegation von Entscheidungen bei asymmetrischer Informationsverteilung beschäftigt.

Lösung zu Aufgabe 32:

Wettbewerb gewährleistet, dass die Anbieter sich bemühen, möglichst günstige Angebote – im Sinne der Nachfrager – auf den Markt zu bringen, um nicht verdrängt zu werden. Bei unzureichendem Wettbewerb kann das Angebot künstlich knapp gehalten werden, was die Preise und damit auch die Gewinne der Anbieter erhöht. Deshalb versuchen Anbieter in marktwirtschaftlichen Systemen mitunter, den Wettbewerb bewusst zu beschränken, z.B. durch Kartellabsprachen und Konzernbildungen.

Die Aufrechterhaltung eines wirksamen Wettbewerbs gilt daher als eine der wenigen gerechtfertigten Eingriffsmöglichkeiten des Staates in das Wirtschaftsgeschehen. In Deutschland stehen zu diesem Zweck verschiedene Mittel zu Verfügung: Die Wettbewerbsaufsicht ist im Gesetz gegen Wettbewerbsbeschränkung (kurz: Kartellgesetz) geregelt; wichtige Bestandteile sind das grundsätzliche Verbot von Kartellen, die Missbrauchsaufsicht über marktbeherrschende Unternehmen und die Zusammenschlusskontrolle, die die Bildung von Konzernen und Fusionen betrifft. Darüber hinaus wird der Wettbewerb durch eine liberale Wettbewerbsordnung gefördert: Die Öffnung der Märkte durch Verzicht auf protektionistische Maßnahmen sowie die Schaffung eines innovationsfreundlichen Klimas „bedrohen" etablierte Anbieter und sorgen so für ständige Erweiterung des Angebotsspektrums sowie Kundenorientierung.

Lösung zu Aufgabe 33:

Die normative Betriebswirtschaftslehre will der Wirtschaftspraxis Handlungsempfehlungen zur Erreichung bestimmter Ziele – in der Regel das Gewinnmaximierungsziel – geben. Im Rahmen von mathematischen Optimierungsmodellen werden Optimierungsalgorithmen angewandt, die als Lösungen optimale Handlungsalternativen, z.B. den gewinnmaximalen Preis, liefern. Allerdings können aufgrund der angewandten Rechenverfahren nur stark vereinfachte Abbilder der Realität wiedergegeben werden, worauf sich die Skepsis vieler Praktiker gegenüber solchen Modellen zurückführen lässt.

Die Nutzung leistungsstarker Rechner ermöglicht darüber hinaus die Anwendung von Simulationsmodellen: Der Verzicht auf mathematisch beweisbare, optimale Lösungen und die Beschränkung auf diskrete Wertebereiche ermöglicht eine realitätsnahe Abbildung eines bestimmten Ausschnitts der Realität. Verschiedene Umweltsituationen und Entscheidungen können dann „durchgespielt“, also simuliert, und auf ihre Konsequenzen hin überprüft werden. Während Optimierungsmodelle also optimale Lösungen für einfach strukturierte Probleme liefern, bieten Simulationsmodelle befriedigende Lösungen für komplexe Probleme.

Lösung zu Aufgabe 34:

Es sei: G = Gewinn; R = Rentabilität; C = Kapitaleinsatz; x = Absatzmenge

Die Rentabilität ergibt sich dann als:

$$R(x) = \frac{G(x)}{C(x)}$$

Die notwendige Bedingung für das Rentabilitätsmaximum lautet:

$$\frac{dR}{dx} = \frac{\frac{dG}{dx} \cdot C(x) - G(x) \cdot \frac{dC}{dx}}{[C(x)]^2} = 0$$

Sie lässt sich umformen zu:

$$\frac{dG}{dx} \cdot C(x) = G(x) \cdot \frac{dC}{dx}$$

$$\frac{dG}{dC} = \frac{G}{C}$$

Im Rentabilitätsmaximum sind somit Grenzgewinn und Durchschnittsgewinn – bezogen auf den Kapitaleinsatz – gleich. In der folgenden Graphik werden Gewinn- und Rentabilitätsmaximum verglichen: Im ersten Quadranten werden Umsatz- und Kostenfunktion gezeigt; die Differenz daraus ist der Gewinn. Im zweiten Quadranten befindet sich die Kapitaleinsatzfunktion. Daraus ergibt sich die Gewinnfunktion in Abhängigkeit vom Kapitaleinsatz, die – mit Hilfe der 45°-Linie im dritten Quadranten – im vierten Quadranten dargestellt ist. Hier kann der oben analytisch hergeleitete Zusammenhang veranschaulicht werden: Die Tangente durch Punkt A entspricht dem Fahrstrahl ($\tan \alpha = G/C = dG/dC$); Punkt A zeigt daher das Rentabilitätsmaximum. Das Maximum der Gewinnfunktion befindet sich hingegen in Punkt B. Die maximale Rentabilität liegt also bei einem geringeren Kapitaleinsatz als der maximale Gewinn; der rentabilitätsmaximale Absatz ist somit kleiner als der gewinnmaximale.

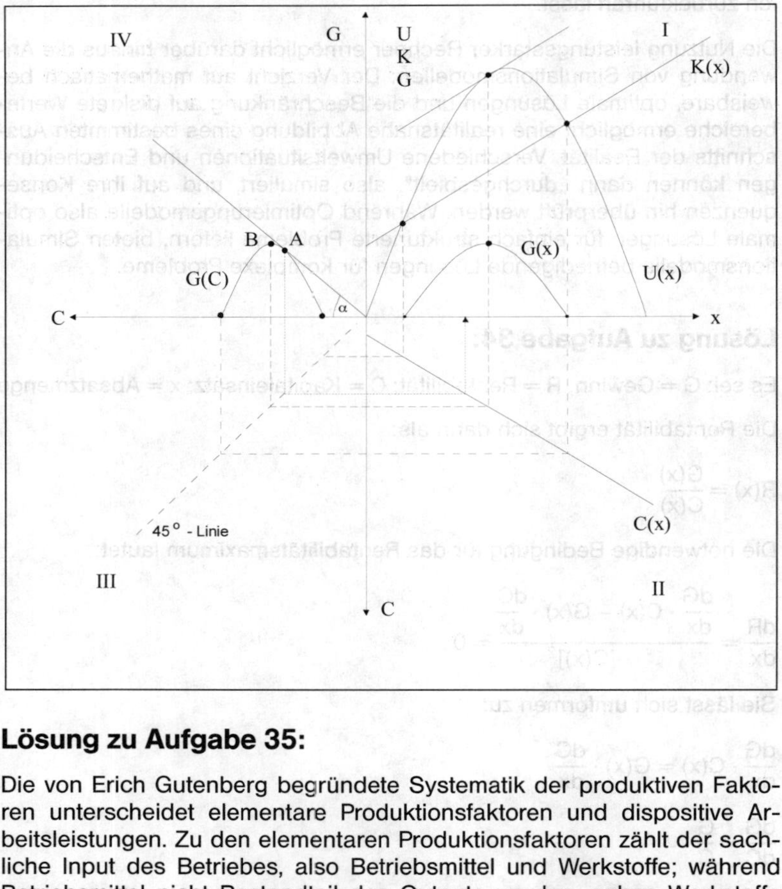

Lösung zu Aufgabe 35:

Die von Erich Gutenberg begründete Systematik der produktiven Faktoren unterscheidet elementare Produktionsfaktoren und dispositive Arbeitsleistungen. Zu den elementaren Produktionsfaktoren zählt der sachliche Input des Betriebes, also Betriebsmittel und Werkstoffe; während Betriebsmittel nicht Bestandteil des Outputs werden, gehen Werkstoffe als Roh-, Halb- oder Fertigfabrikate in das Erzeugnis ein.

Arbeitsleistungen können in objektbezogene, also ausführende, und dispositive Tätigkeiten gegliedert werden. Letztere beschäftigen sich mit der Leitung und Lenkung betrieblicher Vorgänge sowie dem Vorbereiten und Treffen von Entscheidungen.

Unter originären Führungsentscheidungen versteht man in diesem Zusammenhang nicht delegierbare Entscheidungen, die das „Fingerspitzengefühl“ des „dynamischen Unternehmers“ erfordern. Derivative Führungsentscheidungen können hingegen aus den originären abgeleitet und an Spezialisten delegiert werden; insbesondere handelt es sich hierbei um Aufgaben der Planung, Organisation und Kontrolle (bzw. Controlling).

In Gutenbergs Systematik werden die dispositiven Arbeitsleistungen als eigener Produktionsfaktor betrachtet, wobei freilich häufig ein und dieselbe Person sowohl dispositive als auch objektbezogene Leistungen verrichtet. Dem funktionalen Verständnis Gutenbergs kann deshalb ein personales gegenübergestellt werden: Den dispositiven Faktor bilden die eher langfristig und strategisch planenden leitenden Angestellten, während die objektbezogenen Mitarbeiter überwiegend an ihren momentanen Arbeitsbedingungen interessiert sind. Diese Sichtweise ermöglicht die Analyse unternehmensinterner Konflikte, die als Organisationskosten wirksam werden.

Arbeitsaufgaben und Lösungen zum 2. Kapitel Die Wahl des betrieblichen Standorts

1. Aufgabe

Was sind Standortfaktoren und welche kennen Sie?

2. Aufgabe

Der Standort Deutschland ist besser als sein Ruf. Nehmen Sie Stellung zu dieser Aussage!

3. Aufgabe

Die Firma Huber konnte 1998 einen Gewinn von 1.000.000 DM erzielen; das Unternehmen hat Dauerschulden in Höhe von 7.500.000 DM, auf die ein Zins von 8 Prozent gezahlt wurde. Berechnen Sie die Gewerbesteuerschuld der Firma Huber: Die Steuermesszahl liegt bei 5 Prozent. Der Hebesatz der Gemeinde beträgt 350 Prozent.

4. Aufgabe

Welche Überlegungen sind bei der Standortwahl für einen neuen Betrieb anzustellen?

5. Aufgabe

Inwiefern ist das Standortwahlproblem ein Entscheidungsproblem unter Unsicherheit?

6. Aufgabe

Führen Subventionen zu einer außerökonomischen Standortwahl?

7. Aufgabe

Warum werden bei der Standortwahl nur die standortabhängigen Kosten und Leistungen verglichen?

8. Aufgabe

Was sind Ihrer Meinung nach die Gründe dafür, dass in Rotterdam der größte Hafen der EU entstanden ist?

9. Aufgabe

Erläutern Sie die Bedeutung der Dritten Welt als Industriestandort!

10. Aufgabe

Was versteht man unter Waren des täglichen, periodischen und aperiodischen Bedarfs, und wieso beeinflusst der jeweilige Warentyp die Standortwahl?

11. Aufgabe

In welcher Weise können Subventionen die Standortwahl beeinflussen?

12. Aufgabe

Was bewirken Doppelbesteuerungsabkommen?

13. Aufgabe

Warum können bei der internationalen Standortwahl die Arbeitskosten nicht isoliert gesehen werden?

14. Aufgabe

Erläutern Sie die Auswirkungen der Just-in-time-Steuerung auf die Standortwahl.

15. Aufgabe

Nennen Sie absatzpolitische Gründe für Direktinvestitionen im Ausland.

16. Aufgabe

Was versteht man unter ökologischem Dumping?

Lösung zu Aufgabe 1:

Der Standort eines Betriebes ist der geographische Ort, an dem sich dessen Räumlichkeiten befinden. Die Standortfaktoren umfassen alle standortabhängigen Kosten- und Leistungsarten, die bei der (freien) Wahl des betrieblichen Standortes eine Rolle spielen. Standortfaktoren können beispielsweise sein:

- Transportkosten (sowohl für die Beschaffung als auch für den Absatz),
- Lohnkosten und Lohnnebenkosten,
- Steuern (insbesondere Gewerbe-, Einkommen- und Körperschaftsteuer),
- Abschreibungs- und Zinsbelastungen (verursacht durch die regionalen Unterschiede der Grundstückskosten, Mietkosten etc.),
- Einzugsgebiet bzw. vor Ort vorhandenes Absatzpotenzial (insbesondere für Handelsbetriebe),
- Staatsleistungen (politische und soziale Rahmenbedingungen bei internationaler Standortsuche).

Lösung zu Aufgabe 2:

Als Grundregel gilt, dass ein Betrieb – sofern er in seiner Standortwahl frei ist – den Standort wählen sollte, an dem die standortabhängigen Leistungen die standortabhängigen Kosten am stärksten übersteigen. Diese Kosten- und Leistungskomponenten werden unter dem Begriff der Standortfaktoren subsummiert. Hierunter fallen neben den Transportkosten, den Steuern, der Abschreibungs- und Zinsbelastung, der Absatzleistung und den Staatsleistungen die Kosten der Arbeitskräfte. Gerade in diesem letzten Punkt wird dem Standort Deutschland stets vorgeworfen, im internationalen Vergleich nicht mithalten zu können. Dieser Vorwurf ist einerseits sicherlich berechtigt: Die Arbeitskosten haben ein sehr hohes Niveau erreicht, was viele Unternehmen bereits dazu veranlasst hat, ihre Produktion in Niedriglohnländer zu verlegen. Andererseits müssen neben der absoluten Lohnhöhe auch folgende Sachverhalte bedacht werden:

Die Produktivität (= Produktionsergebnis je Arbeitsstunde) ist – nicht zuletzt wegen der hervorragenden Ausbildung der Facharbeiter und ständiger Rationalisierungsbemühungen der Unternehmen – in Deutschland ausgesprochen hoch, was zu insgesamt moderaten Lohnstückkosten führt. Außerdem haben angesichts der modernen Fertigungstechnologien die Lohnkosten nicht mehr die frühere Bedeutung. So wird von Fällen berichtet, wo die „direkten Lohnaufwendungen“ nur mehr acht bis zehn Prozent ausmachen.

Entwicklungsländer, die einen hohen Lohnkostenvorteil bieten, haben dafür an anderer Stelle relative Nachteile. So müssen häufig Rohstoffe, Halberzeugnisse und Verbrauchsmaterialien teuer aus dem Ausland beschafft werden. Ein mangelhaftes Transportsystem macht zudem häufig die Vorhaltung größerer Lagerbestände notwendig, was Zins- und Schwundkosten verursacht. Hinzu kommen vielfältige Probleme von der Stromversorgung über Naturereignisse und klimatische Bedingungen bis hin zur Motivation der Mitarbeiter. Zu bedenken ist ferner, dass auch in den „Billig-Lohnländern" das Lohnniveau ständig steigt.

Auch mit Blick auf die Steuersätze erscheint der Standort Deutschland problematisch; bedenkt man aber, dass das deutsche Steuerrecht zahlreiche Möglichkeiten bietet, durch Unter- (Über-)Bewertung von Aktiva (Passiva) stille Reserven zu legen und damit den Gewinnausweis sowie die daran geknüpfte tatsächliche Besteuerung zu reduzieren, erscheint auch dieses Problem in einem milderen Licht.

Lösung zu Aufgabe 3:

Berechnungsbasis der Gewerbesteuer ist der Gewerbeertrag.

Der Gewerbeertrag berechnet sich als Summe aus dem Gewinn und der Hälfte der Zinsen auf die Dauerschulden:

1 Mio. DM + 0,5 · 0,08 · 7,5 Mio. DM = 1,3 Mio. DM

Der Messbetrag setzt sich zusammen aus einem bestimmten Prozentsatz (hier: 5 %) des Gewerbeertrags:

1,3 Mio. DM · 0,05 = 65.000 DM

Die Gewerbesteuerschuld ergibt sich aus der Multiplikation des Hebesatzes (hier: 3,5) mit dem Messbetrag:

65.000 DM · 3,5 = 227.500 DM

Lösung zu Aufgabe 4:

Ist ein Betrieb in seiner Standortwahl „frei", d.h. nicht an materielle Voraussetzungen gebunden, so könnte folgendermaßen vorgegangen werden:

1. Durch das Festlegen von Mindestanforderungen werden zunächst die möglichen Standorte eingegrenzt.
2. Die standortabhängigen Kosten- und Leistungsfaktoren werden für alle möglichen Standorte prognostiziert.
3. Es empfiehlt sich, den Standort auszuwählen, der den höchsten standortabhängigen Gewinn verspricht (Differenz aus standortabhängigen Leistungen und Kosten).

Lösung zu Aufgabe 5:

Entscheidendes Kriterium bei der Auswahl des betrieblichen Standortes sind die standortabhängigen Kosten- und Leistungsgrößen (Standortfaktoren). Bei deren Ermittlung darf aber nicht nur von den aktuellen Gegebenheiten ausgegangen werden; vielmehr ist auch zu versuchen, die zukünftige Entwicklung dieser Größen abzuschätzen. In dieser Schätzung liegt jedoch Unsicherheit, da bei einer abweichenden zukünftigen Entwicklung der gewählte Standort nicht mehr optimal sein könnte. Die Standortwahl ist folglich ein Entscheidungsproblem unter Unsicherheit.

Lösung zu Aufgabe 6:

Die Standortwahl wird häufig von nichtökonomischen Faktoren beeinflusst. Politische oder andere, irrationale Gründe können hier eine Rolle spielen: Eine politische Zielsetzung kann z.B. die Ansiedelung von Betrieben in strukturschwachen Gebieten (z.B. in den neuen Bundesländern) sein. Man versucht, durch Subventionen die Betriebe in diese Regionen „zu locken“. Für den jeweiligen Betrieb allerdings werden diese Subventionen Bestandteil einer Standortsuche nach ökonomischen Gesichtspunkten: Sie beeinflussen die standortabhängige Leistung – und damit den Gewinn. Der Betrieb führt also keine außerökonomische Standortwahl durch.

Lösung zu Aufgabe 7:

Die standortabhängigen Kosten und Leistungen (Standortfaktoren) fallen an unterschiedlichen Standorten unterschiedlich hoch aus. Diese Faktoren sind im Rahmen der Standortentscheidung gegeneinander abzuwägen. Standortunabhängige Faktoren, also solche Kosten- und Leistungsgrößen, die für alle Standorte gleich sind, spielen im Rahmen der Standortwahl keine Rolle. Sie verändern lediglich das absolute Niveau der standortabhängigen Gewinne, nicht aber das „Ranking“.

Lösung zu Aufgabe 8:

Ein zentraler Aspekt bei der Wahl des betrieblichen Standortes sind die Transportkosten. Insbesondere bei Massengütern ist der Wassertransport z.T. erheblich günstiger als der Land- oder Lufttransport. Deshalb errichten Betriebe ihren Standort häufig an schiffbaren Flüssen oder Kanälen. Eine der wichtigsten europäischen Wasserstraßen ist der Rhein, der durch das Ruhrgebiet fließt und bei Rotterdam in die Nordsee mündet. Es ist daher nicht verwunderlich, dass sich Rotterdam – als „Verkehrsknotenpunkt“ von Rhein-Schifffahrt und Überseetransporten – zum größten Hafen der EU entwickelt hat.

Lösung zu Aufgabe 9:

Entwicklungsländer als Industriestandorte bieten erhebliche Vorteile aufgrund ihrer vergleichsweise niedrigen Lohnkosten. Vor allem solche Industriezweige, deren Produktion sehr personalintensiv ausgerichtet ist, neigen immer wieder dazu, ihre Produktion in solche Niedriglohnländer zu verlegen. Die ursprünglichen Erwartungen werden dann jedoch häufig enttäuscht. Dem angestrebten Personalkostenvorteil stehen nicht selten gravierende Nachteile gegenüber:

- Rohstoffe müssen u.U. teuer aus dem Ausland beschafft werden,
- die mangelhafte Infrastruktur verursacht hohe Transport- und Lagerkosten,
- der niedrige Ausbildungsstand und die schlechte Motivation der Arbeitskräfte bewirken eine niedrige Produktivität,
- politische Risiken (Umstürze/Bürokratie etc.) sind häufig schlecht abzuschätzen.

Lösung zu Aufgabe 10:

Waren des täglichen Bedarfs („convenience goods“) sind Waren wie z.B. Lebensmittel, die täglich gekauft bzw. konsumiert werden.

Waren des periodischen Bedarfs („shopping goods“) werden nicht so häufig, aber in regelmäßigen Abständen gekauft (z.B. Kleidung, Schuhe).

Waren des aperiodischen Bedarfs („speciality goods“) sind z.B. Möbel oder Autos. Der Konsument kauft sie seltener und in unregelmäßigen Abständen.

Je nach Warentyp wird der Händler unterschiedliche Standorte wählen: Da der Kunde bei den „convenience goods“ keinen großen Beschaffungsaufwand betreiben will, befinden sich diese Geschäfte meistens in Wohngebieten („Nachbarschaftszentren“).

Bei den „shopping goods“ dagegen will der Konsument sich möglichst bequem einen Überblick verschaffen, weshalb sich diese Geschäfte häufig in der Innenstadt („Fußgängerzone“) konzentrieren.

Die flächenintensiven Anbieter von „speciality goods“ finden sich verstärkt in den Randlagen, weil hier die Miet- bzw. Grundstückspreise noch vergleichsweise günstig sind. Da die Anschaffung dieser Güter meistens auch mit hohen Ausgaben verbunden ist, sind die Konsumenten in der Regel bereit, etwas weitere Wege auf sich zu nehmen.

Lösung zu Aufgabe 11:

Durch regional begrenzte Subventionen versucht der Staat, eine Ansiedelung von Betrieben in strukturschwachen Gebieten – wie z.B. den neuen Bundesländern – zu erreichen. Die Subventionen gehen für den Betrieb als standortabhängige Leistungen in den Prozess der Standortsuche ein: Durch sie wird der standortabhängige Gewinn des subventionierten Standortes angehoben. Ein ansonsten unrentabler Standort kann dann, bei Hinzurechnung der potentiellen Subventionen, eine attraktive Alternative darstellen.

Lösung zu Aufgabe 12:

Grundsätzlich muss ein Unternehmen mit Tochtergesellschaften im Ausland im Inland seine „Welteinkünfte" versteuern (Universalprinzip), während die Töchter im Ausland zusätzlich ihr dortiges Einkommen versteuern (Territorialprinzip). In Deutschland werden jedoch die im Ausland gezahlten Steuern auf die inländische Einkommensteuerschuld (teilweise) angerechnet. Besteht hingegen ein Doppelbesteuerungsabkommen, werden die Einkünfte nur dort versteuert, wo sie angefallen sind: Die im Ausland erzielten Einkünfte selbst sind dann von der inländischen Besteuerung freigestellt.

Lösung zu Aufgabe 13:

Im internationalen Vergleich fällt das hohe Niveau der Arbeitskosten in Deutschland auf. Dies veranlasst die Unternehmen oft dazu, ihre Produktion in Niedriglohnländer zu verlagern. Eine andere Situation ergibt sich allerdings, wenn das Produktionsergebnis je Arbeitsstunde (Produktivität) herangezogen wird. Der hohe Ausbildungsstand und die Motivation eines Facharbeiters führen zu einer erheblich höheren Produktivität. Betrachtet man daher die Lohnstückkosten (Stundenlohn/Produktivität), so erscheint der Standort Deutschland trotz der hohen Löhne wieder rentabel. Die isolierte Betrachtung der Arbeitskosten kann demnach zu einer falschen Standortbeurteilung führen. Wechselkurseffekte können allerdings die Rangfolge der Lohnstückkosten verändern. So sinken bei einer Aufwertung der DM die ausländischen Stundenlöhne und damit die dortigen Lohnstückkosten.

Lösung zu Aufgabe 14:

Die Zielsetzung des Just-in-time-Konzepts ist vor allem in der Minimierung der Lagerhaltung zu sehen. Diese versucht man zu erreichen, indem die Teilezulieferung genau dann erfolgt, wenn dafür im Produktionsprozess gerade Bedarf besteht. Um dieser Anforderung gerecht zu werden, müssen die Zulieferbetriebe eine strenge Lieferdisziplin einhalten können. Da eine große Entfernung die Termintreue gefährden könnte, suchen die Zulieferer verstärkt Standorte in unmittelbarer Nähe ihres industriellen Abnehmers. Die Konzentration von kleineren Zulieferbetrieben in der Umgebung der großen Industrieunternehmen ist die Folge.

Lösung zu Aufgabe 15:

Der zentrale Aspekt für Direktinvestitionen im Ausland ist die Kundennähe. Ein Unternehmen, das auch im Ausland produziert, kann sich schneller und gezielter auf Veränderungen im ausländischen Markt einstellen. Man ist näher am Kunden und dessen Wünschen. Zudem bietet diese Vorgehensweise den Vorteil, gegen Importbeschränkungen sowie Wechselkursschwankungen geschützt zu sein.

Lösung zu Aufgabe 16:

Die Wahl des betrieblichen Standorts wird durch Standortfaktoren bestimmt. Hierunter fallen neben den Transportkosten, den Steuern, der Abschreibungs- und Zinsbelastung, der Absatzleistung und den Kosten der Arbeitskräfte die Staatsleistungen. Eine mögliche Staatsleistung kann – nicht nur in Entwicklungsländern, sondern auch innerhalb der EU – in einem Entgegenkommen bei Umweltschutzfragen bestehen. Niedrige Umweltschutzauflagen bei der Produktion sparen so beispielsweise teure Reinigungsanlagen ein, die in anderen Ländern Pflicht wären. Dies führt dazu, dass bedenkliche Produktionen in Länder verlagert werden, die vergleichsweise niedrige Umweltschutzauflagen haben. Die Unternehmen erhalten dadurch einen Wettbewerbsvorteil in Form eines Kostenvorteils gegenüber den Konkurrenten. Sobald die auf diese Weise erzielte Kosteneinsparung anhand von niedrigen Preisen an die Konsumenten weitergegeben wird, spricht man von ökologischem Dumping. Der Erfolg dieses Vorgehens ist jedoch davon abhängig, welche Bedeutung die Konsumenten dem Umweltschutz zu kommen lassen. Sobald sie bereit sind, für ökologisch einwandfreie Produkte einen höheren Preis zu bezahlen, stellen geringere Umweltschutzauflagen keine standortabhängigen Leistungen mehr da und bieten damit keinen Wettbewerbsvorteil mehr.

Arbeitsaufgaben und Lösungen zum 3. Kapitel Gründung und Rechtsform eines Unternehmens

1. Aufgabe

Welche Fragen sind im Zusammenhang mit einer Unternehmensgründung zu klären?

2. Aufgabe

Welche „Wege“ muss man im Rahmen der Gründung gehen?

3. Aufgabe

Was unterscheidet einen Kaufmann von einem „normalen“ Bürger; welche „Typen“ von Kaufleuten gibt es?

4. Aufgabe

Erläutern Sie den Unterschied zwischen oHG und BGB-Gesellschaft!

5. Aufgabe

Der „Gang an die Börse“ ist mit einigen Unwägbarkeiten verbunden. Erläutern Sie diese Aussage und gehen Sie dabei auf das Bookbuilding-Verfahren ein!

6. Aufgabe

Vergleichen Sie GmbH und AG!

7. Aufgabe

Der Meisterbrief ist Gütesiegel und Hemmschuh zugleich. Auch hier wird der Markt entscheiden. Nehmen Sie Stellung zu dieser Aussage!

8. Aufgabe

Warum lässt der Gesetzgeber die Gewinnverteilung bei der KGaA ohne rechtliche Regelung?

9. Aufgabe

„Alle öffentlichen Betriebe arbeiten unwirtschaftlich." Was halten Sie von dieser Meinung?

10. Aufgabe

Welches ist das Anliegen einer Bezugsgenossenschaft?

11. Aufgabe

Beschreiben Sie die Rechtsform der Gesellschaft Maier & Co. e K.!

12. Aufgabe

Der § 121 HGB bestimmt für die oHG: „(1) Von dem Jahresgewinne gebührt jedem Gesellschafter zunächst ein Anteil in Höhe von vier vom Hundert seines Kapitalanteils ... Derjenige Teil des Jahresgewinnes, welcher die nach ... (Abs. 1) ... zu berechnenden Gewinnanteile übersteigt ... wird unter die Gesellschafter nach Köpfen verteilt." Inwiefern ist diese Regelung sinnvoll?

13. Aufgabe

Beschreiben Sie die wesentlichen Unterschiede zwischen Personen- und Kapitalgesellschaften am Beispiel der Gesellschaftsformen oHG und AG!

14. Aufgabe

Welches sind die Organe einer AG und welche Kompetenzen haben sie?

15. Aufgabe

Worin sehen Sie die Unterschiede zwischen einer Aktie und einem GmbH Anteil?

16. Aufgabe

Bei welcher Rechtsform gibt es ein Abandonrecht, und wann kommt es dort zum Zuge?

17. Aufgabe

Wodurch unterscheiden sich Regie- und Eigenbetrieb?

18. Aufgabe

Die Besonderheiten einer Genossenschaft sind zugleich ihre Schwachstellen. Diskutieren Sie diese Aussage!

19. Aufgabe

Brauchen wir öffentliche Betriebe?

20. Aufgabe

Was bewirkt das Anrechnungsverfahren?

21. Aufgabe

Auf die Frage, warum die Stadtwerke das neue Schwimmbad errichten sollen, antwortete deren Direktor: „... ein privates Unternehmen will und muss Gewinn machen. Das, was der Investor verdienen kann, können die Stadtwerke aber am Eintrittspreis sparen." Nehmen Sie Stellung zu dieser Aussage unter dem Gesichtspunkt von Subsidiaritätsprinzip und Property-rights-Ansatz!

22. Aufgabe

Erörtern Sie die hauptsächlichen Argumente der Kritiker einer Privatisierung öffentlicher Betriebe!

23. Aufgabe

Öffentliche Betriebe in privatwirtschaftlicher Rechtsform sind nur bedingt Privatunternehmen. Erläutern Sie diese Aussage!

24. Aufgabe

Öffentliche Betriebe haben eigene Zielsetzungen. Nehmen Sie kritisch Stellung!

Lösung zu Aufgabe 1:

Die Neugründung eines Unternehmens verlangt zunächst die Klärung einiger grundsätzlicher Fragen wie z.B.:

- Soll das Unternehmen alleine oder zusammen mit Partnern gegründet werden?

- Wer bringt wie viel Kapital in das Unternehmen ein?
- Wer haftet für die Verbindlichkeiten des Unternehmens und in welchem Umfang?
- Welche Rechtsform soll dem Unternehmen gegeben werden?
- Wer führt die Geschäfte, und wie wird die Vertretung geregelt?

Lösung zu Aufgabe 2:

Grundsätzlich ist jedermann berechtigt, ein Unternehmen zu gründen (Gewerbefreiheit). Das Unternehmen muss dabei zunächst in das Gewerberegister der zuständigen Gemeinde (Gewerbeamt) eingetragen werden. In bestimmten Bereichen, wenn z.B. ein besonderes „Schutzinteresse der Allgemeinheit" besteht, kann hier u.U. die Genehmigung durch die zuständige Behörde erforderlich sein. Als nächstes muss die Mitgliedschaft in der Industrie- und Handelskammer (bzw. Handwerkskammer) erwirkt werden. Außerdem muss man das zuständige Finanzamt, die zuständige Berufsgenossenschaft sowie eine Krankenkasse (Allgemeine Ortskrankenkasse oder Ersatzkasse) von der Unternehmensgründung in Kenntnis setzen. Schließlich sind noch die Anmeldevorschriften zum Handelsregister zu beachten.

Lösung zu Aufgabe 3:

Das besondere Merkmal des „Kaufmanns" ist, dass er ein gewerbliches Unternehmen („Handelsgewerbe") betreibt. Er unterliegt deshalb nicht nur den Vorschriften des BGB, sondern auch den Vorschriften des Handelsgesetzbuches (HGB). Darin werden folgende „Typen" von Kaufleuten unterschieden:

- Der Istkaufmann übt ein Handelsgewerbe aus und benötigt dazu einen in kaufmännischer Weise eingerichteten Geschäftsbetrieb (Handelsregistereintragung).
- Formkaufmann ist jede Kapitalgesellschaft sowie diejenige Personengesellschaft, die über einen in kaufmännischer Weise eingerichteten Geschäftsbetrieb verfügt (Handelsregistereintragung).
- Kannkaufmann sind alle Gewerbetreibenden und Personengesellschaften, die keinen in kaufmännischer Weise eingerichteten Gewerbebetrieb benötigen, dennoch aber für eine Handelsregistereintragung optieren; dies gilt auch für alle land- und forstwirtschaftlichen Betriebe.

Lösung zu Aufgabe 4:

Grundsätzlich sind die BGB-Gesellschaft und die oHG sehr ähnliche Gesellschaftsformen: Bei beiden schließen sich mindestens zwei gleichberechtigte und vollhaftende Gesellschafter zusammen. Der zentrale Unterschied ist in der verschiedenen Ausrichtung der Unternehmen zu sehen. Im Gegensatz zur offenen Handelsgesellschaft wird die BGB-Gesellschaft nicht auf Dauer gegründet. Sie ist vielmehr auf die Erreichung eines bestimmten Zwecks angelegt („Gelegenheitsgesellschaft"). Die Gesellschaft wird aufgelöst, wenn das gesetzte Ziel erreicht wurde. Die BGB-Gesellschaft wird im BGB (§§ 705 ff.) geregelt.

Lösung zu Aufgabe 5:

Wenn ein Unternehmen „an die Börse geht", geschieht dies meist wegen der dort relativ einfachen Möglichkeit, Eigenkapital zu beschaffen. Problematisch ist dabei neben der Festlegung des Aktien-Emissionsvolumens vor allem die Wahl des Emissionskurses. Der Preis, zu dem die Anleger bereit sind eine Aktie zu erwerben, wird generell davon abhängen, wie gut die Anleger die wirtschaftliche Zukunft des Unternehmens einschätzen. Die Aktienkurse unterliegen aber auch in zunehmendem Maße der Spekulation, so dass die Festlegung des Emissionskurses zu einem schwierigen Unterfangen wird. Einerseits will das emittierende Unternehmen (zusammen mit seiner Emissionsbank) einen möglichst hohen Überpari-Preis erzielen, andererseits muss aber auch zum festgelegten Emissionskurs ausreichend Nachfrage vorhanden sein. Die Treffgenauigkeit beim Emissionskurs steigert das Bookbuilding: Der Emittent definiert eine Preisspanne, und die potentiellen Anleger können innerhalb einer bestimmten Frist ihre Kaufwünsche bei der Bank angeben. Bei einer deutlichen Überzeichnung wird dann der endgültige Emissionskurs am oberen Ende der Spanne festgelegt.

Lösung zu Aufgabe 6:

Ebenso wie die Aktiengesellschaft gehört die Gesellschaft mit beschränkter Haftung zu den Kapitalgesellschaften. Daher sind sich auch diese Gesellschaftsformen in ihren grundlegenden Regelungen sehr ähnlich. Bei beiden ist beispielsweise die Haftung auf die Einlagen beschränkt, die Geschäftsführung auf drei, in ihren Funktionen vergleichbare Organe aufgeteilt, und ihr Grund- bzw. Stammkapital ist in mehrere Anteile gestückelt. Die GmbH kann als die „kleine" Form einer Kapitalgesellschaft bezeichnet werden: für die Gründung genügen 25 000 Euro, also lediglich die Hälfte des zur Gründung einer AG erforderlichen Grundkapitals. Zudem zeichnet sich die GmbH durch eine stärkere Bindung der Anteile an den jeweiligen Eigner aus. Im Gegensatz zum relativ unkomplizierten Aktienhandel an der Börse muss die Abtretung eines GmbH-Anteils notariell beurkundet werden.

Lösung zu Aufgabe 7:

Die grundsätzliche Gewerbefreiheit des §1 GewO (Gewerbeordnung) wird zum Schutz der Allgemeinheit in manchen Bereichen eingeschränkt; beispielsweise ist zur Gründung eines Handwerksbetriebes in Deutschland der Meisterbrief notwendig. Obwohl durch diesen „Großen Befähigungsnachweis“ die Zuverlässigkeit des Handwerksbetriebes gefördert werden soll, gibt es zahlreiche Einwände gegen diese Regelung: Durch die Beschränkung des Marktzugangs könnten Unternehmensneugründungen erschwert werden, was zu höheren Preisen bei den etablierten Anbietern und damit zur erhöhten Nachfrage von Schwarzarbeit führen kann. Fraglich ist deshalb, ob der Meisterbrief in dieser Form noch gebraucht wird: Zum Schutz der Verbraucher gibt es ohnehin Gewerbeaufsicht, Haftungsrecht und sonstige Schutzvorschriften; als Voraussetzung zur Ausbildung von Lehrlingen könnte der Meisterbrief in eingeschränkter Form weiterbestehen.

Der Markt entscheidet hier insofern, als viele Konsumenten Erzeugnisse der Schattenwirtschaft, industrielle Massenprodukte oder billigere Handwerksarbeit aus Niedriglohnländern nachfragen. Im Zuge der Globalisierung scheint die Schutzfunktion des Meisterbriefes also besonders zweifelhaft.

Lösung zu Aufgabe 8:

Die Kommanditgesellschaft auf Aktien (KGaA) ist eine Mischform aus Kommandit- und Aktiengesellschaft. Ihre Besonderheit liegt darin, dass die haftungsbeschränkten Kommanditisten der KG Aktionäre sind. Die Stellung dieser Kommanditaktionäre entspricht den Aktionären in einer AG, es gelten also grundsätzlich die Bestimmungen des Aktiengesetzes (AktG). Allerdings ist die Sonderstellung der Komplementäre zu beachten: Nur sie sind zur Geschäftsführung befugt und haften mit ihrem gesamten Privatvermögen. Bei der Gewinnverteilung ist dieser Sachverhalt individuell zu berücksichtigen. Anschließend wird der an die Kommanditaktionäre zur Ausschüttung kommende Gewinn entsprechend dem Anteil ihres nominellen Aktienbesitzes am Kommanditkapital verteilt.

Lösung zu Aufgabe 9:

Wirtschaftlich arbeiten heißt, dass eine bestimmte Leistung zu geringstmöglichen Kosten erbracht wird. Die Leistungen öffentlicher Betriebe bestehen meist in – monopolistischen – Angeboten lebensnotwendiger, kultureller und sozialer Güter und Dienste mit der Garantie kostendeckender Preise oder einer Verlustübernahme. Diese Garantie wirkt oft kostentreibend, was Unwirtschaftlichkeit begründet. Abhilfe schafft Wettbewerb im Sinne der Aufgabenprivatisierung bzw. des Betreibermodells. Die Leistungserbringung wird an denjenigen übertragen, der die niedrigsten Preise bietet oder den geringsten Subventionsbedarf anmeldet.

Lösung zu Aufgabe 10:

Genossenschaften werden zur wirtschaftlichen Selbsthilfe der Genossen gegründet. Die Genossenschaft ist deshalb nicht auf Gewinnerzielung ausgerichtet, sondern dient der gegenseitigen Förderung im gemeinschaftlichen Geschäftsbetrieb.

Die Mitglieder einer Bezugsgenossenschaft fassen ihre Nachfrage zusammen, um am Markt eine bessere Verhandlungsposition gegenüber ihren Lieferanten zu gewinnen. Bekannte Beispiele sind die Einkaufsgenossenschaften der Konsumenten (gemeinschaftlicher Geschäftsbetrieb: Konsum bzw. Coop) und der Einzelhändler (gemeinschaftlicher Geschäftsbetrieb: Rewe, Edeka).

Lösung zu Aufgabe 11:

Das Unternehmen Maier & Co. hat die Rechtsform einer offenen Handelsgesellschaft. Diese Personengesellschaft erfordert wenigstens zwei Gesellschafter, die beide persönlich und unbeschränkt für die Verbindlichkeiten des Unternehmens haften. Außerdem sind grundsätzlich alle zur Geschäftsführung befugt. Im vorliegenden Fall wurde im Gesellschaftsvertrag Herr oder Frau Maier zum geschäftsführenden Gesellschafter bestellt; der (die) Kompagnon(s) haben darauf verzichtet, haften aber dennoch mit ihrem gesamten Vermögen. Der Zusatz „e.K." bedeutet: (ins Handelsregister) eingetragener Kaufmann(bzw. -frau). Dieser Zusatz ist zwingend vorgeschrieben für Einzelkaufleute und Personengesellschaften.

Lösung zu Aufgabe 12:

Nicht immer sind die Einlagen der Gesellschafter einer offenen Handelsgesellschaft gleich hoch. Dennoch haften alle Gesellschafter mit ihrem gesamten Privatvermögen für die Verbindlichkeiten des Unternehmens. Die gesetzliche Regelung der Gewinnverteilung erscheint aus diesem Blickwinkel sinnvoll: Einerseits wird durch die Regelung, die Einlagen mit 4 % zu verzinsen, dem Umstand der unterschiedlichen Einlagenhöhe Rechnung getragen. Andererseits berücksichtigt die Gleichverteilung des Gewinnrests die Tatsache, dass alle Gesellschafter in – subjektiv – gleichem Umfang für die Verbindlichkeiten haften.

Lösung zu Aufgabe 13:

Die AG zeichnet sich als Kapitalgesellschaft vor allem durch die eigene Rechtspersönlichkeit aus („juristische Person"). Die Aktiengesellschaft kann daher selbständig klagen bzw. verklagt werden und muss auch selbständig Steuern auf den Gewinn („Körperschaftsteuer") zahlen. Gegenüber ihren Gläubigern haftet folglich auch nur die Kapitalgesellschaft selbst mit ihrem Gesellschaftsvermögen. Die oHG als Personengesellschaft hat dagegen keine eigene Rechtspersönlichkeit. Hier sind die Gesellschafter grundsätzlich unmittelbar betroffen. Sie haften in der Regel persönlich und unbegrenzt für die Verbindlichkeiten. Ebenso zahlt die Personengesellschaft selbst keine Steuern auf den Gewinn. Diese Steuerzahlungspflicht („Einkommensteuer") trifft die Gesellschafter unmittelbar.

Lösung zu Aufgabe 14:

Die Geschäftsführung der Aktiengesellschaft verteilt sich auf drei Organe:

- Der Vorstand führt eigenverantwortlich die laufenden Geschäfte der Gesellschaft.
- Der Aufsichtsrat bestellt, überwacht und berät den Vorstand.
- Die Hauptversammlung ist die Versammlung aller Eigentümer (Aktionäre) der Gesellschaft. Sie bestellt den Aufsichtsrat und entscheidet über zentrale Fragen des Unternehmens.

Lösung zu Aufgabe 15:

Aktie wie auch GmbH-Anteil repräsentieren beide einen Besitzanteil an einer Kapitalgesellschaft. Sie unterscheiden sich vor allem in ihrer Bindung an den jeweiligen Anteilseigner. Die Aktie kann in der Regel relativ einfach an der Börse ge- bzw. verkauft werden. Die GmbH-Anteile dagegen können nur mit notarieller Beurkundung abgetreten werden. Sie sind folglich viel stärker an den jeweiligen Anteilseigner gebunden. Dementsprechend ist der Mindest-Nennwert des GmbH-Anteils mit 250 Euro auch erheblich höher als der einer Aktie (1 Euro).

Lösung zu Aufgabe 16:

Das Abandonrecht betrifft die Anteilseigner einer GmbH. Grundsätzlich haftet der Gesellschafter einer GmbH nur im Umfang seiner Stammeinlage für die Verbindlichkeiten des Unternehmens. In der Satzung kann allerdings für den Haftungsfall eine unbeschränkte Nachschusspflicht vereinbart sein. Der Anteilseigner hat dann jedoch ein Abandonrecht, d.h. er kann im Falle einer Nachforderung („Zubuße") seinen Anteil der Gesellschaft zur Versteigerung überlassen. Der die Zubuße übersteigende Teil des Erlöses steht dem ausscheidenden Gesellschafter zu.

Lösung zu Aufgabe 17:

Regie- und Eigenbetrieb unterscheiden sich als öffentliche Betriebe in der Stärke ihrer Bindung an die jeweilige Gebietskörperschaft. Die Ein- und Ausgaben eines Regiebetriebes finden sich als einzelne Etatansätze im Haushaltsplan der Gebietskörperschaft wieder. Der starke öffentliche Einfluss wird auch dadurch unterstrichen, dass die Führung eines Regiebetriebes in der Hand von Beamten liegt.

Der Eigenbetrieb ist dagegen wesentlich selbständiger. Das operative Geschäft wird von einer kaufmännischen Leitung geführt. Im Haushaltsplan der Gebietskörperschaft findet sich lediglich der Saldo aus Ein- und Ausgaben. Einfluss nimmt die Gebietskörperschaft nur bei wichtigen Entscheidungen (z.B. Investitionen).

Lösung zu Aufgabe 18:

Genossenschaften zeichnen sich dadurch aus, dass ihre Mitglieder, unabhängig vom Umfang des eingebrachten Kapitals, alle gleichberechtigt sind („One man one vote"). Ferner können die Genossen ihr Guthaben, inklusive der im Laufe der Zeit gutgeschriebenen Gewinnanteile, beim Ausscheiden mitnehmen. Diese Sachverhalte führen häufig dazu, dass Genossenschaften relativ unbeweglich werden: Die Kapitalausstattung – und damit „Beweglichkeit" – der Zentrale hängt wesentlich von der „Treue" der Genossen ab, und die gleichen Stimmrechte führen bei Interessenskonflikten von „großen" und „kleinen" Mitgliedern zu langwierigen Entscheidungsprozessen.

Lösung zu Aufgabe 19:

Die Notwendigkeit öffentlicher Betriebe wird oft damit begründet, dass sie für private Betreiber nicht rentabel seien (z.B. Theater, ÖPNV). Dieses Argument sticht nicht: Im Wettbewerb könnte der Anbieter den Zuschlag erhalten, der – für eine genau definierte Leistung – den geringsten Subventionsbedarf anmeldet. Ein Problem liegt freilich darin, dass der private Errichter z.B. einer Kläranlage im Gemeindegebiet ein „natürliches" Monopol erhält: Der Bau eines Konkurrenzklärwerkes wäre unsinnig. Für dieses Problem gibt es zwei Lösungen: Die Missbrauchsaufsicht des Bundeskartellamtes und die Aufgabenprivatisierung: Die Gebietskörperschaft gibt selbst die Kläranlage in Auftrag und privatisiert lediglich die Aufgabe, die Klärung des Wassers – z.B. anhand eines „Lastenheftes" – durchzuführen. Nach Ablauf einer bestimmten Frist wird dann diese Aufgabe neu ausgeschrieben. Der „öffentliche Betrieb" besteht dann nur noch aus der materiellen Infrastruktur.

Gelegentlich werden auch hoheitliche Aufgaben zur Rechtfertigung öffentlicher Betriebe angeführt. Diese entspringen freilich meist nur dem Wunschdenken der betroffenen Beamten.

Lösung zu Aufgabe 20:

Kapitalgesellschaften sind juristische Personen und müssen daher auch selbständig Steuern zahlen. Dies führt dazu, dass der Gewinn doppelt, nämlich zunächst bei der Gesellschaft (Körperschaftsteuer) und dann beim Anteilseigner (Einkommensteuer) besteuert wird. Das Anrechnungsverfahren ermöglicht es aber dem Anteilseigner, die von der Gesellschaft bezahlte Körperschaftsteuer auf die eigene Einkommensteuer anzurechnen, weshalb die Doppelbesteuerung wieder aufgehoben wird. Dies betrifft freilich nur inländische Bezieher inländischer Gewinne.

Lösung zu Aufgabe 21:

Diese Aussage unterstellt, dass ein öffentlicher Betrieb genauso effizient wirtschaften kann wie ein privatwirtschaftlicher. Dieser Unterstellung widerspricht aber nicht nur die Alltagserfahrung, sondern auch der Property-rights-Ansatz: Demzufolge wird die Bestrafungsform des Marktes bei ökonomischem Fehlverhalten nur bei Privateigentum an den Poduktionsmitteln und -ergebnissen wirksam; eine Verhaltensänderung erfolgt nur, wenn es „weh tut", z.B. Verluste entstehen. Bei öffentlichen Betrieben ist diese Voraussetzung nicht gegeben: Hier sind die Property rights breit, nämlich auf „alle" Bürger als Eigentümer, gestreut. Der Anreiz, wirtschaftliches Fehlverhalten zu verhindern oder auch nur zu kritisieren, ist angesichts der geringen „Verlustzuweisung" beim einzelnen Bürger – z.B. in Form von Steuern – sehr gering.

Darüber hinaus sollte hier das Subsidiaritätsprinzip berücksichtigt werden, wonach sich der Staat auf die – wichtigen – Aufgaben konzentrieren sollte, die nur er erfüllen kann, da sich eben vieles billiger über den Markt bereitstellen lässt. Auch bei mangelnder privater Finanzierbarkeit – z.B. bei der Bereitstellung von Infrastrukturleistungen – könnte der Investor den Zuschlag erhalten, der den geringsten Subventionsbedarf anmeldet. Außerdem darf nicht vergessen werden, dass Zugeständnisse des Staates an bestimmte Interessengruppen häufig zahlreiche Forderungen anderer Gruppen nach sich ziehen.

Lösung zu Aufgabe 22:

Häufig wird gegen die Privatisierung öffentlicher Betriebe eingewendet, dass die Beschäftigten dann nicht mehr dem öffentlichen Dienstrecht, die Beschaffung nicht mehr dem öffentlichen Haushaltsrecht und die Geschäftsführung keinem öffentlichen Einfluss mehr unterworfen seien; gelegentlich werden auch hoheitliche Aufgaben wie das Brief- und Fernmeldegeheimnis angeführt, um die Existenz von öffentlichen Betrieben zu rechtfertigen. Dabei darf aber nicht übersehen werden, dass private Unternehmen in der Regel effizienter wirtschaften: Sie sind im operativen Bereich selbständig (z.B. bei Ausschreibungen) und in der Personalpolitik flexibler; öffentliche Mandatsträger können nicht mehr direkt „hineinregieren“, was manche zwar im „Gemeinwohlinteresse“ bedauern, insgesamt aber zum Ende der Interessenverflechtungen führen dürfte. Außerdem drängt die ausländische Konkurrenz auf die immer weiter zusammenwachsenden Märkte. Darüber hinaus sorgt die neue Wettbewerbssituation an Stelle früherer Staatsmonopole im Allgemeinen für eine ausreichende Berücksichtigung der Verbraucherinteressen, auch was kritische Bereiche wie z.B. den oben angesprochenen Datenschutz betrifft.

Lösung zu Aufgabe 23:

Öffentliche Kapitalgesellschaften gehören Gebietskörperschaften, haben aber die Rechtsform einer Kapitalgesellschaft (AG oder GmbH) und verfolgen das Gewinnziel. Da sie nicht dem öffentlichen Haushalts- und Dienstrecht unterliegen, können sie selbständiger und flexibler handeln; der direkte Einfluss politischer Mandatsträger ist nicht so hoch wie bei Regie- und Eigenbetrieben.
Dennoch kann im Zusammenhang mit öffentlichen Kapitalgesellschaften nur bedingt von Privatunternehmen gesprochen werden, da über den Aufsichtsrat der Eigentümer, also die Gebietskörperschaft, verantwortlich bleibt und das Unternehmen kontrolliert, möglicherweise sogar hineinregiert.

Lösung zu Aufgabe 24:

Während private Unternehmen in der Regel ihre Gewinne maximieren wollen, verfolgen öffentliche Betriebe andere Ziele: So wird die Bevölkerung nicht nur mit lebensnotwendigen Produkten und Leistungen zu kostendeckenden Preisen versorgt, sondern auch mit sozialen und kulturellen Einrichtungen, wobei sogar Verluste in Kauf genommen werden. Außerdem soll durch die Bereitstellung bestimmter Güter und Leistungen durch Gebietskörperschaften die Entstehung privater Angebotsmonopole verhindert werden, wie z.B. bei der Strom- und Wasserversorgung. Schließlich werden auch hoheitliche Aufgaben, wie z.B. die Wahrung des Briefgeheimnisses, angeführt, um öffentliche Betriebe zu rechtfertigen.

Die Garantie kostendeckender Preise bzw. die Inkaufnahme von Verlusten wirkt allerdings häufig kostentreibend, was nicht zuletzt an der breiten Streuung der Verfügungsrechte an Produktionsmitteln und -ergebnissen liegen dürfte: Der Anteil des einzelnen Bürgers an diesen Property rights ist so gering, dass sich niemand verantwortlich für effizientes Wirtschaften fühlt. Eine Privatisierung würde hingegen die Verfügungsrechte konzentrieren und damit Leistungsanreize schaffen. Die Missbrauchsgefahr privater Monopole kann durch die Missbrauchsaufsicht des Bundeskartellamts bzw. generell durch Wettbewerb eingeschränkt werden. Hinzu kommt, dass es wirklich hoheitliche Aufgaben in öffentlichen Betrieben kaum noch gibt. Das Beispiel des Bankgeheimnisses zeigt, dass auch Privatunternehmen Datenschutz gewährleisten können, weil dies im Interesse ihrer Kunden ist, die bei Unzufriedenheit jederzeit den Anbieter wechseln können.

Arbeitsaufgaben und Lösungen zum 4. Kapitel Die Kooperation und Konzentration von Unternehmen

1. Aufgabe

Beschreiben und vergleichen Sie: Kartell – Konzern – Trust!

2. Aufgabe

Was verstehen Sie unter einem Submissionskartell?

3. Aufgabe

Warum mündet ein Preiskartell häufig in ein Syndikat?

4. Aufgabe

„Monopolisierungsabsichten werden oft durch ein Spezialisierungskartell getarnt." Nehmen Sie Stellung!

5. Aufgabe

Warum sind Kartelle grundsätzlich verboten?

6. Aufgabe

Worin besteht der Unterschied zwischen einem Gleichordnungs- und einem Unterordnungskonzern?

7. Aufgabe

Was bedeuten „Fusion durch Aufnahme" und „Fusion durch Neugründung"?

8. Aufgabe

Welche Kompetenzen haben das Bundeskartellamt, der Bundesgerichtshof und der Bundesminister der Wirtschaft bei der Genehmigung eines Strukturkrisenkartells?

9. Aufgabe

„Fusionen scheitern manchmal an Bewertungsunterschieden." Nehmen Sie Stellung!

10. Aufgabe

Zwischen den Aktiengesellschaften A, B und C gelten folgende Beteiligungsverhältnisse:

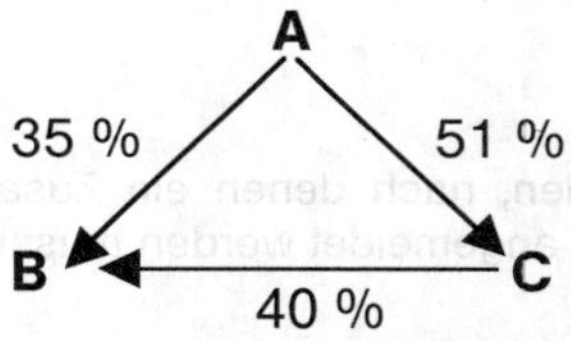

Sind die Gesellschaften A und B im Verhältnis zueinander „verbundene Unternehmen"? Begründen Sie Ihre Antwort!

11. Aufgabe

Was sind „feindliche Übernahmen", und welche Möglichkeiten gibt es, sich dagegen zu wehren?

12. Aufgabe

Nennen Sie Gründe für horizontale, vertikale und konglomerate Zusammenschlüsse! Worin liegen insbesondere Risiken konglomerater Zusammenschlüsse?

13. Aufgabe

Beschreiben und kritisieren Sie die Merkmale, anhand derer das Kartellamt die Marktstellung eines Unternehmens prüfen kann!

14. Aufgabe

Unter welchen Voraussetzungen kann ein Zusammenschluss, der eine marktbeherrschende Stellung verstärkt, zugelassen werden?

15. Aufgabe

Worin liegt die Problematik der Industriebeteiligungen von Banken, und durch welche gesetzlichen Regelungen wird sie begrenzt?

16. Aufgabe

Stellen Sie die Grundzüge der Europäischen Fusionskontrolle dar! In welchem Verhältnis steht sie zu Art. 85 und 86 des EWG-Vertrags? Was wird daran vor allem kritisiert?

17. Aufgabe

Was versteht man unter qualifizierter Oligopolvermutung?

18. Aufgabe

Nennen Sie die Kriterien, nach denen ein Zusammenschlussvorhaben beim Bundeskartellamt angemeldet werden muss!

19. Aufgabe

Beziehen Sie Position: Pro und Contra „Strategische Allianzen".

20. Aufgabe

Erläutern Sie die Vorschrift, nach der das Bundeskartellamt trotz Entstehens einer marktbeherrschenden Stellung einen Zusammenschluss genehmigen kann, wenn zugleich Verbesserungen der Wettbewerbsbedingungen eintreten!

21. Aufgabe

Was heißt, die Aktie sei auch Akquisitionsmittel?

22. Aufgabe

Erläutern Sie Vor- und Nachteil der de minimis- und Bagatellmarktklausel!

23. Aufgabe

Erörtern Sie die Tücken des relevanten Marktes!

24. Aufgabe

Brauchen wir ein Weltkartellamt? Erläutern Sie in diesem Zusammenhang das Auswirkungsprinzip!

25. Aufgabe

Die Börsen-Zeitung fragte angesichts von Großfusionen: „Ist es noch Monopoly oder schon Roulette?" (Die Zeit vom 13.10.1997). Nehmen Sie Stellung!

26. Aufgabe

Als Alternative zur Regulierungsbehörde wurde die Ausgliederung des Netzes der Deutschen Telekom AG in eine eigenständige Gesellschaft diskutiert. Erörtern Sie Vor- und Nachteile beider Varianten!

27. Aufgabe

In der Stromwirtschaft (Telekommunikation) wird die Deregulierung über eine Verbändevereinbarung (Regulierungsbehörde) organisiert. Erläutern Sie die prinzipiellen Vorgehensweisen und zeigen sie Vor- und Nachteile auf!

28. Aufgabe

Erläutern Sie aufeinander abgestimmtes Verhalten und bewusstes Parallelverhalten und deren wettbewerbsrechtliche Behandlung!

Lösung zu Aufgabe 1:

Bei der Beurteilung der Kooperation von Unternehmen können verschiedene Stufen unterschieden werden: Besteht die Zusammenarbeit der Unternehmen aus wettbewerbsbeschränkenden Absprachen, so spricht man von einem Kartell. In diesem Fall bleiben die Unternehmen sowohl rechtlich als auch wirtschaftlich selbständig.

Geben die Unternehmen bei Wahrung der rechtlichen Unabhängigkeit ihre wirtschaftliche Selbständigkeit auf, werden sie als verbundene Unternehmen bezeichnet. Wenn diese Unternehmen darüber hinaus noch unter einheitlicher Leitung stehen, handelt es sich um einen Konzern. Die engste Form der Zusammenarbeit ist die Fusion (Trust). Ein Trust liegt vor, wenn mindestens eines der beteiligten Unternehmen sowohl die wirtschaftliche als auch die rechtliche Selbständigkeit aufgibt.

Lösung zu Aufgabe 2:

Zielsetzung eines Submissionskartells ist es, durch gezielte Ausschaltung des Wettbewerbs überhöhte Preise bei der Vergabe von öffentlichen Aufträgen durchzusetzen. Bei Ausschreibungen durch die öffentliche Hand erhält grundsätzlich das Unternehmen den Zuschlag, welches das preisgünstigste Angebot abgegeben hat. Die Absprachen des Kartells bewirken, dass reihum jedes Mitglied – trotz jeweils überhöhten Preises – einen Auftrag erhält. Die anderen Kartellmitglieder geben gezielt noch stärker überhöhte Angebote ab. Bei unterschiedlich „mächtigen" Aufträgen werden auch „Ausgleichszahlungen" vereinbart.

Lösung zu Aufgabe 3:

Wesentliches Merkmal eines Syndikats ist das „Verkaufskontor", welches alleine befugt ist, die Erzeugnisse der Kartellmitglieder (zum Einheitspreis) zu veräußern. Eine derart straffe Organisation eines Kartells ermöglicht die genaue Kontrolle der Produktionsquoten der Kartellmitglieder. Preiskartelle scheitern oft an der Nichteinhaltung dieser zur Aufrechterhaltung der überhöhten Preise erforderlichen Mengenbeschränkungen. Einzelne Kartellmitglieder versuchen häufig, ihre freien Produktionskapazitäten auszulasten und mehr als vorgesehen zum überhöhten Preis zu verkaufen. Dieser Preis kann dann aber nicht mehr durchgesetzt werden. Ein Syndikat ist daher die wirksamste Organisationsform zur Aufrechterhaltung des Preiskartells.

Lösung zu Aufgabe 4:

Ein Spezialisierungskartell bezweckt, dass sich die Kartellmitglieder jeweils auf die Herstellung bestimmter Produkte oder Produkttypen beschränken. Die Vereinbarung lautet dann, dass keine zwei Kartellmitglieder in denselben Produktbereichen tätig sein dürfen. Jedes Unternehmen erhält somit in seinem Bereich eine Monopolstellung. Die Aussage, man wolle Monopolisierungsabsichten durch Spezialisierungskartelle tarnen, ist allerdings problematisch: Vor dem Hintergrund, einen möglichst hohen Gewinn zu erwirtschaften, streben Unternehmen immer eine „Alleinstellung" an. Ein besonders wirkungsvoller Weg ist die Beschränkung auf „Kernkompetenzen", was auch Rationalisierungseffekte beinhaltet. Ein Spezialisierungskartell wird nur dann genehmigt, wenn noch wesentlicher Wettbewerb erhalten bleibt, also keine Monopolstellung erreicht wird.

Lösung zu Aufgabe 5:

Die wichtigste Rahmenbedingung einer marktwirtschaftlichen Wirtschaftsordnung ist ein funktionierender Wettbewerb unter den Marktteilnehmer. Er ermöglicht die effiziente Aufteilung der knappen Ressourcen auf konkurrierende Bedürfnisse. Die Zielsetzung eines Kartells dagegen beinhaltet die Aufhebung oder zumindest Beschränkung des Wettbewerbs zugunsten einzelner Anbieter. Folglich erscheint es sinnvoll, wie in §1 GWB vorgesehen, die Kartelle grundsätzlich zu verbieten. Es gibt allerdings einige Ausnahmen von dieser Regelung.

Lösung zu Aufgabe 6:

Ein Konzern ist gekennzeichnet durch rechtlich selbständige Unternehmen, die unter einheitlicher Leitung stehen. Gleichordnungs- und Unterordnungskonzern unterscheiden sich nach dem Aktiengesetz durch die unterschiedlichen Einflussverhältnisse innerhalb der Konzernleitung. Beim Gleichordnungskonzern hat keines der verbundenen Unternehmen einen herrschenden Einfluss. Ein Unterordnungskonzern dagegen liegt dann vor, wenn eines der Unternehmen einen herrschenden Einfluss in der gemeinsamen Leitung ausübt. Dies wird bereits dann vermutet, wenn eine Mehrheitsbeteiligung besteht.

Lösung zu Aufgabe 7:

Die Fusion ist ein Unternehmenszusammenschluss, bei dem mindestens ein Unternehmen sowohl die wirtschaftliche als auch die rechtliche Selbständigkeit aufgibt.

Eine Fusion durch Aufnahme liegt dann vor, wenn ein Unternehmen (A) die gesamten Aktiva und Passiva eines anderen Unternehmens (B) übernimmt. Die bisherigen B-Anteilseigner erhalten für ihre B-Anteile nun Anteile des Unternehmens A.

Eine Fusion durch Neugründung wird durch die Gründung einer neuen Gesellschaft (C) erreicht. In diese Gesellschaft gehen die Vermögens- und Schuldenbestände der fusionierenden Unternehmen (A, B) ein. Sowohl die Anteilseigner von A als auch die von B erhalten dann ihre alten Anteile durch die neuen Anteile der Gesellschaft C ersetzt. Denkbar ist auch, dass Anteilseigner im Rahmen des Umtauschs (teilweise) eine Barabfindung erhalten. In der Vergangenheit öfters zu beobachten waren auch Übernahmen über die Börse, wobei sich freilich das aufnehmende Unternehmen hoch verschulden musste.

Lösung zu Aufgabe 8:

Ist aufgrund des strukturellen Wandels in einer Branche nachhaltig mit einem Absatzrückgang zu rechnen, sind die Hersteller gezwungen, ihre Kapazitäten abzubauen. Ein Strukturkrisenkartell ist eine Absprache, die diese Anpassung für die betroffenen Unternehmen erleichtern soll. Daher kann es auch sinnvoll sein, solche Absprachen vom generellen Kartellverbot auszunehmen. Strukturkrisenkartelle können folglich vereinbart werden, sie müssen aber vom Bundeskartellamt genehmigt werden (genehmigungspflichtige Kartelle). Wird die Genehmigung verweigert, kann zunächst beim Oberlandesgericht Düsseldorf und als letzte Instanz beim Bundesgerichtshof dagegen Beschwerde eingelegt werden. Davon unabhängig kann der Bundesminister der Wirtschaft jedes Kartell, also auch ein Strukturkrisenkartell, genehmigen, wenn dies aus Sicht der Gesamtwirtschaft und des Gemeinwohls notwendig ist.

Lösung zu Aufgabe 9:

Grundsätzlich ist die Bewertung von Unternehmen eine schwierige Angelegenheit, da viele subjektive Faktoren sowie die Potenziale für die Zukunft miteinbezogen werden müssen. Größen wie z.B. das Know-how oder das Image eines Unternehmens spielen eine wichtige Rolle für den Unternehmenswert, sie sind aber nicht bzw. nur unzureichend messbar. Im Zusammenhang mit Fusionen sind es vor allem auch die möglichen Synergieeffekte, deren Bewertung mit erheblichen Schwierigkeiten verbunden ist.

Die relative Wertigkeit bildet aber bei einer Fusion die Grundlage für die Umtauschrelation der Gesellschaftsanteile. Unterschiedliche Bewertungen, vor allem im Bereich der genannten subjektiven Größen, können dazu führen, dass sich einzelne Anteilseigner benachteiligt fühlen. Sie werden dann der Fusion nicht ohne weiteres zustimmen. Behilflich bei der Ermittlung eines fairen Umtauschverhältnisses sind auch Investment Banks.

Lösung zu Aufgabe 10:

Nach §16 AktG sind zwei Unternehmen „verbundene Unternehmen", wenn das eine Unternehmen an dem anderen mit Mehrheit beteiligt ist. Da die Gesellschaft A nur 35 % der Anteile von B hält, sind die Unternehmen, aus diesem Blickwinkel, noch keine „verbundenen Unternehmen." §17 AktG erweitert den Begriff allerdings auch dahingehend, dass ein Unternehmen auf ein anderes mittelbar oder unmittelbar herrschenden Einfluss ausüben kann. Durch die 51 % Beteiligung an Aktiengesellschaft C, die wiederum 40 % Anteile von B hält, ist die Gesellschaft A in der Lage, 75 % (35 % + 40 %) von B zu kontrollieren. Vor diesem Hintergrund sind A und B „verbundene Unternehmen".

Lösung zu Aufgabe 11:

Feindliche Übernahmen sind Unternehmenszusammenschlüsse, die gegen den Willen des Vorstands der Zielgesellschaft versucht werden. Dies geschieht über das Aufkaufen der Aktienmehrheit an der Börse oder durch ein Aktientauschangebot direkt an die Aktionäre. Der Vorstand der Zielgesellschaft versucht, die Übernahme abzuwehren, weil er das strategische Konzept und/oder das Tauschangebot für unangemessen hält. So kann er befreundete Unternehmen bitten, durch den Kauf von Aktienpaketen die Sperrminorität von 25 % zu erreichen; der Vorstand selbst kann durch Rückkauf eigener Aktien (max. 10 %) den Preis hochtreiben. Für nicht börsennotierte Aktiengesellschaften gibt es zudem die Möglichkeit der Stimmrechtsbeschränkung: Damit kann festgelegt werden, dass ein Aktionär unter gewissen Voraussetzungen nur einen bestimmten Teil seines Stimmrechts einsetzen darf, so dass Mehrheitsaktionäre „lahmgelegt" werden. Gegen direkte Tauschangebote helfen vor allem gute Argumente und umfangreiche Werbung.

Die Bezeichnung „feindlich" ist insofern irreführend, als letztlich die Aktionäre „freiwillig" verkaufen oder tauschen – oder auch nicht.

Lösung zu Aufgabe 12:

Angesichts expandierender Märkte und härterer Konkurrenzbedingungen zeigt sich eine zunehmende Tendenz der Unternehmen, sich zusammenzuschließen.

Bei einem horizontalen Zusammenschluss kooperieren Unternehmen der gleichen Produktions- oder Handelsstufe. Hauptmotiv ist hierbei die Erzielung von Synergieeffekten, z.B. durch kostengünstigere Forschung, Produktion und Marktpräsenz, günstigere Rabatte beim Einkauf infolge einer vermehrten „Nachfragemacht" oder die Möglichkeit einer „Entflechtung" und Spezialisierung der „Teilbereiche".

Kooperieren Unternehmen aufeinanderfolgender Produktions- oder Handelsstufen, spricht man von einem vertikalen Zusammenschluss. Motive für eine Vorwärtsintegration (Annäherung der Produktion an den Endverbraucher) liegen zumeist in der Sicherung von Absatzmögichkeiten. Dementsprechend integriert ein Unternehmen rückwärts, um durch die Sicherung der Rohstoff- bzw. Zulieferbasis das Kostenrisiko und die Lieferabhängigkeit zu mindern.

Konglomerate Zusammenschlüsse, also Kooperationen von Unternehmen nichtverwandter Wirtschaftszweige, sind schließlich motiviert durch das Ziel einer Minderung des Existenzrisikos bei technologischen Umbrüchen oder veränderten Kaufgewohnheiten der Konsumenten. Allerdings beherrschen die „Tausendfüßler" oft nicht ihr Geschäft, weshalb sie sich auf ihre Kernkompetenzen besinnen und Randaktivitäten an dortige Spezialisten abstoßen.

Lösung zu Aufgabe 13:

Im Rahmen der Zusammenschlusskontrolle ist das entscheidende Kriterium des Kartellamts die Entstehung oder Verstärkung einer marktbeherrschenden Stellung. Diese wird z.B. anhand der Finanzkraft, des Zugangs zu den Beschaffungs- und Absatzmärkten, der Verflechtungen mit anderen Unternehmen geprüft. Vermutet wird Marktbeherrschung bei einem Marktanteil von mindestens 33 %. Problematisch ist dabei allerdings die Abgrenzung des relevanten Marktes, sowohl räumlich (regional, weltweit) als auch sachlich (einbezogene Produktkategorien).

Lösung zu Aufgabe 14:

Das Problem der Unternehmenszusammenschlüsse liegt in der daraus resultierenden Beeinträchtigung des Wettbewerbs begründet. Da jedoch viele Unternehmen in mehreren Bereichen tätig sind, wird unter Umständen durch den Zusammenschluss in einem Bereich eine Verzerrung der Wettbewerbsstruktur in einem anderen Bereich (z.B. durch eine ansonsten fällige Insolvenz) verhindert. In diesem Fall kann die Fusion trotz Entstehens einer marktbeherrschenden Stellung genehmigt werden (vgl. z.B. den Zusammenschluss Karstadt-Neckermann).

Lösung zu Aufgabe 15:

Die Problematik der Industriebeteiligungen von Banken kommt vor allem dann zum Tragen, wenn dieselbe Bank an konkurrierenden Unternehmen beteiligt ist. Durch die damit meist verbundenen Aufsichtsratsmandate erhalten die Banken genauen Einblick in die Geschäftsentscheidungen der Unternehmen. Diese Informationen können Interessenkonflikte begründen. (Analoge Bedenken werden auch bezüglich der Gewerkschaften in mitbestimmten Aufsichtsräten geäußert.) Solche Effekte werden noch verstärkt durch die Vollmachtsstimmrechte für die Kunden und die Gläubigermacht als Kreditgeber. Der Gesetzgeber hat deshalb die Anzahl der Aufsichtsratsmandate beschränkt (bis zu zehn pro Person, Vorsitzmandate zählen doppelt) und ihre Offenlegung verlangt. Außerdem gelten für die Vollmachtsstimmrechte Beschränkungen, wenn die Bank selbst mehr als 5 % Anteile hält.

Lösung zu Aufgabe 16:

Die europäische Fusionskontrolle greift dann, wenn die zusammenschlusswilligen Unternehmen weniger als zwei Drittel ihres Umsatzes in einem Mitgliedsland erwirtschaften. Um „kleine Fische" auszusortieren, wird zusätzlich verlangt, dass der Weltumsatz 5 Mrd. EURO und der EU-Umsatz bei mindestens zwei Unternehmen je 250 Mio. EURO überschreitet. Es wird dann geprüft, ob eine marktbeherrschende Stellung entsteht oder verstärkt wird, wobei ein Marktanteil von mehr als 25 % als „Marke" gilt. Eine Genehmigung bleibt dennoch möglich, wenn durch den Zusammenschluss ein technischer oder wirtschaftlicher Fortschritt zugunsten der Verbraucher erreicht wird (Fortschrittsgedanke). Mit den Art. 85 und 86 des EWG-Vertrags gibt es keine Überschneidungen: Art. 85 betrifft die Koordination des Wettbewerbsverhaltens rechtlich und wirtschaftlich selbständiger Unternehmen (insbes. Kartelle und Vertriebsbindungen), Art. 86 die Missbrauchsaufsicht über – z.B. aufgrund besonderer Leistungen – marktbeherrschende Unternehmen. Kritisiert wird vor allen, dass die EU-Kommission sowohl die Prüfung des Wettbewerbs als auch des Fortschrittsgedankens durchführt, was die Grenzen zwischen Wettbewerbs- und Industriepolitik verwischt. Es gibt deshalb die Forderung, beide Aspekte auch institutionell zu trennen, z.B. wie in Deutschland: Bundeskartellamt und Ministerentscheidung.

Lösung zu Aufgabe 17:

Mehrere Unternehmen können „in ihrer Gesamtheit" auch marktbeherrschend sein, wenn zwischen ihnen kein wesentlicher Wettbewerb besteht und sie – von außen – auch keinem wesentlichen Wettbewerb ausgesetzt sind. Die qualifizierte Oligopolvermutung greift, wenn es die zwei oder drei größten Unternehmen einer Branche auf 50 % Marktanteil bringen bzw. die vier oder fünf größten auf 66 %: Jedes dieser Unternehmen gilt dann als marktbeherrschend.

Lösung zu Aufgabe 18:

Ein Zusammenschlussvorhaben muss dem Bundeskartellamt bei Überschreiten der 25 %- und der 50 %-Anteilsmarke angezeigt werden; dies gilt auch, wenn bei einer geringeren Beteiligung ein entsprechend bestimmender Einfluss ausgeübt werden kann. Allerdings gilt dies nicht, wenn die beteiligten Unternehmen insgesamt weltweit weniger als eine Mrd. DM umsetzen und kein Unternehmen in Deutschland die 50 Mio. DM-Grenze überschreitet, sich ein Unternehmen mit weniger als 20 Mio. DM Weltumsatz einem – beliebig großen – anderen Unternehmen anschließt oder ausschließlich ein kleiner Markt – mit weniger als 30 Mio. DM Gesamtabsatz – betroffen ist.

Lösung zu Aufgabe 19:

Eine Kooperationsform (Joint venture oder Managementvertrag), die von größeren, in der Regel weltweit operierenden Unternehmen angestrebt wird, ist die „strategische Allianz". Die Zusammenarbeit wird dabei häufig in solchen Bereichen angestrebt, in welchen die (insbesondere finanziellen) Möglichkeiten eines einzelnen Unternehmens überfordert wären. Zielsetzung der „strategischen Allianzen" ist die Verbesserung der Position der beteiligten Unternehmen auf einem immer stärker zusammenwachsenden Weltmarkt. Für die strategischen Allianzen spricht vor allem die Möglichkeit, damit Projekte durchführen zu können, wozu einer alleine nicht in der Lage wäre (Arbeitsgemeinschaftsgedanke). Dagegen lässt sich aber einwenden, dass die Allianzen, ähnlich wie Kartelle, zu einer bedenklichen Wettbewerbsverzerrung führen können. Manchmal sind strategische Allianzen ein Zwischenschritt zur Übernahme, oft scheitern sie aber auch an den unterschiedlichen Unternehmenskulturen oder an „moral hazard": man will mehr nehmen als geben.

Lösung zu Aufgabe 20:

Diese Vorschrift betrifft den Fall, dass mindestens eines der zusammenschlusswilligen Unternehmen auf zwei Märkten präsent ist. Angenommen, dieses Unternehmen wird kurz vor dem Insolvenzfall von einem Konkurrenten auf einem der beiden Märkte übernommen, wodurch dort eine marktbeherrschende Stellung (z.B. gemessen am Marktanteil) entsteht. Wäre das übernommene Unternehmen untergegangen, hätte der andere Markt einen Wettbewerber verloren, was bei den verbliebenen Marktbeherrschung zur Folge gehabt hätte. Die Verschlechterung der Wettbewerbsbedingungen auf dem einen Markt wird folglich begleitet von einem Erhalt (und damit einer Verbesserung) der Wettbewerbsbedingungen auf einem anderen Markt. Der Zusammenschluss wäre also genehmigungsfähig.

Lösung zu Aufgabe 21:

Bei der Fusion zweier Aktiengesellschaften durch Aufnahme übernimmt eines der beiden Unternehmen das Vermögen und die Schulden des anderen. Diese Übernahme kann auf zwei Arten erfolgen: Im ersten Fall kauft das Unternehmen A die Aktien von B über die Börse oder in Bar; da hierfür sehr viel Kapital erforderlich ist, kann dieser Weg eine hohe Verschuldung zur Folge haben. Die zweite Möglichkeit wäre ein Kauf durch Aktientausch: Unternehmen A nimmt eine Kapitalerhöhung vor und die B-Aktien werden in A-Aktien getauscht. Die A-Aktien sind damit Zahlungs- und Akquisitionsmittel geworden. Als Zwischenlösung ist auch eine gemischte Strategie aus Bezahlung und Aktientausch denkbar. Die Entwicklungen der letzten Zeit zeigen, dass die Tendenz immer mehr weg von den „traditionellen" kreditfinanzierten Übernahmen zum Aktientausch geht.

Lösung zu Aufgabe 22:

De minimis- und Bagatellmarktklausel sind Ausnahmeregelungen bei der Zusammenschlusskontrolle durch das Bundeskartellamt. Demnach ist eine Anmeldung von Unternehmenszusammenschlüssen nicht erforderlich, wenn

- ein – bislang unabhängiges – Unternehmen mit weniger als zwanzig Millionen DM Weltumsatz (de minimis-Klausel) oder
- ein – seit mindestens fünf Jahren – bestehender Markt mit weniger als dreißig Millionen DM Gesamtumsatz (Bagatellmarktklausel) betroffen ist.

Diese Regelungen sollen Übernahmen kleinerer Unternehmen erleichtern und das Bundeskartellamt entlasten. Allerdings können sie auch dazu führen, dass kleine Unternehmen und Märkte relativ unbemerkt von großen Unternehmen „geschluckt" werden.

Lösung zu Aufgabe 23:

Der Marktanteil eines Unternehmens kann Aufschluss darüber geben, ob das Unternehmen eine marktbeherrschende Stellung einnimmt bzw. nach dem Zusammenschluss mit einem anderen Unternehmen einnehmen wird. Zur Bestimmung des Marktanteils muss auf das Konzept des relevanten Marktes zurückgegriffen werden, wobei seine Festlegung nicht eindeutig ist: Soll nur der Markt für dieselbe Preis- und Qualitätsklasse einbezogen werden oder sind alle Preis- und Qualitätslagen relevant? Zudem können nur der Heimatmarkt, aber auch die Konkurrenzverhältnisse in Europa bzw. sogar weltweit betrachtet werden. Die Entscheidung, ob eine marktbeherrschende Stellung vorliegt, ist damit stark von der subjektiven Abgrenzung des relevanten Marktes abhängig. Generell gilt: Je größer der relevante Markt abgesteckt wird, desto unwahrscheinlicher ist eine Marktbeherrschung.

Lösung zu Aufgabe 24:

Die Aufgabe eines Weltkartellamts läge in der Verhinderung internationaler Marktbeherrschung und internationaler Preis- bzw. Mengenabsprachen, die mit zunehmender Globalisierung immer wahrscheinlicher werden; eine Ansiedelung wäre bei der WTO denkbar. Allerdings ist das entscheidende Problem die Durchsetzbarkeit von Sanktionen in den jeweiligen Nationalstaaten. Solange dieser Durchgriff nicht möglich ist, macht die Einrichtung einer derartigen Instanz keinen Sinn. Da in abgeschwächter Form bereits eine länderübergreifende Kontrolle existiert, erscheint es sinnvoller, diese weiter auszubauen. Im Rahmen des Auswirkungsprinzips prüft die EU-Kommission, ob Zusammenschlüsse von Unternehmen aus Nicht-EU-Ländern negative Folgen für den innereuropäischen Markt haben. Sofern solche vorliegen, erteilt Brüssel Auflagen, die mit Hilfe innereuropäischer Druckmittel (z.B. Liefersperren für die europäische Zulieferindustrie) durchgesetzt werden. Ein Ansatzpunkt wäre hier, die Zusammenarbeit mit ausländischen Wettbewerbsbehörden zu verstärken; ein Kooperationsabkommen zwischen EU und USA zur Vermeidung doppelter Untersuchungen und Gerichtsverfahren liegt bereits vor.

Lösung zu Aufgabe 25:

Die Motive für Unternehmenszusammenschlüsse können vielfältig sein; hinter allen steht jedoch der Wunsch nach einem besseren „Standing" im internationalen Wettbewerb. Da die Konkurrenzbedingungen insgesamt schärfer geworden sind, versuchen die Unternehmen Synergieeffekte zu erzielen, Nachfragemacht gegenüber Lieferanten aufzubauen und durch die Ausschaltung von Konkurrenz Marktmacht (Monopoly) zu erringen. Allerdings bergen Großfusionen nicht nur Chancen, sondern auch Risiken: So kann leicht der Überblick über das neu entstandene Unternehmen verloren werden, insbesondere wenn Tätigkeitsbereiche hinzu kommen, die nicht wirklich beherrscht werden. Zudem stellt die Zusammenführung der Unternehmensteile zu einem Großunternehmen eine schwere Herausforderung an das Management dar. Bei genauem Hinsehen könnte so manche vermeintlich strategisch richtige Fusion eher einem Glücksspiel (Roulette) mit ungewissem Ausgang gleichen. So hat sich z.B. die zunächst mit viel Beifall bedachte Übernahme von Rover durch BMW mittlerweile als schwere Hypothek erwiesen.

Lösung zu Aufgabe 26:

Die Liberalisierung der Telekommunikation wird von einer eignes dafür geschaffenen Regulierungsbehörde, die dem Bundeswirtschaftsminister untersteht, überwacht. Bei dieser Lösung bleibt die Telekom AG weiterhin Eigentümer des Netzes, muss aber allen Konkurrenten den Zugang gewähren, wobei die Inter-Connect-Gebühren von der Regulierungsbehörde festgelegt werden. Damit ist der diskriminierungsfreie Zugang für die Mitbewerber zu einem Festpreis gesichert. Sofern die Telekom AG mit der Höhe der festgelegten Gebühren nicht einverstanden ist, könnte es sein, dass sie keine weiteren Investitionen in das Netz mehr vornimmt. Zudem hat sie im Gegensatz zu den Mitbewerbern direkten Zugriff auf das Netz, wodurch sie sich eventuell Vorteile sichern könnte. Als Alternative hätte man das Telekommunikationsnetz auch in eine – vom Staat dominierte – Gesellschaft ausgliedern können. Diese Gesellschaft könnte dann die Zugangsrechte an die Telefongesellschaften vermieten. Hierzu müsste das Netz jedoch zunächst der Telekom AG abgekauft werden, was mit einer sehr hohen Investition von Seiten des Staates verbunden wäre.

Lösung zu Aufgabe 27:

In der Stromwirtschaft sind die regionalen Energieversorgungsunternehmen Inhaber des Stromnetzes. Nach dem Energiewirtschaftsgesetz haben sie nun die Pflicht, Strom anderer Anbieter zu bestimmten Kunden durchzuleiten. Da diese in der Regel selbst Anbieter sind, werden sie von ihren Konkurrenten hohe Durchleitungspreise verlangen. Um langwierigen Klagen wegen Missbrauchs einer marktbeherrschenden Stellung mit dem Ziel der Mehrerlösabschöpfung entgegenzuwirken, haben Versorger und Großabnehmer eine – zunächst jeweils für ein Jahr gültige – Verbändevereinbarung getroffen. Da sie einen Verstoß gegen das Empfehlungsverbot (§38,1 GWB) darstellt, muss sie vom Bundeskartellamt und – wegen ihrer EU-weiten Auswirkung – auch von der EU-Kommission genehmigt werden.

Die Öffnung des Netzes der Deutschen Telekom sowie die Aktivierung weiterer Telefonnetze (z.B. das der deutschen Bahn AG) wird von einer eigens geschaffenen Regulierungsbehörde beim Bundeswirtschaftsminister überwacht. Neben der Öffnung des Netzes für andere Anbieter hat sie eine Regulierung der Telekom-Entgelte, Netzzusammenschaltungen,

Frequenzen, Nummerierungen etc. zur Aufgabe. Sie ist zum Sofortvollzug berechtigt. Die Nutzung des Festnetzes durch Telekom-Konkurrenten wird mit eine Minutenpauschale abgedeckt, die die Regulierungsbehörde festlegt – damit sind Konflikte mit der Telekom vorprogrammiert.

Im Gegensatz zur Liberalisierung des Telekommunikationsmarktes über eine – staatliche – (De-) Regulierungsbehörde, hat man den Strommarkt auf Basis einer – freiwilligen – Vereinbarung der betroffenen Marktteilnehmer (Anbieter und Nachfrager) geöffnet. Aus marktwirtschaftlicher Perspektive erscheint die „Behördenlösung" des Telekommunikationsmarktes weniger vorteilhaft. Andererseits kann hier ein Sofortvollzug durchgesetzt werden. Bei der „Vereinbarungslösung" des Strommarktes bleibt „nur" die allgemeine Missbrauchsaufsicht der Kartellamtes (und der EU-Kommission), die freilich in langwierige gerichtliche Auseinandersetzungen (ohne Sofortvollzug) münden kann. Diese können offenbar dadurch vermieden werden, dass das Kartellamt ein Junktim herstellt zwischen einer liberalen Vereinbarung und der Erlaubnis von Zusammenschlüssen in der Stromwirtschaft. Da grundsätzlich auch im Telekommunikationsmarkt die Missbrauchsaufsicht des Kartellamtes wirkt, sind Kompetenzstreitigkeiten zwischen dem Amt und der Behörde nicht auszuschließen (und auch schon eingetreten).

Lösung zu Aufgabe 28:

Auf den Märkten kann man immer wieder „gleichförmiges" Verhalten von Unternehmen beobachten (z.B. bei einer Preiserhöhung). Hintergrund könnte ein aufeinander abgestimmtes Verhalten von Unternehmen mit der Absicht einer Verhinderung, Einschränkung oder Verfälschung des Wettbewerbs sein. Dieses ist kartellrechtlich verboten (§1 GWB), wobei die Beweislast beim Kartellamt liegt. Gleichförmiges Verhalten könnte allerdings auch durch die Marktverhältnisse (z.B. Kostensteigerungen durch Lohnerhöhungen oder Wechselkursänderungen) erzwungen werden. Hier liegt dann ein – kartellrechtlich nicht relevantes – bewusstes Parallelverhalten der Unternehmen vor. In der Tagesdiskussion wird gerne bei gleichförmigen Preiserhöhungen ein aufeinander abgestimmtes Verhalten vermutet, während gleichförmige Preissenkungen (z.B. nach einer Entlastung der Kostenfront) geflissentlich übergangen werden.

Arbeitsaufgaben und Lösungen zum 5. Kapitel Die Grundlagen unternehmerischer Entscheidungen

(Entscheidungsfindung I)

1. Aufgabe

Was sind Führungsentscheidungen? Nennen Sie Beispiele und beschreiben Sie diese!

2. Aufgabe

Welches sind die Bestandteile einer Entscheidungssituation?

3. Aufgabe

Erläutern Sie anhand von Beispielen, was Sie unter Entscheidungsparametern verstehen!

4. Aufgabe

Stellen Sie die Grundzüge der Anspruchsanpassungstheorie dar!

5. Aufgabe

Erläutern Sie die Begriffe

- Zielindifferenz
- Zielkonkurrenz
- Zielkomplementarität!

6. Aufgabe

Was ist eine Umwegs-Zielerreichung? Nennen Sie Beispiele!

7. Aufgabe

Ist das Ziel „maximale Versorgung der Bevölkerung“ ein sinnvolles Ziel für einen öffentlichen Versorgungsbetrieb?

8. Aufgabe

Für drei Entscheidungsalternativen (a_1, a_2, a_3) und drei mögliche Umweltentwicklungen (S_1, S_2, S_3) gelten die folgenden Gewinnerwartungen:

	S_1	S_2	S_3
a_1	4	6	5
a_2	3	2	6
a_3	7	6	3

Ermitteln Sie anhand der Ihnen bekannten Entscheidungsregeln die optimale Alternative!

9. Aufgabe

Dem risikoscheuen Entscheider verschafft ein wachsendes Einkommen einen unterproportionalen Nutzenzuwachs.

Begründen Sie diese Aussage!

10. Aufgabe

Worin besteht ein besonderes Problem von Zielbündeln und wie ist es zu lösen?

11. Aufgabe

Für die Szenarien der Aufgabe 8) gelten folgende Eintrittswahrscheinlichkeiten: $S_1 = 30\ \%$, $S_2 = 45\ \%$, $S_3 = 25\ \%$.

Ermitteln Sie die günstigste Entscheidung nach dem Erwartungswertkriterium!

Was wird bei dieser Entscheidungsregel unterstellt?

12. Aufgabe

Was versteht man unter Risikoneutralität, Risikoscheu und Risikofreude?

13. Aufgabe

Ein Entscheider verfüge über folgende Nutzenfunktion:

$$N = \frac{1}{10} \cdot G^2$$

mit: N = Nutzen
G = Gewinn

Ferner stehe er folgenden Gewinnerwartungen gegenüber

	S_1 (0,7)	S_2 (0,3)
a_1	45	100
a_2	43	103

mit: S = Umweltentwicklung (mit Eintrittswahrscheinlichkeit)
a = Entscheidungsalternative

Welche Risikoeinstellung hat der Entscheider, und welche Entscheidung wird er fällen, um einen möglichst großen Nutzen zu erreichen? Wie hätte sich ein risikoneutraler Entscheider verhalten?

14. Aufgabe

Inwiefern bergen Mehr-Personen-Entscheidungen besondere Probleme? Woraus resultieren sie?

15. Aufgabe

Was sind Unternehmensgrundsätze, welche Aufgabe haben sie, und welches sind die Voraussetzungen ihrer Erfolgswirksamkeit?

16. Aufgabe

Yamaha-Werbung für Musikinstrumente: „Wir wollen vielen Menschen dabei helfen, ein erfülltes und sinnvolles Leben zu führen." Beurteilen Sie diese Aussage vor dem Hintergrund der unternehmerischen Zielsetzungen!

17. Aufgabe

Was versteht man unter dem Shareholder value, und wie versuchen Unternehmen, ihn zu steigern?

18. Aufgabe

Was ist von dem Gegensatz: Stakeholder value – Shareholder value zu halten?

19. Aufgabe

Eine Unternehmenskultur kann hilfreich, aber auch hinderlich sein. Erläutern Sie diese Aussage!

20. Aufgabe

Worin sehen Sie die internen Probleme eines Kooperationsprojekts zwischen einem deutschen und einem japanischen Unternehmen der gleichen Branche?

21. Aufgabe

Ein Entscheider steht vor der Wahl, ein Einkommen in Höhe von 100 mit Sicherheit (Alternative 1) oder ein Einkommen in Höhe von 80 oder 120 mit je 50 % Eintrittswahrscheinlichkeit (Alternative 2) zu beziehen. Welche Alternative zieht ein risikoscheuer Entscheider vor? Begründen Sie Ihre Aussage anhand einer Nutzenfunktion!

22. Aufgabe

Aufgabe 13) wird wie folgt modifiziert:

$$N = \frac{1}{10} \cdot \sqrt{G}$$

und

	S_1 (0,6)	S_2 (0,4)
a_1	40	200
a_2	30	220

Zu welchen Ergebnissen gelangen Sie jetzt?

23. Aufgabe

Hugo hat von Tante Käthe 100 DM geschenkt bekommen, die er für ein Jahr investieren will. Er sieht zwei Alternativen:

Alternative 1:

Er kauft eine Aktie der Hallodrie-AG, die derzeit zu einem Börsenkurs von 100 DM gehandelt wird. Er erwartet, dass in einem Jahr der Börsenkurs mit 30 % (20 %, 15 %, 35 %) Wahrscheinlichkeit bei 80 DM (100 DM, 120 DM, 150 DM) liegen wird.

Alternative 2:

Hugo legt die 100 DM bei der Solid-Bank an und erhält mit Sicherheit nach einem Jahr 114,50 DM ausbezahlt. Hugo entscheidet sich für den Kauf der Aktie. Welchem Risikotyp ist Hugo zuzuordnen? Begründen Sie Ihre Aussage!

Lösung zu Aufgabe 1:

Führungsentscheidungen sind solche Entscheidungen, die zentrale Fragen der Unternehmenspolitik betreffen. Sie werden von der Unternehmensleitung getroffen. Führungsentscheidungen sind immer dann erforderlich, wenn eine neue Situation eingetreten ist, die das Unternehmen insgesamt betrifft (z.B. neue Marktstrukturen, technologische Durchbrüche). Sie ziehen meist erhebliche finanzielle oder personelle Konsequenzen nach sich. Beispiele solcher Entscheidungen sind:

- Aufnahme neuer Produkte in das Produktionsprogramm,
- Neuanschaffung von Produktionsanlagen,
- Übergang auf neue Produktionsverfahren,
- Expansion auf Auslandsmärkte.

Lösung zu Aufgabe 2:

Eine Entscheidungssituation lässt sich durch drei Komponenten charakterisieren:

- Die Entscheidungsparameter legen die Rahmenbedingungen für die Entscheidung fest. Sie sind – zumindest kurzfristig – nicht veränderbar und begrenzen daher das Feld der Entscheidungsalternativen.
- Die Entscheidungsalternativen stellen die unterschiedlichen Möglichkeiten des weiteren Vorgehens dar. Sie umfassen alle Handlungen, die geeignet sind, die Zielvorstellung des Entscheiders zu erreichen.
- Die Zielvorstellung des Entscheiders ist das Kriterium, nach welchem die Auswahl der auszuführenden Alternative getroffen wird. Der Entscheider wird die Alternative wählen, die die Durchsetzung seiner Ziele am besten gewährleistet.

Lösung zu Aufgabe 3:

Entscheidungsparameter sind solche Größen, die die Rahmenbedingungen einer Entscheidungssituation festlegen. Sie sind für die betreffende Situation nicht veränderbar. Es können zwei Arten von Entscheidungsparametern unterschieden werden:

- Exogene Parameter sind solche, die von der Umwelt des Unternehmens bestimmt sind, z.B.:
  - Preise und Qualitäten der Konkurrenzprodukte,
  - Bedürfnisse der Konsumenten,
  - Preise für Vorleistungen, Rohstoffe etc.,
  - Steuersätze.

- Endogene Parameter sind Größen, die durch den Betrieb selbst festgelegt sind, z.B.:
  - Produktionskapazitäten,
  - Qualifikation der Mitarbeiter,
  - Lagerkapazitäten.

Zudem können die Entscheidungsparameter danach unterteilt werden, ob sie stets eine bestimmte, im Zeitablauf aber veränderliche Ausprägung annehmen (deterministische Parameter) oder ob sie auf Schätzwerten beruhen (stochastische Parameter).

Lösung zu Aufgabe 4:

Die Anspruchsanpassungstheorie beschreibt den Sachverhalt, dass ein Entscheidungsträger bei der Suche nach zielgerechten Entscheidungsalternativen sein Anspruchsniveau an den Sucherfolg anpasst.

Findet der Entscheider bereits nach kurzer Suche eine dem bisherigen Anspruchsniveau genügende Alternative, so wird er dazu neigen, sein Anspruchsniveau zu erhöhen und weiterzusuchen. Umgekehrt führt eine lange, erfolglose Suche zu einer Absenkung des Anspruchsniveaus. Die bisher als beste empfundene Alternative wird dann realisiert.

Lösung zu Aufgabe 5:

Eine Entscheidungssituation ist häufig dadurch gekennzeichnet, dass nicht nur ein Ziel zu erreichen ist, sondern es wird ein Bündel von Zielen vorgegeben. Dabei können unterschiedliche Zielbeziehungen auftreten:

- Zielindifferenz bedeutet, dass sich die Ziele gegenseitig nicht beeinflussen. Sie sind voneinander unabhängig.
- Zielkonkurrenz liegt vor, wenn eine Annäherung an ein Ziel nur auf Kosten der Erreichung eines anderen Zieles vorgenommen werden kann. Die Ziele beeinträchtigen sich gegenseitig.
- Zielkomplementarität beschreibt den Sachverhalt, dass die Annäherung an ein Ziel gleichzeitig auch die Annäherung an ein anderes Ziel beinhaltet. Die jeweilige Realisation der Ziele fördert sich gegenseitig.

Lösung zu Aufgabe 6:

Basierend auf dem erwerbswirtschaftlichen Prinzip stellt das Streben nach der Erwirtschaftung von Überschüssen (Gewinn- oder Rentabilitätsmaximierung) die grundlegende Zielsetzung eines Unternehmens dar. Häufig werden in den Unternehmen dazu Unter- bzw. Zwischenziele formuliert, die den Weg zum eigentlichen Unternehmensziel weisen sollen. So könnte man versuchen, das Gewinnziel auf dem „Umweg" über eine hohe Produktqualität zu erreichen: Man verspricht sich hiervon Kundenzufriedenheit und damit eine bessere Kundenbindung.

Lösung zu Aufgabe 7:

Ein häufig gebrauchtes Argument zugunsten öffentlicher Betriebe ist die Sicherstellung der Versorgung mit „lebensnotwendigen Gütern“ (z.B. Wasser). Hierbei kann es sich freilich nicht um eine maximale Versorgung handeln: Dies wäre die „Sättigungsmenge“ zum Preis $p = 0$. Es muss vielmehr ein „politischer Preis“ $p = \hat{p} > 0$ festgelegt werden, wobei ein höherer Preis eine reduziertere Nachfrage und damit geringere Versorgung bedeutet. Der Preis $\hat{p}$ könnte einen Subventionsbedarf auslösen. Erfahrungsgemäß liegt dieser bei öffentlichen Betrieben wegen ihrer monopolistischen Stellung und deshalb schlechteren Kostenmanagements höher. Die Versorgungsleistungen sollten deshalb – z.B. im Sinne der Aufgabenprivatisierung – ausgeschrieben und an den Anbieter vergeben werden, der den geringsten Subventionsbedarf anmeldet.

Lösung zu Aufgabe 8:

Entscheidungsregeln sind Hilfsmittel im Entscheidungsprozeß. Sie sollen die Auswahl der zu realisierenden Alternative erleichtern. Im vorliegenden Fall gilt:

	S_1	S_2	S_3	Mindestgewinn	Durchschnittsgewinn
a_1	4	6	5	4	$\frac{4+6+5}{3} = 5.00$
a_2	3	2	6	2	$\frac{3+2+6}{3} = 3.67$
a_3	7	6	3	3	$\frac{7+6+3}{3} = 5.33$

- Nach der Minimal-Regel wird der Entscheider die Alternative a_1 wählen, da diese den maximalen Mindestgewinn (4 Einheiten) verspricht.
- Nach der Laplace-Regel ist die Alternative a_3 vorzuziehen, da hier der größte Durchschnittsgewinn (5.33 Einheiten) erzielt wird.

Lösung zu Aufgabe 9:

Die Risikoeinstellung eines Entscheiders wird durch den Verlauf seiner Nutzenfunktion abgebildet. Ein risikoscheuer Entscheider orientiert sich an einer degressiv verlaufenden Nutzenfunktion.

Dieser Sachverhalt kann wie folgt illustriert werden: Die Erhöhung des Einkommens von E_1 nach E_2 bzw. E_2 nach E_3 im Umfang e führt nur zu unterproportionalen Nutzenzuwächsen (b<a). Das sichere Einkommen E_2 verschafft folglich einen höheren Nutzen als ein Einkommen, das mit jeweils 50 % Wahrscheinlichkeit E_1 oder E_3 beträgt: Die Chance auf das höchste Einkommen E_3 wird vergeben, weil sein – hälftiger – Nutzenzuwachs gegenüber E_1 (0,5·(a+b)) kleiner ausfällt als Nutzenzuwachs a der sicheren Alternative E_2. Entsprechend verfügt der risikofreudige (-scheue) Entscheider über eine progressiv (linear) verlaufende Nutzenfunktion.

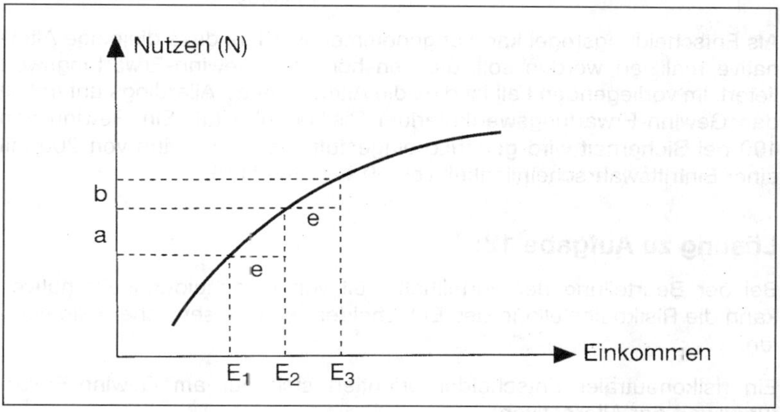

Lösung zu Aufgabe 10:

Für die meisten Entscheidungssituationen ist nicht nur ein anzustrebendes Ziel vorgegeben, sondern es wird ein aus mehreren Zielen bestehendes Zielbündel verfolgt. Dies kann insbesondere dann zu Problemen führen, wenn das Zielsystem konkurrierende Ziele enthält. Der Entscheider muss dann festlegen, welches Ziel Vorrang hat. Aber auch ein „in sich stimmiges" Zielbündel kann die Bestimmung der günstigsten Entscheidungsalternative erschweren. Es ist häufig nicht zu klären, ob eine Alternative einer anderen Alternative überlegen ist. Dies ist nur dann eindeutig möglich, wenn diese Alternative in mindestens einer Zielkomponente ein besseres und in keiner anderen Komponente ein schlechteres Ergebnis liefert (Dominanz eines Zieles).

Ansonsten muss auch hier der Entscheider die Ziele gewichten, d.h. er muss festlegen, welches Ziel als besonders erstrebenswert zu betrachten ist und welche Ziele nur nachrangige Bedeutung haben.

Lösung zu Aufgabe 11:

Bei dem Erwartungswertkriterium werden die Gewinn-Erwartungswerte der verschiedenen Alternativen für die Entscheidung herangezogen.

	S_1 $w(S_1)=0.30$	S_2 $w(S_2)=0.45$	S_3 $w(S_3)=0.25$	Gewinn-Erwartungswert
a_1	4	6	5	$0.30 \cdot 4 + 0.45 \cdot 6 + 0.25 \cdot 5 = 5.15$
a_2	3	2	6	$0.30 \cdot 3 + 0.45 \cdot 2 + 0.25 \cdot 6 = 3.30$
a_3	7	6	3	$0.30 \cdot 7 + 0.45 \cdot 6 + 0.25 \cdot 3 = \underline{5.55}$

Als Entscheidungsregel kann angenommen werden, dass diejenige Alternative realisiert werden soll, die den höchsten Gewinn-Erwartungswert liefert. Im vorliegenden Fall ist dies die Alternative a_3. Allerdings unterstellt das Gewinn-Erwartungswertkriterium Risikoneutralität: Ein Gewinn von 100 bei Sicherheit wird genauso eingestuft wie ein Gewinn von 200 mit einer Eintrittswahrscheinlichkeit von 50 % („fifty-fifty").

Lösung zu Aufgabe 12:

Bei der Beurteilung der Vorteilhaftigkeit von Entscheidungsalternativen kann die Risikoeinstellung des Entscheiders eine wesentliche Rolle spielen.

Ein risikoneutraler Entscheider orientiert sich nur am Gewinn-Erwartungswert der Alternativen.

Ist der Entscheider risikofreudig (risikoscheu), wird er einen höheren Gewinn mit höherem Risiko vorziehen (ablehnen) bzw. er wird umgekehrt eine sicherere Alternative mit vergleichsweise niedrigerem Gewinn ablehnen (vorziehen).

Lösung zu Aufgabe 13:

Es handelt sich um einen risikofreudigen Entscheider. Er orientiert sich an einer progressiven Nutzenfunktion (quadratische Funktion!). Ein höherer Gewinn führt hier zu überproportionalen Nutzenzuwächsen. Um eine Entscheidung abzuleiten, müssen zunächst mit Hilfe der Nutzenfunktion die Gewinnwerte in Nutzenwerte transformiert werden. Daraus lässt sich dann der Nutzen-Erwartungswert ermitteln.

	S_1 (0.70)		S_2 (0.30)		Gewinn-Erwartungswert	Nutzen-Erwartungswert
	G	N	G	N		
a_1	45	$0.1 \cdot 45^2 = 202.5$	100	$0.1 \cdot 100^2 = 1000.0$	$45 \cdot 0.7 + 10 \cdot 0.3 = 61.5$	$202.5 \cdot 0.7 + 1000.0 \cdot 0.3 = 441.75$
a_2	43	$0.1 \cdot 43^2 = 184.9$	103	$0.1 \cdot 103^2 = 1060.9$	$43 \cdot 0.7 + 103 \cdot 0.3 = 61.0$	$184.9 \cdot 0.7 + 1060.9 \cdot 0.3 = 447.70$

Um einen möglichst großen Nutzen zu erreichen, wird der risikofreudige Entscheider die Alternative a_2 wählen. Sie ergibt den größten Nutzen-Erwartungswert.

Ein risikoneutraler Entscheider dagegen wird sich am Gewinn-Erwartungswert orientieren. Er bevorzugt folglich die Alternative a_1.

Lösung zu Aufgabe 14:

Die Beurteilung der Vorteilhaftigkeit verschiedener Handlungsalternativen beinhaltet meist eine Reihe subjektiver Bewertungen. Unterschiedliche Ansichten über mögliche Umweltentwicklungen sowie die Ziele bzw. die Zielbeiträge der verschiedenen Alternativen etc. sind deshalb ganz normal, wenn mehrere Personen an einer Entscheidung beteiligt sind. Es ist folglich durchaus möglich, dass die Personen jeweils unterschiedliche Alternativen favorisieren. Wie schwierig es sein kann, in solchen Situationen eine Konsenslösung zu finden, verdeutlichen die oft langwierigen politischen Entscheidungsprozesse.

Lösung zu Aufgabe 15:

Die Gesamtheit der Unternehmensgrundsätze bildet ein „nach innen gerichtetes" Wertesystem. Mit ihrer Hilfe sollen grundlegende Ausrichtungen und Zielsetzungen eines Unternehmens den Mitarbeitern gegenüber verdeutlicht werden. Die Formulierung dieser Grundsätze soll bewirken, dass die Unternehmensziele eine Leitlinie für das tägliche Handeln aller Beteiligten darstellen. Die Voraussetzung dafür ist allerdings, dass die Unternehmensgrundsätze nicht „an den Mitarbeitern vorbei" aufgestellt werden. Die Grundsätze müssen ständig dahingehend überprüft werden, ob sie noch „zeitgemäß" sind, um sie gegebenenfalls der neuen Situation anzupassen. Von besonderer Wichtigkeit ist auch, dass die Unternehmensleitung die Grundsätze beherzigt. Nur so können Unternehmensgrundsätze ein „Wir-Gefühl" nach innen und ein einheitliches Erscheinungsbild des Unternehmens nach außen bewirken.

Lösung zu Aufgabe 16:

Bei dem in der Werbung angesprochenen Ziel handelt es sich wohl kaum um das Unternehmensziel von Yamaha; es ist davon auszugehen, dass Yamaha – wie die meisten anderen Unternehmen auch – das Oberziel der Gewinnmaximierung verfolgt. Um dieses Ziel zu erreichen, ist – im Zuge der Umwegs-Zielerreichung – meistens die Verwirklichung von Unter- und Zwischenzielen notwendig: Über das Unterziel der Zufriedenstellung von Kunden („ein erfülltes und sinnvolles Leben") kann ein Zwischenziel, z.B. ein hoher Marktanteil, und dadurch das Unternehmensziel der Gewinnmaximierung erreicht werden. In einer derartigen

Zielhierarchie sind somit Ziele stets „Mittel zum Zweck“ in Bezug auf das nächsthöhere Ziel.

Lösung zu Aufgabe 17:

Um Interessenskonflikte zwischen den Managern, die häufig eigene Ziele verfolgen, und den Eigentümern eines Unternehmens zu vermeiden, empfiehlt der Shareholder-value-Ansatz die alleinige Orientierung am Aktionärsvermögen. Die Zielsetzung des Managements ist damit klar umrissen: Durch Kursgewinne und ausreichende Dividendenzahlungen soll Wert im Sinne der Unternehmenseigentümer geschaffen werden. Der Kapitalmarkt wird damit zur Kontrollinstanz, Erfolg und Misserfolg werden an der Verzinsung der Anteile der Aktionäre gemessen, die über der erwarteten Mindestrendite liegen sollte. In den Mittelpunkt des Interesses rückt damit der Barwert der zukünftig zu erwartenden Einzahlungsüberschüsse, was sich dann auch im Börsenkurs niederschlägt.

Zu diesem Zweck sollten Quersubventionierungen zwischen einzelnen Geschäftsbereichen beendet und unrentable Bereiche verkauft werden. Durch eine derartige Konzentration auf Kernfelder und -kompetenzen des Unternehmens kann die Position im internationalen Wettbewerb sowie auf den Kapitalmärkten verbessert werden. Dies schafft ein günstiges Emissionsklima für künftige Kapitalerhöhungen und letztlich sichere Arbeitsplätze, auch in den verkauften Geschäftsfeldern, weil diese in der Regel von Unternehmen übernommen werden, die dort ihre Kernkompetenz haben und durch Zukäufe verstärken. Insofern verbessert der Shareholder value auch den Stakeholder value.

Lösung zu Aufgabe 18:

Dem Shareholder-value-Ansatz wird häufig vorgeworfen, dass er Belange anderer Interessengruppen – den sogenannten Stakeholdern – vernachlässigt; beispielsweise kommt es im Zuge von Rationalisierungsmaßnahmen, die der Vermehrung des Aktionärsvermögens dienen sollen, häufig zur Entlassung von Mitarbeitern. Dabei darf aber nicht übersehen werden, dass die Orientierung am Shareholder value langfristiger Natur ist: Umstrukturierungen und Rationalisierungen rüsten das Unternehmen für den zukünftigen Wettbewerb. Die Arbeitsplätze, die erhalten bleiben, sind in der Regel Arbeitsplätze mit Zukunft, zu denen bei erfolgreicher und effizienter Unternehmensführung auch wieder neue hinzukommen. Der Gegensatz zwischen Stakeholder value und Shareholder value ist also nur ein scheinbarer: Eine Erhöhung des Shareholder values bringt – mittel- bis langfristig – auch eine Erhöhung des Stakeholder values mit sich; kurzfristige Reibungen lassen sich dabei natürlich nicht gänzlich vermeiden.

Lösung zu Aufgabe 19:

Eine starke Unternehmenskultur – gemeinsame Werte, Denkweisen, Normen und Strukturen – ersetzt mitunter einen straffen Führungsstil, weil sie in der Lage ist, Mitarbeiter zu motivieren. Diese handeln dann eigenverantwortlich und aus Überzeugung im Sinne des Unternehmens, weil sie sich mit der gemeinsamen Kultur identifizieren. Dies sorgt nicht nur für aktive, zufriedene Mitarbeiter und Harmonie im Betrieb; auch das Bild des Unternehmens in der Öffentlichkeit profitiert davon.

Lang gewachsene Unternehmenskulturen können sich aber – insbesondere im Zeitalter der Globalisierung – auch als hinderlich erweisen, wenn sie den veränderten Anforderungen der zusammenwachsenden Märkte mit starren Strukturen und veralteten Grundsätzen begegnen. Probleme können sich ferner ergeben, wenn sich Unternehmen mit unterschiedlichen Kulturen zusammentun, z.B. in einer strategischen Allianz.

Lösung zu Aufgabe 20:

Bei einem Kooperationsprojekt zwischen einem deutschen und einem japanischen Unternehmen treffen unterschiedliche Unternehmenskulturen aufeinander, die zu erheblichen Reibungsverlusten führen oder sogar unvereinbar sein können. Es reicht also nicht aus, dass die kooperierenden Unternehmen aus der gleichen Branche stammen; wenn die Wertvorstellungen, Denkweisen, Normen und Strukturen der beiden Unternehmen aufgrund der unterschiedlichen Herkunft zu verschieden bzw. nicht flexibel genug sind, um sich anzupassen, können Gewinneinbußen oder sogar das Scheitern der Kooperation die Folge sein. Hinzu kommt das „Moral hazard"-Problem: Oft versuchen die Partner, mehr zu nehmen als zu geben („große Ohren, kleiner Mund"). Dieses Risiko ist dann besonders ausgeprägt, wenn neben den Kooperationsbereichen konkurrierende Geschäftsfelder bestehen.

Lösung zu Aufgabe 21:

Während ein risikoneutraler Entscheider indifferent zwischen den beiden Alternativen wäre, da ihre Gewinn-Erwartungswerte gleich hoch sind (Alternative 1: $1 \cdot 100 = 100$; Alternative 2: $0{,}5 \cdot 80 + 0{,}5 \cdot 120 = 100$), wählt der risikoscheue Entscheider das sichere Einkommen in Höhe von 100. Er orientiert sich an einer degressiv steigenden Nutzenfunktion, weswegen ein wachsender Gewinn ihm nur einen unterproportional wachsenden Nutzen stiftet. Die Aussicht auf einen möglichen Gewinn von 120 mit einer Eintrittswahrscheinlichkeit von 50 % ist – bei einer ebenfalls 50 %-Chance, nur 80 zu bekommen – für den risikoscheuen Entscheider nicht attraktiv genug, um auf das sichere Einkommen von 100 zu verzichten. Dieser Sachverhalt kann wie folgt illustriert werden: Die Erhöhung des Einkommens von E_1 nach E_2 bzw. von E_2 nach E_3 im Umfang e führt nur zu unterproportionalen Nutzenzuwächsen (b<a), weshalb gilt: a>0,5(a+b).

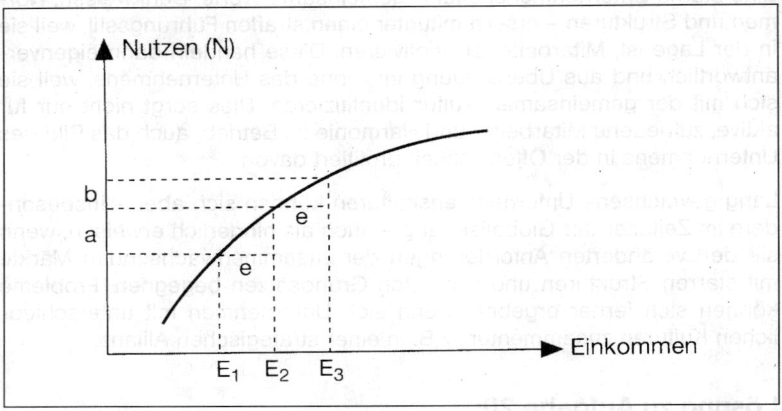

Lösung zu Aufgabe 22:

Es handelt sich um einen risikoscheuen Entscheider. Er orientiert sich an einer degressiven Nutzenfunktion (Wurzelfunktion!). Ein höherer Gewinn führt hier zu unterproportionalen Nutzenzuwächsen. Um eine Entscheidung abzuleiten, müssen zunächst mit Hilfe der Nutzenfunktion die Gewinnwerte in Nutzenwerte transformiert werden. Daraus lässt sich dann der Nutzen-Erwartungswert ermitteln.

	S_1 (0,6) G	S_1 (0,6) N	S_2 (0,4) G	S_2 (0,4) N	Gewinn-Erwartungswert	Nutzen-Erwartungswert
a_1	40	$0{,}1\cdot\sqrt{40}$ =0,63	200	$0{,}1\cdot\sqrt{200}$ =1,41	40·0,6+200·0,4 =104	0,63·0,6+1,41·0,4 =0,94
a_2	30	$0{,}1\cdot\sqrt{30}$ =0,55	220	$0{,}1\cdot\sqrt{220}$ =1,48	30·0,6+220·0,4 =106	0,55·0,6+1,48·0,4 =0,92

Um einen möglichst großen Nutzen zu erreichen, wird der risikoscheue Entscheider die Alternative a_1 wählen. Sie ergibt den größten Nutzen-Erwartungswert.

Ein risikoneutraler Entscheider dagegen wird sich am Gewinn-Erwartungswert orientieren. Er bevorzugt folglich die Alternative a_2.

Lösung zu Aufgabe 23:

Als Erwartungswert für die Alternative 1 ergibt sich:

$$80\text{ DM}\cdot 0{,}3+100\text{ DM}\cdot 0{,}2+120\text{ DM}\cdot 0{,}15+150\text{ DM}\cdot 0{,}35=114{,}50\text{ DM}$$

Der Erwartungswert für die Alternative 1 entspricht somit dem von Alternative 2. Da Hugo sich für den Kauf der Aktie entscheidet, kann er als risikofreudiger Entscheider bezeichnet werden: Bei gleichen Erwartungswerten zieht er die risikobehaftete Alternative der sicheren vor, weil ihm ein wachsender Gewinn einen überproportional wachsenden Nutzen verschafft.

Arbeitsaufgaben und Lösungen zum 6. Kapitel Die Planungs-, Organisations- und Kontrollentscheidungen
(Entscheidungsfindung II)

1. Aufgabe

Warum ist starre Planung äußerst problematisch, und wie kann sie überwunden werden?

2. Aufgabe

Was besagt das „Ausgleichsgesetz der Planung"?

3. Aufgabe

Was verstehen Sie unter Sukzessivplanung?

Inwiefern ist ihre Leistungsfähigkeit begrenzt?

4. Aufgabe

Was versteht man unter:

- Strategieplanung,
- Rahmenplanung,
- Detailplanung?

5. Aufgabe

Worin sehen Sie die Vor- und Nachteile der Zentralisation bzw. Dezentralisation von Entscheidungsbefugnissen?

6. Aufgabe

Was besagt das Substitutionsprinzip der Organisation?

7. Aufgabe

Beschreiben und vergleichen Sie die beiden Leitungsgefüge „Einlinien-" und „Mehrliniensystem"! Gehen Sie dabei auf deren Vor- und Nachteile ein!

8. Aufgabe

Womit befasst sich die Arbeitsablauforganisation?

9. Aufgabe

Worin sehen Sie den Sinn der Überprüfung betrieblicher Vorgänge, und warum muss auch die Überprüfung überprüft werden?

10. Aufgabe

Was ist ein gebundenes Kommunikationsgefüge?

11. Aufgabe

Was ist die Besonderheit der Matrixorganisation?

12. Aufgabe

Was ist die Aufgabe eines MIS?

13. Aufgabe

Charakterisieren Sie die Vorgehensweise der Portfolio-Analyse!

14. Aufgabe

„Eine Matrixorganisation bedeutet vorprogrammierte Konflikte mit Endlosdiskussionen."

Nehmen Sie Stellung zu dieser Aussage!

15. Aufgabe

Welches sind die Vor- und Nachteile der Profit-Center-Organisation?

16. Aufgabe

Erläutern Sie die wesentlichen Inhalte des Bürokratiemodells von Max Weber!

17. Aufgabe

„Controlling soll kurzfristig die Reaktionsfähigkeit des Unternehmens erhöhen und langfristig seine Anpassungsfähigkeit sichern." Erläutern Sie diese Aussage!

18. Aufgabe

Zeigen Sie, dass sich die Funktion der Kontrolle als Regelkreis darstellen lässt!

19. Aufgabe

Erläutern Sie verschiedene Instrumente der strategischen Planung!

20. Aufgabe

Trifft die Aussage „das schwächste Glied bestimmt die Stärke der Kette" auch für die Planung zu?

Begründen Sie Ihre Antwort!

21. Aufgabe

Erläutern und vergleichen Sie Checklisten- und Punktbewertungsverfahren!

22. Aufgabe

Beschreiben Sie die Vor- und Nachteile einer flachen Organisation!

23. Aufgabe

Erörtern Sie das Konzept der Management-Holding!

24. Aufgabe

Die Portfolio-Analyse ist lediglich ein Visualisierungsinstrument. Nehmen Sie Stellung zu dieser Aussage!

25. Aufgabe

Erläutern Sie Funktion, Aufbau und Probleme von Früherkennungssystemen!

26. Aufgabe

Welche Fragen sind bei der Konzipierung eines Stellengefüges zu beantworten?

27. Aufgabe

Was versteht man unter einer flachen Organisation, worin liegen ihre Stärken und wo sehen manche Nachteile?

28. Aufgabe

Die Stellen können in verschiedener Weise zu einem Leitungsgefüge verknüpft werden. Erläutern Sie wichtige Varianten und zeigen Sie deren Vor- und Nachteile auf!

29. Aufgabe

Erörtern Sie Vor- und Nachteile von Stabsstellen!

30. Aufgabe

Inwiefern ist die Management-Holding eine Weiterentwicklung der Spartenorganisation?

31. Aufgabe

Wozu dienen und wie konzipiert man Verrechnungspreise?

32. Aufgabe

Grenzen Sie „Kontrolle“ und „Controlling“ voneinander ab, und geben Sie typische Aufgabenbereiche beider an!

33. Aufgabe

Worin besteht der Unterschied zwischen Kontrolle und Revision?

Lösung zu Aufgabe 1:

Eine starre Planung bedeutet, dass alle Aktivitäten bis zum Planungshorizont genau bestimmt sind. Diese Planung erfolgt beispielsweise auf der Grundlage verschiedener Szenarien, die dann mit Eintrittswahrscheinlichkeiten belegt werden. Auf dieser Basis lassen sich die alternativen Handlungsmöglichkeiten bewerten. Die – jahresweise – optimale Alternative wird dann „festgeschrieben“.

Das Problem der starren Planung liegt in der Ungewissheit über die zukünftigen Entwicklungen. Insbesondere in den späteren Perioden besteht zunehmend die Gefahr, dass sich die Umweltbedingungen völlig anders entwickeln als dies in den Szenarien prognostiziert wurde. Auf diese Weise können Situationen eintreten, die der „starre Plan" nicht vorsieht, was dann Fehlentscheidungen zur Folge hat.

Die Planung sollte daher die Aktivitäten nur soweit festschreiben, wie dies unbedingt notwendig erscheint. Des weiteren sollte möglichst flexibel geplant werden, d.h. es muss die Möglichkeit bestehen, den Plan jeweils an die veränderte Situation anzupassen.

Lösung zu Aufgabe 2:

Das Ausgleichsgesetz der Planung beschreibt den Sachverhalt, dass sich die gesamte Planung auf den Minimumsektor auszurichten hat (Dominanz des Minimumsektors). Dies bedeutet, dass alle anderen Teilpläne einseitig mit demjenigen Teilplan abgestimmt werden müssen, der den „Engpass" aufweist. So könnte beispielsweise die Fertigungsstelle „Lackiererei" die längste Bearbeitungszeit der einzelnen Teile im Produktionsprozess aufweisen. Die „Lackiererei" stellt damit den Minimumsektor im Herstellungsprozess dar. Die gesamte Produktions- und Absatzplanung des Betriebes muss sich an diesem Engpass orientieren.

Lösung zu Aufgabe 3:

Nach dem Ausgleichsgesetz der Planung müssen sich alle Teilpläne einseitig auf den Minimumsektor einstellen. Oft gibt es aber keinen sofort erkennbaren Engpasssektor. Erst bei der gegenseitigen Koordination der Teilpläne treten mögliche Interessenskonflikte auf.

Die Sukzessivplanung ist eine Methode, die Teilpläne so zu koordinieren, dass sie in einen widerspruchslosen Gesamtplan zusammengefasst werden können. Es wird dabei „Schritt für Schritt" (sukzessiv) versucht – beispielsweise durch Verhandlungen -Kompromisse zu schließen, um so die Interessensunterschiede der Abteilungen möglichst auszugleichen. Das Problem dabei kann aber sein, dass der so entstandene Gesamtplan nicht unbedingt der optimale Plan im Sinne des Unternehmenszieles ist. Der Interessensausgleich kann zu Kompromissen führen, die lediglich einen „akzeptablen" Grad der Zielerreichung realisierbar machen. Eine Optimierung des Gesamtplanes erfordert in der Regel eine simultane Planung aller Sektoren.

Lösung zu Aufgabe 4:

Mit zunehmender Länge des Planungszeitraums (Distanz zum Planungshorizont) steigen die Unsicherheiten der Planung an, da es immer schwieriger wird, die zukünftigen Entwicklungen abzuschätzen. Je nach der Fristigkeit der Planungsentscheidungen ist daher eine unterschiedlich differenzierte Planung erforderlich:

1. Strategieplanung betrifft die langfristigen Unternehmensentwicklungen. Hier werden die groben Richtungen vorgegeben, ohne auf Einzelheiten einzugehen.
2. Die Rahmenplanung umfasst die mittelfristige Konkretisierung der vorzunehmenden Handlungen bzw. Vorgehensweisen. Sie wird unmittelbar aus der strategischen Planung abgeleitet.
3. Die Detailplanung legt die kurzfristig erforderlichen Maßnahmen fest. Sie ist präzise und detailliert auf die unmittelbare Zukunft ausgerichtet.

Lösung zu Aufgabe 5:

Zentralisation der Entscheidungsbefugnisse beschreibt den Sachverhalt, dass – fast – alle Entscheidungen in einem Unternehmen durch einige wenige Stellen des Spitzen-Managements getroffen werden. Der Vorteil dieser Entscheidungskonzentration liegt vor allem in der strafferen und widerspruchsfreien Führung des Unternehmens. Zentrale Entscheidungen sind insbesondere dann sinnvoll, wenn eine „Gesamtschau" des Unternehmens erforderlich ist. Mit zunehmender Zentralisation der Entscheidungen steigt allerdings die Belastung der Unternehmensleitung. Die Verlagerung von Entscheidungen auf die Ebenen des mittleren und unteren Managements (Dezentralisation) kann hier Abhilfe schaffen. Darüber hinaus trägt die Übertragung von Verantwortung erheblich zur Motivation der Mitarbeiter bei. Da man sich „näher am Kunden" befindet, können häufig die Entscheidungen „vor Ort" besser getroffen werden. Man ist hier in der Lage, flexibler auf die Kunden einzugehen. Dies vor allem auch dann, wenn die Mitarbeiter Kompetenz und Kreativität mitbringen. Allerdings besteht bei zunehmender Dezentralisation die Gefahr, dass Führungsinformationen verloren gehen und somit die Koordination der Abläufe erschwert wird.

Lösung zu Aufgabe 6:

Bei zunehmender Dezentralisation der Entscheidungsbefugnisse entsteht das Problem, dass unkoordiniert entschieden wird. Dadurch und aus dem resultierenden Verlust von Führungsinformationen kann es zu Effizienzverlusten im Unternehmen kommen. Eine Möglichkeit, diesem Mangel eines dezentralen Führungsstils entgegenzuwirken, stellt das Substitutionsprinzip der Organisation dar. Es besagt, dass so weit wie möglich fallweise Regelungen durch generelle Regelungen ersetzt werden sollen, wodurch der Entscheidungsspielraum der Mitarbeiter eingeschränkt wird. Dies ist vor allem dann sinnvoll, wenn sich stark standardisierte Vorgänge häufig wiederholen. Man erreicht eine einheitliche Vorgehensweise und damit eine leichtere Koordination der Teilprozesse. Allerdings müssen die generellen Regelungen von Zeit zu Zeit überprüft werden.

Lösung zu Aufgabe 7:

Das Einliniensystem ist durch eine eindeutige Weisungsstruktur gekennzeichnet. Hier hat jede Stelle nur eine einzige unmittelbar vorgesetzte Stelle, von der sie ihre Anweisungen erhält. Dem Vorteil des klaren Kompetenz- und Weisungsgefüges steht aber der Nachteil langer Dienstwege gegenüber. Dadurch werden die oberen Hierarchieebenen stärker belastet. Das Fehlen von Querverbindungen kann ferner dazu führen, dass Konflikte nur autoritär „von oben" gelöst werden können, es sei denn, dass Fayol-Brücken eingebaut wurden.

Im Mehrliniensystem kann jede Stelle mehrere unmittelbar vorgesetzte Stellen haben. Die Weisungsbefugnis beschränkt sich jeweils auf ein bestimmtes Aufgabengebiet (Fachautorität und Funktionsteilung). Dies führt zu einer erheblichen Verkürzung der Dienstwege und entlastet gleichzeitig die oberen Stellen. Allerdings steigt dadurch das Konfliktpotenzial, insbesondere dann, wenn eine untergebene Stelle von mehreren vorgesetzten Stellen Anweisungen bekommt, die nicht koordiniert wurden.

Lösung zu Aufgabe 8:

Die Ablauf-Organisationsentscheidungen befassen sich mit der Gestaltung des Arbeitsablaufes im Unternehmen. Hier wird festgelegt, in wie viele und welche Teilarbeitsschritte (Meilensteine) die Aufgaben zerlegt werden sollen. Es wird bestimmt, welche dieser Schritte gleichzeitig erfolgen können und welche hintereinander geschaltet werden müssen. Dementsprechend muss auch die räumliche Aufteilung der einzelnen Verrichtungen sowie deren zeitliche Abfolge und personelle Verantwortung geplant und organisiert werden. Im Mittelpunkt steht die Optimierung der betrieblichen Abläufe. Sind innerhalb der bestehenden Strukturen alle Rationalisierungspotenziale ausgeschöpft, kann mit Hilfe des Konzeptes des Reengineering nach neuen Lösungen gesucht werden („Simulation eines völligen Neuanfangs"). Das Denken in Wertschöpfungsketten vom Zulieferer bis zum Kunden sowie die Verlagerung von Kompetenzen „an das Band" haben den Stellenwert der Ablauforganisation über den der Aufbauorganisation erhoben: Dort dominieren nun flache Strukturen.

Lösung zu Aufgabe 9:

Die betriebliche Arbeitsteilung und damit einhergehende Konflikte machen den Arbeitsablauf unübersichtlich. Dies erfordert Kontrollen, die Informationen erbringen sollen, deren Auswertung Basis für die weitere Prozessoptimierung ist. Auch die Kontrolle selbst muss Gegenstand einer Systemprüfung sein, damit sichergestellt ist, dass sie die Schwachstellen auch tatsächlich findet oder – besser noch – bei fehlerhaften Entwicklungen automatisch „anspringt".

Lösung zu Aufgabe 10:

Das Kommunikationsgefüge bildet die Struktur des internen Informationsaustausches in einem Unternehmen ab und soll gewährleisten, dass jeder Mitarbeiter den Wissensstand erhält, den er benötigt. Es bezieht sich auf solche Nachrichten, die keinen Weisungscharakter haben und kann damit vom jeweiligen Leitungsgefüge des Unternehmens erheblich abweichen.

Bei einem gebundenen Kommunikationsgefüge sind die Kommunikationskanäle genau festgelegt. Hier wird exakt vorgegeben, welche Arten von Nachrichten zu welchen Zeiten und auf welchen Wegen weitergeleitet werden sollen. Es ist auch bestimmt, welche Medien jeweils zur Übermittlung der einzelnen Nachrichten herangezogen werden.

Lösung zu Aufgabe 11:

Die Besonderheit der Matrixorganisation liegt in der Trennung von Projektkonzeption und Projektabwicklung. Die Sparten im Unternehmen sind allein für die Konzeption bestimmter Projekte verantwortlich. Für ihre Realisierung sind dagegen selbständige Funktionsbereiche zuständig. Die Sparten selbst verfügen also über keine eigenen Funktionsbereiche. Ihre Aufgabe ist es, ihr Projekt möglichst zügig durch die einzelnen Funktionsbereiche zu schleusen. Daraus ergibt sich auch die besondere Problematik dieser Organisationsform: Die Abstimmung von Funktionsbereichen und Sparten erfordert ein sehr hohes Maß an Koordinationsfähigkeit und beinhaltet daher auch ein erhebliches Konfliktpotenzial, wobei die für die effiziente Abwicklung aller Projekte zuständigen Funktionsbereiche „das letzte Wort" haben. Andererseits ist die Matrixorganisation sehr anpassungsfähig an neue, komplexe Projekte.

Lösung zu Aufgabe 12:

Ein Management-Informations-System (MIS) hat die Aufgabe, die Führungskräfte eines Unternehmens auf allen Ebenen mit aktuellen und optimal aufbereiteten Informationen zu versorgen. Grundlage dafür bildet eine zentrale Datenbank, in welcher alle Informationen des Unternehmens gesammelt werden. Auf diese Weise lassen sich Daten aus allen Unternehmensbereichen verknüpfen und so Berichte und Prognosen zur Unterstützung der Planungs- und Entscheidungsaufgaben des Managements erstellen.

Lösung zu Aufgabe 13:

Die Portfolio-Analyse ist ein Planungsinstrument im Bereich der strategischen Ausrichtung eines Unternehmens. Die Grundlage der Portfolio-Analyse bilden die „strategischen Geschäftseinheiten" des Unternehmens. Eine „strategische Geschäftseinheit" ist ein – jeweils auf einen bestimmten Markt bzw. Kundenkreis ausgerichtetes – Geschäftsfeld. Die Einheiten sollen möglichst voneinander unabhängig sein. Diese „Produkt-Markt-Kombinationen" eines Unternehmens werden dann in eine Matrix eingezeichnet, die beispielsweise aus den Dimensionen »eigene Stellung des Unternehmens (z.B. Marktanteil)« und »Attraktivität des Zielmarktes (z.B. Marktwachstum)« gebildet wird. Die Geschäftseinheiten können in Kreisform abgebildet werden, wobei die Kreisfläche den jeweiligen Umsatzanteil repräsentiert.

Das so entstandene „Ist-Portfolio" der strategischen Geschäftseinheiten kann nun für die weitere Planung der strategischen Vorgehensweisen des Unternehmens verwendet werden. Es lässt sich z.B. erkennen, welche Geschäftseinheiten weiter gefördert bzw. aufgegeben werden sollen oder auch, in welche Bereiche das Unternehmen eindringen könnte. Man unterscheidet hier Cash Cows, Stars, Dogs und Question Marks. Die strategischen Zielentscheidungen können für die einzelnen Geschäftsbereiche ebenfalls in eine Portfolio-Matrix übertragen werden. Man erhält dann ein „Soll-Portfolio". Aufgabe der Unternehmensleitung ist es, für eine aufeinander abgestimmte Vorgehensweise der Geschäftseinheiten zu sorgen; so sollen z.B. die Cash Cows die Stars füttern.

Lösung zu Aufgabe 14:

Die Besonderheit der Matrixorganisation ist die Trennung von Sparten und Funktionsbereichen. Jede Sparte ist für die Konzeption eines bestimmten Projektes zuständig. Die Durchführung der Projekte übernehmen die von den Sparten unabhängigen Funktionsbereiche. Den Spartenleitern kommt dabei die Aufgabe zu, ihr Projekt möglichst zügig durch die Funktionsbereiche zu schleusen. In den Funktionsbereichen wird dagegen versucht, die Gesamtheit der Projekte möglichst effizient abzuwickeln. Da aber mehrere Sparten mit ihren Projekten jeweils die gleichen Funktionsbereiche durchlaufen müssen, sind hier die Konflikte bereits vorprogrammiert. Dieses vorhandene Konfliktpotenzial stellt ein grundsätzliches Problem der Matrixorganisation dar. Es ist daher ein hohes Maß an Koordinationsfähigkeit sowohl von den Spartenleitern als auch von den Funktionsbereichsleitern erforderlich, um sich bei der Abstimmung der einzelnen Projekte nicht in „Endlosdiskussionen" zu verlieren. Andererseits bedeutet der Verzicht auf je eine komplette Ausstattung mit Funktionsbereichen pro Sparte eine erhebliche Kostenersparnis, ohne dass man nennenswert an Fähigkeit einbüßt, sich schnell an neue, komplexe Projekte anzupassen.

Lösung zu Aufgabe 15:

Die Profit-Center-Organisation ist dem Wesen nach eine Spartenorganisation. Sie zeichnet sich dadurch aus, dass den Spartenleitern durch weitreichende Entscheidungsvollmachten eine „Gewinnverantwortung" für ihre Sparte übertragen wird. Der Sparte wird ein erheblicher Handlungsspielraum eingeräumt und sie muss versuchen, darin einen möglichst hohen Gewinn zu erwirtschaften. Der Vorteil dieser Organisationsform liegt in der verstärkten Ausrichtung der einzelnen Sparten (Profit-Center) auf ein möglichst wirtschaftliches Handeln. Ein Problem kann sich jedoch dadurch ergeben, dass durch das individuelle Gewinnstreben in den Sparten der Blick für das Optimum des Gesamtunternehmens verloren geht. Aufgrund der „Konkurrenz" der Sparten bezüglich der Verteilung der (Finanz-)Mittel kann es zu ineffizienten Aufteilungen kommen. Synergie-Effekte werden möglicherweise übersehen bzw. vernachlässigt. Die strategischen Entscheidungen müssen deshalb von der Unternehmensleitung getroffen werden: Sie muss die Profit-Center koordinieren und bestimmte Funktionen selbst übernehmen (z.B. Controlling), wobei sie von Zentralbereichen unterstützt wird.

Lösung zu Aufgabe 16:

Ausgangspunkt des Bürokratiemodells von Max Weber waren Überlegungen, wie ein legales Herrschaftssystem gestaltet sein muss, um eine möglichst wirksame Herrschaftsausübung zu gewährleisten. Eine „effiziente Verwaltung" muss nach Weber die folgenden Merkmale aufweisen:

- Grundlage aller Entscheidungen bildet ein System abstrakter Regelungen (Gesetze, Erlasse, Verordnungen etc.), das ohne Ansehen der Person angewendet wird.
- Alle Amtsgeschäfte müssen kontinuierlich geführt und alle Vorgänge aktenkundig gemacht werden.
- Jeder Amtsinhaber hat einen genau abgegrenzten Kompetenzbereich und steht jeweils unter der Kontrolle einer übergeordneten Hierarchieebene.
- Die Amtsinhaber werden hauptamtlich berufen, und sie dürfen in ihrem Amtsbereich keine privaten Interessen aufweisen. Sowohl die Fach- als auch die Amtsautorität soll im jeweiligen Amtsinhaber vereint sein.

Lösung zu Aufgabe 17:

Controlling steuert die Ergebnisse der Kontrolle (Soll-Ist-Abweichungsanalyse) effizient in den Entscheidungsprozess ein und sorgt damit dafür, dass Störfaktoren kurzfristig aufgespürt und vom Management beseitigt werden. Im Hinblick auf die langfristige Unternehmensplanung und -steuerung unterstützt das Controlling als Begleiter die Geschäftsleitung: durch die Bereitstellung von Informationen und Vorschlägen, wobei neben z.B. Wirtschaftlichkeitsberechnungen, statistischen Kennzahlen auch z.B. ein Früherkennungssystem eingesetzt wird.

Lösung zu Aufgabe 18:

Das Wesen der Kontrolle besteht in einem Vergleich von Ist- und Sollgrößen. Zeigen sich dabei Abweichungen, so muss nach den Ursachen geforscht werden. Die Folge sind zielgerichtete Korrekturmaßnahmen im Betriebsablauf, um die Abweichungen in der Zukunft zu beseitigen. Allerdings kann es auch erforderlich sein, die Sollvorgaben neuen Gegebenheiten anzupassen. Auf diese Weise fließen die Ergebnisse der Abweichungsanalysen wieder in den Betriebsablauf zurück und stecken den Rahmen für die zukünftige Kontrolle ab. Diese Rückkopplung lässt sich in Form eines Regelkreises darstellen.

Lösung zu Aufgabe 19:

Die strategische Planung betrifft die Festlegung langfristiger Maßnahmen für die Ausrichtung und Entwicklung eines Unternehmens. Der Ansatz der Strategieplanung lässt sich grundsätzlich in zwei Komponenten aufteilen. Zum einen ist eine Bestandsaufnahme und geeignete Darstellung der Ist-Situation erforderlich. Darauf aufbauend muss untersucht werden, welche Zielpositionen anzustreben sind, um daraus schließlich die „strategischen Optionen" abzuleiten. Man bedient sich hierzu der folgenden Instrumente:

- Die GAP-Analyse vergleicht die potenziellen Umsatzentwicklungen der beiden extremen Strategien:

  1. keine Veränderung des Verkaufsgeschehens;

  2. maximale Förderung der bisherigen Produkte sowie Entwicklung neuer Produkte bzw. Märkte.

- Die Stärken und Schwächen eines Unternehmens im Vergleich zu den Konkurrenten bzw. Chancen und Risiken eines Unternehmens in einem bestimmten Markt können in Matrixform gegenübergestellt werden.

- Im Rahmen der Portfolioanalyse werden ebenfalls Stärken- und Schwächenpositionen bzw. die Chancen und Risiken gegenübergestellt, hier allerdings bezogen auf die einzelnen Geschäftsfelder des Unternehmens („strategische Geschäftseinheiten").

- Checklisten und Punktbewertungsmodelle sind Verfahren, mit deren Hilfe Strategien bewertet werden. Die Beurteilung wird anhand einer Reihe unterschiedlicher Kriterien vorgenommen, die sich dann zu einem Gesamturteil verdichten lassen.

Lösung zu Aufgabe 20:

Die Aussage, dass „das schwächste Glied die Stärke einer Kette bestimmt“, umschreibt das Ausgleichsgesetz der Planung. Grundsätzlich müssen sich alle betrieblichen Teilpläne einseitig an dem Sektor orientieren, der den „Engpass“ aufweist. In einem Produktionsprozess können beispielsweise nur so viele Teile in einem bestimmten Zeitraum hergestellt werden, wie die Fertigungsstelle mit der geringsten Kapazität durchlaufen können (Dominanz des Minimumsektors). Das Problem ist dabei, dass der „Engpass“ häufig nicht von vorneherein erkennbar ist, sondern erst im Rahmen der Koordination der Teilpläne auftritt. Die Erstellung eines widerspruchslosen Gesamtplanes stellt dann ein weiteres Planungsproblem dar.

Lösung zu Aufgabe 21:

Die Checklisten und Punktbewertungsverfahren sind Ansätze im Rahmen der strategischen Planung. Beide Verfahren dienen dazu, verschiedene Zukunftsentwürfe (z.B. Produkt-Markt-Strategien) hinsichtlich verschiedener Kriterien (z.B. Erfolgsfaktoren) zu bewerten. Im Gegensatz zu den Checklisten, die lediglich eine Teilbewertung mit Größen wie „gut“, „mittel“ oder „schlecht“ zulassen, verwenden die Punktbewertungsverfahren (Scoring-Modelle) numerische Größen (z.B. Prozentwerte) für die jeweiligen Erfüllungsgrade der unterschiedlichen Strategien. Dementsprechend kann bei den Scoring-Modellen die Bildung eines Gesamturteils durch eine gewichtete Aggregation der Teilbewertungen vorgenommen werden. Die Checklisten dagegen verwenden für die Gesamtbeurteilung häufig eine Abstufung der Kriterien in Form von „Wunsch-“, „Soll-“ und „Mussfaktoren“. Durch die Festlegung von Anspruchsniveaus können dann die alternativen Strategien hinsichtlich deren Eignung für die weitere Planung beurteilt werden.

Lösung zu Aufgabe 22:

Eine „flache“ Organisationsstruktur bedeutet, dass ein Unternehmen nur wenige Hierarchieebenen aufweist. Dabei werden in zunehmendem Umfang Entscheidungsbefugnisse und damit Verantwortung auf die unteren Ebenen übertragen (Dezentralisation). Der Vorteil dieser Organisationsstruktur ist vor allem darin zu sehen, dass viele Entscheidungen „näher am Kunden“ getroffen werden und damit flexibler auf dessen Wünsche reagiert werden kann; ähnliches gilt für die Verlagerung von Verantwortung „an das Band“ (z.B. Qualitätskontrolle). Die wenigen Hierarchien und die deshalb kurzen Informationswege fördern die Reaktions- und Anpassungsfähigkeit des Unternehmens. Darüber hinaus trägt die Verlagerung von Verantwortung an die „Basis“ zu einer besseren Motivation der Mitarbeiter bei.

Das Fehlen von klar gegliederten Weisungsstrukturen und die Zunahme von dezentralen Entscheidungen kann aber zu Effizienzverlusten führen. Es wird immer schwieriger, die Informationen zu sammeln, die Entscheidungen zu koordinieren und damit das Unternehmen einheitlich zu führen. Außerdem bieten flache Organisationen weniger Aufstiegschancen, dafür aber die Möglichkeit, in teilautonomen Arbeitsgruppen bzw. Projektteams mitzuarbeiten.

Lösung zu Aufgabe 23:

Die Management-Holding kann als eine Fortentwicklung der Spartenorganisation betrachtet werden. Hierbei werden die einzelnen Sparten nicht nur wirtschaftlich verselbständigt, wie dies bereits bei einem Profit-Center-Konzept geschieht, sondern sie erlangen auch eine rechtliche Selbständigkeit. Die einzelnen Sparten werden von einer „geschäftsführenden Holding" als Obergesellschaft geführt, entweder über Doppelvorstandschaften oder das – etwas zurückhaltendere – Aufsichtsratsprinzip. Die Kompetenzen dieser „Holding" beziehen sich vor allem auf das strategische Management, die Koordination der „Töchter" sowie die Öffentlichkeitsarbeit. Die eigentliche Geschäftstätigkeit und die operative Verantwortung dagegen liegen bei den einzelnen Geschäftsbereichen. Der Vorteil einer Management-Holding liegt u. a. in ihrer erheblichen strategischen Flexibilität. So wird infolge der rechtlichen Selbständigkeit der Bereiche die Angliederung von Akquisitionen und die Abspaltung von Unternehmen, die nicht mehr in das Konzept passen, erheblich erleichtert. Ein weiterer Vorteil besteht in der Möglichkeit, Töchter, die in der Rechtsform einer AG geführt werden, an die Börse zu bringen, was das Gesamtunternehmen finanziell stark entlastet. Diese Vorteile werden dadurch erkauft, dass (teilweise) auf die Nutzung von Synergieeffekten zwischen den Geschäftsbereichen verzichtet werden muss.

Lösung zu Aufgabe 24:

Im Rahmen der Planungsüberlegungen kann es sehr schwierig sein, aus einer Portfolio-Analyse konkrete Maßnahmen abzuleiten. Die Portfolio-Analyse berücksichtigt eine Reihe wichtiger Aspekte nicht, die im Zusammenhang mit strategischer Planung bedacht werden sollten. Schwachstellen der Portfolioanalyse sind beispielsweise:

- Abgrenzung der strategischen Geschäftseinheiten,
- Verfügbarkeit von Informationen zur IST-Positionierung,
- Konkretisierung und Durchsetzung von Normstrategien,
- keine Berücksichtigung von Interaktionseffekten zwischen den strategischen Geschäftseinheiten, etc.

Insgesamt ist die Portfolio-Analyse in erster Linie als ein Instrument zur strukturierten Darstellung (Visualisierung) von Ist- und Soll-Zuständen anzusehen. Für die Ableitung von methodischen Vorgehensweisen und strategischen Maßnahmen sind noch zusätzliche Planungsinstrumente erforderlich.

Lösung zu Aufgabe 25:

Mit Hilfe von Früherkennungssystemen versucht man im Rahmen des Controlling, unternehmensinterne und -externe Beobachtungsbereiche zu ermitteln, in denen sich krisenhafte bzw. chancenreiche Entwicklungen frühzeitig abzeichnen. Dazu werden zunächst Früherkennungsindikatoren in den einzelnen Bereichen ausgewählt (z.B. Lagerbestände, Auftragseingang, Konkurrenzpreise) und Sollgrößen sowie Toleranzgrenzen der Indikatoren festgelegt. Bei Über- oder Unterschreitungen der Toleranzen werden Überprüfungs- und Weiterleitungsregeln erstellt.

Problematisch an einem Früherkennungssystem ist vor allem, dass Krisen und Chancen aus bisher als nicht relevant und daher auch nicht beobachteten Bereichen erwachsen können. Hier könnte die signalorientierte Umweltanalyse anknüpfen, die auf Basis eines sog. Environmental Scannings ständig nach „schwachen" Signalen sucht. Eine wichtige Quelle hierfür ist z.B. die Tages- und Fachpresse. Wird ein schwaches Signal identifiziert, beginnt eine vertiefte Beobachtungsphase (Monitoring), um mögliche Auswirkungen auf das Unternehmen festzustellen.

Lösung zu Aufgabe 26:

Bei der Konzipierung eines Stellengefüges müssen den zu besetzenden Stellen fest umrissene Aufgaben und die damit verbundenen Rechte und Pflichten – in „vertretbarem" Umfang – zugewiesen werden. Im Mittelpunkt steht dabei die Frage nach der Entscheidungsdelegation: Von Zentralisation wird gesprochen, wenn die meisten Entscheidungen auf die wenigen Stellen des Spitzen-Managements konzentriert sind; Dezentralisation bedeutet hingegen, dass sich auch im mittleren und unteren Management Stellen mit Entscheidungsspielräumen finden.

Während durch Zentralisation eine straffere Führung aus der Gesamtschau des Betriebes heraus ermöglicht wird, entlastet eine Dezentralisation die Führungsspitze, was die Motivation der Mitarbeiter fördert; darüber hinaus können vor Ort – durch qualifizierte, kreative Mitarbeiter – häufig Entscheidungen getroffen werden, die Kundenwünsche besser berücksichtigen.

Allerdings könnte durch Dezentralisation „Führungsinformation' verloren gehen und vor Ort unkoordiniert entschieden werden; derartigen Effizienzverlusten kann durch Vernetzung der Organisationseinheiten und generelle, verbindliche Regelungen vorgebeugt werden. Dieses Substitutionsprinzip der Organisation („ersetze fallweise durch generelle Regelungen") wird vor allem angewandt, wenn sich standardisierte Vorgänge häufig wiederholen.

Lösung zu Aufgabe 27:

Von einer flachen Organisation wird gesprochen, wenn in beträchtlichem Ausmaß Verantwortung an die „Basis" verlagert wird, was in der Regel zu Lasten der dann oft überflüssigen mittleren Hierarchieebenen erfolgt. Statt einer funktionalen Bündelung von Management-Aufgaben (z.B. Qualitätskontrolle) begleiten diese den Arbeitsprozess in Arbeitsgruppen oder Projektteams (Total Quality Management), was – durch die Verbindung von objektbezogenen mit dispositiven Tätigkeiten – motivierend wirkt.

Nachteilig könnte sich auswirken, dass flache Organisationsstrukturen nicht mehr die traditionellen Aufstiegschancen und damit verbundenen Statussymbole (z.B. Titel oder Dienstwagen) bieten.

Lösung zu Aufgabe 28:

Im Einliniensystem („Prinzip der Einheit der Auftragserteilung") hat jede Organisationseinheit nur eine unmittelbar vorgesetzte Organisationseinheit. Dieses System ist daher durch einfache und übersichtliche Beziehungsstrukturen gekennzeichnet; allerdings ergeben sich unter Umständen lange Dienstwege und dadurch eine starke Belastung der oberen Stellen. Um zu verhindern, dass Konflikte nur von oben nach unten gelöst werden können, empfiehlt sich die Einrichtung von Fayol-Brücken.

Im Mehrliniensystem („Prinzip des kürzesten Weges") ist hingegen eine Organisationseinheit mindestens zwei übergeordneten Stellen unterstellt. Vorteile liegen in den direkten Weisungswegen, der Betonung der Fachautorität übergeordneter Stellen und der Spezialisierung durch Funktionsteilung; durch die mangelnde Abgrenzung von Zuständigkeiten, Weisungen und Verantwortlichkeiten können sich allerdings Probleme ergeben.

Im Stabliniensystem werden den einzelnen Stellen Stabsstellen mit Beratungsbefugnis zugeordnet. Sie unterstützen die jeweilige weisungsberechtigte Linienstelle durch Entscheidungsvorbereitung. Dabei darf aber nicht übersehen werden, dass Stabsstellen durch die Vorauswahl von Angeboten, Projekten etc. und möglicherweise Informationsmanipulation „indirekt" durchaus Entscheidungen treffen. Vorteilhaft ist die Entlastung der Linienstellen; als problematisch könnte sich die personelle Trennung von Vorbereitung und Treffen der Entscheidung erweisen.

Lösung zu Aufgabe 29:

Stabsstellen entlasten die jeweiligen Linienstellen, indem sie diese beraten und Entscheidungen vorbereiten. Allerdings können sich durch die personelle Trennung von Vorbereitung und Treffen der Entscheidung – also von Sach- und Führungskompetenz – Probleme ergeben. Außerdem üben Stabsstellen durch ihre Möglichkeit zur Informationsmanipulation mitunter faktisch mehr Macht aus, als ihnen formal zugestanden wird.

Lösung zu Aufgabe 30:

Leitungs- und Koordinationsprobleme in diversifizierten Unternehmen führten zur Entwicklung der Spartenorganisation. Wichtige Aufgaben wie Planung, Verwaltung, Personal, Technik oder Finanzen verblieben allerdings in den „Zentralbereichen" der Gesamtleitung, die zudem häufig in das operative Geschäft der Sparten hineinregierte. Bei der Management-Holding handelt es sich um eine konsequente Weiterentwicklung des Gedankens der Spartenorganisation: Die nach Geschäftsfeldern aufgegliederten Geschäftsbereiche sind rechtlich selbstständig. Die Koordination der Sparten („Töchter") erfolgt durch eine „geschäftsführende Holding" als Konzernobergesellschaft, die sich auf strategische Kernkompetenzen wie z.B. Öffentlichkeitsarbeit, Produkt-Markt- oder Finanzstrategien beschränkt. Durch eine dezentrale und marktnahe – also schlanke – Organisation bleiben die Geschäftsbereiche flexibel; ein Abbau von Hierarchiestufen innerhalb der Geschäftsbereiche erhöht zudem deren Schnelligkeit („flache Organisation"). Schließlich macht ihre rechtliche Verselbständigung den Konzern insgesamt beweglicher.

Lösung zu Aufgabe 31:

Um im Rahmen einer Spartenorganisation Synergiepotenziale zu nutzen, werden die Sparten nicht völlig überschneidungsfrei konzipiert. Lieferbeziehungen zwischen den einzelnen Sparten werden über Verrechnungspreise koordiniert. Diese – unternehmensinternen – Preise basieren entweder auf den entstandenen Kosten oder den Preisen, die sich für vergleichbare Leistungen am Markt ergeben.

Konkurrieren die einzelnen Sparten mit externen Anbietern, die ähnliche Leistungen anbieten, so empfiehlt sich die Orientierung an Marktpreisen. Werden die Leistungsbeziehungen hingegen ausschließlich unternehmensintern abgewickelt – z.B. um Know-how zu wahren oder die Auslastung einzelner Abteilungen oder der Infrastruktur zu sichern –, so sind kostenorientierte Verrechnungspreise üblich, auf die auch ein Gewinnaufschlag erhoben werden kann.

Lösung zu Aufgabe 32:

Kontrollentscheidungen befassen sich allgemein mit der Überprüfung des Betriebsablaufs. Kontrolle wird laufend und prozessbegleitend durch Mitarbeiter der jeweiligen Abteilungen durchgeführt; typische Beispiele sind Material- und Qualitätskontrolle.

Controlling geht über diese Zielsetzung insofern hinaus, als darunter die Steuerung des gesamten Betriebsprozesses anhand von Abweichungsanalysen verstanden wird. Störfaktoren sollen auf allen Ebenen des Entscheidungsprozesses identifiziert und beseitigt werden, weswegen der Controller auch bei der Aufstellung und Durchsetzung von Plänen beteiligt ist. Als Instrumente zur Überwachung und Steuerung dienen ihm dabei z.B. das interne Rechnungswesen, statistische Kennzahlen, Wirtschaftlichkeitsberechnungen, das betriebliche Berichtswesen und Soll-Ist-Vergleiche. Ein weiterer Gegensatz zur Kontrolle besteht darin, dass Controlling – z.B. anhand eines Früherkennungssystems – auch in die Zukunft orientiert ist („Feed forward-Funktion“).

Lösung zu Aufgabe 33:

Während die Kontrolle laufend – den Betriebsprozess begleitend – von Mitarbeitern der jeweiligen Abteilung durchgeführt wird, wird im Rahmen der Revision die Ordnungs- und Zweckmäßigkeit des betrieblichen Geschehens sporadisch und nachträglich durch Personen von außerhalb der jeweiligen Abteilungen (Revisionsabteilung) geprüft. Zudem sollte auch das gesamte – aus Kontrolle und Revision bestehende – Prüfungssystem Gegenstand der Systemprüfung sein: Findet es tatsächlich die Abweichungen und Fehler, die es finden soll oder besser: springt es bei Unregelmäßigkeiten „automatisch“ an?

Arbeitsaufgaben und Lösungen zum 7. Kapitel Das Arbeitsentgelt und die Mitarbeiterbeteiligung

(Mitarbeiter im Betrieb I)

1. Aufgabe

Diskutieren Sie das Problem der leistungsgerechten Entlohnung anhand des „analytischen Rangreihenverfahrens“ zur Arbeitsbewertung! Welchen Aspekt der Leistungsgerechtigkeit betrifft es?

2. Aufgabe

Erläutern Sie Vor- und Nachteile des Zeitlohnes für Betrieb und Mitarbeiter!

3. Aufgabe

Der gerechte Lohn hat mehrere Dimensionen. Erläutern Sie diesen Satz und geben Sie Beispiele für die Umsetzung dieser Dimensionen in Deutschland!

4. Aufgabe

Erörtern Sie die Finanzierungswirkungen der laboristischen Kapitalbeteiligung!

5. Aufgabe

Wann sollte statt einer Akkord- eine Prämienentlohnung durchgeführt werden?

6. Aufgabe

Was sind Akkordzuschlag und Akkordrichtsatz?

7. Aufgabe

Worin besteht die soziale Komponente bei der Akkordentlohnung?

8. Aufgabe

Wie kommt man mit der Zeitstudie zur Normalleistung, und wozu braucht man diese?

9. Aufgabe

Was versteht man unter den Lohnabzügen, und wie setzen sie sich zusammen?

10. Aufgabe

In welchen Varianten werden die Arbeitnehmer hauptsächlich am Unternehmenserfolg beteiligt? Stellen Sie kurz die Konstruktionsmerkmale dar!

11. Aufgabe

Welche Einwände werden gegen die Gewinnbeteiligung vorgebracht?

Diskutieren Sie deren Stichhaltigkeit!

12. Aufgabe

Was sind Lohnnebenkosten, und woraus bestehen sie?

13. Aufgabe

Erörtern sie das Problem der Verbindlichkeit von Tarifverträgen!

14. Aufgabe

Beschreiben Sie die Regelungen des Vermögensbeteiligungsgesetzes.

15. Aufgabe

Erläutern Sie die verschiedenen Aspekte der Leistungsgerechtigkeit!

16. Aufgabe

Welche Fragen sind im Zusammenhang mit einer qualifikationsgerechten Entlohnung zu klären?

17. Aufgabe

Inwiefern findet sich in einer tarifvertraglichen Lohnstruktur der Einfluss des Marktes, und wie kann verhindert werden, dass er als ungerecht empfunden wird?

18. Aufgabe

Öffnungsklauseln im Flächentarifvertrag sind unverzichtbar. Wägen Sie ihre Vor- und Nachteile ab!

19. Aufgabe

Erörtern Sie Pro und Contra des Optionsmodells zur Führungskräfteentlohnung; gehen Sie dabei auf mögliche Modifikationen des Modells ein!

20. Aufgabe

Inwiefern liegen Aktienoptionen für Führungskräfte im Interesse der Aktionäre? Gehen Sie dabei auch auf die Prinzipal-Agent-Problematik ein!

21. Aufgabe

Erörtern Sie in seinen Grundzügen das Mitarbeiterdarlehen als Erfolgsbeteiligungsmodell!

22. Aufgabe

Zur Stützung der Konjunktur sollte man die Löhne kräftig erhöhen, weil dann auch mehr gekauft wird. Erörtern Sie dieses Argument!

23. Aufgabe

Was versteht man unter den Personalzusatzkosten auf das Direktentgelt?

Lösung zu Aufgabe 1:

Eine relative Leistungsgerechtigkeit in der Entlohnung bedeutet, dass sich das Arbeitsentgelt eines Mitarbeiters am Umfang seiner Leistung orientiert. Grundsätzlich muss der Leistungsumfang in zwei Dimensionen gemessen werden. Er setzt sich zusammen aus der Leistungsqualität (Arbeitsschwierigkeit) und der Leistungsmenge. Die „analytischen Rangreihenverfahren" sind Modelle, mit deren Hilfe man versucht, die unterschiedlichen Schwierigkeitsgrade der Arbeitsplätze zu ermitteln. Dazu werden die einzelnen Arbeitsplätze jeweils differenziert nach verschiedenen Anforderungsarten (z.B. körperliche und geistige Anforderungen, äußeren Einflüsse, Verantwortungsposition) untersucht. Ausgehend von einer „normalen Leistungsmenge" werden diese Anforderungen für jeden Arbeitsplatz auf der Basis einer Punkteskala bewertet. Durch die Aggregation aller Punktbewertungen werden „Arbeitswerte" für jeden Platz ermittelt; die Anforderungsarten können dabei noch unterschiedlich gewichtet werden. Der „Arbeitswert" gibt dann Auskunft über den Schwierigkeitsgrad des betreffenden Arbeitsplatzes unter Zugrundelegung der „Normalleistung" des Mitarbeiters. Dementsprechend können unterschiedliche Lohngruppen gebildet werden.

Die so ermittelten Arbeitswerte sind jedoch kritisch zu beurteilen: Sowohl die Festlegung der „Normalleistung" als auch das Gewichtungsschema beinhalten eine Reihe subjektiver Bewertungen. Ebenso ist es fraglich, ob man in der Lage ist, alle Aspekte, die die Arbeitsschwierigkeit ausmachen, vollständig zu erfassen. Außerdem sind – angesichts des technologischen Fortschritts und organisatorischen Wandels – die Arbeitsinhalte ständig Änderungen unterworfen. Die Ermittlung eines objektiven, leistungsgerechten Lohnes bleibt ein schwieriges Unterfangen.

Lösung zu Aufgabe 2:

Der Zeitlohn ist eine Lohnform, die sich nur an der geleisteten Arbeitszeit orientiert, wobei sich die Lohnhöhe pro Zeiteinheit am Schwierigkeitsgrad der Arbeit orientiert. Die in dieser Zeit tatsächlich erbrachte Leistungsmenge wird nicht berücksichtigt. Es wird allerdings davon ausgegangen, dass der Mitarbeiter während seiner Arbeitszeit „Normalleistung" erbringt. Der Zeitlohn eignet sich daher insbesondere dann, wenn es schwierig ist, genaue Mengenvorgaben zu bestimmen, wenn Qualitätsanforderungen einer hohen Stückzahl entgegenstehen oder wenn die Arbeiten gefährlich bzw. der Arbeitsanfall uneinheitlich ist. Für das Unternehmen und den Mitarbeiter hat ein Zeitlohn den Vorteil, dass er klar und einfach ermittelt werden kann. Insbesondere bei festen Arbeitszeiten ergibt sich ein genau bestimmbarer und gleichbleibender Lohnumfang. Vorteile für den Betrieb bildet der Zeitlohn vor allem dann, wenn der Mitarbeiter mehr als die „Normalleistung" erbringt. Diese „Mehrleistung" muss nicht extra vergütet werden. Umgekehrt werden dem Mitarbeiter auch dann keine Abzüge gemacht, wenn er in seiner Arbeitszeit weniger als die „Normalleistung" erbringt.

Lösung zu Aufgabe 3:

Der Begriff Lohngerechtigkeit bezieht sich auf den Vergleich der Entlohnungshöhe verschiedener Mitarbeiter. „Relative Lohngerechtigkeit" bedeutet, dass ein Mitarbeiter im Vergleich zu anderen „gerecht" entlohnt wird. Der Aspekt der „Gerechtigkeit" kann an verschiedenen Kriterien festgemacht werden:

- Orientiert sich der Lohn am jeweils erbrachten Umfang der Arbeitsleistung, wobei Qualifikation, Anforderung und Arbeitsergebnis (nach Menge und Qualität) eine Rolle spielen, so spricht man von „Leistungsgerechtigkeit".

- Eine „marktgerechte" Entlohnung stützt sich auf eine relative Gleich- bzw. Ungleichbehandlung verschiedener Berufsgruppen. Die Höhe der Entlohnung basiert auf den „Knappheitsverhältnissen" des Arbeitsangebots.

- Die Entlohnung entspricht einer „relativen Bedarfsgerechtigkeit" wenn die Höhe des Arbeitsentgelts am „objektiv notwendigen" Bedarf des jeweiligen Mitarbeiters festgemacht wird.

Grundlage der Entlohnung in Deutschland ist die relative Leistungsgerechtigkeit, die ihren Ausdruck in den Lohngruppen findet. Diese Lohngruppen sind Gegenstand der Lohntarifverhandlungen, wobei die daraus resultierenden Tariflöhne grundsätzlich Mindestlöhne sind. Es steht den Arbeitnehmern jedoch frei, bei entsprechender Knappheit am Arbeitsmarkt, übertarifliche „Markt-Löhne" durchzusetzen; im außertariflichen Bereich (z.B. bei leitenden Angestellten) ist die Entlohnung sogar vollständig „marktgerecht". Elemente der Bedarfsgerechtigkeit finden sich in Deutschland vor allem aufgrund staatlicher Steuerungsmaßnahmen (z.B. Ehegattensplitting, Kindergeld, Einkommensteuerprogression).

Lösung zu Aufgabe 4:

Bei einer laboristischen Kapitalbeteiligung erhalten die Mitarbeiter Gewinnanteile gutgeschrieben, die sie – um eine Eigenleistung erhöht – gegen Zinszahlung ihrem Unternehmen z.B. als Darlehen zur Verfügung stellen. Der Gewinnanteil des Darlehens in Höhe von maximal 300 DM je Jahr und Mitarbeiter führt beim Unternehmen zu einer Gewinnminderung und damit Steuerersparnis; dieser Betrag bleibt auch beim Arbeitnehmer lohnsteuer- und sozialversicherungsfrei, wenn er das Darlehen um mindestens den gleichen Betrag als Eigenleistung aufstockt – wodurch dem Unternehmen weitere Finanzierungsmittel zufließen. Das Mitarbeiterdarlehen muss zudem mindestens sechs Jahre im Unternehmen verbleiben, wird während dieser Zeit aber verzinst. Hierbei ist zu berücksichtigen, dass – allerdings nur bis zu einer bestimmten Einkommensgrenze – die Arbeitnehmer eine staatliche Sparzulage auf ihre Eigenleistung erhalten (20 bzw. 25 % auf maximal 800 DM).

Lösung zu Aufgabe 5:

Beim Akkordlohn orientiert sich die Höhe der Entlohnung an der Art des Arbeitsplatzes und der Menge der dort erbrachten Leistungen. Ausgehend von der „Normalleistung“ steigt die Entlohnung mit zunehmender Leistungsmenge proportional an. Der Akkordlohn ist folglich auf eine möglichst große Produktionsmenge pro Zeiteinheit ausgerichtet.

Grundlage des Prämienlohnes bildet der Zeitlohn, zu dem bei Erreichen einer besonderen Leistung eine Prämie hinzugerechnet wird. Eine Prämienentlohnung sollte also beispielsweise dann durchgeführt werden, wenn es nicht darum geht, möglichst hohe Stückzahlen pro Zeiteinheit zu produzieren, sondern qualitative Aspekte der Tätigkeit im Vordergrund stehen. Dabei kann es sich sowohl um das materielle Arbeitsergebnis als auch um Leistungen wie Schonung der Betriebsmittel, hohe Materialausbeute und Termintreue handeln.

Ein weiteres Feld erschließt sich bei der Gruppenarbeit: Viele Unternehmen sind dazu übergegangen, ganze Arbeitsbereiche an teilautonome Arbeitsgruppen zu delegieren. Diese werden dann über Zeitlohn und Gruppenprämie (bei guten Leistungen) entlohnt. Dies ist insbesondere dann sinnvoll, wenn – im wesentlichen automatisch ablaufende – Prozesse koordiniert und gesteuert werden müssen, wobei hohe Qualitätsstandards zu sichern und Störungen schnell zu beseitigen sind.

Lösung zu Aufgabe 6:

Der Akkordlohn ist eine Lohnform, die sich sowohl an der Art des Arbeitsplatzes als auch an der Menge der erbrachten Leistung orientiert. Grundlage für den Akkordlohn ist der jeweils in der betreffenden Lohngruppe gezahlte Zeitlohn. Auf diesen Zeitlohn wird ein bestimmter Akkordzuschlag (bis zu 20 %) aufgeschlagen, wenn der Mitarbeiter „Normalleistung“ erbringt. Der gesamte, pro Zeiteinheit gezahlte Lohn bei Normalleistung (Zeitlohn + Akkordzuschlag) ergibt den Akkordrichtsatz. Der Quotient: „Akkordrichtsatz zu Normalleistung“ ergibt dann den Stücklohn.

Lösung zu Aufgabe 7:

Die Akkordentlohnung orientiert sich in erster Linie an der Leistungsmenge, die ein Mitarbeiter oder eine Gruppe von Mitarbeitern (Gruppenakkord) erbringt. Dabei werden die Arbeitsplätze anhand ihrer unterschiedlichen Schwierigkeitsgrade in verschiedene Lohngruppen eingeteilt. Unabhängig von der Leistungsmenge wird allerdings den Mitarbeitern in den Tarifverträgen ein Mindestlohn garantiert, der in der Regel dem Akkordrichtsatz entspricht. Diese soziale Komponente greift insbesondere dann, wenn ein Arbeitnehmer vorübergehend und unverschuldet weniger als die Normalleistung erbringt. Die Mindestlohnregelung gilt aber nicht in den Fällen, in denen dem Mitarbeiter eigenes Verschulden nachgewiesen werden kann.

Lösung zu Aufgabe 8:

Zeitstudien bilden die Grundlage für die Ermittlung des Normalleistungsniveaus in einem Akkordlohnsystem.

An jedem Arbeitsplatz werden hierzu die jeweils für einen Arbeitsgang benötigten Zeiten gemessen sowie der dabei beobachtete Leistungsgrad des Mitarbeiters (bezogen auf Normalleistung) beurteilt. Daraus kann die Normalzeit je Arbeitsgang (NZ) errechnet werden:

$$NZ = \frac{\text{Zeitbedarf} \cdot \text{Leistungsgrad}}{100}$$

Beträgt z.B. der Zeitbedarf 15 Min und schätzt der Beobachter den Leistungsgrad auf 120 (Normalleistung = 100), dann beträgt die Normalzeit 18 Min.
Zu diesen Normalzeiten werden noch die Verteilzeiten (Zeitbedarf für kleinere Störungen) und, falls erforderlich, die Erholungszeiten hinzugerechnet. Die so ermittelte Ausführzeit, unter Umständen noch ergänzt um die Rüstzeiten (für die Vorbereitung des Arbeitsganges), bildet den Richtwert für die Normalleistung pro Zeiteinheit.

Beträgt z.B. die Ausführungszeit 19,5 Min und werden noch 0,5 Min für Rüstzeiten hinzugerechnet, dann beläuft sich die Normalleistung pro Stunde auf drei Stück.

Lösung zu Aufgabe 9:

Die Lohnabzüge sind die Bestandteile von Bruttolohn (bzw. Bruttogehalt), die dem Arbeitnehmer abgezogen werden. Der dann verbleibende Nettolohn (bzw. Nettogehalt) stellt das eigentliche, dem Arbeitnehmer zur Verfügung stehende Einkommen dar. Die Abzüge setzen sich zusammen aus den Sozialabgaben sowie der Lohn- und eventuell der Kirchensteuer. Die Sozialabgaben beinhalten die vom Arbeitnehmer zu entrichtenden Anteile an den Beiträgen zur Rentenversicherung, Arbeitslosenversicherung, Krankenversicherung und Pflegeversicherung.

Lösung zu Aufgabe 10:

Die häufigsten Formen der Mitarbeiterbeteiligung sind die Mitarbeiterdarlehen, die Belegschaftsaktien und die stillen Beteiligungen.

Bei einem Mitarbeiterdarlehen erhalten die Mitarbeiter ihre Gewinnanteile gutgeschrieben und stellen diese, um eine Eigenleistung erhöht, dem

Unternehmen als Darlehen zur Verfügung. Die Unternehmen verzinsen diese Darlehen. Sehr ähnlich ist das Modell der stillen Beteiligungen angelegt. Weitergehend als im Darlehensmodell erhält der Mitarbeiter als „stiller Gesellschafter" noch begrenzte Kontrollrechte eingeräumt.

Im Belegschaftsaktienmodell werden vom Unternehmen an der Börse eigene Aktien erworben. Diese werden dann den Mitarbeitern zu erheblich günstigeren Konditionen angeboten.

Eine neue Form betrifft die Beteiligung von Führungskräften durch Stock options: Zu einem festgelegten Ausübungskurs erhalten sie Aktien des eigenen Unternehmens aus dessen Bestand. Steigende Aktienkurse bescheren ihnen dann einen Bonus, wobei davon ausgegangen wird, dass erfolgreiche Unternehmen durch eine besonders günstige Kursentwicklung belohnt werden.

Lösung zu Aufgabe 11:

Ein häufig vorgebrachter Einwand gegen die Gewinnbeteiligung von Mitarbeitern ist, dass sie die Eigenkapitalrendite der Gesellschafter schmälert. Dagegen lässt sich erwidern, dass der erwirtschaftete Gewinn grundsätzlich nicht nur der Eigenkapitalverzinsung (Ausschüttung), sondern auch der Eigenkapitalerweiterung (Einbehaltung) dient. Dies bedeutet, dass ein Teil des Gewinns auch ohne Mitarbeiterbeteiligung den Gesellschaftern nicht unmittelbar zur Verfügung steht. Allerdings ziehen die Eigner trotzdem aus dem thesaurierten Gewinn ihren Nutzen. Er verbessert ihren Vermögensstatus und damit die zukünftigen Gewinnerzielungsmöglichkeiten. Eine Mitarbeiterbeteiligung schmälert diesen Vorteil. Man kann dazu allerdings grundsätzlich in Frage stellen, ob der gesamte erwirtschaftete Gewinn nur den Kapitaleignern zusteht. Dies insbesondere dann, wenn eine maßvolle Steuer- und Lohnpolitik gefordert wird, um die – betriebswirtschaftlich sinnvolle – Gewinnthesaurierung zu verbessern.

Dagegen wird von Seiten der Gewerkschaften häufig der Einwand erbracht, die Gewinnbeteiligung bedeute eine Einmischung in die Tarifautonomie und entsolidarisiere die Arbeitnehmer. Außerdem werde dem Arbeitsplatzrisiko noch das Risiko eines Vermögensverlustes hinzugefügt. Sie favorisieren deshalb überbetriebliche Beteiligungsmodelle. Dieses „Gießkannenprinzip" würde freilich den Anreiz zu mehr Leistung mindern.

Lösung zu Aufgabe 12:

Als Lohnnebenkosten werden die beim Arbeitgeber zum jeweiligen Lohn (Direktentgelt) zusätzlich anfallenden Kosten bezeichnet. Zu den Lohnnebenkosten zählen z.B.:

- Der Arbeitgeberanteil an den Sozialabgaben (jeweils 50%) sowie die Unfallversicherung,

- gesetzlich bezahlte Feiertage,
- Entgeltfortzahlung im Krankheitsfalle,
- tarifliche Leistungen wie Urlaubsgeld, Gratifikationen etc.,
- betriebliche Altersversorgung.

Zusätzlich zum Direktentgelt für tatsächlich geleistete Arbeit muss der Arbeitgeber noch einmal über 70 % zusätzlich in Rechnung stellen.

Lösung zu Aufgabe 13:

Tarifverträge werden von den Tarifvertragsparteien ausgehandelt. Dies sind die Arbeitgeberverbände und die Gewerkschaften. Die Tarifvereinbarungen sind häufig jedoch nicht für alle Arbeitnehmer verbindlich. Sie sind nur dann zwingend, wenn der jeweilige Arbeitgeber Mitglied im Arbeitgeberverband und der Arbeitnehmer Gewerkschaftsmitglied ist. In der Regel werden die tarifgebundenen Arbeitgeber aber die Tarifvereinbarungen auch auf die nicht gewerkschaftlich organisierten Arbeitnehmer ausweiten.

Ein Arbeitgeber kann sich durch seinen Austritt aus dem Arbeitgeberverband der Tarifvereinbarung entziehen. Er muss dann eigene Lohnverhandlungen führen. Der Bundesarbeitsminister hat allerdings die Möglichkeit, Tarifvereinbarungen für allgemeinverbindlich zu erklären. Neuerdings gibt es erste Öffnungsklauseln in Tarifverträgen, die – in Absprache mit dem Betriebsrat – Abweichungen vom Tarifvertrag erlauben. Unternehmen, die Schwierigkeiten haben, erhalten so die Möglichkeit, untertariflich zu bezahlen. Eine derartige „Lohnspreizung“ zwischen Unternehmen erhöht die Flexibilität des Arbeitsmarktes, was immer wieder angemahnt wird. Austritte aus dem Arbeitgeberverband – und der darauf folgende Ruf nach Allgemeinverbindlichkeitserklärungen – wären überflüssig.

Grundsätzlich sind aber die Tariflöhne als Untergrenze verbindlich. Sie dürfen auch bei noch so reichlichem Arbeitsangebot nicht unterschritten, wohl aber bei knappem Arbeitsangebot überschritten werden.

Lösung zu Aufgabe 14:

Das Vermögensbeteiligungsgesetz fördert die Mitarbeiterbeteiligung auf der Basis von Mitarbeiterdarlehen oder stiller Gesellschaft. Der jeweilige Gewinnanteil des Darlehens bzw. der stillen Beteiligung wird bis maximal 300 DM jährlich von Lohnsteuer und Sozialversicherung befreit. Voraussetzung ist, dass er 50 % nicht übersteigt und eine Festlegungsfrist von mindestens sechs Jahren eingehalten wird. Dazu erhält der Arbeitnehmer auf seine Eigenleistung von bis zu 800 DM im Jahr eine 20 %ige Sparzulage. Dies allerdings nur, sofern er bestimmte Einkommensgrenzen nicht übersteigt und der Betrag ebenfalls mindestens sechs Jahre lang festgelegt wird.

Lösung zu Aufgabe 15:

Von relativer Leistungsgerechtigkeit wird gesprochen, wenn die Höhe des Arbeitsentgelts von der Leistung des Mitarbeiters bestimmt wird; bei der Ermittlung der Leistung können verschiedene Aspekte berücksichtigt werden:

Die Qualifikationsgerechtigkeit lässt sich grundsätzlich unterteilen in „ungelernt", „angelernt" und „abgeschlossene Berufsausbildung", allerdings hat die zunehmende Ausdifferenzierung des Aus-, Fort- und Weiterbildungssystems zu kaum mehr überschaubaren Qualifikationsmöglichkeiten geführt. Soll die – betriebsrelevante – Qualifikation bei der Entlohnung berücksichtigt werden, ist nicht nur die Abstufung der Entgelte zu klären, sondern auch, ob und wie formale Abschlüsse und Mehrfachqualifikationen berücksichtigt werden sollen.

Bei der anforderungsgerechten Entlohnung werden die Anforderungen des Arbeitsplatzes berücksichtigt; die Qualifikation spielt dabei insofern eine Rolle, als für die meisten Stellen besondere Fachkenntnisse erforderlich sind. Es gibt verschiedene Verfahren, um das Anforderungsprofil zu ermitteln: Bei den summarischen Verfahren ordnet man die Tätigkeiten als Ganzes – je nach Schwierigkeitsgrad – in eine Rangfolge von Gruppen.. Analytische Verfahren – wie das analytische Rangreihenverfahren – legen hingegen differenzierte Anforderungsarten (z.B. körperliche und geistige Anforderungen, äußere Einflüsse) zugrunde, die bei „Normalleistung" gemessen werden.

Hinter der ergebnisgerechten Entlohnung steht die Frage, ob tatsächlich mehr oder weniger als die Normalleistung erbracht wurde; die Folge sind Lohnzuschläge bzw. -abschläge. Neben der Leistungsmenge wird in der Regel auch die Qualität beurteilt, was beispielsweise auch zu einer Belohnung wegen schonenden Umgangs mit Betriebsmitteln führen kann. Als schwierig erweist sich die Beurteilung von dispositiven Arbeiten, wobei das Beurteilungsgespräch zwischen Vorgesetztem und Mitarbeiter helfen soll.

Lösung zu Aufgabe 16:

Qualifikationsgerechte Entlohnung berücksichtigt die Aus-, Fort- und Weiterbildung des jeweiligen Mitarbeiters bei Festsetzung seines Arbeitsentgelts. Abgesehen davon, dass es sich bei der betreffenden Qualifikation um eine für den Betrieb relevante handeln sollte, ist zu klären, wie formale Abschlüsse berücksichtigt werden, welche Rolle Mehrfachqualifikationen spielen und inwieweit eine Abstufung zwischen verschiedenen Qualifikationen erfolgt.

Lösung zu Aufgabe 17:

Tariflöhne sind Mindestlöhne, die überschritten werden können, wenn für bestimmte Tätigkeiten das Arbeitsangebot im Verhältnis zur Arbeitsnachfrage knapp ist; die Arbeitgeber konkurrieren dann um die „knappen“ Arbeitskräfte mit übertariflichen Lohnangeboten. Es gibt somit in der tarifvertraglichen Lohnstruktur sehr wohl den Einfluss des Marktes, allerdings nur in einer Richtung: Selbst wenn das Arbeitsangebot im Verhältnis zur Arbeitsnachfrage sehr groß ist, dürfen die festgelegten Tariflöhne nicht unterschritten werden.

Um zu verhindern, dass die übertarifliche Entlohnung einzelner ‚knapper“ Berufe zu Spannungen aufgrund empfundener Ungerechtigkeit führt, gibt es verschiedene Möglichkeiten: Mit den übertariflich bezahlten Mitarbeitern kann ein Stillschweigen über das Entgelt vertraglich vereinbart werden; denkbar ist auch dass diese Mitarbeiter – nach Überprüfung des Arbeitswertes – einer höheren Lohngruppe zugeordnet werden oder die Arbeitsentgelte der „benachbarten“ Arbeitnehmer erhöht werden, um die relative Lohngerechtigkeit wiederherzustellen.

Lösung zu Aufgabe 18:

Öffnungsklauseln in Tarifverträgen gestatten in Schwierigkeiten geratenen Unternehmen – nach Absprache mit dem Betriebsrat – vom Tarifvertrag abzuweichen. Sie sollen es den Unternehmen ermöglichen, ohne Entlassungen oder die Verlagerung der Produktion ins Ausland im internationalen Wettbewerb flexibel zu bleiben; insgesamt soll die Wettbewerbsfähigkeit des Standorts Deutschland gesichert werden.

Ein möglicher Nachteil von Öffnungsklauseln besteht darin, dass dieses Instrument mitunter missbraucht werden könnte, um geringere Löhne – ohne besondere Notlage des Unternehmens – durchzusetzen. Insgesamt stellen Öffnungsklauseln in Tarifverträgen aber ein unverzichtbares Mittel zum Überleben im internationalen Wettbewerb dar.

Lösung zu Aufgabe 19:

Eine vor allem in den USA sehr beliebte Form der variablen Führungskräfteentlohnung ist das Optionsmodell: Manager erhalten – neben einem Fixum – die Option, innerhalb eines festgelegten Zeitraums Aktien des eigenen Unternehmens zu einem vorab festgelegten Kurs zu erwerben. Steigen die Aktienkurse, z.B. aufgrund erfolgreicher Unternehmensführung, erhalten die Führungskräfte einen Bonus in Höhe der Kursdifferenz.

Diese Vergütung über Stock options kann zu einer stärkeren Orientierung am Shareholder value führen, was im Sinne der Prinzipal-Agent-Theorie erwünscht ist. Außerdem bindet die Aussicht auf Ausübung der Option die Manager länger ans Unternehmen.

Nachteilig am Optionsmodell könnte sein, dass sehr günstige Kursentwicklungen die Einkommenshöhen des Managements sprunghaft ansteigen lassen bzw. die Manager – unabhängig von ihrer Unternehmensführung – von Kurssteigerungen profitieren, die in einem allgemeinen „Börsenfieber" begründet sind (Windfall profits); möglich sind natürlich auch Windfall losses.

Um diese Probleme zu mildern, kann die Entlohnung über Stock options auf verschiedene Arten variiert werden: Eine Möglichkeit besteht darin, die Ausübung der Option nur bei günstigerer Entwicklung der eigenen Kurse zu ermöglichen (Ausübungshürde); des weiteren kann der Ausübungskurs insofern bereinigt werden, als die Option nur in Höhe der Differenz der Kursentwicklungen geltend gemacht werden darf. Maßstab könnte z.B. die DAX-Entwicklung sein.

Lösung zu Aufgabe 20:

Die Prinzipal-Agent-Theorie beschäftigt sich mit Problemen bei der Delegation von Entscheidungen: Angestellte Manager (Agenten) handeln nicht immer im Sinne der Eigentümer (Prinzipale), sondern verfolgen auch eigene Ziele wie Macht, Prestige und die Maximierung ihres eigenen Einkommens.

Aktienoptionen für Führungskräfte können diesen Zielkonflikt mildern: Die Manager können nach Ablauf eines bestimmten Zeitraums Aktien des eigenen Unternehmens zu einem vorab bestimmten Kurs erwerben; ist der tatsächliche Kurs zu diesem Zeitpunkt höher, erhalten sie einen Bonus in Höhe der Differenz. Um ihr eigenes Einkommen zu steigern, müssen die Manager nun das Unternehmen so führen, dass der Aktienkurs steigt, was wiederum das Aktionärsvermögen erhöht. Aktienoptionen sorgen also dafür, dass die Manager bei der Verfolgung ihrer eigenen Ziele gleichzeitig die Ziele der Unternehmenseigner berücksichtigen.

Lösung zu Aufgabe 21:

Eine insbesondere bei kleinen und mittleren Unternehmen verbreitete Form der Erfolgsbeteiligung ist das Mitarbeiterdarlehen. Den Mitarbeitern zugewiesene Gewinnanteile werden – um eine Eigenleistung erhöht – dem Unternehmen gegen eine Zinszahlung zur Verfügung gestellt. Diese von der Rechtsform des Unternehmens unabhängige Form der Beteiligung ist aus mehreren Gründen vorteilhaft:

Im Gegensatz zur Kommanditbeteiligung werden aus den Mitarbeitern keine „Mitunternehmer", was sowohl dem Unternehmen als auch den Mitarbeitern verschiedene steuerliche Vorteile bringt. Außerdem werden Mitarbeiterdarlehen nach dem 3. Vermögensbildungsgesetz gefördert: So ist der Gewinnanteil des Darlehens bis 300 DM pro Jahr lohnsteuer- und sozialversicherungsfrei, soweit er 50 % der Beteiligung nicht übersteigt; allerdings muss dabei eine Festlegungsfrist von mindestens sechs Jahren eingehalten werden. Auf die Eigenleistung von maximal 800 DM pro Jahr erhält der Arbeitnehmer wiederum – innerhalb bestimmter Einkommensgrenzen – eine staatliche Sparzulage von 20 % (bzw. 25 % in den neuen Bundesländern).

Lösung zu Aufgabe 22:

Die auf diesem Argument basierende Nachfragepolitik ist sehr kurzfristig orientiert. Um die Nachfrage längerfristig zu stärken, sollten den Unternehmen Anreize geboten werden, zu investieren und damit Arbeitsplätze zu schaffen: Die Erhöhung der Beschäftigung dürfte insgesamt für mehr Nachfrage sorgen als Lohnerhöhungen bei den bisher Beschäftigten. Das oft vorgebrachte „Kaufkraftargument“ verliert angesichts der hohen Abgaben für Lohnsteuer und Sozialversicherung ohnehin seine Überzeugungskraft. Außerdem sollte berücksichtigt werden, dass sich die Position inländischer Unternehmen im internationalen Wettbewerb durch die mit dem Nettolohn stark ansteigenden Personalkosten verschlechtern würde, was zu Rationalisierung und Produktionsverlagerung führen könnte. Von der erhöhten Nachfrage könnten sonst – aufgrund der relativ hohen Preise inländischer Produkte – überwiegend Importe bzw. Nachbarländer profitieren; der Konjunktur im Inland wäre damit nicht gedient.

Lösung zu Aufgabe 23:

Die Personalzusatzkosten können unterschieden werden in gesetzliche und tarifliche bzw. betriebliche. Zu den gesetzlichen Personalzusatzkosten zählen die Arbeitgeberanteile an den Sozialbeiträgen, bezahlte Feiertage, die Entgeltfortzahlung im Krankheitsfalle sowie Konkursausfallsgeld, Mutterschutz u. a.

Unter tarifliche und betriebliche Personalzusatzkosten fallen beispielsweise das Urlaubsgeld, Gratifikationen, das 13. Monatsgehalt sowie die betriebliche Altersversorgung und Vermögensbildung. Diese Kosten muss der Arbeitgeber zusätzlich zum sogenannten „Direktentgelt“ – dem Bruttolohn für tatsächlich geleistete Arbeit – tragen.

Arbeitsaufgaben und Lösungen zum 8. Kapitel Lernen im Betrieb und betriebliche Arbeitsbedingungen
(Mitarbeiter im Betrieb II)

1. Aufgabe

Was bedeutet die Anweisung: „Der richtige Mann auf den richtigen Platz“?

2. Aufgabe

Was bestimmt die Leistungsfähigkeit eines Mitarbeiters?

3. Aufgabe

Was versteht man unter dualer Ausbildung, und worin liegt ihr besonderer Reiz?

4. Aufgabe

Was ist Fort- und was ist Weiterbildung?

5. Aufgabe

Je kürzer der Takt, desto höher die Effizienz. Nehmen Sie Stellung!

6. Aufgabe

Worin besteht das besondere Problem betrieblicher Ausbildung?

7. Aufgabe

Was ist ergonomische Arbeitsplatzgestaltung?

8. Aufgabe

Was verstehen Sie unter Aufgabenbereicherung, Aufgabenerweiterung und Aufgabenwechsel; worin bestehen Chancen und Probleme derartiger Maßnahmen?

9. Aufgabe

Erläutern Sie kurz die gesetzlichen Regelungen zur Unfallverhütung im Betrieb!

10. Aufgabe

Was regeln das Entgeltfortzahlungsgesetz und das Gesetz zur Verbesserung der betrieblichen Altersversorgung? Geben Sie Beispiele!

11. Aufgabe

„Ältere Arbeitnehmer sind für den Betrieb nur noch eine Last." Nehmen Sie Stellung zu dieser Aussage!

12. Aufgabe

Was versteht man unter Assessment Centern, und warum sind sie als „Selektionsinstrument" umstritten?

13. Aufgabe

Erörtern Sie Konstruktion und Vorteile von Arbeitszeitkonten!

14. Aufgabe

Welche Aufgabe hat der Pensions-Sicherungs-Verein, in welchem Umfang tritt er ein und wie finanziert er sich?

Lösung zu Aufgabe 1:

Die Anweisung: „Der richtige Mann auf den richtigen Platz" bezieht sich auf die Leistungsfähigkeit eines Mitarbeiters. Diese ist allerdings nur schwer zu ermitteln, weshalb Zeugnisse vorgelegt und Eignungstest (z.B. Assessment Center) absolviert werden müssen. Hierdurch lässt sich sicherlich das Problem eingrenzen, nicht aber lösen.

Ein Mitarbeiter kann dann eine optimale Leistung erbringen, wenn die Anforderungen seines Arbeitsplatzes seiner Leistungsfähigkeit genau entsprechen. Eine Überforderung führt ebenso wie eine Unterforderung zu Unzufriedenheit und damit zu einem Leistungsabfall. Allerdings ist die Forderung nach Adäquanz des Arbeitsplatzes nicht immer vollständig zu erfüllen. Moderne Personaleinsatz- und -steuerungssysteme ermöglichen aber recht genau den Abgleich von Anforderungsprofilen der Arbeitsplätze und Qualifikationsprofilen der Mitarbeiter.

Lösung zu Aufgabe 2:

Eine optimale Stellenbesetzung erfordert, dass sich die Leistungsfähigkeit eines Mitarbeiters möglichst genau mit den Anforderungen seines Arbeitsplatzes deckt. Die Leistungsfähigkeit hängt von einer Reihe von Einflussfaktoren ab. Dazu gehören:

- die natürlichen geistigen sowie körperlichen Begabungen des Mitarbeiters,
- die Ausbildung des Mitarbeiters (Hierzu zählt sowohl die allgemeine schulische Ausbildung als auch die fachbezogene Ausbildung in den Betrieben),
- die bisherige Berufserfahrung des Mitarbeiters,
- seine allgemeine körperliche und geistige Verfassung sowie
- seine Motivation.

Die Leistungsfähigkeit eines Mitarbeiters muss folglich mit zunehmendem Alter nicht unbedingt nachlassen. Ein Rückgang der körperlichen Verfassung z.B. kann durch die zunehmende Berufserfahrung kompensiert werden.

Lösung zu Aufgabe 3:

Die Berufsausbildung in Deutschland erfolgt nach dem „dualen System". Das bedeutet, dass die Ausbildung in zwei Bereiche geteilt wird, die jedoch parallel ablaufen. Die berufspraktische Ausbildung erfolgt in den Betrieben. Der berufstheoretische und allgemeine Unterricht dagegen findet in der Berufschule als Teilzeitschule statt. Der Vorteil dieser Ausbildungsform liegt vor allem darin, dass ein einheitliches und hohes Ausbildungsniveau der Fachkräfte gewährleistet werden kann. Die theoretischen Kenntnisse können allen Auszubildenden in gleicher Weise vermittelt werden. In den Betrieben können diese sich dann auf die speziellen Fachrichtungen konzentrieren, die ihren praktischen Veranlagungen am nächsten kommen. Über die Abschlussprüfung vor der jeweils zuständigen Handwerks- bzw. Industrie- und Handelskammer unterliegen die Auszubildenden und damit letztlich auch die Ausbildungsbetriebe einer ständigen „Qualitätskontrolle". Hinzu kommt, dass die künftigen Ausbilder bei ihrer Kammer in einer Prüfung ihre pädagogische Eignung nachweisen müssen, was dann ihren Betrieb zum „anerkannten Ausbildungsbetrieb" macht.

Lösung zu Aufgabe 4:

Der immer schneller fortschreitende, wissenschaftliche und technische Wandel erfordert in zunehmendem Maße eine betriebliche Fort- und

Weiterbildung der Mitarbeiter. Die Kenntnisse und Fertigkeiten der Mitarbeiter müssen sich ständig an den Wandel der Produktionsprozesse anpassen. Als Fortbildung werden solche Maßnahmen bezeichnet, die geeignet sind, das Wissen und Können eines Mitarbeiters im bereits ausgeübten Beruf aufzufrischen und zu modernisieren.

Der Begriff der Weiterbildung dagegen bezieht sich auf die Vermittlung von neuen beruflichen Qualifikationen, die eine andersartige bzw. höherwertige Tätigkeit als bisher ermöglichen.

Insbesondere Weiterbildungsmaßnahmen müssen sich stets an den Fähigkeiten des Mitarbeiters und den Erfordernissen des Betriebes orientieren. Kommt ein Mitarbeiter trotz seiner Anstrengungen nicht weiter, machen sich bei ihm Unterforderungsstress und Frustrationen über seine „Fehlinvestition“ breit.

Lösung zu Aufgabe 5:

Die Zerlegung der Arbeit in zahlreiche Teilvorgänge, die von hochspezialisierten Mitarbeitern ausgeführt werden, ist grundsätzlich effizienzfördernd. Der Steigerung der Effizienz durch Verkürzung der Taktzeit sind allerdings Grenzen gesetzt: Werden die Zeiten bis zur Wiederholung des stets gleichen Arbeitsvorgangs zu kurz, kann dies zu Monotonie mit herabgesetzter psychischer Aktivität, Müdigkeit und mitunter sogar Aggressivität bei den Mitarbeitern führen; hohe Fluktuations- und Krankenstandsraten sowie Qualitätsprobleme sind häufig die Folge. Um dies zu verhindern und die Mitarbeiterzufriedenheit zu erhöhen, ergreifen viele Betriebe Maßnahmen der Aufgabenbereicherung und -erweiterung sowie des Aufgabenwechsels.

Lösung zu Aufgabe 6:

Zumindest während der Ausbildungszeit übersteigen die Ausbildungskosten in der Regel die Erträge, die der auszubildende Mitarbeiter für den Betrieb erwirtschaftet. Durch die Berufsausbildung entstehen den Betrieben folglich meist erhebliche Nettokosten.

Das Problem der betrieblichen Ausbildung besteht darin, dass die Betriebe nur dann bereit sind, die Ausbildung zu übernehmen, wenn langfristig die Ausbildungserträge die Ausbildungskosten übersteigen werden. Dies ist dann gewährleistet, wenn ein Betrieb durch die eigene Ausbildung einen qualifizierten Mitarbeiterstamm heranziehen kann. Es besteht jedoch die Gefahr, dass die qualifizierten Mitarbeiter von anderen Betrieben abgeworben werden, die auf diese Weise die Ausbildungskosten abwälzen. Die Strategie des Abwerbens ist jedoch in zweifacher Hinsicht problematisch. Zum einen setzt sie voraus, dass andere Betriebe ein über ihren eigenen Nachwuchsbedarf hinausgehendes Ausbildungsangebot bieten. Dies ist auf Dauer – angesichts steigender Ausbildungskosten – fraglich.

Zum anderen ist zu bedenken, dass der „abgeworbene Nachwuchs" einzuarbeiten ist, was Einarbeitungskosten verursacht, die ein Drittel der Nettokosten der gesamten Lehrzeit erreichen können.

Indem der Staat den Betrieben die praktische Ausbildung überlässt, sollten sie im Gegenzug für genügend Lehrstellen sorgen.

Lösung zu Aufgabe 7:

Die „Ergonomie eines Arbeitsplatzes" befasst sich mit der Optimierung der Rahmenbedingungen der Arbeit. Ein ergonomisch gestalteter Arbeitsplatz zeichnet sich durch möglichst geringe geistige, muskelmäßige und gesundheitliche Zusatzbelastungen aus. Der Mitarbeiter kann sich dann ganz auf seine eigentliche Aufgabe konzentrieren. Bestandteile der ergonomischen Arbeitsplatzgestaltung sind z.B.:

- Die Gestaltung der Räumlichkeiten, Arbeitsmittel und technischen Gerätschaften.
- Die Gestaltung der Informationstechnik im Hinblick auf die menschliche Leistungs- und Reaktionsfähigkeit.
- Die Reduktion der Umgebungseinflüsse zur Vermeidung von Umweltbelastungen.
- Die Erarbeitung von Sicherheitsmaßnahmen zur Vermeidung von Unfallquellen.

Lösung zu Aufgabe 8:

Mit zunehmender Aufgabenspezialisierung werden die Arbeitszyklen eines Arbeitsplatzes immer kürzer. Die dadurch entstehende Monotonie der Tätigkeiten beeinträchtigt Arbeitszufriedenheit und Leistungsfähigkeit des Mitarbeiters. Maßnahmen wie Bereicherung, Erweiterung und Wechsel der Aufgaben können sehr hilfreich sein, wenn man eine Erhöhung der Attraktivität der Arbeitsplätze anstrebt.

- Aufgabenbereicherung bedeutet, dass die Arbeitsinhalte durch zusätzliche, meist dispositive Elemente (wie Planung, Qualitätskontrolle) angereichert werden.
- Eine Aufgabenerweiterung ist dann gegeben, wenn der quantitative Umfang der Arbeit durch zusätzliche, gleichwertige Arbeitselemente erhöht wird.
- Bei einem Aufgabenwechsel tauschen die Mitarbeiter ihre Arbeitsaufgaben immer wieder untereinander aus.

Diese Maßnahmen können dazu führen, dass sich die Mitarbeiter am Arbeitsplatz in höherem Maße selbstverwirklichen können. Die Folge ist eine bessere Motivation. Andererseits wird die Arbeit anspruchsvoller und erfordert vom einzelnen ein höheres Maß an Übersicht, Koordinations- und Einteilungsfähigkeit, kurz: Qualifikation, die nicht jeder zu erwerben bereit oder befähigt ist.

Lösung zu Aufgabe 9:

Träger der betrieblichen Unfallversicherung sind die Berufsgenossenschaften der Arbeitgeber (Zwangsmitgliedschaft) . Sie sind es auch, die in regelmäßigen Abständen die Einhaltung der Unfallverhütungsvorschriften in den Betrieben kontrollieren. Die wichtigsten Arbeitsschutzbestimmungen enthält die Gewerbeordnung, auf welche sich auch die Arbeitsstättenverordnung stützt. Darin sind die grundlegenden baulichen Anforderungen eines Arbeitsplatzes geregelt. Darüber hinaus werden die notwendigen Sicherheitsvorrichtungen bei technischen Arbeitsmitteln im Maschinenschutzgesetz vorgeschrieben. Weitere Regelungen bezüglich der Unfallverhütung im Betrieb finden sich im Arbeitssicherheitsgesetz, welches z.B. den Einsatz von Betriebsärzten und Sicherheitsingenieuren regelt.

Lösung zu Aufgabe 10:

Beide Gesetze dienen der sozialen Absicherung der Arbeitnehmer. Das Entgeltfortzahlungsgesetz betrifft den Krankheitsfall bzw. den Fall eines vom Sozialversicherungsträger gewährten Kuraufenthaltes. Der Arbeitgeber wird darin verpflichtet, das Arbeitsentgelt für die Dauer von sechs Wochen weiter zu bezahlen. Nach dieser Zeit entrichten die Krankenkassen ein Krankengeld, dessen Höhe sich am bisherigen Lohn orientiert. Das Gesetz zur Verbesserung der betrieblichen Altersversorgung stellt sicher, dass auch im Fall, dass der Mitarbeiter das Unternehmen wechselt oder das Unternehmen insolvent wird, eine zugesagte Betriebsrente ausbezahlt wird. Wechselt der Arbeitnehmer das Unternehmen, bleibt der Rentenanspruch dort nur dann bestehen, wenn eine entsprechend lange Betriebszugehörigkeit vorliegt. Anderenfalls wird der Anspruch abgefunden oder auf den neuen Arbeitgeber übertragen. Bei Insolvenz zahlt der Pensions-Sicherungs-Verein in Köln die „ungedeckte“ Rente. Aufgebracht wird sie im Umlageverfahren von allen Unternehmen, die Rentenansprüche gewähren und deshalb Zwangsmitglied sind.

Lösung zu Aufgabe 11:

Die Leistungsfähigkeit eines Mitarbeiters wird von einer Reihe von Einflussfaktoren bestimmt. So ist die körperliche Verfassung nicht die alleinige Bestimmungsgröße für seine Leistungsfähigkeit. Naturgemäß reduziert sie sich mit zunehmendem Alter. Häufig wird dieser Mangel jedoch durch die größerwerdende Berufserfahrung und das im Laufe der Zeit erworbene, fachbezogene Können des älteren Arbeitnehmers aufgewogen. Ein älterer Arbeitnehmer wird folglich insbesondere dann keine Last für den Betrieb darstellen, wenn er an solchen Stellen eingesetzt wird, die ein hohes Maß an Erfahrung erfordern. Hier ist der ältere Arbeitnehmer in der Regel dem jüngeren überlegen. Dies gilt freilich nur dann, wenn der Mitarbeiter nicht im Laufe seines Arbeitslebens Frust angehäuft und seine „innere Kündigung" genommen hat. Er sehnt dann seine Pensionierung herbei, während andere diesen Zeitpunkt „verdrängen".

Lösung zu Aufgabe 12:

Assessment Center sind seminarähnliche Veranstaltungen eines Unternehmens, bei welchen die potentiellen Mitarbeiter hinsichtlich ihrer Eignungen getestet werden. Die Bewerber werden dazu (in kleineren Gruppen) mit verschiedenen Aufgaben wie z.B. Planspielen, Präsentationen, Interviews etc. konfrontiert. Das Abschneiden der Bewerber wird von Psychologen, den Personalleitern oder auch den späteren Abteilungsleitern beobachtet und bewertet. Mit Hilfe dieser Bewertungen sollen gezieltere Auswahlentscheidungen – als dies nach der „Papierform" möglich wäre – getroffen werden. Allerdings wird die Eignung der Assessment Center als Selektionsinstrument zunehmend in Frage gestellt. Vor allem die mangelnde unternehmerische Realität in der Testsituation und der außergewöhnliche Stress, in dem sich die Bewerber befinden, können unrealistische Verhaltensweisen und Entscheidungen induzieren. Zudem ist die Objektivität der Beurteilungen nicht immer gegeben, da unbewusst auch persönliche Wertungen einfließen. Es ist deshalb durchaus möglich, dass die Guten schlecht und die Schlechten gut abschneiden. Der Fall einer „Selffulfilling Prophecy" kann dann entstehen, wenn man anschließend unterschiedliche Karrierewege eröffnet. Es kommt aber immer wieder vor, dass es jemand trotz schlechten Abschneidens „zu etwas bringt".

Lösung zu Aufgabe 13:

Arbeitszeitkonten fördern die Flexibilisierung der Arbeitszeiten: Die Mitarbeiter erhalten für die vereinbarte Wochenarbeitszeit eine feste Vergütung. Bei Mehr- oder Minderarbeit gibt es keine Lohnzu- bzw. -abschläge, sondern einen vereinbarten Ausgleichszeitraum, um insgesamt die vereinbarte Durchschnittsarbeitszeit einzuhalten. Darüber hinaus sind Modelle verbreitet, bei denen Schichten, in denen die übliche Tagesarbeitszeit überschritten wird, durch freie Tage ausgeglichen werden.

Die Entkopplung von Arbeits- und Betriebszeit hat mehrere Vorteile: Teure Anlagen können optimal ausgelastet werden; darüber hinaus kann ein Unternehmen viel flexibler auf konjunkturelle und saisonale Schwankungen reagieren. Zusätzliche Lohnkosten in Form von Überstundenzuschlägen werden dabei nicht fällig: Die vereinbarte Gesamtarbeitszeit wird nicht überschritten, nur anders verteilt („Atmende Fabrik").

Lösung zu Aufgabe 14:

Der Pensions-Sicherungs-Verein erfüllt laufende Pensionen und unverfallbare Anwartschaften aufgrund betrieblicher Zusagen, wenn die Unternehmen aufgrund eines Insolvenzverfahrens nicht mehr in der Lage sind, dies selbst zu tun.

Für eine unverfallbare Anwartschaft muss der betroffene Arbeitnehmer allerdings mindestens 35 Jahre und die Pensionszusage mindestens zehn Jahre alt sein; bei einer Betriebszugehörigkeit von mindestens zwölf Jahren wird bereits eine mindestens drei Jahre alte Zusage akzeptiert. Der Pensions-Sicherungs-Verein wandelt die Anwartschaft dann in einen Teilanspruch um, der sich nach dem Verhältnis der bisherigen zu der ursprünglich geplanten Anwartschaftszeit bemisst („pro rata-Lösung").

Der Verein finanziert sich durch Beiträge der Unternehmen, die eine betriebliche Altersversorgung eingerichtet haben: Sie müssen jährlich etwa zwei Promille der zugesagten Rentenbezüge abführen („Rentenwert-Umlageverfahren"). Bei großen „Pleiten" können die Beiträge in einzelnen Jahren aber deutlich höher liegen.

Arbeitsaufgaben und Lösungen zum 9. Kapitel Die Mitbestimmung (Mitarbeiter im Betrieb III)

1. Aufgabe

In einer mitbestimmten Wirtschaft haben Streik und Aussperrung keinen Platz. Nehmen Sie Stellung!

2. Aufgabe

Skizzieren Sie kurz die historischen Wurzeln der Mitbestimmung!

3. Aufgabe

Welche Kompetenzen hat der Betriebsrat?

4. Aufgabe

Nennen Sie Kündigungsgründe für ordentliche und außerordentliche Kündigung und beschreiben Sie deren Ablauf nach dem Betriebsverfassungsgesetz!

5. Aufgabe

Charakterisieren Sie die paritätische Mitbestimmung

a) der Montanindustrie

b) der Großunternehmen im Nicht-Montan-Bereich

und stellen Sie Unterschiede heraus!

6. Aufgabe

Welche Kompetenzen hat der Sprecherausschuss?

7. Aufgabe

Was ist ein gewerkschaftsorientierter Arbeitsdirektor, und inwiefern ist er im Hinblick auf die Tarifautonomie problematisch?

8. Aufgabe

Wenn sich zwei streiten (Arbeitnehmer, Kapitaleigner) freut sich der Dritte (Vorstand). Nehmen Sie dazu Stellung!

9. Aufgabe

Welche Funktionen haben Jugendvertreter und Wirtschaftsausschuss?

10. Aufgabe

Beschreiben Sie die Rolle der „Leitenden“ in der Mitbestimmung.

11. Aufgabe

Paritätische Mitbestimmung ist Enteignung. Nehmen Sie Stellung!

12. Aufgabe

Externe sind eine Belastung des Aufsichtsrates. Nehmen Sie Stellung!

13. Aufgabe

Betriebsräte sind der verlängerte Arm der Gewerkschaften. Erörtern Sie diese Behauptung.

14. Aufgabe

Erörtern Sie §146 Sozialgesetzbuch vor dem Hintergrund der Just-in-time-Belieferung in der Industrie.

15. Aufgabe

Was versteht man unter „kalter Aussperrung“, und können die Unternehmen dieses Instrument einsetzen, um die gewerkschaftliche Streikkasse zu „plündern“?

Begründen Sie Ihre Antwort!

16. Aufgabe

Erörtern Sie Zusammensetzung und Zuständigkeit der Einigungsstelle.

17. Aufgabe

Wie gestaltet sich die personelle Zusammensetzung des Aufsichtsrats und die Wahl des Aufsichtsratsvorsitzenden nach dem Mitbestimmungsgesetz von 1976? Hat das Mitbestimmungsgesetz Einfluss auf die Position des Vorstands?

18. Aufgabe

Erläutern Sie den Unterschied zwischen Initiativ-, Veto-, Beratungs-, Anhörungs- und Informationsrecht des Betriebsrates!

19. Aufgabe

In modernen Unternehmen suchen die Arbeitgeber den Interessenausgleich mit den Arbeitnehmern – warum?

20. Aufgabe

Erläutern Sie Zusammensetzung und Zuständigkeit des Europäischen Betriebsrates! Worin liegen seine Chancen und Risiken?

21. Aufgabe

Die Montan-Mitbestimmung geht in eine ungewisse Zukunft. Erläutern Sie diese Aussage!

22. Aufgabe

Mitbestimmung bedeutet Befreiung von Fremdbestimmung. Nehmen Sie Stellung!

23. Aufgabe

Unternehmen brauchen heutzutage starke Aufsichtsräte. Begründen Sie diese Aussage!

24. Aufgabe

Inwiefern besteht in einem paritätisch besetzten Aufsichtsrat nach dem MitbestG ein materielles Übergewicht der Kapitalseite?

Lösung zu Aufgabe 1:

Der grundlegende Interessensgegensatz zwischen höherer Entlohnung bzw. kürzerer Arbeitszeit (Arbeitnehmer) einerseits und der Erwirtschaftung von Überschüssen (Arbeitgeber) andererseits beherbergt ein großes Konfliktpotenzial. Die daraus erwachsenden Arbeitskämpfe führen häufig zu Streiks und Aussperrungen. Der Vorteil betrieblicher Mitbestimmung liegt darin, dass bei schwierigen Entscheidungen auch die Interessen der Arbeitnehmer Berücksichtigung finden. Eine wirksame Mitbestimmung kann folglich dazu führen, dass die Konflikte bereits im Vorfeld entschärft werden. Viele Probleme werden kontinuierlich im betrieblichen Alltag aufgegriffen und können auch in diesem Rahmen gelöst werden.

Lösung zu Aufgabe 2:

Bereits im Jahr 1848 wurde der Gedanke der betrieblichen Mitbestimmung von der verfassungsgebenden Nationalversammlung aufgegriffen, allerdings noch ohne konkrete Ergebnisse. Entgegen den Vorstellungen Bismarcks war es dann Kaiser Wilhelm II, der den Gedanken aus kriegswirtschaftlichen Erwägungen weiter verfolgte, was schließlich 1916 im Gesetz über den Vaterländischen Hilfsdienst seine erste Umsetzung fand. Darin wurden Betriebe mit mehr als 50 Arbeitnehmern veranlasst, Arbeiter- und Angestelltenausschüsse zu bilden. Die Grundlage für die Errichtung eines Betriebsrats fand sich dann im Betriebsrätegesetz von 1920, welches 1922 durch das Aufsichtsratsgesetz erweitert wurde.

Nachdem die Mitbestimmung während des NS-Regimes zum Erliegen kam, wurde sie 1947, durch die Montan-Mitbestimmung in der britischen Zone, wieder eingeführt: Hintergrund war der Gedanke, die deutsche Schwerindustrie durch die Arbeiterschaft kontrollieren zu lassen. Bereits 1951 wurde diese Mitbestimmung unter dem Druck der Gewerkschaften im „Gesetz über die Mitbestimmung der Arbeitnehmer in den Aufsichtsräten und den Vorständen der Unternehmen des Bergbaues und der Eisen und Stahl erzeugenden Industrie“ verankert. Dem folgte 1952 das Betriebsverfassungsgesetz, das später erheblich erweitert und im Jahr 1976 durch das „Gesetz über die Mitbestimmung der Arbeitnehmer“ sowie 1989 um das Sprecherausschussgesetz ergänzt wurde. Hierdurch weitete sich die Mitbestimmung auf die übrige Wirtschaft aus. Für den öffentlichen Dienst gelten seit 1955 die Personalvertretungsgesetze des Bundes und der Länder.

Lösung zu Aufgabe 3:

In allen Angelegenheiten, die die Arbeitnehmer unmittelbar betreffen, hat der Betriebsrat ein Recht auf Mitbestimmung. Die jeweiligen Kompetenzen des Betriebsrats unterscheiden sich jedoch in den einzelnen Bereichen:

- In den sozialen Angelegenheiten sowie bei der Aufstellung von Sozialplänen zum Ausgleich oder zur Milderung wirtschaftlicher Nachteile bei Betriebsänderungen hat der Betriebsrat ein „Initiativrecht".
- Ein „Vetorecht" steht dem Betriebsrat im Bereich der personellen Angelegenheiten zu. Dazu gehört beispielsweise auch die Entscheidung über eine „kalte Aussperrung".

Können sich Betriebsrat und Arbeitgeber nicht einigen, wird die Einigungsstelle angerufen. Sie ist paritätisch besetzt und hat einen unparteiischen Vorsitzenden, der nur bei Stimmungsgleichheit mit abstimmt. Für verbleibende Streitigkeiten ist abschließend das Arbeitsgericht zuständig.

In wirtschaftlichen Angelegenheiten hat der Betriebsrat lediglich Mitwirkungsrechte: Beratung (z.B. Bauvorhaben), Anhörung (Kündigung) und Information (z.B. Personalplanung). Hierfür ist meist ein vom Betriebsrat berufener Wirtschaftsausschuss zuständig.

Lösung zu Aufgabe 4:

Wird eine Kündigung vom Arbeitgeber veranlasst, so kann es sich in Abhängigkeit vom jeweiligen Kündigungsgrund entweder um eine ordentliche oder um eine außerordentliche Kündigung handeln. Kündigungsgründe können beispielsweise sein:

ordentliche Kündigung	außerordentliche Kündigung
– Personalabbau – Betriebsstillegung, Betriebsveräußerung – permanent mangelnde Arbeitsleistung – Verstoß gegen Arbeitsleistung – Verstoß gegen Arbeitsanweisungen – Unfähigkeit	– Betrug, Untreue, strafbare Handlungen – Verstöße gegen die guten Sitten – Trunkenheit, Trunksucht – beharrliche Arbeitsverweigerung – Tätlichkeiten, Beleidigungen, Drohungen

Grundsätzlich muss bei beiden Formen der Kündigung der Betriebsrat unterrichtet werden. Im Falle einer ordentlichen Kündigung endet die Beschäftigung nach Ablauf der Kündigungsfrist. Der Betriebsrat hat allerdings das Recht zu widersprechen. Tut er dies und strengt der Betroffene einen Kündigungsschutzprozess an, dann muss er auf Verlangen solange weiterbeschäftigt werden, bis ein rechtskräftiges Urteil ergangen ist. Im Falle einer außerordentlichen Kündigung kann der Betriebsrat lediglich eine Stellungnahme abgeben. Das Beschäftigungsverhältnis endet fristlos. Allerdings kann hier ebenfalls ein Kündigungsschutzprozess angestrebt werden.

Lösung zu Aufgabe 5:

Paritätische Mitbestimmung bedeutet, dass der Aufsichtsrat der Aktiengesellschaften jeweils zur Hälfte aus Vertretern der Arbeitnehmer und aus Aktionärsvertretern besetzt wird. Dies gilt grundsätzlich sowohl für die Montanindustrie als auch für die Großunternehmen im Nicht-Montan-Bereich. Der wesentliche Unterschied besteht in der Vorgehensweise bei Patt-Situationen:

- In der Montan-Mitbestimmung kommt zum Aufsichtsrat ein zusätzliches Mitglied hinzu, auf das sich die übrigen Mitglieder einigen müssen. Mit der dadurch erreichten ungeraden Zahl der Aufsichtsratsmitglieder ist immer ein eindeutiges Abstimmungsergebnis gesichert.
- Bei den Großunternehmen im Nicht-Montan-Bereich gilt, dass in Patt-Situationen der nicht gegen die Kapitalseite wählbare Aufsichtsratsvorsitzende ein doppeltes Stimmrecht bekommt. Zudem sitzt auf der Arbeitnehmerbank ein leitender Angestellter.

Lösung zu Aufgabe 6:

Der Sprecherausschuss ist ein Organ der leitenden Angestellten, welches in Betrieben mit zehn oder mehr leitenden Angestellten gewählt werden kann. Er ist dem Betriebsrat bis zu einem gewissen Grad nachempfunden und hat gegenüber dem Arbeitgeber folgende Mitwirkungsrechte:

- Informationsrecht bei Betriebsänderungen sowie über die allgemeine wirtschaftliche Situation,
- Informations- und Beratungsrecht bei personellen Fragen, die die Leitenden betreffen,
- Vereinbarung von Richtlinien für die Arbeitsverhältnisse der Leitenden,
- Vermittlung bei Auseinandersetzungen von Arbeitgeber und leitenden Angestellten.

Darüber hinaus hat der Sprecherausschuss ein Vetorecht gegenüber den Betriebsratsentscheidungen, falls diese die Belange der leitenden Angestellten berühren.

Die Stellung als leitender Angestellter bestimmt sich nach Aufgabenspektrum und Einkommen, was im Betriebsverfassungsgesetz geregelt ist.

Lösung zu Aufgabe 7:

Der „gewerkschaftsorientierte Arbeitsdirektor" ist in den Vorschriften des Montan-Mitbestimmungsgesetzes verankert. Darin wird bestimmt, dass das Vorstandsmitglied, welches für Personal- und Sozialfragen zuständig ist (der Arbeitsdirektor), nicht gegen die Stimmen der Arbeitnehmervertreter im Aufsichtsrat gewählt werden kann. Die Arbeitnehmervertreter im paritätisch besetzten Aufsichtsrat werden vom Betriebsrat benannt und von der Hauptversammlung gewählt. Dem Betriebsrat wiederum wird ein Teil dieser Vertreter von den Gewerkschaften vorgeschlagen. Auf diese Weise haben die Gewerkschaften Einfluss auf die Wahl des Arbeitsdirektors. Da aber in den Kompetenzbereich des Arbeitsdirektors auch die Lohn- bzw. Tariffragen fallen, ist ein gewerkschaftsorientierter Arbeitsdirektor als problematisch zu werten. Die Gewerkschaften können versuchen, über den Arbeitsdirektor Einfluss auf die Tarifpolitik ihrer gegnerischen Tarifvertragspartei zu nehmen. Dies widerspricht aber dem Prinzip der „Gegnerunabhängigkeit" im Rahmen der Tarifautonomie. Entschärft wird das Problem freilich dadurch, dass die Tarifverhandlungen nicht von den Arbeitsdirektoren, sondern vom Arbeitgeberverband geführt werden. Bei dessen Entscheidungsprozessen wirken aber die Arbeitsdirektoren mit.

Lösung zu Aufgabe 8:

Hauptaufgabe des Aufsichtsrates ist die Beratung und Kontrolle des Vorstands. Im Zusammenhang mit der Mitbestimmung der Arbeitnehmer im Aufsichtsrat finden sich gelegentlich Bestrebungen, die Kompetenzen des Aufsichtsrates zu beschränken. Durch die Änderung von Satzung und Geschäftsordnung soll die Substanz der Mitbestimmung verringert werden. Dies bedeutet aber gleichzeitig einen größeren Handlungsspielraum für den Vorstand, da beispielsweise der Umfang der zustimmungspflichtigen Geschäfte reduziert wird. Grundsätzlich ist zu bemerken, dass die Zuständigkeiten des Aufsichtsrates zum einen gesetzlich (AktG) und zum anderen aber auch durch die Beschlüsse der Hauptversammlung geregelt werden. Die Interessensgegensätze von Arbeitnehmern und Kapitaleignern können deshalb tatsächlich einen größeren Handlungsspielraum für den Vorstand bewirken: Der Hauptversammlung bleibt – trotz AktG – ein beträchtlicher Spielraum, den nicht zuletzt die Manager großer Aktienfonds auszureizen versuchen könnten.

Lösung zu Aufgabe 9:

Im Rahmen der betrieblichen Mitbestimmung kommt den Jugendvertretern die Aufgabe zu, die besonderen Belange der jugendlichen Arbeitnehmer (unter 25 Jahre) wahrzunehmen. Die Jugendvertreter werden von den jugendlichen Arbeitnehmern gewählt und unterbreiten ihre Vorschläge dem Betriebsrat. Insbesondere die Überwachung der Einhaltung des Jugendarbeitsschutzgesetzes haben sie sich zur Aufgabe gemacht.

Der Wirtschaftsausschuss wird vom Betriebsrat berufen und muss zumindest einen Betriebsrat als Mitglied aufweisen. Er muss eingesetzt werden, wenn ein Betrieb mehr als 100 Mitarbeiter hat, ansonsten bleibt dies dem

Betriebsrat überlassen. Der Wirtschaftsausschuss hat im wesentlichen die Aufgabe, das Informations- und Beratungsrecht in wirtschaftlichen Angelegenheiten für den Betriebsrat gegenüber der Unternehmensleitung wahrzunehmen.

Lösung zu Aufgabe 10:

In Betrieben mit mindestens zehn leitenden Angestellten können diese aus ihrer Mitte einen Sprecherausschuss wählen. Wer zu den leitenden Angestellten zählt, wird im §5,3 BetrVG geregelt. Beispielsweise sind dies Mitarbeiter, die zur selbständigen Einstellung und Entlassung von Arbeitnehmern berechtigt sind („Personalverantwortung"). Im Rahmen der betrieblichen Mitbestimmung der Arbeitnehmer wird auch den leitenden Angestellten ein Mitwirkungsrecht eingeräumt, soweit die Interessen der „Leitenden" berührt sind. In diesem Zusammenhang steht dem Sprecherausschuss auch ein Vetorecht gegenüber dem Betriebsrat zu. Ferner wird den leitenden Angestellten im Gesetz über die Mitbestimmung der Arbeitnehmer ein Platz unter den Arbeitnehmervertretern im paritätisch besetzten Aufsichtsrat großer Unternehmen zugesprochen.

Lösung zu Aufgabe 11:

Eine paritätische Mitbestimmung bedeutet, dass der Aufsichtsrat einer Aktiengesellschaft zu gleichen Teilen aus Vertretern der Arbeitnehmer und Kapitaleigner besetzt ist. Dazu wird häufig eingewandt, dass dies einer entschädigungslosen Enteignung der Eigenkapitalgeber gleichkommt. Tatsächlich ist zu bedenken, dass die Eigenkapitalgeber zumindest mit ihrer Einlage (und damit ihrem Eigentum) für die Verluste des Unternehmens haften. Die paritätische Mitbestimmung kann dazu führen, dass kurzfristige Arbeitsplatzinteressen über das Rentabilitätsinteresse der Kapitalgeber gestellt und so z.B. notwendige Anpassungsmaßnahmen blockiert werden. Wenn auf diese Weise nicht mehr nach dem erwerbswirtschaftlichen Prinzip und damit gegen die Interessen der Kapitaleigner gehandelt wird, ist der Einwand der „Enteignung" berechtigt. Das MitbestG (1976) sichert deshalb – trotz Parität – das Übergewicht der Kapitalseite durch zwei Vorschriften: das doppelte Stimmrecht des – nicht gegen die Kapitalseite wählbaren – Aufsichtsratsvorsitzenden sowie den leitenden Angestellten auf der Arbeitnehmerbank des Aufsichtsrats. Das Übergewicht der Kapitalseite hat auch das Bundesverfassungsgericht festgeschrieben: Es darf über das investierte Kapital nicht gegen den Willen der Anteilseigner entschieden werden.

Lösung zu Aufgabe 12:

Die Frage, ob bei der betrieblichen Mitbestimmung betriebsexterne Gewerkschaftsvertreter miteinbezogen werden sollten, ist strittig Sie seien nicht in der Lage, die spezifischen Interessen des Unternehmens zu erkennen, da ihnen betriebliche Erfahrungen fehlten. Der Vorteil von „Externen“ wird in der verstärkten Ausrichtung auf allgemeine, gesellschaftspolitische Fragestellungen gesehen. Damit kann einem „Betriebsegoismus“ entgegengewirkt und so langfristigen Perspektiven im Unternehmen zum Durchbruch verholfen werden. Allerdings können die „Externen“ dadurch, dass sie unter Umständen den partikulären Interessen entgegenwirken, Konflikte in den Aufsichtsrat tragen. Sie behindern dann zwar die Arbeit des Aufsichtsrates, jedoch sollten eher die Chancen gesehen werden, die in solchen Auseinandersetzungen liegen. Jedenfalls wurde der tiefgreifende Strukturwandel der 90er Jahre gut gemeistert, auch wenn er von den Arbeitnehmern erhebliche Zugeständnisse verlangt hat.

Lösung zu Aufgabe 13:

Der Betriebsrat wird von der Belegschaft eines Betriebes gewählt. In der Praxis lässt sich feststellen, dass er tatsächlich stark gewerkschaftlich orientiert ist. Die Kandidaten der Gewerkschaften werden bei den Betriebsratswahlen häufig favorisiert. Dies mag vor allem daran liegen, dass die Gewerkschaftskandidaten besser organisiert sind und daher in den Betrieben auf ein festes „Wählerpotenzial“ zurückgreifen können. Darüber hinaus wird im Gesetz über die Mitbestimmung der Arbeitnehmer vorgeschrieben, dass mehrere Mitglieder der Arbeitnehmervertreter im paritätisch besetzten Aufsichtsrat (abhängig von der Größe des Aufsichtsrates) von Gewerkschaftsvertretern gestellt werden. Auch im Rahmen dieser Mitbestimmung ergibt sich folglich eine beträchtliche Präsenz der Gewerkschaften. Aus der Tatsache, dass die Betriebsräte meist gewerkschaftlich orientiert sind zu schließen, sie seien auch deren verlängerter Arm, wäre aber zumindest voreilig. In den Niederungen des Alltags arbeiten die Betriebsräte meist sachorientiert, während auf Verbandsebene oft „Schaukämpfe“ inszeniert werden. Hinzu kommt, dass es zwischen den Einzelgewerkschaften erhebliche Meinungsunterschiede über eine „angemessene“ Tarifpolitik gibt, was nicht ohne Wirkung auf die Meinungsbildung in den Betriebsräten bleibt.

Lösung zu Aufgabe 14:

Gewerkschaften können – nach einer Urabstimmung unter den betroffenen Mitgliedern – zur Durchsetzung ihrer Forderungen einen Streik ausrufen. Um die Kosten des Streiks für die Gewerkschaften möglichst gering zu halten (Streikgeld für die Mitglieder), versuchen sie durch Schwerpunktstreiks in ausgewählten Zulieferbetrieben die Produktion einer ganzen Branche lahmzulegen. Auf diese Weise sind die Unternehmen auch außerhalb des umkämpften Tarifgebietes häufig gezwungen, ihre Mitarbeiter – ohne Lohn bzw. Gehalt – nach Hause zu schicken („kalte Aussperrung“). Der Bezug von Arbeitslosen- oder Kurzarbeitergeld ist dann ausgeschlossen, wenn die Arbeitnehmer voraussichtlich in den Genuss des Verhandlungsergebnisses der Streikenden kommen, weil sie im gleichen fachlichen Geltungsbereich tätig sind und eine vergleichbare Hauptforderung erhoben haben (§146 Sozialgesetzbuch). Die Tatsache, dass im Rahmen der Just-in-time-Belieferung die Verflechtungen und gegenseitigen Abhängigkeiten der Betriebe erheblich zugenommen haben, machen die Unternehmen sehr anfällig für solche Schwerpunktstreiks. Die fehlende Lagerhaltung in den Betrieben macht dann eine kalte Aussperrung sehr schnell unumgänglich.

Lösung zu Aufgabe 15:

Eine „kalte Aussperrung" liegt dann vor, wenn ein Unternehmer gezwungen ist – als Folge von Streiks in anderen Unternehmen – seine Mitarbeiter vorübergehend nach Hause zu schicken. Sie erhalten während dieser Zeit keine Entlohnung. Meist macht das Ausbleiben von Zulieferteilen derartige Betriebseinschränkungen erforderlich. Handelt es sich bei den ausgesperrten Arbeitnehmern um solche, die lediglich in einem anderen Tarifgebiet arbeiten, voraussichtlich aber in den Genuss des Verhandlungsergebnisses der Streikenden kommen, haben sie auch keinen Anspruch auf Arbeitslosen- bzw. Kurzarbeitergeld. Soweit es sich um Gewerkschaftsmitglieder handelt, könnten sie aber aus der Streikkasse der Gewerkschaften bezahlt werden. Dennoch ist es fraglich, ob damit die Unternehmen ein Mittel haben, die Streikkasse zu plündern. Eine „kalte Aussperrung" kann nicht gegen den Betriebsrat bzw. die Einigungsstelle verfügt werden. Zudem übersteigen die Kosten einer Betriebseinstellung in einem Unternehmen in der Regel den „Nutzen", der darin besteht, dass die Streikkasse belastet und dadurch die Verhandlungsposition der Gewerkschaften geschwächt wird.

Lösung zu Aufgabe 16:

Der Betriebsrat ist in allen Angelegenheiten, die die Arbeitnehmer unmittelbar betreffen, zur Mitbestimmung befugt. Können sich dabei Arbeitgeber und Betriebsrat nicht einigen, dann wird in der Regel eine Einigungsstelle angerufen. Diese Einigungsstelle ist paritätisch von Betriebsrat und Arbeitgeber besetzt. Zusätzlich wird ein unparteiischer Vorsitzender berufen, der notfalls vom Arbeitsgericht bestellt wird. Der Vorsitzende hat nur für den Fall der Stimmengleichheit ein Stimmrecht. Soweit das Gesetz dies vorsieht oder die Beteiligten einverstanden sind, gelten die Beschlüsse der Einigungsstelle als verbindlich. Anderenfalls muss man vor das Arbeitsgericht.

Lösung zu Aufgabe 17:

Nach dem MitbestG von 1976 ist der Aufsichtsrat von privatwirtschaftlichen Kapitalgesellschaften des Nicht-Montan-Bereichs mit mehr als 2000 Arbeitnehmern paritätisch aus Vertretern der Anteilseigner und Arbeitnehmer zu besetzen.

Zu den Arbeitnehmervertretern zählen ein leitender Angestellter sowie eine von der Größe des Unternehmens abhängige Zahl von Gewerkschaftsvertretern.

Der Aufsichtsratsvorsitzende wird von allen Aufsichtsratsmitgliedern aus deren Mitte gewählt. Erreicht niemand die erforderliche Zwei-Drittel-Mehrheit, wird er in einem zweiten Wahlgang allein von den Vertretern der Anteilseigner bestimmt.

Einfluss auf die Position des Vorstandes hat das MitbestG insofern, als es zu einer Neuordnung der Kompetenzverteilung zwischen Aufsichtsrat und Vorstand zugunsten des Vorstandes kommen kann: Über Änderungen von Satzung und Geschäftsordnung können Unternehmen versuchen, die Position des Aufsichtsrates zu schwächen, um so die Substanz der Mitbestimmung zu verringern. Abgesehen von bestimmten, im AktG festgelegten Zuständigkeiten ist die Kompetenzverteilung nämlich ein gesetzlich verankertes Recht der Hauptversammlung, worauf auch das Bundesverfassungsgericht hingewiesen hat. Die manchmal erhobene Forderung, der Arbeitsdirektor im Vorstand müsse „gewerkschaftsorientiert“ sein, ist unbegründet.

Lösung zu Aufgabe 18:

Der Betriebsrat hat sowohl Mitbestimmungs- als auch Mitwirkungsrechte. Zu den Mitbestimmungsrechten gehören das Initiativ- und das Vetorecht, die Mitwirkungsrechte schließen Beratungs-, Anhörungs- sowie Informationsrecht ein.

Beim Initiativrecht können Arbeitgeber und Betriebsrat gleichberechtigt „die Initiative ergreifen“, aber nur gemeinsam Entscheidungen treffen. Ein Initiativrecht liegt bei sozialen Angelegenheiten, wie z.B. Beginn und Ende, vorübergehende Verkürzungen und Verlängerungen der Arbeitszeiten, Urlaubsplan und zeitliche Lage des Urlaubs vor. Zudem hat der Betriebsrat ein Initiativrecht bei der Aufstellung eines Sozialplans zum Ausgleich und zur Milderung wirtschaftlicher Nachteile bei Betriebsänderungen.

Vetorecht bedeutet, dass Maßnahmen des Arbeitgebers der Zustimmung des Betriebsrates, allerdings ohne „Gegenvorschlagsrecht“, bedürfen. Ein Vetorecht gibt es vor allem bei personellen Angelegenheiten, wie z.B. Einstellungen, Versetzungen oder bei außerordentlichen Kündigungen von Mitgliedern der Betriebsverfassungsorgane; außerdem auch bei kalten Aussperrungen.

In wirtschaftlichen Angelegenheiten hat der Betriebsrat nur Mitwirkungsrechte. Hierunter fällt das Beratungsrecht, bei dem der Arbeitgeber vor seiner Entscheidung die Angelegenheit mit dem Betriebsrat erörtert (z.B. Planung von Bauvorhaben, Verlagerung oder Stillegung von Betrieben). Bei der Kündigung im Einzelfall muss der Arbeitgeber unter Fristsetzung den Betriebsrat zu einer Stellungnahme auffordern; man spricht hier von Anhörungsrecht. Die schwächste Form ist das Informationsrecht: Der Arbeitgeber informiert den Betriebsrat anhand von Unterlagen, z.B. über die wirtschaftliche Lage und Entwicklung des Unternehmens, die Einstellung leitender Angestellter oder eine Leistungsbeurteilung im Einzelfall.

Lösung zu Aufgabe 19:

In jedem Unternehmen gibt es klare Interessengegensätze: Dem Wunsch nach hoher Entlohnung und Arbeitsplatzerhalt auf Arbeitnehmerseite steht der Wille zur Kostendämpfung und Marktanpassung auf Arbeitgeberseite entgegen. Bislang ist es jedoch stets gelungen, ohne lange Arbeitskämpfe einen Interessenausgleich herbeizuführen: In den hochentwickelten Industriegesellschaften der heutigen Zeit setzen die modernen Fertigungsverfahren hochqualifizierte Mitarbeiter voraus, deren Aufgabe zunehmend in der Überwachung und Steuerung automatischer Prozesse besteht. Insbesondere unter solchen Produktionsbedingungen sind leistungswillige und motivierte Mitarbeiter notwendige Voraussetzung für die Gewinnerzielung. Nicht zuletzt um diese „Grundstimmung" bei den Mitarbeitern zu erreichen bzw. zu erhalten, suchen die Kapitaleigner den Interessenausgleich mit ihren Arbeitnehmern, denen starke und unabhängige Gewerkschaften zur Seite stehen.

Lösung zu Aufgabe 20:

In Unternehmen mit mehr als eintausend Mitarbeitern muss es – neben dem „deutschen" Betriebsrat – einen Europäischen Betriebsrat geben. Voraussetzung hierfür ist, dass das Unternehmen in mindestens zwei Ländern der EU tätig ist und dort jeweils mindestens 150 Arbeitnehmer beschäftigt. Der Europäische Betriebsrat hat, abhängig von der Unternehmensgröße, zwischen drei und dreißig Mitgliedern, wobei sich die Verteilung der Sitze an der europäischen Präsenz orientiert. Die Mitglieder müssen jährlich mindestens einmal angehört und vor wichtigen grenzüberschreitenden Unternehmensentscheidungen (z.B. Fusionen) unterrichtet werden; sie haben ein eigenes Mitwirkungsrecht. Diese Regelung betrifft auch multinationale Unternehmen, die ihren Stammsitz außerhalb der EU haben.

Der Europäische Betriebsrat soll die Transparenz unternehmerischer Entscheidungen auch für die Mitarbeiter in anderen Ländern der EU erhöhen und damit für Verständnis werben: Informationen sind das beste Mittel gegen Gerüchte und Verdächtigungen, die sich im „zwischenstaatlichen Verkehr" leicht einstellen. Als Risiko müssen in erster Linie die Sprachbarrieren und die unterschiedlichen Gesprächs- und Entscheidungskulturen angeführt werden. Außerdem kann es – solange das Zusammenspiel zwischen diesen beiden Betriebsräten noch nicht klar definiert ist – zu Interessenkonflikten zwischen dem Europäischen und Betriebsrat der Mutter kommen, wenn Themen wie Standortverlagerung anstehen.

Lösung zu Aufgabe 21:

Die Montan-Mitbestimmung stellt einen Sonderfall im deutschen Mitbestimmungsrecht dar. Voraussetzung für seine Anwendung ist, dass das Unternehmen zur Montan-Industrie zählt („überwiegender Betriebszweck"), mindestens 1000 Arbeitnehmer hat und in der Rechtsform einer AG, GmbH oder einer bergrechtlichen Gewerkschaft geführt wird. In der heutigen Zeit hat in den „klassischen" Montan-Unternehmen jedoch ein Wandel stattgefunden: Die einen haben sich aus dem Montanbereich herausentwickelt, die anderen sind Töchter größerer Konzernunternehmen mit vielfältigen Tätigkeitsbereichen geworden. Dies hätte zu einem Aussterben der Montan-Mitbestimmung geführt, wenn der Gesetzgeber die Anwendungsvoraussetzungen nicht geändert hätte: Die Montan-Mitbestimmung ist jetzt auch dann anzuwenden, wenn die Montan-Töchter mehr als 20 % des Umsatzes erzielen. Diese Modifikation der ursprünglichen Voraussetzungen führt zu einer starken Ungleichbehandlung zwischen den Unternehmen: Da die 20 %-Regel nur von bereits bestehenden Unternehmen anzuwenden sind, orientiert sich die Mitbestimmung für Neugründungen (auch durch Fusionen) allein am überwiegenden Betriebszweck. Es ist abzusehen, dass mit dem Sterben der Montan-Branche auch die Montan-Mitbestimmung untergeht.

Lösung zu Aufgabe 22:

Zur Rechtfertigung der Mitbestimmung wird häufig mit der Würde des Menschen (Art. 1 GG) und dem Recht auf freie Entfaltung der Persönlichkeit (Art. 2 GG) argumentiert. Demnach wäre eine Unterordnung des Arbeitnehmers unter fremde Leitung nur zulässig, wenn ihm die Freiheit gewährt werde, die Entscheidungen über den Arbeitsprozess mitzugestalten. Hierbei wird jedoch übersehen, dass die Arbeitnehmer bereits durch vielfältige, auf Gesetz, Tarifvertrag und Betriebsvereinbarungen beruhende Schutzmechanismen sowie durch die verfassungsrechtlich garantierte Koalitionsmacht der Gewerkschaften vor einer willkürlichen Fremdbestimmung bewahrt werden. Im übrigen lässt sich – im Interesse der Funktionsfähigkeit betrieblicher Prozesse – selbst durch weitgehende Mitbestimmung die Unterwerfung des Arbeitnehmers unter das betriebliche Direktionsrecht nicht beseitigen. Hier kann bestenfalls das Gefühl des „Ausgeliefertseins“ reduziert werden. Auch dieser Effekt wird jedoch reduziert oder ganz verschwinden, je fremder den Mitarbeitern ihre Vertreter sind und je entfernter ihre Mitbestimmung stattfindet, z.B. bei externen Gewerkschaftsvertretern im Aufsichtsrat („gewerkschaftliche Fremdbestimmung“).

Lösung zu Aufgabe 23:

In den privatwirtschaftlichen Kapitalgesellschaften des Nicht-Montan-Bereichs ist ab einer Zahl von 2000 Mitarbeitern der Aufsichtsrat paritätisch aus Vertretern der Anteilseigner und Arbeitnehmer zu besetzen. Dies führt dazu, dass die Anteilseigner darauf achten, den Arbeitnehmervertretern besonders qualifizierte eigene Vertreter gegenüber zu stellen. Zudem hat sich durch die steigende Bedeutung der Geldanlagen in Aktien (z.B. Aktienfonds) der Leistungsdruck auf die Mitglieder der Hauptversammlung, des Vorstandes und des Aufsichtsrates erhöht. Nur wer eine gute „Performance“ auf dem Markt bietet, kann ein hohes Interesse an den eigenen Aktien herbeiführen, was dann wiederum den Aktienkurs – und damit das „Emissionsstanding“ – steigen lässt.

Lösung zu Aufgabe 24:

Eine paritätische Besetzung des Aufsichtsrates aus Vertretern der Anteilseigner und Arbeitnehmer findet sich in den privatwirtschaftlichen Kapitalgesellschaften des Nicht-Montan-Bereichs ab 2000 Mitarbeitern. Der Aufsichtsratsvorsitzende wird von allen Aufsichtratsmitgliedern aus deren Mitte gewählt. Sofern ein Kandidat nicht die geforderte Zwei-Drittel-Mehrheit erhält, wird er allein durch die Vertreter der Kapitaleigner bestimmt. Damit stammt der Aufsichtsratvorsitzende in aller Regel aus den Reihen der Kapitaleigner-Vertreter. Da der Aufsichtsratvorsitzende in Patt-Situationen ein doppeltes Stimmrecht hat, liegt de facto ein materielles Übergewicht der Kapitalseite vor. Zudem zählt zu den Arbeitnehmervertretern immer ein leitender Angestellter, der von der Gesamtheit der Angestellten gewählt wird. Auch hier wäre es denkbar, dass dieses Aufsichtsratmitglied in manchen Fragestellungen (z.B. Rationalisierung, Standortverlagerung) den Einstellungen der Vertreter der Kapitaleigner näher steht als denen der Arbeitnehmervertreter.

Arbeitsaufgaben und Lösungen zum 10. Kapitel Die Menschenführung im Betrieb

(Mitarbeiter im Betrieb IV)

1. Aufgabe

Beschreiben Sie kurz die Anreiz-Beitrags-Theorie! Welche Möglichkeiten hat das Individuum, ein gestörtes Anreiz-Beitrags-Gleichgewicht wiederherzustellen?

2. Aufgabe

Welche Bewandtnis hat es mit der Maslow'schen Bedürfnispyramide?

3. Aufgabe

Worin unterscheiden sich Erfolgssucher und Misserfolgsmeider, und welche Art von Aufgaben sollte man ihnen zuweisen? Begründen Sie Ihre Antwort!

4. Aufgabe

Leistung schafft Zufriedenheit und Zufriedenheit schafft Leistung. Nehmen Sie dazu Stellung!

5. Aufgabe

Worin unterscheiden sich formelle und informelle Beziehungen?

6. Aufgabe

Was bewirken informelle Beziehungen und Gruppennormen?

7. Aufgabe

Wodurch können Gruppenkonflikte ausgelöst werden?

8. Aufgabe

Welche Führungsstile unterscheidet Max Weber?

9. Aufgabe

Wodurch unterscheiden sich aufgaben- und personenbezogene Führungsstile?

10. Aufgabe

Charakterisieren Sie kurz die Managementprinzipien „Management by Exception“ und „Management by Objectives“; stellen Sie Vergleiche an!

11. Aufgabe

Was ist eine Typ-A- und was ist eine Typ-B-Organisation? Welches sind die jeweils zugehörigen Führungsinstrumente? Begründen Sie Ihre Antwort!

12. Aufgabe

Darstellung und Kritik des Harzburger Modells!

13. Aufgabe

Kein Geld macht unglücklich, aber Geld macht noch lange nicht glücklich
Erläutern Sie diesen Zusammenhang!

14. Aufgabe

Was bedeutet und unterscheidet extrinsische und intrinsische Motivation? Warum sollten beide wirken?

15. Aufgabe

Nach Herzberg sind Zufriedenheit und Unzufriedenheit nicht die Extrempunkte einer Skala. Begründen Sie dies!

16. Aufgabe

Aufgaben- und Personenorientierung: Es kommt auf die Mischung an – warum?

17. Aufgabe

Erläutern Sie die Grundlagen des situativen Ansatzes zur Führungsgestaltung!

18. Aufgabe

Konflikte sind typische Erscheinungsformen sozialer Prozesse. Erörtern Sie hierzu Ergebnisse der Kleingruppenforschung!

Lösung zu Aufgabe 1:

Ein Individuum beteiligt sich an der Tätigkeit eines Unternehmens, weil es Mittel benötigt, um seine Bedürfnisse zu befriedigen. Der Mitarbeiter muss freilich Beiträge (Arbeitseinsatz) leisten, die er negativ bewertet (Freizeitverzicht), erhält dafür aber Anreize (Lohn, Prestige, Sicherheit), die positiv beurteilt werden. Er fühlt sich zufrieden, wenn er die Anreize höher einschätzt als die von ihm erbrachten Beiträge. Durch die Gewöhnung an ein bestimmtes Beitragsniveau pendelt sich schließlich ein individuelles Anreiz-Beitrags-Gleichgewicht ein.

Einer Störung dieses Gleichgewichtes – z.B. durch verschlechterte Anreize – kann das Individuum mit zwei Reaktionsmustern begegnen: „Anpassung“ oder „Manipulation“. Eine Anpassung an die neue Situation erfolgt z.B. dadurch, dass die Beiträge reduziert werden („innere Kündigung“)oder man das Anspruchsniveau senkt. Die Strategie der „Manipulation“ bedeutet, dass das Individuum aktiv versucht, seine Umwelt so zu beeinflussen (z.B. durch Verhandlungen), dass das alte Gleichgewicht wieder hergestellt wird. Welche Strategie jeweils zu bevorzugen ist, hängt hauptsächlich von der Machtstellung des Unternehmens (der Organisation) bzw. der Position des Individuums ab. Je schwächer die Stellung des Individuums ist, desto eher wird es sich anpassen müssen.

Lösung zu Aufgabe 2:

Die Maslow’sche Bedürfnispyramide unterstellt, dass jeder Mensch Bedürfnisse (Motive) unterschiedlicher Wichtigkeit hat. Ferner wird angenommen, dass ein Mensch nur dann nach Befriedigung eines höherrangigen Bedürfnisses strebt, wenn alle niederrangigen Bedürfnisse als regelmäßig gesichert gelten. Das Bedürfnis, das in der Pyramide unmittelbar auf das zuletzt als „befriedigungssicher“ angesehene folgt, entspricht dem dominanten Handlungs- bzw. Arbeitsmotiv. Die Bedürfnisebenen lassen sich dabei wie folgt darstellen:

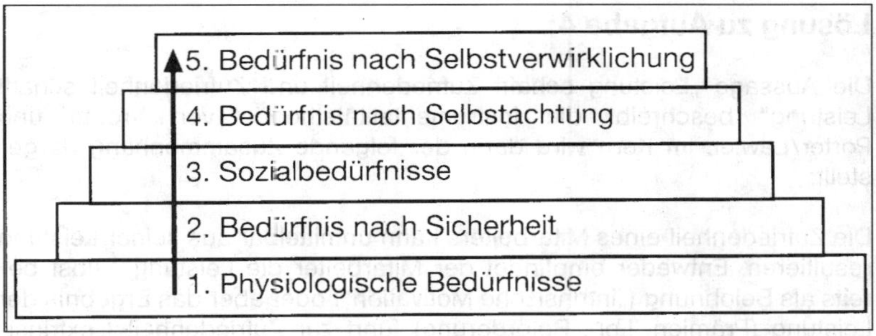

Gegen die Bedürfnispyramide wird allgemein eingewandt, dass

- die Abgrenzung der einzelnen „Ebenen" nicht eindeutig ist,
- nicht alle Bedürfnisse der unteren Ebenen zwangsläufig den Zustand der „Befriedigungssicherheit" erreichen, sondern mit der Befriedigung wachsen und
- die Existenz eines allgemeingültigen Bauplans der Bedürfnisse anzuzweifeln ist.

Lösung zu Aufgabe 3:

In ihrer Theorie der Leistungsmotivation differenzieren Atkinson/Raynor zwischen zwei Grundorientierungen menschlichen Verhaltens: Dem Streben nach Erfolg und dem Vermeiden von Misserfolg. Je nachdem, welches Motiv dominiert, unterscheiden sie zwei Typen von Mitarbeitern:

- Ein Mitarbeiter ist ein „Erfolgssucher", wenn für ihn das Motiv der Erfolgsuche die dominierende Leistungsmotivation darstellt. Die größte Tendenz zur Leistung kann dann erreicht werden, wenn ihm Aufgaben von mittlerem Schwierigkeitsgrad übertragen werden. Die Kombination aus mittlerer Erfolgswahrscheinlichkeit und Erfolgswirkung führt beim Erfolgssucher zu einer höheren Motivation als bei Zugrundelegung eines geringeren (hohen) Erfolgsrisikos in Verbindung mit geringer (hoher) Erfolgsbewertung.
- Der „Misserfolgsmeider" entwickelt die größte Leistungsmotivation, wenn ihm entweder Aufgaben mit geringem oder Aufgaben mit hohem Schwierigkeitsgrad übertragen werden. Das geringe Misserfolgsrisiko bei niedrigen Anforderungen bzw. die hohe Erfolgsbewertung bei einer großen Herausforderung bewirken bei den Individuen, bei denen das Motiv der Misserfolgsmeidung überwiegt, den größten Anreiz zur Leistung.

Lösung zu Aufgabe 4:

Die Aussage „Leistung schafft Zufriedenheit und Zufriedenheit schafft Leistung" beschreibt die Instrumentalitätstheorie von Vroom und Porter/Lawler. Im Kern wird darin der folgende Zusammenhang dargestellt:

Die Zufriedenheit eines Mitarbeiters kann unmittelbar aus seiner Leistung resultieren. Entweder empfindet der Mitarbeiter die Leistung selbst bereits als Belohnung („intrinsische Motivation") oder aber das Ergebnis der Leistung (Prämien, Lob, Beförderung) führt zur Zufriedenheit („extrinsische Motivation"). Durch die Arbeitszufriedenheit wiederum werden die Erwartungen, die der Mitarbeiter mit seiner Leistung verknüpft, bestätigt. Die positive Bewertung dieser Erwartungen wird auf diese Weise verbessert, wodurch schließlich wieder die Leistungsmotivation verstärkt wird.

Lösung zu Aufgabe 5:

Formelle und informelle Beziehungen herrschen sowohl zwischen den verschiedenen Gruppen im Organisationsgefüge eines Unternehmens als auch innerhalb dieser Gruppen und damit zwischen den einzelnen Individuen. Die formellen Beziehungen ergeben sich aus der Organisationsstruktur des Unternehmens. Dies sind die Beziehungen, die den Gruppen bzw. Mitarbeitern durch das Stellen- und Leitungsgefüge vorgegeben werden. Sie werden allerdings durch informelle Beziehungen überlagert. Diese informellen Beziehungen bilden die sozialen Strukturen in bzw. zwischen den Gruppen ab. Sie entstehen durch persönliche Bindungen, Sympathien, Wünsche, Erwartungen etc., und sie führen häufig zu „gruppenübergreifender" informeller Kommunikation. In der möglicherweise mangelnden Übereinstimmung formeller und informeller Rollenerwartungen liegt ein erhebliches Konfliktpotenzial. Deshalb sollte die Unternehmensführung informelle Gruppennormen beachten und dulden.

Lösung zu Aufgabe 6:

„Informelle Beziehungen" entstehen durch persönliche Bindungen, Sympathien/Antipathien, Wünsche, Verpflichtungen, Erwartungen usw. Sie wirken sowohl zwischen den einzelnen Individuen als auch zwischen den verschiedenen Gruppen im Unternehmen. Informelle Beziehungen spielen vor allem in Gruppen, die vorwiegend mit objektbezogenen Tätigkeiten betraut sind, eine wichtige Rolle. Da die Gruppenmitglieder gleichberechtigt sind, existieren dort in der Regel keine formellen Verhaltensnormen. Aus diesem Grund sind es die informellen Strukturen, die das Verhalten der Gruppenmitglieder entscheidend beeinflussen („informelle Gruppennormen"):

- Die gegenseitige Kontrolle führt zur sozialen Nivellierung innerhalb der Gruppe ebenso wie zur Nivellierung extremer Leistungen (Maßstab ist der „Durchschnittsarbeiter").
- Stärker als durch die formellen Anweisungen wird der Arbeitsablauf und die Arbeitsleistung durch die Gruppenmeinung bestimmt.
- In der Gruppe bilden sich soziale Stellungen heraus, die das relative Leistungsniveau innerhalb der Gruppe bestimmen. Informelle Führerschaft kann auf Fachwissen (Expertenmacht) oder besonderer Akzeptanz beruhen (Referenzmacht).
- Die Gruppe übernimmt „nach außen" eine Schutzfunktion für ihre Mitglieder.

Die informellen Beziehungen zwischen den Gruppen führen meist zu „gruppenübergreifender", informeller Kommunikation. Diese ist dann häufig wirkungsvoller als die formal vorgegebenen Kommunikationskanäle.

Lösung zu Aufgabe 7:

Konflikte innerhalb von Gruppen sind typische Erscheinungsformen sozialer Prozesse. Sie entstehen in der Regel dann, wenn sich die formellen und informellen Rollenerwartungen nicht decken. So wird ein Mitarbeiter, der bereit ist, mehr zu leisten als der Durchschnittsarbeiter, bald als „Streber" gebrandmarkt. Auch sollte der Vorgesetzte den informellen Gruppenführer – so weit wie möglich – respektieren: Die Benennung einer anderen Person als formeller Führer („Gruppensprecher") könnte ebenfalls Konflikte in der Gruppe auslösen.

Lösung zu Aufgabe 8:

Der „persönliche" Führungsstil ist das grundsätzliche Verhalten, das ein Führender gegenüber dem Geführten zeigt. Von Max Weber werden drei Varianten persönlicher Führungsstile unterschieden:

a) Ein bürokratischer Führungsstil zeichnet sich dadurch aus, dass das Verhältnis zwischen Vorgesetzten und „Untergebenen" durch genau festgelegte Vorschriften geregelt ist.

b) Ein patriarchalischer Führungsstil herrscht vor, wenn das Weisungsgefüge gegenüber den „Untertanen" nicht auf bürokratischen Regelungen, sondern auf einer überlieferten Ordnung basiert.

c) Ist der „Führer" eine allgemein akzeptierte Persönlichkeit, so wird dies als charismatischer Führungsstil bezeichnet: Seine „Jünger" folgen ihm „blind".

Lösung zu Aufgabe 9:

Der „aufgabenorientierte" Führungsstil stellt die Tätigkeit eines Mitarbeiters in den Mittelpunkt. Ziel der Führung ist die Ausrichtung der Aktivitäten der Mitarbeiter auf die jeweils gestellte Aufgabe. Der Mitarbeiter selbst wird dabei lediglich als „Produktionsfaktor" gesehen, der möglichst effizient – und dem Sachzwang gehorchend – eingesetzt werden soll.

Der „personenorientierte" Führungsstil dagegen versucht, auch die Vorstellungen und Wünsche der einzelnen Mitarbeiter sowie deren soziale Rolle zu berücksichtigen. Personenorientiertes Führungsverhalten wird von der Tatsache geprägt, dass die Tätigkeiten von Menschen verrichtet werden. Nicht die Aufgabe, sondern der Mitarbeiter steht im Vordergrund. Während also im ersten Fall die Belange der Mitarbeiter unbeachtet bleiben, würde das betriebliche Handeln im zweiten Fall allein am Wunsch der Mitarbeiter nach Selbstverwirklichung ausgerichtet. Beides ist aus heutiger Sicht nicht vertretbar. Dementsprechend stellen die erfolgreichen modernen Führungsstile meist Mischungen aus Aufgaben- und Personenorientierung dar.

Lösung zu Aufgabe 10:

In den Managementprinzipien werden die organisatorischen Maßnahmen beschrieben, die jeweils zur Umsetzung der unterschiedlichen Führungsstile ergriffen werden können.

Die Führung durch Ausnahmeregelungen („Management by Exception") wird durch ein genau festgelegtes Maß an Delegation gekennzeichnet. Aufgaben werden verstärkt an die unteren Ebenen delegiert, die dann in einem fest umrissenen Ermessensspielraum selbständig entscheiden können. Der Vorgesetzte greift nur in solchen Situationen ein, die außerhalb des Ermessensspielraumes liegen (Ausnahmesituationen). Problematisch ist die exakte Abgrenzung der Entscheidungskompetenz und die Ausnahmesituation, die meist einen negativen Anstrich hat, weshalb der Vorgesetzte vor allem mit Misserfolgen des Untergebenen konfrontiert wird.

Ein erheblich höheres Maß an selbständigem Handeln der Mitarbeiter erfordert die Führung durch Zielvorgaben („Management by Objectives"). Gemeinsam werden von Vorgesetzten und Untergebenen die – nach Möglichkeit quantitativen – Zielvorgaben erarbeitet, nach welchen sich die Entscheidungen der Mitarbeiter ausrichten müssen. Den Weg zur Zielerreichung kann der Mitarbeiter frei wählen. In erheblich größerem Umfang als beim Management by Exception kann hier der Mitarbeiter seine eigene Tüchtigkeit und Verantwortung mit einbringen. Dadurch steigt allerdings die Gefahr, dass unkoordinierte Entscheidungen gefällt werden. Außerdem muss bedacht werden, dass eine Zielverfehlung nicht unbedingt dem Mitarbeiter angelastet werden kann.

Lösung zu Aufgabe 11:

Die unterschiedlichen Organisationstypen ergeben sich aus dem situativen Ansatz zur Führungsgestaltung. Ausgangspunkt ist der Konflikt von Spezialisierung auf bestimmte Aufgaben und dem dabei in Kauf zu nehmenden Verlust an allgemeinem Problemlösungspotenzial und Flexibilität. Eine Typ-A-Organisation wird gekennzeichnet durch einen hohen Spezialisierungsgrad der Mitarbeiter. In ihren Aufgabenbereichen erzielen die Mitarbeiter ein hohes Maß an Routine und speziellen Fertigkeiten, sie weisen aber ein geringes Problemlösungspotenzial auf. Dementsprechend muss eine Typ-A-Organisation straff geführt werden. Es liegt eine klare Weisungsstruktur bei niedrigem Delegationsgrad vor. Die Entscheidungen werden zentral und autoritär gefällt. Hierdurch wird dem Bedürfnis wenig ausgebildeter Mitarbeiter nach Sicherheit Rechnung getragen und die Produktivität der einfach strukturierten, nicht mehr entwicklungsfähigen Gütererzeugung gesteigert.

Eine Typ-B-Organisation zeichnet sich durch eine breite Aufgabenfächerung (geringes Routinisierungspotenzial) und damit hohes Problemlösungspotenzial aus. Dies erfordert einen hohen Delegationsgrad mit dezentraler Entscheidungskompetenz. Im Gegensatz zu den standardisierten und zerlegten Arbeitsabläufen der Typ-A-Organisation eignet sich die Typ-B-Organisation für komplexe Prozessabläufe mit geringem Grad an Arbeitszerlegung. Hierdurch wird dem Bedürfnis gut ausgebildeter Mitarbeiter nach Selbstverwirklichung Rechnung getragen und die Gütererzeugung anpassungsfähig an neue Entwicklungen gehalten. Problematisch an der Unterscheidung in Typ-A- und Typ-B-Organisationen ist, dass dem weiten Zwischenbereich keine Führungsinstrumente zugeordnet werden (mittleres Routinisierungs- und mittleres Problemlösungspotenzial).

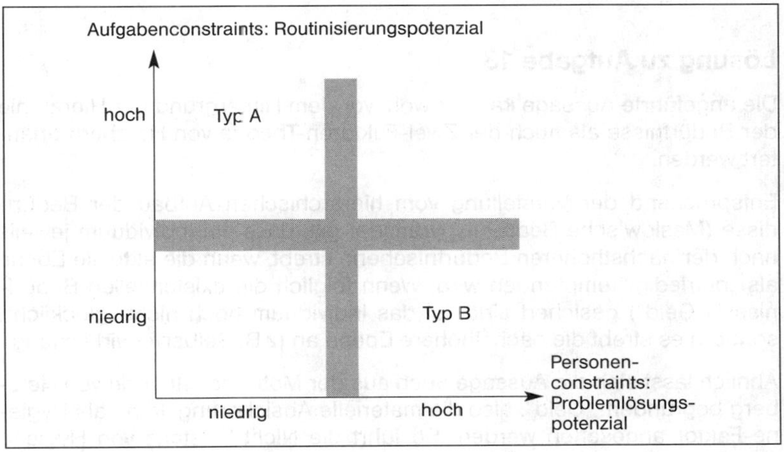

Lösung zu Aufgabe 12:

Das „Harzburger Modell" ist ein Managementsystem, das auf einen (bedingt) kooperativen Führungsstil ausgerichtet ist. Um dies zu erreichen, werden darin die folgenden Instrumente vorgeschlagen:

- Delegation der Entscheidung auf die unmittelbar betroffenen betrieblichen Ebenen.
- Allgemeine Führungsanweisungen, die auf allen betrieblichen Ebenen Gültigkeit haben, werden durch spezielle Führungsanweisungen ergänzt, die jeweils nur bestimmte Stellen betreffen.
- Aufgabenbereiche und Kompetenzen werden durch Stellenbeschreibungen schriftlich fixiert.
- Die Stelleninhaber werden bei der Festlegung der jeweiligen Zielvorgaben beteiligt.

Voraussetzungen für die Funktionsfähigkeit des Modells sind:

- Delegationsbereitschaft der Vorgesetzten sowie die Delegationsfähigkeit der Mitarbeiter,
- eine exakte Abgrenzung nicht delegierbarer von delegierbaren Aufgaben,
- Aufbau eines Kontroll- und Informationssystems.

Der Hauptkritikpunkt am „Harzburger Modell" ist in dem hohen Bürokratisierungsmaß zu sehen, ressortübergreifende Entscheidungen werden auf diese Art erschwert; formalisiertes, regelhaftes Handeln wird begünstigt. Da die Mitarbeiter in ihrem genau abgegrenzten Aufgabenbereich einem umfangreichen Kontrollsystem unterliegen, ist das „Harzburger Modell" nur bedingt als „kooperativ" anzusehen.

Lösung zu Aufgabe 13:

Die angeführte Aussage kann sowohl vor dem Hintergrund der Hierarchie der Bedürfnisse als auch der Zwei-Faktoren-Theorie von Herzberg erläutert werden.

Entsprechend der Vorstellung vom hierarchischen Aufbau der Bedürfnisse (Maslow'sche Bedürfnispyramide) gilt, dass ein Individuum jeweils nach der nächsthöheren Bedürfnisebene strebt, wenn die aktuelle Ebene als „befriedigt" empfunden wird. Wenn folglich die existentiellen Bedürfnisse („Geld") gesichert sind, ist das Individuum noch nicht „glücklich", sondern es strebt die nächsthöhere Ebene an (z.B. Selbstverwirklichung).

Ähnlich lässt sich die Aussage auch aus der Motivationstheorie von Herzberg begründen. „Geld", also die materielle Absicherung, kann als Hygiene-Faktor angesehen werden. So führt die Nicht-Existenz von Hygiene

Faktoren zwar zur Unzufriedenheit des Mitarbeiters, ihr Vorhandensein macht jedoch nicht (nachhaltig) zufrieden. Eine angemessene Gehaltszahlung trägt also lediglich dazu bei, ein Nachlassen der Einsatzbereitschaft zu verhindern.

Lösung zu Aufgabe 14:

Die Arbeitsmotivation eines Menschen hängt von zahlreichen Einflussgrößen ab. Zur Klärung der Frage, aus welchem Grund der Mitarbeiter zur Erbringung von Arbeitsleistungen bereit ist bzw. wie er dazu veranlasst werden kann, dienen die Motivationstheorien. Hierbei knüpfen die Inhaltstheorien an den menschlichen Bedürfnissen, die Prozesstheorien am Ablauf des Arbeitsprozesses an. Zentrale Erkenntnis ist, dass neben der extrinsischen Motivation (die von außen wirkt, z.B. leistungsgerechte Entlohnung), die Arbeitsmotivation auch von innen (intrinsisch) kommen kann (z.B. Interesse an der Tätigkeit). Um dem Umstand Rechnung zu tragen, dass hinter den Arbeitsleistungen Menschen mit unterschiedlichen Vorstellungen und Wünschen stehen, sollten sowohl extrinsische als auch intrinsische Motivatoren wirken.

Lösung zu Aufgabe 15:

Das Zwei-Faktoren-Modell von Herzberg basiert auf der Einsicht, dass unterschiedliche Faktoren für die Zufriedenheit bzw. Unzufriedenheit der Mitarbeiter verantwortlich sind. Auf der einen Seite wirken die Motivatoren, deren Existenz die Arbeitszufriedenheit steigert, wohingegen ihr Nicht-Vorhandensein nicht nachhaltig unzufrieden macht. Auf der anderen Seite macht die Nicht-Existenz der Hygienefaktoren den Mitarbeiter unzufrieden, ihr Vorhandensein jedoch nicht nachhaltig zufrieden. Die Motivatoren betreffen die Arbeitsinhalte (z.B. Leistungserfolg, Anerkennung, Verantwortung), die Hygienefaktoren das Arbeitsumfeld, z.B. die Beziehungen zu Vorgesetzten. Da somit die Zufriedenheit eines Mitarbeiters aus seiner Arbeit, die Unzufriedenheit aber aus seinen Arbeitsbedingungen resultiert, kann dieser Sachverhalt nicht auf einer Skala erfasst werden. Die Veranschaulichung mit einer Skala würde bedeuten, dass ein weniger an Unzufriedenheit ein mehr an Zufriedenheit nach sich zieht; dies widerspricht jedoch der Theorie von Herzberg.

Lösung zu Aufgabe 16:

Bei einer reinen Aufgabenorientierung werden vom Führenden die Tätigkeiten des Geführten in den Mittelpunkt gestellt; hierbei bleiben die Belange der Mitarbeiter völlig unbeachtet, es geht ausschließlich um den möglichst effizienten Einsatz seiner Arbeitskraft. Im Gegensatz dazu wird bei einer reinen Personenorientierung das betriebliche Handeln allein am Wunsch der Mitarbeiter nach Zufriedenheit, Selbstverwirklichung und

Freundlichkeit ausgerichtet – hier steht nicht die Tätigkeit, sondern der Mensch im Mittelpunkt. Um beiden Aspekten, also den betrieblichen Erfordernissen und dem Wunsch nach Selbstverwirklichung, Rechnung zu tragen, muss ein Kompromiss zwischen Sachzwängen und Selbstverwirklichung gefunden werden; nur so bleibt das Unternehmen auf Dauer überlebensfähig: als Erwerbsquelle und „happy family".

Lösung zu Aufgabe 17:

Der situative Ansatz zur Führungsgestaltung möchte dem Umstand Rechnung tragen, dass verschiedene – z.B. durch die angewandte Technologie geprägte – Situationen verschiedene Führungsinstrumente bzw. -techniken verlangen. Dabei lässt sich jede betriebliche Situation in die Aufgabenconstraints (Welche Anforderungen stellen die Aufgaben an die Mitarbeiter?) und die Personenconstraints (Welche Voraussetzungen bringen die Mitarbeiter zur Aufgabenerfüllung mit?) unterscheiden. Mit Hilfe der Aufgabenconstraints kann das Routinisierungspotenzial bestimmt werden: Hohes Routinisierungspotenzial liegt vor, wenn die Aufgabenerfüllung einfach strukturiert ist, sich im Zeitablauf wenig ändert und das Ergebnis eindeutig festliegt. Personenconstraints repräsentieren das Problemlösungspotenzial. Es fällt hoch aus, wenn die Mitarbeiter über umfangreiche Kenntnisse und Fähigkeiten verfügen, neuen Erfahrungen gegenüber offen sind und systematisch an die Lösung von Problemen herangehen können. Anhand der Höhe der Aufgaben- und Personenconstraints können zwei Typen von Organisationen unterschieden werden. Die Typ-A-Organisation zeichnet sich durch ein hohes Routinisierungspotenzial der Aufgaben und ein geringes Problemlösungspotenzial der Mitarbeiter aus. In der Typ-B-Organisation herrscht hingegen ein geringeres Routinisierungspotenzial der Aufgaben mit einem hohen Problemlösungspotenzial der Mitarbeiter. Aufgrund der zunehmend unberechenbareren Umweltentwicklungen und einer weiteren Automatisierung, die ein hohes Problemlösungspotenzial erfordert, wird der Trend immer mehr in Richtung der Typ-B-Organisation gehen.

Lösung zu Aufgabe 18:

Konflikte können aus dem Auseinanderklaffen von formellen und informellen Rollenerwartungen resultieren. Die formellen Gruppenbeziehungen ergeben sich aus dem Stellen- und Leitungsgefüge, das von autorisierten Personen vorgegeben wird. Die informellen Beziehungen entstehen aus persönlicher Sympathie, persönlichen Bindungen, Erwartungen und Wünschen. Diese sozialen Beziehungen spielen in der Willensbildung der Gruppe eine große Rolle und führen auch zu „gruppenübergreifender" informeller Kommunikation. Vor allem bei Gruppen mit objektbezogenen (ausführenden) Tätigkeiten spielen informelle Beziehungen eine große Rolle. Empirische Untersuchungen haben so z.B. gezeigt, dass die gegenseitige Kontrolle der Mitglieder einer solchen Gruppe zur sozialen Nivellierung führt. Die Gruppenmeinung bestimmt den Arbeitsablauf und die Arbeitsleistung stärker als formelle Anweisung. Als Orientierungsmaßstab dient der Durchschnittsarbeiter, sowohl der beste als auch der schlechteste Arbeiter sind soziale Außenseiter. Das Leistungsniveau leitet sich aus der sozialen Gruppenstellung ab. Während nach innen das Verhalten in der Gruppe normiert wird, schützt die Gruppe nach außen ihre Mitglieder vor Einwirkung. Duldet die Unternehmensführung die informellen Gruppen, kann in diesen ein positives Arbeitsklima gesichert wertden. Andererseits bleiben die sich in diesen Gruppen vollziehenden Prozesse dem Arbeitgeber weitgehend verborgen und entziehen sich damit seiner Steuerung.

Arbeitsaufgaben und Lösungen zum 11. Kapitel Die Besonderheiten der Produktionsfaktoren „Betriebsmittel“ und „Werkstoffe“

1. Aufgabe

Was versteht man unter der Optimalintensität einer maschinellen Anlage?

2. Aufgabe

Worin besteht der Unterschied zwischen Repetier- und Potenzialfaktoren?

3. Aufgabe

Worin sehen Sie den Unterschied zwischen Betriebsmitteln und Werkstoffen?

4. Aufgabe

Wozu dienen Abschreibungen?

5. Aufgabe

Inwiefern können kosten- und gewinnoptimale Intensität auseinanderfallen?

6. Aufgabe

Worin sehen Sie die wesentlichen Unterschiede zwischen der linearen, geometrisch-degressiven und digitalen Abschreibungsmethode?

7. Aufgabe

Eine Maschine mit einem Anschaffungspreis von 10.000,- DM ist nach vier Nutzungsjahren wertlos. Sie wird nach der digitalen Methode abgeschrieben. Wie entwickelt sich im Laufe der Jahre der Maschinen-Restwert?

8. Aufgabe

Was versteht man unter einer Verbrauchsfunktion?

9. Aufgabe

Wodurch können Universal- von Spezialmaschinen unterschieden werden?

10. Aufgabe

Erläutern Sie kurz folgende Begriffe:

- Ausschuss – Abfall
- Normierung – Typisierung!

11. Aufgabe

Ein Busunternehmer aus Passau erhält den Auftrag, eine Gruppe amerikanischer Touristen am Flughafen München (Entfernung 150 km) abzuholen. Er soll sofort losfahren, da die von Passau nach Budapest fahrende „Donauprinzessin" eigentlich startklar ist, die Amerikaner aber noch gerne an Bord nehmen würde. Wenn er innerhalb von 3,5 Stunden wieder in Passau ist, erhält der Busunternehmer ein „Taschengeld" von 50,- DM.

Fährt der Reisebus seine – zulässige – Maximalgeschwindigkeit von 100 km/h aus, benötigt er 35 l Diesel/100 km; bei einer Geschwindigkeit von 80 km/h liegt sein Verbrauch bei nur 26 l Diesel/100 km.

Was sollte der Busunternehmer tun, wenn der Liter Diesel 1,30 DM kostet?

Lösung zu Aufgabe 1:

Eine maschinelle Anlage (Potenzialfaktor) benötigt laufend Betriebsstoffe (z.B. Benzin, Strom etc.), um produzieren zu können. Der Umfang des Verbrauchs an Betriebsstoffen ist davon abhängig, mit welcher Intensität die Anlage betrieben wird. Als (Produktions-) Intensität wird dabei die Menge an Output bezeichnet, die pro Zeiteinheit hergestellt wird. Für den gesamten Leistungsfächer der Anlage kann der Verbrauch eines Betriebsstoffes je Outputeinheit in Form einer „Verbrauchsfunktion" dargestellt werden.

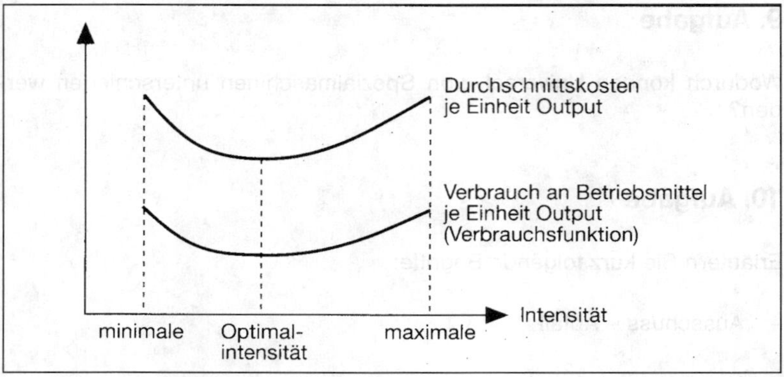

Die Optimalintensität liegt dort, wo die Verbrauchsfunktion ihr Minimum hat (verbrauchsoptimale Intensität). Ersetzt man die Verbrauchsfunktion durch die zugehörige Durchschnittskostenfunktion (wertmäßige Verbrauchsfunktion), kann daraus die kostenoptimale Intensität ermittelt werden. Da sich Durchschnittskosten- und Verbrauchsfunktion lediglich um den „Preisfaktor“ unterscheiden, entsprechen sich beide Optimalintensitäten. Sie liegen in der Regel bei einer mittleren Produktionsintensität.

Lösung zu Aufgabe 2:

Die Repetier- und Potenzialfaktoren können anhand ihrer Beschaffungsformen unterschieden werden. Die Repetierfaktoren zeichnen sich durch beliebige Teilbarkeit aus. Demzufolge können diese Betriebsmittel in den unterschiedlichsten Mengen und Zeiträumen beschafft werden. Typische Repetierfaktoren sind beispielsweise Reinigungsmittel, Treib- und Brennstoffe, Strom etc.

Potenzialfaktoren sind solche Betriebsmittel, die meist aufgrund technischer Gegebenheiten nur als komplexes Nutzenbündel beschafft werden können. Die Nutzungen (Potenzialeinheiten) des Faktors werden dann über einen längeren Zeitraum hinweg abgegeben. Zu den Potenzialfaktoren gehören z.B. maschinelle Anlagen, Gebäude, Fahrzeuge etc.

Lösung zu Aufgabe 3:

Die Betriebsmittel sind alle im Betrieb verwendeten Gegenstände (sachlicher Input), die nicht Bestandteil des Outputs werden. Je nachdem, ob sie in beliebigen Mengen und Zeiträumen beschafft werden können, oder ob es sich um komplexe Nutzenbündel handelt, die in größeren Abständen angeschafft werden, teilt man die Betriebsmittel in Repetier- oder Potenzialfaktoren ein.

Werkstoffe dagegen sind solche sachlichen Produktionsfaktoren, die ganz oder teilweise Bestandteil des Outputs werden. Zu den Werkstoffen gehören folglich die Roh-, Halb- und Fertigfabrikate, die in das spätere Endprodukt mit eingehen.

Die Unterscheidung erlaubt es, Sach- von Dienstleistungsbetrieben abzugrenzen: Dienstleistungsbetriebe haben keine Werkstoffe.

Lösung zu Aufgabe 4:

Potenzialfaktoren sind Betriebsmittel, die meist infolge technischer Gegebenheiten nur als Nutzenbündel angeschafft werden können. Sie geben ihre „Nutzungen“ (Potenzialeinheiten) über einen längeren Zeitraum hinweg ab. Durch die Nutzung ihrer Potenzialeinheiten erfahren sie im Zeitablauf eine ständige Wertminderung. Die planmäßigen Abschreibungen dienen dazu, diese nutzungsbedingten Wertminderungen der Potenzialfaktoren zu erfassen. Idealerweise ist der Restwert (Buchwert) des Potenzialfaktors nach Abschreibung am Ende seiner tatsächlichen Nutzungszeit gleich Null.

Sonderabschreibungen können zudem unplanmäßige Wertminderungen (z.B. durch technischen Fortschritt und/oder Nachfrageverschiebungen) erfassen: Potenzialeinheiten sind zwar noch da, aber wertlos.

Lösung zu Aufgabe 5:

Die Intensität einer maschinellen Anlage bezeichnet den Umfang an Output, den die Anlage pro Zeiteinheit liefert. Je nach gewähltem Intensitätsniveau verbraucht die Anlage unterschiedliche Mengen an Betriebsstoffen für jeweils eine Einheit Output. Die kostenoptimale Intensität befindet sich dort, wo die Gesamtkosten aller Betriebsstoffe je Einheit Output (Stückkosten) am niedrigsten ist. Die kostenoptimale Intensität muss aber nicht mit der gewinnoptimalen Nutzung der Anlage übereinstimmen. Im Rahmen der Gewinnmaximierung kann es sinnvoll sein, die Optimalintensität zu überschreiten. Der Gewinn ergibt sich aus:

Gewinn = Umsatz – Kosten
bzw. Gewinn = Preis · Stückzahl – Stückkosten · Stückzahl

Es ist folglich solange vorteilhaft, die Intensität der Anlage zu erhöhen, solange der – durch die höhere Stückzahl erreichte – zusätzliche Umsatz die steigenden Stückkosten mindestens deckt. Kommt es allerdings mit steigender Stückzahl zu einer „Kostenexplosion“ bzw. einem „Preisverfall“, geht die Rechnung nicht auf.

Lösung zu Aufgabe 6:

Planmäßige Abschreibungen dienen dazu, die nutzungsbedingten Wertminderungen eines Potenzialfaktors im Zeitablauf zu erfassen. Die einzelnen Abschreibungsmethoden unterscheiden sich im wesentlichen durch die Gestaltung des Abschreibungsbetrages in einer Nutzungsperiode und dem Restwert am Ende der Nutzungszeit.

- Die lineare Abschreibungsmethode beinhaltet in allen Nutzungsperioden gleiche Abschreibungsbeträge. Bis zum Nutzungsende wird eine vollständige Abschreibung (Restwert = 0) erreicht.

- Bei der geometrisch-degressiven Abschreibungsmethode wird in jeder Periode der gleiche Anteil vom abnehmenden Restwert abgeschrieben. Der Abschreibungsbetrag nimmt folglich ständig ab. Am Ende der Nutzungszeit bleibt ein Restwert bestehen.
- Die digitale Methode bewirkt eine anfangs stärkere und später schwächere Abschreibung. Im Gegensatz zur geometrisch-degressiven Methode wird hier eine vollständige Abschreibung erreicht. Zu beachten ist, dass die digitale Methode steuerlich nicht zulässig ist.

Lösung zu Aufgabe 7:

Die digitale Abschreibung ist dadurch gekennzeichnet, dass anfangs stärker und dann schwächer abgeschrieben wird. Bis zum Ende der Nutzungsdauer wird eine vollständige Abschreibung erreicht.

Anschaffungspreis $= 10000$,- DM

Summe der Nutzungsjahre $= 1 + 2 + 3 + 4 = 10$

$\Rightarrow$ Digitaler Abschreibungsfaktor $= \frac{10000}{10} = 1000$

Der Maschinen-Restwert entwickelt sich im Laufe der vier Nutzungsjahre nach folgender Tabelle:

Ende des Jahres	Abschreibungsbetrag	Maschinen-Restwert
1	$1000 \cdot 4 = 4000$,-	$10000 - 4000 = 6000$,-
2	$1000 \cdot 3 = 3000$,-	$6000 - 3000 = 3000$,-
3	$1000 \cdot 2 = 2000$,-	$3000 - 2000 = 1000$,-
4	$1000 \cdot 1 = 1000$,-	$1000 - 1000 = 0$,-

Lösung zu Aufgabe 8:

Potenzialfaktoren zeichnen sich dadurch aus, dass sie ihren Nutzenvorrat im Verlauf des Produktionsprozesses entweder schneller oder langsamer abgeben können, d.h. sie können pro Zeiteinheit unterschiedliche Mengen an Output erzeugen. Die jeweilige Menge an Output, die eine Anlage pro Zeiteinheit erzeugt, wird als (Produktions-) Intensität bezeichnet. Dabei verbraucht die Anlage, in Abhängigkeit vom jeweiligen Intensitätsniveau, zur Erstellung jeweils einer Outputeinheit unterschiedliche Mengen an Betriebsstoffen. Die Verbrauchsfunktion stellt den Verbrauch eines Betriebsstoffes in Relation zum Niveau der Produktionsintensität eines Potenzialfaktors dar. Aus ihr kann die Optimalintensität (minimaler Verbrauch je Outputeinheit) ermittelt werden.

Lösung zu Aufgabe 9:

Als Potenzialfaktoren werden solche maschinelle Anlagen bezeichnet, die ihren Nutzenvorrat über einen längeren Zeitraum hinweg abgeben können. Sie sind in der Lage, auf jeweils unterschiedlichem Leistungsniveau (Output je Zeiteinheit) betrieben zu werden (Produktionsintensität). Je nachdem, wie stark sich die Durchschnittskosten je Outputeinheit in Abhängigkeit vom gewählten Intensitätsniveau der Anlage verändern, wird unterschieden:

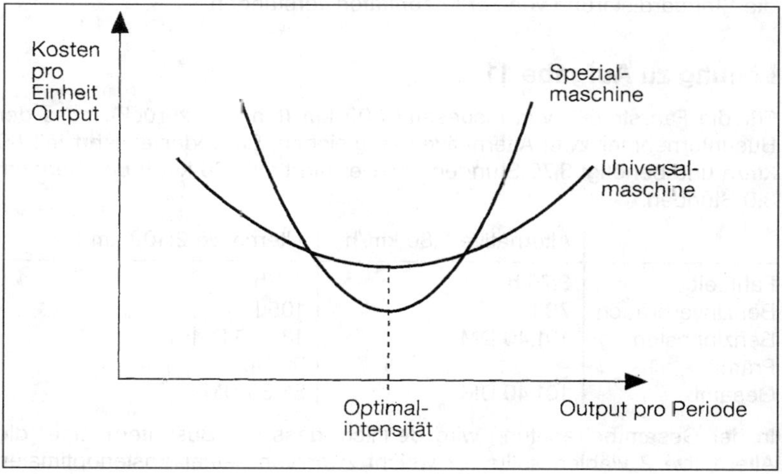

Universalmaschinen können auf allen Intensitätsniveaus relativ kostengünstig arbeiten. Die Durchschnittskosten nehmen bei einer Abweichung von der Optimalintensität nur moderat zu.

– Spezialmaschinen dagegen zeichnen sich durch eine stark ausgeprägte Optimalintensität aus. Auf diesem Niveau können sie sehr kostengünstig produzieren. Bei einer Abweichung vom Optimum nehmen die Kosten allerdings stark zu.

Lösung zu Aufgabe 10:

Die Werkstoffe umfassen den gesamten sachlichen Input eines Betriebes, der ganz oder teilweise in den Output eingeht. Dem Wirtschaftlichkeitsprinzip folgend muss ein Unternehmen versuchen, die Verwendung der Werkstoffe möglichst rationell zu gestalten. Dazu gehört, dass Ausschuss und Abfall gering gehalten werden. Ausschuss entsteht durch Material- oder Produktionsfehler und ist um so ärgerlicher, je später im Produktionsprozess er anfällt. Er ist durch gründliche Kontrollen grundsätzlich vermeidbar. Abfall dagegen entsteht aus der Veränderung des Werkstoffes im Produktionsprozess. Er ist nicht vermeidbar, kann aber durch die optimale Ausnutzung der Werkstoffe (z.B. mit Hilfe einer EDV-gesteuerten Schnittplanoptimierung) reduziert oder durch Verkauf bzw. Weiterverarbeitung verwertet werden. Ein weiterer Bestandteil einer rationellen Verwendung von Werkstoffen ist die Standardisierung. Mit ihrer Hilfe können z.B. Komponenten von den Zulieferern an verschiedene Weiterverarbeiter geliefert werden; diese achten freilich genau darauf, dass sich „Gleichteile“ nicht im „imagerelevanten Bereich“ befinden. Bezieht sich die Standardisierung auf Vorprodukte oder Einzelteile so wird dies als „Normierung“ bezeichnet (z.B. DIN-Normen). Unter „Typisierung“ wird dagegen die Standardisierung von Fertigfabrikaten verstanden.

Lösung zu Aufgabe 11:

Für die Fahrstrecke von insgesamt 300 km (hin und zurück) muss der Busunternehmer zwei Alternativen vergleichen. Entweder er fährt mit 80 km/h und benötigt 3,75 Stunden, oder er fährt mit 100 km/h und benötigt 3,0 Stunden.

	Alternative 1:80 km/h	Alternative 2:100 km/h
Fahrzeit	3,75 h	3,0 h
Benzinverbrauch	78 l	105 l
Benzinkosten	101,40 DM	136,50 DM
Prämie	–	50 DM
Gesamt	101,40 DM	86,50 DM

In der Gesamtbetrachtung wird deutlich, dass der Busunternehmer die Alternative 2 wählen sollte. Er weicht zwar von seiner kostenoptimalen Nutzungsintensität des Reisebusses ab, dies wird aber durch die „Prämie“ mehr als aufgewogen.

Arbeitsaufgaben und Lösungen zum 12. Kapitel Die Bereitstellungsplanung

1. Aufgabe

Ein Betrieb kauft in Abständen von 30 Tagen seinen Werkstoff PVC ein. Der Verbrauch pro Tag beträgt 200 kg. Die normale Lieferfrist beträgt 5 Tage. Verzögerungen bis zu 3 Tagen werden eingeplant. Wie groß sind

a. die Bestellmenge,

b. der eiserne Bestand und

c. der Meldebestand?

2. Aufgabe

Was verstehen Sie unter der „optimalen Bestellmenge", und welches sind ihre Bestimmungsgrößen?

3. Aufgabe

Nehmen Sie Stellung zu folgendem Satz: „Das kleinste Beschaffungslager ist das beste"!

4. Aufgabe

Welche Bedeutung haben die „bestellfixen" Kosten für die Bestimmung der Größe der Bestellmenge?

5. Aufgabe

Diskutieren Sie die folgende Aussage: „Ein eiserner Bestand bedeutet Geldverschwendung"!

6. Aufgabe

Ein Betrieb hat bei seinem Werkstoff PVC einen Verbrauch von 400 kg pro Tag. Seine Bestellmenge beträgt 12000 kg, sein eiserner Bestand 1200 kg und sein Meldebestand 2000 kg.

In welchen zeitlichen Abständen kauft der Betrieb ein? Welches ist die normale Lieferzeit, und welches ist die maximal mögliche Lieferverzögerung?

7. Aufgabe

Was versteht man unter Outsourcing? Welche Vorteile hat es im Rahmen der Just-in-time-Belieferung?

8. Aufgabe

Was verstehen Sie unter einer Stückliste?

9. Aufgabe

Wovon hängt die Größe

- des Meldebestandes,
- des eisernen Bestandes ab?

10. Aufgabe

Warum steigen mit zunehmender Bestellmenge die Aufbewahrungskosten pro Stück?

11. Aufgabe

Nennen Sie die Voraussetzungen sowie Vor- und Nachteile des Just-in-time-Konzepts!

12. Aufgabe

Was versteht man unter einer „logistischen Kette“ und was macht sie deutlich?

13. Aufgabe

Erläutern Sie verschiedene Möglichkeiten der Qualitätssicherung. Was versteht man unter präventiver Qualitätssicherung?

14. Aufgabe

In einem großen Unternehmen ist die Stelle eines Abteilungsleiters vakant. Welche Wege gibt es, sie neu zu besetzen?

15. Aufgabe

Bei größeren Anschaffungen werden in den Unternehmen Buying Center zusammengerufen: Wer sind die Mitglieder, welche Rollen spielen sie und warum ist ihr Zusammenhalt schwierig?

16. Aufgabe

Plattform-Strategie und Badge engineering sind Wege zur Vereinfachung der Bedarfsplanung. Erläutern Sie diesen Sachverhalt!

17. Aufgabe

Warum sind die Zulieferer nicht nur von den Weiterverarbeitern abhängig, sondern diese auch zunehmend von den Zulieferern?

18. Aufgabe

Die Just-in-time-Belieferung beschert dem Weiterverarbeiter eine schlanke Produktion. Erörtern Sie die verschiedenen Aspekte dieser Situation!

19. Aufgabe

Was versteht man unter Total-quality-management und welche Aufgabe hat das Qualitätscontrolling?

20. Aufgabe

Leiten Sie graphisch die optimale Bestellmenge her! Vergessen Sie nicht, die Achsen des Koordinatensystems zu beschriften sowie die ökonomische Aussage der verwendeten Funktionen kurz darzustellen.

21. Aufgabe

Die XY AG sieht sich pro Bestellvorgang Fixkosten in Höhe von 100,- DM bei einem Bezugspreis von 2,50 DM gegenüber. Zur Ermittlung der Aufbewahrungskosten gilt ein Lagerkostensatz von 12,- DM bei einem Verbrauch von 1,5 Mengeneinheiten pro Tag. Bestimmen Sie die optimale Bestellmenge für die XY AG. Wie verändert sie sich bei einer Verdopplung des Bezugspreises?

Lösung zu Aufgabe 1:

Der Meldebestand ist der Bestand, der exakt zur Deckung der Lieferfrist von 5 Tagen ausreicht:

Meldebestand = 5 Tage 200 kg = 1000 kg

Die Bestellmenge ergibt sich aus dem Verbrauch während der 30 Tage (Bestellintervall):

Bestellmenge = 30 Tage 200 kg = 6000 kg

Der eiserne Bestand soll die möglichen Lieferverzögerungen von bis zu 3 Tagen abdecken können:

eiserner Bestand = 3 Tage 200 kg = 600 kg

Lösung zu Aufgabe 2:

Unter der optimalen Bestellmenge wird die Bestellmenge je Beschaffungsakt verstanden, die für den Betrieb am günstigsten ist. Bei der Ermittlung der optimalen Bestellmenge sind die beiden folgenden Größen gegeneinander abzuwägen:

- realisierbare Mengenrabatte und bessere Verteilung der bestellfixen (z.B. Prüf-)Kosten bei größeren Bestellmengen;
- mit der Bestellmenge zunehmende Kosten der Lagerhaltung (Hierzu zählen insbesondere die Lagerkosten, die Kapitalbindung sowie das Risiko des Verderbens bzw. Veralterns).

Als optimale Bestellmenge kann die Menge definiert werden, für die die Summe aus Einkaufs- und Aufbewahrungskosten je Stück am geringsten ist. Sind in der Zukunft Preissteigerungen zu erwarten, sollte die optimale Bestellmenge nach oben korrigiert werden (Spekulationslager). Umgekehrt sollte einem erwarteten Absatzrückgang durch eine Reduzierung der ursprünglich optimalen Bestellmenge Rechnung getragen werden.

Lösung zu Aufgabe 3:

Die Lagerhaltung von Repetierfaktoren bzw. Werkstoffen stellt für den Betrieb einen erheblichen Kostenfaktor dar. Hier sind es insbesondere der Zinsverlust durch die Kapitalbindung in den Lägern, die Lagerkosten – verursacht durch Mieten, Abschreibungen etc. – sowie das Risiko des Verderbens bzw. Veralterns der gelagerten Werkstoffe (bzw. die dafür notwendige Versicherung). Demzufolge streben die Betriebe eine möglichst geringe Lagerhaltung an, was beispielsweise auch das Just-in-time-Lieferkonzept verdeutlicht. Allerdings ist nicht zwangsläufig das kleinste Beschaffungslager – also letztendlich kein Lager – das beste. Es muss abgewogen werden, ob nicht die Nutzung von Mengenrabatten bei größeren

Bestellmengen vorteilhaft wäre. Zudem stellt das Lager einen Schutz vor besonderen Unwägbarkeiten der Zukunft dar. Es kann etwa dazu dienen, erwartete Preissteigerungen oder mögliche Lieferengpässe aufzufangen.

Lösung zu Aufgabe 4:

Bestellfixe Kosten sind Kosten, die bei jedem Beschaffungsakt unabhängig von der bestellten Menge anfallen. Zu ihnen gehören z.B. die Kosten der Materialprüfung, die Kosten der Übermittlung der Bestellung, Kosten für Musterteile etc. Die bestellfixen Kosten spielen bei der Ermittlung der optimalen Bestellmenge eine wichtige Rolle: Je größer die bestellte Stückzahl ist, auf umso mehr Repetierfaktoren bzw. Werkstoffe verteilen sich diese Kosten. Die Fixkostenbelastung je bestelltem Stück sinkt mit zunehmender Menge. Aus diesem Blickwinkel erscheint eine möglichst große Bestellmenge wünschenswert. Dem stehen jedoch die Kosten der Lagerhaltung gegenüber.

Lösung zu Aufgabe 5:

Um auch bei unvorhersehbaren Ereignissen, wie z.B. dem Verzug des Lieferanten, Transport- oder Qualitätsproblemen eine Produktionsunterbrechung zu verhindern, halten die Unternehmen in der Regel einen „eisernen Bestand“ an Werkstoffen bzw. Repetierfaktoren. Der „eiserne Bestand“ ist auch dann von Nutzen, wenn beispielsweise unerwartet der Verbrauch pro Tag ansteigt. Er stellt also eine Residualgröße dar, die im normalen Produktionsablauf nicht angetastet wird. Für das Unternehmen verkörpert diese „Notreserve“ allerdings eine zusätzliche Kostenbelastung. Insbesondere die Zinsbelastung durch das gebundene Kapital sowie die zusätzlichen Lagerkosten fallen hier ins Gewicht. Die Unternehmen versuchen daher, die Bestände so gering wie möglich zu halten. Trotzdem kann dem „eisernen Bestand“ aber nicht unterstellt werden, er bedeute eine reine Geldverschwendung. Die Kosten, die dann anfallen, wenn ein Betrieb nicht in der Lage ist, Lieferverzögerungen oder Mehrverbrauch aufzufangen, übersteigen in der Regel die Kosten eines (angemessenen) „eisernen Bestandes“ um ein Mehrfaches.

Lösung zu Aufgabe 6:

Bestellt wird, wenn der gelieferte Vorrat von 12000 kg auf 2000 kg, also um 10000 kg, gesunken ist, also nach 25 Tagen.

$$\frac{\text{Bestellmenge} - \text{Meldebestand}}{\text{Tagesverbrauch}} = \frac{12000-2000}{400} = 25 \text{ Tage}$$

Die normale Lieferzeit lässt sich aus dem Meldebestand, die maximal mögliche Lieferverzögerung aus dem eisernen Bestand ermitteln:

$$\text{Lieferzeit} = \frac{\text{Meldebestand}}{\text{Tagesverbrauch}} = \frac{2000}{400} = 5 \text{ Tage}$$

$$\text{max. Lieferverzögerung} = \frac{\text{eiserner Bestand}}{\text{Tagesverbrauch}} = \frac{1200}{400} = 3 \text{ Tage}$$

Das Beschaffungsintervall beträgt 25 + 5 = 30 Tage.

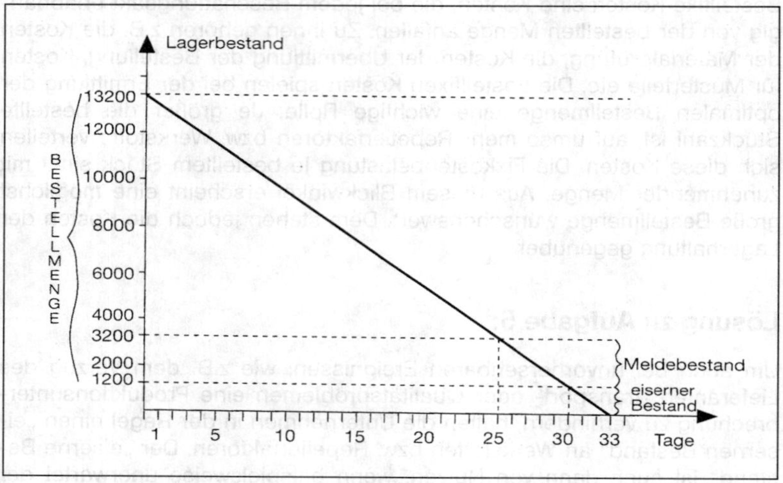

Lösung zu Aufgabe 7:

Im Rahmen der Just-in-time-Belieferung bedeutet Outsourcing die konsequente Verlagerung der Fertigung, Entwicklung und Konstruktion umfangreicher Baugruppen auf externe Lieferanten, die daneben auch die Koordination der vorgelagerten Teilebeschaffung, die Vormontage sowie die Liefer- und Qualitätsverantwortung übernehmen (Systemlieferanten). Die damit einhergehende Verminderung der Fertigungstiefe führt beim Endfertiger zu:

- einer Reduktion der Fertigungskomplexität und einer Entlastung der Engpässe in der Fertigungskapazität und
- der Möglichkeit, sich auf solche Aktivitäten in der Wertschöpfungskette zu beschränken, die seine Kernkompetenzen betreffen,

was letztlich eine schnellere und kostengünstigere „schlanke" Produktion ermöglicht.

Dieser Effekt wird noch verstärkt, wenn die Systemlieferanten bzw. deren Unterlieferanten Tarifverträge mit niedrigeren Löhnen haben, in Niedriglohnländern ansässig sind („Global sourcing") oder mehrere Weiterverarbeiter beliefern, was – über die dann mögliche Massenfertigung – weitere Kostenvorteile mit sich bringt.

Eine logische Weiterentwicklung ist das „Lego-Baukastenprinzip": Die Systemlieferanten bauen selbst ihre Module am Band des Weiterverarbeiters ein.

Lösung zu Aufgabe 8:

Im Rahmen der Bedarfsplanung wird der in den einzelnen Abteilungen des Betriebes erforderliche Verbrauch an Repetierfaktoren und Werkstoffen ermittelt. Die Grundlage hierzu bilden das Produktionsprogramm, in welchem die zu produzierenden Mengen festgelegt werden sowie die Stücklisten, die für jedes Erzeugnis des Betriebes die erforderlichen Einzelteile aufführen. Aus der geplanten Produktionsmenge und den in den Stücklisten festgelegten Einzelteilen lässt sich bestimmen, welcher Werkstoff in welchen Mengen beschafft werden muss. Kompliziert wird das Problem dadurch, dass nicht nur Fertigprodukte, sondern auch Zwischenprodukte hergestellt und Zwischen- sowie Vorprodukte extern beschafft werden, wobei es die unterschiedlichsten Teileverknüpfungen geben kann.

Lösung zu Aufgabe 9:

Der Meldebestand ist der Bestand eines Werkstoffes, der ausreicht, um bei einer Nachbestellung die Lieferfrist zu überbrücken. Er wird folglich von zwei Größen bestimmt, der Lieferzeit und dem täglichen Verbrauch des Werkstoffes.

Meldebestand = Lieferzeit (Tage) Verbrauch pro Tag

Kommt es zu unerwarteten Lieferverzögerungen oder steigt der tägliche Verbrauch eines Werkstoffes unerwartet an, so kann dies zu Versorgungsengpässen führen. Um in solchen Fällen einer Produktionsunterbrechung vorzubeugen, wird der eiserne Bestand herangezogen. Er lässt sich z.B. aus der maximal für möglich gehaltenen Lieferverzögerung und dem jeweiligen Tagesverbrauch ermitteln.

eiserner Bestand = max. Lieferverzögerung (Tage) Verbrauch pro Tag.

Lösung zu Aufgabe 10:

Mit zunehmender Bestellmenge steigt der durchschnittliche Lagerbestand: Er entspricht der halben Bestellmenge. Die daraus resultierende längere Lagerung der Werkstoffe führt zu einer Zunahme der Aufbewahrungskosten pro Stück. Dies liegt vor allem daran, dass jedes Stück

- den Lagerplatz länger beansprucht und dadurch höhere Lagerkosten verursacht,

- durch die längere Kapitalbindung den Zinsverlust erhöht,
- einer stärkeren Gefahr des Verderbens bzw. Veralterns ausgeliefert ist.

Lösung zu Aufgabe 11:

Zielsetzung des Just-in-time-Konzepts ist, durch eine produktionssynchrone Beschaffung den Materialbestand zu reduzieren. Dadurch kann eine erhebliche Verminderung der Lagerkosten und Zinseinbußen erreicht werden. Die Zulieferer andererseits können durch die langfristig ausgelegten Verträge Rationalisierungsinvestitionen tätigen, die wiederum Kosten und Preissenkungen nach sich ziehen. Allerdings steigen die Anforderungen an Koordinationsfähigkeit und Lieferdisziplin. Für eine funktionierende Just-in-time-Belieferung sind beispielsweise folgende Voraussetzungen notwendig:

- Enge informationstechnische Verknüpfung von Zulieferer und Weiterverarbeiter.
- Langfristig ausgelegte Kooperationsverträge, auch in Forschung und Entwicklung.
- Exakte Abstimmung und Einhaltung von Lieferterminen und Qualitäten, da strenggenommen 100 % Gutteile pünktlich angeliefert werden müssen.

Den angeführten Vorteilen der Lagerkostendegression und Rationalisierung stehen jedoch auch Nachteile gegenüber. Häufig verlagern sich die Eingangsläger der Weiterverarbeiter lediglich auf die Ausgangsläger der Zulieferer. Dies um so mehr, je größer die Zahl der Weiterverarbeiter ist, die ein Zulieferer produktionssynchron beliefern muss. Ferner fallen die Transportrisiken (z.B. Wartezeiten an den Grenzen, winterliche Straßenverhältnisse etc.) stärker ins Gewicht, da eine Lieferverzögerung unmittelbar einen Produktionsstillstand verursacht. Ebenso steigt in ähnlichem Umfang die Anfälligkeit des gesamten Wirtschaftszweiges für Schwerpunktstreiks an. Insgesamt hat sich die JIT-Belieferung bei Bauteilen, nicht jedoch bei Massenverbrauchsgütern durchgesetzt.

Lösung zu Aufgabe 12:

Die „logistische Kette“ bildet den gesamten Materialfluss sowie den zur Steuerung des Materialflusses notwendigen Informationsfluss vom Zulieferer bis hin zum Kunden ab. Dabei beschränkt man sich nicht nur auf den reinen Transportvorgang, sondern man versucht auch, die jeweils notwendigen Zwischenläger, die Materialhandhabung sowie alle zugehörigen dispositiven Aktivitäten zu integrieren.

Die „logistische Kette“ verdeutlicht vor allem die enge Verflechtung in der modernen Materialbewirtschaftung. Störungen im Material- bzw. Informationsfluss wirken sich unmittelbar auf die vor- bzw. nachgelagerten „Kettenglieder“ aus. Die zwischen den einzelnen Stufen eingebauten Läger sollen helfen, dass solche Störungen nicht auf die gesamte Kette „durchschlagen“.

Lösung zu Aufgabe 13:

Aufgabe der Qualitätssicherung ist es, dafür zu sorgen, dass die hergestellten Produkte immer in gleichbleibend hoher Qualität an den Kunden geliefert werden, wobei der Kunde letztlich definiert, was Qualität ist (kundenorientierter Qualitätsbegriff). Mit der Einbeziehung „interner Kunden“ – den Kollegen an der nächsten Maschine – wird von einem erweiterten Kundenbegriff ausgegangen (totales Qualitätsmanagement). Zur Erzielung hoher Qualitätsstandards stehen folgende jeweils miteinander kombinierbare – Wege zur Verfügung:

- Kontinuierliche, automatisierte und rechnergestützte Prüfung der Produkte im laufenden Produktionsprozess.
- Überprüfung des Arbeitsergebnisses durch die jeweiligen Mitarbeiter, die nur gute Teile weitergeben sollen (Qualitätssicherung durch Selbstkontrolle).
- Beobachtung und Prüfung des Produktionsprozesses z.B. hinsichtlich des Verschleißes von Werkzeugen (Qualitätssicherung durch Prozesskontrolle).
- Kontinuierliche Verbesserung der Produkte und der Prozesse der Qualitätssicherung (KAIZEN).

Die Qualität sollte aber nicht nur nachträglich überprüft, sondern von Anfang an geplant und beherrscht sein. Ein Qualitätsmanagement nach diesen Grundsätzen wird als „präventive Qualitätssicherung“ bezeichnet.

Zuständig für die Qualitätssicherung ist das Qualitätscontrolling: Es geht der Frage nach, welches das vom Kunden gewünschte Qualitätsniveau ist (strategisches Qualitätscontrolling) und wie dieses möglichst wirtschaftlich realisiert werden kann (operatives Qualitätscontrolling).

Lösung zu Aufgabe 14:

Die Einstellung der Mitarbeiter ist Sache der Personalabteilung. Sie kann versuchen, durch eine innerbetriebliche Stellenausschreibung eine geeignete Person für diese Stelle zu finden und so dem Bedarf ohne Neueinstellung nachkommen. Alternativ dazu kann der Mitarbeiter auch außerbetrieblich geworben werden: hierfür kommt entweder eine außerbetriebliche Stellenausschreibung oder eine Anfrage beim Arbeitsamt bzw. einem privaten Arbeitsvermittler in Betracht. Da es sich bei einem Abteilungsleiter um eine gehobene Position handelt, ist es eher unwahrscheinlich, beim Arbeitsamt eine geeignete Person zu finden. Erfolgsversprechender sind hier die privaten Arbeitsvermittler, die sich z.T. auf veränderungswillige Manager spezialisiert haben (Head Hunter); im Erfolgsfall erhalten sie vom neuen Arbeitgeber eine Provision. Für Positionen auf den Chefetagen käme zudem die Anfrage bei einer Personalberatungsfirma in Betracht, die sich ihre Leistung „für beide Seiten" nach Zeit und Aufwand honorieren lassen.

Lösung zu Aufgabe 15:

In einem Buying-Center sind neben unternehmensinternen Mitarbeitern verschiedener Hierarchieebenen auch Externe aus Beratungsbüros sowie der Steuerberater versammelt. Den einzelnen Personen werden verschiedene Rollen zugeordnet, die sich wirkungsvoll ergänzen sollen. Initiatoren geben den Anstoß, Beeinflusser bringen ihre -betriebswirtschaftliche und technische- Sachkenntnis ein, Vorbereiter suchen, sichten und sortieren Angebote, Entscheider haben die Entscheidungsbefugnis und Einkäufer kümmern sich um die Beschaffung. Zudem sollten auch die direkten Nutzer der neuen Anschaffung einbezogen werden, damit sie später nicht gegen die Anschaffung sind. Zu Problemen können die unterschiedlichen Temperamente der Mitglieder führen: Entscheidungsorientierte wollen schnelle und klare Entscheidungen, Faktenorientierte versteigen sich in Details und Sicherheitsorientierte profilieren sich als Bedenkenträger.

Nach dem Promotorenmodell unterscheidet man Fach-, Macht- und (zwischen diesen vermittelnde) Prozesspromotoren.

Lösung zu Aufgabe 16:

Die Bedarfsplanung ermittelt den Bedarf der einzelnen Betriebsabteilungen an Repetierfaktoren und Werkstoffen. Diese Bedarfsermittlung wird um so komplizierter, je differenzierter das Fertigungsprogramm ist. Sowohl die Plattform-Strategie als auch das Badge engineering dienen einer Standardisierung des Fertigungsprozesses. Bei der Plattform-Strategie finden sich bestimmte, identische Module in verschiedenen Modellen eines Herstellers. Dadurch kann einerseits die Anzahl der verwendeten Werkstoffarten und -formen verringert werden, was die Bedarfsplanung ungemein vereinfacht; zudem sinken auch die Entwicklungs- und Produktionskosten. Beim Badge engineering entwickeln sogar konkurrierende Hersteller – in Absprache – nahezu baugleiche Modelle, die lediglich äußerlich variieren.

Lösung zu Aufgabe 17:

Im Rahmen des Just-in-Time-Konzepts erfolgt der Lieferstrom synchron zur Produktion des Weiterverarbeiters. Um den aus diesem Konzept erwachsenden Anforderungen gerecht werden zu können, müssen die Lieferanten weitreichende organisatorische und produktionstechnische Veränderungen vornehmen. Der Zulieferer wird damit zunehmend von dem Weiterverarbeiter abhängig, weshalb er versucht, sich durch langfristige Lieferverträge abzusichern. Die starke Einbindung der Zulieferer führt zu einer Reduzierung der Lieferantenanzahl, wobei einige Lieferanten die Funktion von Systemlieferanten einnehmen, die auch in der Konstruktion und Entwicklung tätig sind. Vor allem diese müssen den Weiterverarbeitern in ausländische Standorte folgen. Den daraus resultierenden finanziellen Belastungen sind mittelständische Lieferanten oft nicht gewachsen, so dass ein starker Konzentrationsprozess einsetzt. Die Folge ist, dass nur noch von wenigen Systemlieferanten in der gewünschten Qualität am gewünschten Ort geliefert werden kann. Dadurch entstehen für den Endfertiger höhere Risiken, z.B. aus Betriebsstörungen bei Lieferanten, die aufgrund ihrer Stellung eine starke Verhandlungsmacht haben. Als Reaktion darauf gehen manche Weiterverarbeiter dazu über, ihre Teile teilweise wieder selbst zu produzieren.

Lösung zu Aufgabe 18:

Im Just-in-Time-Konzept liefern die Zulieferer das Material nur noch in den Mengen, wie sie gerade in der Weiterverarbeitung benötigt werden. Diese produktionssynchrone Beschaffung soll die hohen Kosten der Lagerhaltung beim Weiterverarbeiter senken. Allerdings stellt diese Vorgehensweise hohe Ansprüche an alle Beteiligten: So müssen Weiterverarbeiter und Zulieferer informationstechnisch eng miteinander verknüpft sein, um die Termin-, Mengen- und Qualitätsvorgaben verzögerungsfrei austauschen zu können. Zudem wird der Zulieferer die mit diesem Vorgehen verbundenen weitreichenden organisatorischen und produktionstechnischen Veränderungen nur umsetzen, wenn er durch langfristige Lieferverträge abgesichert ist. In diesen Lieferverträgen finden sich häufig hohe Konventionalstrafen für den Fall, dass die vereinbarten Liefertermine und Qualitäten nicht exakt eingehalten werden. Eine besondere Herausforderung stellen die Qualitätssicherungssysteme dar. Da die gelieferten Teile direkt in die Montagelinie münden, muss die Qualitätssicherungsfunktion auf den Lieferanten übertragen werden, wobei der Weiterverarbeiter nicht nur die Qualitätsstandards, sondern oft auch die Gestaltung der Sicherungssysteme vorgibt. Die Komplexität der Beziehung zwischen Lieferant und Weiterverarbeiter hat zu einer Reduzierung der Anzahl der Lieferanten geführt (Single-Sourcing-Politik). Der Vorteil ein „Exclusiv-Lieferant" zu sein, wird freilich durch Einschränkungen in der Entscheidungsfreiheit erkauft. Noch weiter geht der Weiterverarbeiter beim Outsourcing: Hier wird nicht nur die Fertigung, sondern auch die Entwicklung und Konstruktion einzelner Baugruppen auf den Lieferanten übertragen. Damit verändert sich die Fertigungstiefe und die Fertigungskomplexität beim Weiterverarbeiter. Sobald ein Lieferant auch noch die Koordination der vorgelagerten Teilebeschaffung, die Vormontage sowie die Liefer- und Qualitätsverantwortung übernimmt, spricht man von einem Systemlieferanten. Insgesamt erlaubt die Auslagerung von Leistungsprozessen dem Weiterverarbeiter eine schnellere und kostengünstigere „schlanke" Produktion. Die hohen Anforderungen an die Lieferanten haben allerdings dazu geführt, dass dort Materiallager vorgehalten werden: Aus den Wareneingangslagern beim Weiterverarbeiter wurden insoweit Warenausgangslager beim Lieferanten.

Lösung zu Aufgabe 19:

Aus Sicht des Total-Quality-Management ist nicht nur der Weiterverarbeiter Kunde des Zulieferers und der Abnehmer Kunde das Weiterverarbeiters, sondern auch der Kollege an der nächsten Maschine hat ein Recht auf Null-Fehler-Qualität. Das Qualitätscontrolling dient der Koordination der qualitätsrelevanten Vorgänge im Unternehmen und der Sicherstellung des vorgeschriebenen Qualitätsniveaus. Hierbei soll das strategische Qualitätscontrolling unter Beachtung der Anforderungen des Kundenmarktes dauerhafte Erfolgspotenziale erschließen: Nicht alle Kunden wollen maximale Qualität, sondern ein günstiges Preis-Leistungs-Verhältnis. Das operative Qualitätscontrolling hat dann die Aufgabe das langfristig optimale Qualitätsniveau möglichst wirtschaftlich zu realisieren, z.B. durch KVP.

Lösung zu Aufgabe 20:

Die optimale Bestellmenge ist die Menge, bei der die Summe aus Einkaufs- und Aufbewahrungskosten je Stück am geringsten ist. Um sie graphisch bestimmen zu können, müssen zunächst die beiden Funktionen der Einkaufs- bzw. Aufbewahrungsstückkosten eingezeichnet werden. Hierbei ist zu beachten, dass die Einkaufskosten je bestelltem Stück – aufgrund von Mengenrabatten und einer besseren Verteilung der bestellfixen Kosten – mit größer werdender Bestellmenge sinken (Funktion A). Da mit zunehmender Bestellmenge der Lagerplatz länger beansprucht wird, die längere Kapitalbindung zu Zinsverlusten führt und evtl. höhere Versicherungskosten anfallen, steigen die Aufbewahrungskosten pro Stück mit zunehmender Menge (Funktion B). Durch vertikale Addition der Einkaufs-Stückkostenfunktion (A) und der Aufbewahrungs-Stückkostenfunktion (B) entsteht die Gesamt-Stückkostenfunktion (A+B). Im Minimum dieser Funktion befindet sich die optimale Bestellmenge.

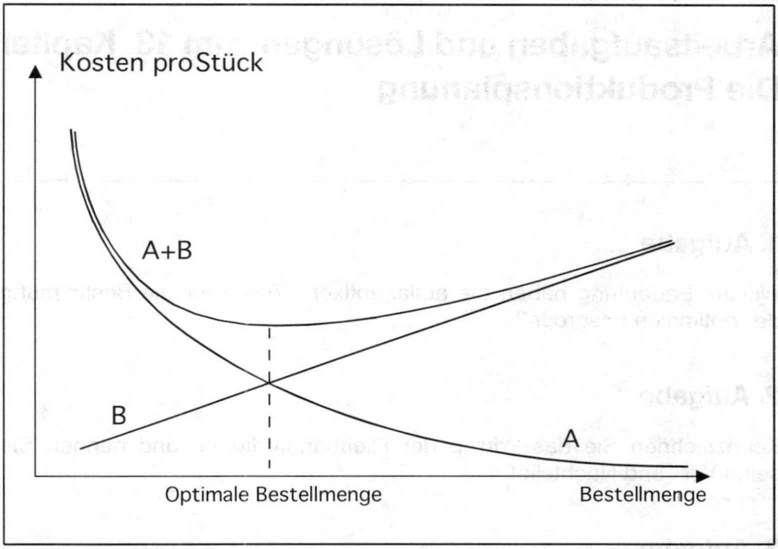

Lösung zu Aufgabe 21:

Einkaufskosten: $K_A = b + p \cdot x = 100 + 2{,}5 \cdot x$

Aufbewahrungskosten: $K_B = \frac{x}{2} \cdot j \cdot \bar{t} = \frac{x}{2} \cdot 12 \cdot \frac{x}{1{,}5} = 4 \cdot x^2$, mit $t = \frac{x}{a}$

Gesamtkostenfunktion: $K_A + K_B = 100 + 2{,}5 \cdot x + 4 \cdot x^2$

Gesamt-Stückkostenfunktion: $\frac{K_A + K_B}{x} = \frac{100}{x} + 2{,}5 + 4 \cdot x$

Im Minimum gilt: $\frac{d\left(\frac{K_A + K_B}{x}\right)}{dx} = -\frac{100}{x_2} + 4 \overset{!}{=} 0$, daraus folgt $x = 5$

Die optimale Bestellmenge ist demnach 5 Stück.

Auch bei einer Verdopplung des Bezugspreises bleibt die optimale Bestellmenge bei 5 Stück.

Arbeitsaufgaben und Lösungen zum 13. Kapitel Die Produktionsplanung

1. Aufgabe

Welche Bedeutung haben die auflagenfixen Kosten für die Bestimmung der optimalen Losgröße?

2. Aufgabe

Kennzeichnen Sie das Prinzip der Fließbandfertigung und nennen Sie seine Vor- und Nachteile!

3. Aufgabe

Die Verkaufsmengen eines Fertigungsbetriebes weisen Saisonschwankungen auf. Vergleichen Sie verschiedene Anpassungsmöglichkeiten!

4. Aufgabe

Der Hersteller von Sonnenöl der Marke „Suntonia" beklagt sich bei Ihnen darüber, dass seine Fabrik im Sommer völlig überlastet, im Winter dagegen hoffnungslos unausgelastet ist.

Was würden Sie an Maßnahmen empfehlen?

5. Aufgabe

Wodurch unterscheiden sich Fließ- und Werkstattfertigung?

6. Aufgabe

Was sind die Aufgaben der Reihenfolgeplanung bei der Werkstattfertigung?

7. Aufgabe

Wozu dient die Netzplantechnik?

8. Aufgabe

Beim Variantenwechsel eines Drei-Varianten-Betriebes gelten folgende Umrüstkosten:

von / nach	A	B	C
A	–	7	2
B	8	–	3
C	6	4	–

Bestimmen Sie die optimale Variantenfolge!

9. Aufgabe

Worin liegen die Besonderheiten der fraktalen Fabrik; inwiefern kommt sie der Forderung nach einer flachen Organisation entgegen?

10. Aufgabe

Zur Erledigung eines Projekts sind die folgenden Vorgänge erforderlich:

Vorgang	Zeitbedarf (Std.)	direkt vorausgehende Vorgänge
A	1	–
B	2	A
C	2	A
D	3	A
E	5	A
F	7	B
G	2	C
H	9	E
I	8	H, D
K	1	G, F
L	4	I, K

Ermitteln Sie den kritischen Weg und die Pufferzeiten!

11. Aufgabe

Was verstehen Sie unter Transferstraßenfertigung?

12. Aufgabe

Was besagt das „Dilemma der Ablaufplanung"?

13. Aufgabe

Welches sind die Besonderheiten von flexiblen Fertigungssystemen und flexiblen Fertigungsstraßen?

14. Aufgabe

Was ist „Produktion auf Abruf“, und wodurch wurde sie möglich?

15. Aufgabe

Stationen auf dem Weg „weg von Taylor“: Darstellung und Würdigung.

16. Aufgabe

Was bedeutet „Fertigungssegmentierung“, und welche Anforderungen stellt sie an den Produktionsfaktor Arbeit?

17. Aufgabe

Der moderne Facharbeiter ist teuer, aber er „amortisiert“ sich auch. Nehmen Sie Stellung!

18. Aufgabe

Es sind in drei Werkstätten I, II und III fünf Produkte A, B, C, D und E zu fertigen. Die Produkte belegen die Werkstätten vollständig und tageweise (T). Dabei gilt in der vorgegebenen Reihenfolge:

A 2T in II, 1T in III, 1T in II
B 1T in I, 3T in III
C 2T in I, 1T in III, 1T in II
D 1T in II, 1T in I, 1T in II
E 2T in III, 1T in II, 1T in I

Die Fertigung ist so vorzunehmen, dass zum frühestmöglichen Termin alle Produkte gemeinsam ausgeliefert werden können. Stellen Sie die Werkstattbelegungs- und die Auftragstafel auf!

19. Aufgabe

Was ist mit „Lean Production“ gemeint?

20. Aufgabe

Welche Aufgaben haben Prioritätsregeln in der Produktionsplanung? Erläutern Sie Beispiele!

21. Aufgabe

CAM-Systeme in der Fertigung: Geben Sie Beispiele.

22. Aufgabe

Erörtern Sie das Grundprinzip eines PPS! Diskutieren Sie dabei die Vor- und Nachteile zentral bzw. dezentral gesteuerter Systeme vor dem Hintergrund der modernen Fertigung!

23. Aufgabe

Heutzutage ist die Rüstzeitverkürzung eine entscheidende Voraussetzung für den Markterfolg. Erörtern Sie diese Aussage!

24. Aufgabe

Was versteht man unter „Job Enlargement", „Job Enrichment" und „Job Rotation"?

25. Aufgabe

Systemgüter stellen besondere Anforderungen an die Variantenfertigung. Erläutern Sie diese Zusammenhänge und legen Sie dar, inwieweit hierbei auf die Plattform-Strategie zurückgegriffen werden kann!

26. Aufgabe

Kundenindividuelle Fertigung kann zu längeren Lieferfristen führen. Erläutern Sie diese Zusammenhänge und zeigen sie Lösungsmöglichkeiten auf!

27. Aufgabe

Gruppenarbeit ist störanfällig, aber sie funktioniert heute besser als früher. Woran liegt das?

28. Aufgabe

Was versteht man unter dem Synchronisationsprinzip in der Produktionsplanung? Geben Sie Beispiele!

Lösung zu Aufgabe 1:

Das Problem der optimalen Losgröße befasst sich mit der Fragestellung, wie viele Stücke einer bestimmten Variante jeweils hintereinander hergestellt werden sollen, bevor die Produktionsanlage mit der nächsten Variante belegt wird. Dazu ist es erforderlich, dass die Umrüstkosten und die Aufbewahrungskosten je Stück gegeneinander abgewogen werden. Die Umrüstkosten sind Kosten, die jedes Mal bei der Umstellung der Produktionsanlage auf eine andere Variante anfallen. Sie werden auch als auflagenfixe Kosten bezeichnet. Je größer das Fertigungslos gewählt wird, auf umso mehr Stücke verteilen sich die Umrüstkosten. Folglich sinkt mit zunehmender Losgröße der Anteil der auflagenfixen Kosten pro produziertem Stück. Dieser Sachverhalt wird auch als Auflagendegression bezeichnet.

Auf der anderen Seite steigt mit zunehmender Losgröße die durchschnittliche Lagerungsdauer der Fertigfabrikate und damit die Aufbewahrungskosten pro produziertem Stück. Die optimale Losgröße liegt dann dort, wo die Summe aus Umrüst- und Aufbewahrungskosten je Stück am geringsten ist, d.h. dort, wo die Gesamtstückkostenfunktion ihr Minimum hat. Dabei wird allerdings eine hohe Produktionsgeschwindigkeit unterstellt, damit jede „Abverkaufsgeschwindigkeit" der gerade nicht in Produktion befindlichen Varianten bewältigt werden kann.

Lösung zu Aufgabe 2:

Die Fließfertigung ist ein Fertigungsverfahren, bei welchem die Potenzialfaktoren bzw. die Fertigungsstationen „zum Produkt kommen". Die Arbeitsplätze sind folglich so angeordnet, dass ein möglichst kontinuierlicher Ablauf des Fertigungsprozesses gewährleistet ist. Wird dabei der Transport der Werkstücke durch ein Fließband oder eine ähnliche automatische Transporteinrichtung vorgenommen, so wird dies als Fließbandfertigung bezeichnet. Die Vorteile der Fließbandfertigung lassen sich wie folgt beschreiben:

- kurze Durchlaufzeiten der Werkstücke und daher geringe Aufbewahrungskosten,
- hohe Produktivität der Mitarbeiter aufgrund zunehmender Fertigungsroutine,
- genaue Mengenplanung und Kontrolle des Produktionsprozesses.

Dem stehen allerdings eine Reihe von Nachteilen gegenüber:

- Eine Fließbandfertigung ist nur mit voll ausgereiften Produkten möglich.
- Die Monotonie der Arbeit führt zu psychischer Belastung der Mitarbeiter.

- In den Fertigungsanlagen ist ein hoher Kapitaleinsatz notwendig.
- Mit der engen Verflechtung ist eine hohe Störanfälligkeit verbunden.
- Die Abschreibungs- und Zinsbelastung fallen, unabhängig vom Auslastungsgrad der Produktionsanlage, immer in gleicher Höhe an.

Lösung zu Aufgabe 3:

Aufgabe der Produktmengenplanung ist es, Produktions- und Absatzmengen jeweils optimal aufeinander abzustimmen. Dies ist vor allem dann erforderlich, wenn die Absatzmenge z.B. aufgrund saisonaler Schwankungen nicht konstant ist. In diesem Fall stehen dem (Einprodukt-) Betrieb zwei Anpassungsmöglichkeiten zur Verfügung:

- Synchronisationsprinzip: Die Produktionskapazität wird an den Spitzenbedarf angepasst. Dadurch können die Herstellmengen über die unterschiedliche Auslastung der Kapazitäten immer auf die schwankenden Absatzmengen ausgerichtet werden. Den geringen Aufbewahrungskosten stehen in diesem Fall hohe Kapazitätskosten gegenüber.
- Emanzipationsprinzip: Über den gesamten Zeitablauf wird ein mittleres Beschäftigungsniveau der Produktionsanlage aufrechterhalten. Die Saisonschwankungen werden dann durch Auf- oder Abbau von Lagerbeständen ausgeglichen. Es entstehen hohe Aufbewahrungs-, aber geringe Kapazitätskosten.

Ein Unternehmen wird das Prinzip zu realisieren versuchen, bei dem die gesamten Kosten für einen Saisonzyklus am geringsten sind. Zu beachten ist, dass diese Entscheidung auch maßgeblich vom Betriebstyp abhängig ist. So ist es Dienstleistungsbetrieben nicht möglich, ein mittleres Beschäftigungsniveau zu fixieren, um im Saisontief auf Lager zu produzieren. Sachleistungsbetriebe wiederum haben neben o.g. Strategien zusätzlich die Möglichkeit eine Saisonglättung dadurch vorzunehmen, dass sie in Bereiche diversifizieren, in denen die saisonalen Schwankungen genau „umgekehrt“ verlaufen. Hierdurch wird der Einproduktbetrieb allerdings zum Mehrproduktbetrieb.

Lösung zu Aufgabe 4:

Dem Sonnenölhersteller stehen mehrere Möglichkeiten zur Verfügung. Da ihm eine Synchronisation von Produktions- und Absatzmenge aufgrund mangelnder Kapazitäten offensichtlich nicht gelingt und er darüber hinaus die Unterbeschäftigung im Winter beklagt, erscheint eine Mengenplanung nach dem Emanzipationsprinzip vorteilhaft. Die Produktion von „Suntonia“ wird über das ganze Jahr auf einem mittleren Niveau festgelegt. Im Winter wird auf Lager produziert, welches dann in den Spitzenbedarfszeiten im Sommer abgebaut werden kann. Da diese Vorgehensweise aber hohe Aufbewahrungskosten mit sich bringt, erscheint die Möglichkeit der Saisonglättung durch Diversifikation ratsam. Das Unternehmen müsste dazu ein zusätzliches Erzeugnis in sein Produktionsprogramm aufnehmen. Dieses Produkt sollte auf den vorhandenen Produktionsanlagen hergestellt werden können und eine Absatzentwicklung aufweisen, die invers zu der von „Suntonia“ verläuft. Hier ist beispielsweise an eine spezielle Feuchtigkeitscreme gegen die Hautaustrocknung durch die Heizungsluft im Winter zu denken. Die Kapazitäten können dann an den Spitzenbedarf im Sommer bzw. Winter angepasst werden. Zusätzlich ist eine erhebliche Ertragsverbesserung wahrscheinlich.

Lösung zu Aufgabe 5:

Die Verfahren der Fließ- und Werkstattfertigung unterscheiden sich grundsätzlich durch die räumliche Organisation des Fertigungsablaufes. Die Fließfertigung wird dadurch charakterisiert, dass die Potenzialfaktoren und Arbeitsplätze „zum Produkt kommen“. Die einzelnen Fertigungsstationen sind dabei so angeordnet, dass ein möglichst kontinuierlicher Produktionsablauf vollzogen werden kann. Typischer Einsatzfall ist die Massenfertigung.

Bei der Werkstattfertigung ist es dagegen „das Produkt“, das den Arbeitsplätzen bzw. Potenzialfaktoren zugeführt wird. In den Werkstätten sind jeweils gleiche Arbeitsverrichtungen zusammengefasst. Die Produkte müssen sich ihren Weg durch die Werkstätten „suchen“, sie folgen, anders als bei der Fließfertigung, keinem gleichartigen und kontinuierlichen Produktionsprozess. Dafür steht die Werkstattfertigung aber der Einzelfertigung offen.

Lösung zu Aufgabe 6:

Das Herstellungsverfahren der Werkstattfertigung zeichnet sich dadurch aus, dass sich die Produkte bzw. die zu bearbeitenden Werkstücke ihren Weg zu den einzelnen Potenzialfaktoren und Arbeitsplätzen „suchen“ müssen. In den Werkstätten sind jeweils alle gleichartigen Verrichtungen zusammengefasst, so dass in der Regel kein kontinuierlicher Fertigungsablauf zustande kommt. Aufgabe der Reihenfolgeplanung ist es dann, die Fertigungsabläufe für die einzelnen Produkte zu koordinieren. Dies soll so geschehen, dass sowohl die Zwischenlagerungszeiten der Werkstücke (Aufbewahrungskosten) als auch die Leerzeiten der Werkstätten (Bereitschaftskosten) minimiert werden. Zusätzlich ist eine Abstimmung der so erstellten Werkstatt- bzw. Maschinenbelegungspläne mit den zugesagten Lieferterminen erforderlich.

Lösung zu Aufgabe 7:

Die Netzplantechnik ist ein Verfahren, um die Termine und Abläufe von komplexen Projekten zu strukturieren und in übersichtlicher Form darzustellen. Vorgegeben werden müssen „lediglich“ die Einzelvorgänge, die jeweils direkt vorausgehenden Vorgänge sowie die jeweilige Zeitbedarf. In Form eines Netzplanes können dann alle Einzelvorgänge zum Gesamtprojekt zusammengefügt werden. Mit Hilfe dieses Planungsinstrumentes lässt sich der gesamte Zeitbedarf eines Projektes ableiten, und man kann ersehen, wo noch Pufferzeiten bestehen, welche Vorgänge simultan und welche hintereinander erfolgen müssen.

Lösung zu Aufgabe 8:

Die optimale Variantenfolge ist diejenige Reihenfolge, bei der die Summe der Umrüstkosten pro Variantenzyklus am niedrigsten ist. Aus der gegebenen Matrix der jeweiligen Umrüstkosten können die gesamten auflagenfixen Kosten für die beiden möglichen Typen von Variantenzyklen wie folgt ermittelt werden:

Typ 1: A → B → C → A Umrüstkosten: 8 + 4 + 2 = 14

Typ 2: A → C → B → A Umrüstkosten: 6 + 3 + 7 = 16

Ein Variantenzyklus nach Typ 1 ist folglich, aufgrund der hier niedrigeren Summe der Umrüstkosten, die optimale Variantenfolge.

Lösung zu Aufgabe 9:

In einer fraktalen Fabrik findet eine Zerlegung der Wertschöpfungsprozesse in einzelne Wertschöpfungsbereiche statt. Innerhalb dieser Produktionseinheiten erhalten die Mitarbeiter das Recht zur Selbstorganisation und Selbstverwaltung. Damit erweitert sich ihre Zuständigkeit neben der Durchführung des Produktionsprozesses auch auf dispositive Tätigkeiten wie Produktionsplanung, Instandhaltung und Qualitätswesen. Die Selbstorganisation kann sogar so weit gehen, dass die Struktur innerhalb des eigenen „Fraktals“ weiter optimiert und damit verändert wird. Dieses Vorgehen lässt eine flache Organisation entstehen, da Verantwortung an die „Basis“ verlagert wird; das Zusammenführen dispositiver und objektbezogener Tätigkeiten soll die Flexibilität des Prozesses und die Motivation der Mitarbeiter steigern.

Lösung zu Aufgabe 10:

Zur Ermittlung des kritischen Weges und der Pufferzeiten muss zunächst ein Netzplan aufgestellt werden:

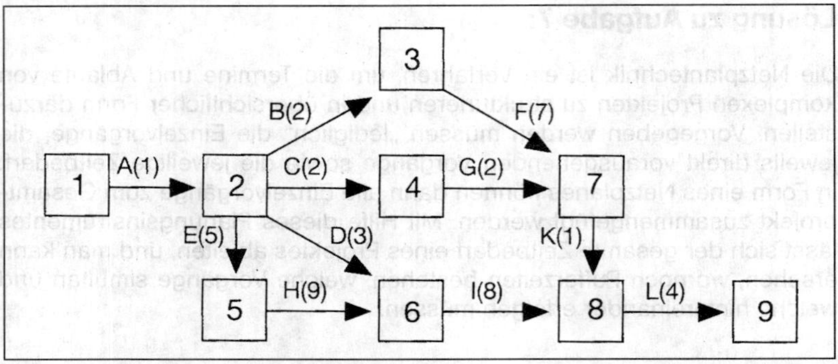

Hieraus lassen sich die einzelnen „Wege" und deren jeweiliger Zeitbedarf ableiten. Der kritische Weg ist dann der Weg mit dem längsten Zeitbedarf (Weg IV). Die Pufferzeiten der anderen Wege errechnen sich aus der Differenz zum maximalen Zeitbedarf.

	Stationen	Zeitbedarf	Pufferzeit
Weg I	1 – 2 – 3 – 7 – 8 – 9	1 + 2 + 7 + 1 + 4 = 15	12
Weg II	1 – 2 – 4 – 7 – 8 – 9	1 + 2 + 2 + 1 + 4 = 10	17
Weg III	1 – 2 – 6 – 8 – 9	1 + 3 + 8 + 4 = 16	11
Weg IV	1 – 2 – 5 – 6 – 8 – 9	1 + 5 + 9 + 8 + 4 = 27	kritischer Weg

Lösung zu Aufgabe 11:

Die Transferstraßenfertigung ist eine Form der Fließfertigung mit besonders hohem Grad an Automatisierung. Die Fließfertigung ist ein Fertigungsverfahren, bei dem die räumliche Anordnung der Stationen einen kontinuierlichen Herstellungsprozess erlaubt. Dabei sind diese Verfahren insbesondere dadurch gekennzeichnet, dass die Potenzialfaktoren bzw. die Arbeitsplätze „dem Produkt zugeführt werden". Wenn dann nicht nur der Transport der Werkstücke, sondern auch deren Kontrolle sowie die Bearbeitung der Teile automatisch vorgenommen wird, handelt es sich um ein Transferstraßensystem. Ein Beispiel hierfür sind die Schweißautomaten in der Karosseriefertigung der Automobilindustrie.

Lösung zu Aufgabe 12:

Die Ablaufplanung befasst sich mit dem Problem, wie der Ablauf eines Produktionsprozesses optimal gestaltet werden kann. Die grundlegenden Fertigungsverfahren, die hier zum Zuge kommen, sind die Fließfertigung, bei der die Arbeitsplätze „zum Produkt kommen", und die Werkstattfertigung, bei welcher das Produkt den Arbeitsstätten zugeführt wird. Insbesondere die Werkstattfertigung beinhaltet das Problem der Reihenfolgeplanung, worin festgelegt werden muss, wann welches Produkt in welchen Werkstätten bearbeitet wird. Dies soll so geschehen, dass sowohl die Leerzeiten der Werkstätten, als auch die Zwischenlagerungszeiten der Produkte minimiert werden. Dabei kann es oft sinnvoll sein, neue Produkte aufzunehmen um so die Werkstätten besser auszulasten. Allerdings erhöhen sich auf diese Weise wiederum die Zwischenlagerungszeiten und damit die Aufbewahrungskosten der Werkstücke. Dieser „Tradeoff“ zwischen Werkstattauslastung und Werkstückbearbeitung wird als das „Dilemma der Ablaufplanung“ bezeichnet.

Lösung zu Aufgabe 13:

Ein flexibles Fertigungssystem ist durch eine Produktionsanlage gekennzeichnet, bei der eine Reihe von flexiblen Fertigungszellen über ein gemeinsames Steuerungs- und Transportsystem miteinander verbunden sind. Im einzelnen besteht es aus einem Bearbeitungs-, Materialfluss- und Informationssystem. Flexible Fertigungszellen wiederum sind Klein-Werkstätten, die mit computergesteuerten Maschinen ausgestattet wurden. Sie verfügen über eine eigene Versorgungseinrichtung für die wechselnden Werkzeuge. Die flexiblen Fertigungszellen decken daher ein breites Bearbeitungsspektrum ab. Werden diese Fertigungssysteme nach dem Prinzip der Fließfertigung organisiert, so handelt es sich um eine flexible Fertigungs- bzw. Transferstraße. Der besondere Vorteil solcher Anlagen liegt – trotz ihrer starren Anordnung – in ihrer Vielseitigkeit: Gegebenenfalls können bestimmte Bearbeitungsstationen übersprungen und somit eine Vielzahl unterschiedlicher Varianten eines Produktes hergestellt werden; dennoch bleibt ein klar strukturierter und leicht zu kontrollierender Bearbeitungsablauf erhalten.

Lösung zu Aufgabe 14:

„Produktion auf Abruf“ ergibt sich aus dem Just-in-time-Konzept. Die Hersteller besitzen hierbei weder Wareneingangs- noch Warenausgangslager. Erst mit dem Auftragseingang werden die Bestellungen bei den Zulieferern ausgelöst sowie die eigenen Produktionsanlagen entsprechend umprogrammiert. Es wird folglich in genau der Reihenfolge produziert, wie die Aufträge eintreffen. Da auf diese Weise allerdings die Produktionsanlagen ständig auf die unterschiedlichen Varianten umgestellt werden müssen, ist ein solches Fertigungsverfahren nur dann möglich, wenn die Umrüstkosten nicht mehr ins Gewicht fallen. Eine „Produktion auf Abruf“ konnte somit erst mit dem Einzug der flexiblen Fertigungssysteme (bzw. -Transferstraßen) in den Produktionsprozess realisiert werden. Durch entsprechende Programmierung können sich die Maschinen selbständig und in kürzester Zeit auf die jeweiligen Produktvarianten umstellen.

Voraussetzung für die Funktionstüchtigkeit der „auftragsgetriebenen Produktion" ist allerdings ein nicht zu breit angelegtes Variantenspektrum (z.B. 3er und 7er BMW, nicht aber BMW Autos und Motorräder). Zudem kann diese Produktionsweise zu längeren Lieferfristen des – freilich exakt auf die Kundenwünsche abgestimmten – Produkts führen. Ein Kompromiss ist die „prognosegetriebene" Bevorratung von Zwischenprodukten bei auftragsgetriebener Weiterverarbeitung.

Lösung zu Aufgabe 15:

Die Forderung „weg von Taylor" betrifft die Problematik der Arbeitshumanisierung. Die von F. W. Taylor propagierte Zerlegung der Arbeit in möglichst kleine Teilaufgaben sowie die aus dieser Idee entwickelte Fließbandfertigung führte zu einer zunehmenden Monotonie der Tätigkeiten. Die Auswirkungen reichten von Krankenstand und Kündigung der Mitarbeiter bis zu wachsendem Ausschuss in der Produktion. Man hat daher verschiedene Versuche unternommen, um sich von diesem „Taylorismus" zu lösen:

- Durch die Verlängerung der Taktzeiten sollten den Arbeitern am Band umfangreichere und in sich geschlossenere Aufgaben zugewiesen werden.
- Die Umstellung auf Reihenfertigung und die Einführung von Lägern zwischen den Stationen stehen im Dienste einer individuellen Gestaltung der Arbeitsgeschwindigkeit.
- Die Einführung von Gruppenarbeit überlässt es der kollektiven Verantwortung der Gruppe, selbständig die Arbeitseinteilung zu bestimmen.
- Durch die Einführung von Robotern, die die monotonen und gesundheitsgefährdenden Verrichtungen übernehmen, verlagern sich die Aufgaben der Mitarbeiter verstärkt auf dispositive Tätigkeiten.

Die Verlängerung der Taktzeiten führt – ähnlich wie die Umstellung auf Reihenfertigung -zwar zu einem höheren Verantwortungsgefühl der Mitarbeiter, die Isolation bzw. Monotonie kann aber nur unzureichend beseitigt werden. Die Gruppenarbeit bewirkt dagegen eine sehr umfassende Bereicherung der Arbeit des einzelnen. Der abnehmende psychische Druck am Band wurde aber mit einem zunehmenden sozialen Druck in der Gruppe erkauft („Wer macht die „schmutzigen" Arbeiten?"). Erst seit Einführung der neuen Fertigungstechnologien, wie z.B. die flexiblen Fertigungssysteme, rücken die dispositiven Aufgaben für die einzelnen Mitarbeiter in den Vordergrund. Die Fertigung konnte zu Fertigungsinseln segmentiert werden, wobei die Fertigung in den Inseln und der Transport zwischen ihnen weitgehend automatisch abläuft. Die Mitarbeiter in den Fertigungsinseln sind als „teilautonome Arbeitsgruppen" z.B. für Materialdisposition, Terminsteuerung, Wartung und Qualitätskontrolle zuständig.

Die Höherwertigkeit der Gruppenarbeit hat das Problem der Gruppendynamik entscheidend reduziert. Die so erlangte Humanisierung der Arbeit stellt aber erheblich höhere Anforderungen an die Qualifikation der Mitarbeiter („Mechatroniker").

Lösung zu Aufgabe 16:

Flexible Fertigungsanlagen zeichnen sich dadurch aus, dass sie sich selbständig und in kürzester Zeit auf die Bearbeitung der unterschiedlichen Varianten eines Produktes umstellen können. Werden solche flexiblen Fertigungszellen bzw. -systeme nach produkt- oder ablaufbezogenen Kriterien räumlich zusammengefasst, wird dies als „Fertigungssegmentierung" bezeichnet. Typisch für diese neuen Arbeitsformen und Technologien ist eine dezentrale Arbeitsorganisation. So übernehmen die Mitarbeiter – als teilautonome Arbeitsgruppen – neben ausführenden Tätigkeiten zunehmend auch Dispositions- und Steuerungsaufgaben, wie z.B. die Materialdisposition, Arbeitsvorbereitung, Terminsteuerung und die Qualitätskontrolle in ihrer jeweiligen „Fertigungsinsel". Diese Einsatzbedingungen stellen erheblich höhere Qualifikationsanforderungen an den einzelnen.

Eine Ausbildung, die nur den technischen Bereich abdeckt, genügt deshalb alleine nicht mehr. Darauf aufbauend muss der Facharbeiter eine zweite Ausbildung auf elektronischer Basis absolvieren. Hinzu kommen sollten noch allgemeine Kenntnisse über Teamarbeit, produktive Kommunikation etc. Beispiel für eine solche Ausbildung ist der Mechatroniker.

Lösung zu Aufgabe 17:

Die modernen Produktionsverfahren erlauben eine weitgehend automatische Produktion. Damit hat sich das Aufgabenspektrum der Mitarbeiter „am Band" verlagert. Im Mittelpunkt stehen eher Arbeiten wie Materialdisposition, Arbeitsvorbereitung, Terminsteuerung und Qualitätskontrolle – oft in „teilautonomen Arbeitsgruppen" (Fertigungsinseln). Für diese dispositiven Arbeiten sind umfangreiche Kenntnisse und Fertigkeiten erforderlich. Im Rahmen der Arbeitsbewertung treten die körperlichen Anforderungen zugunsten von Qualifikation und Entscheidungskompetenz zurück, was zu höherer Entlohnung führt. Andererseits konnten aber die mittleren Hierarchieebenen ausgedünnt bzw. ganz beseitigt werden, bei denen früher die dispositiven Tätigkeiten lagen, die nun „am Band" erledigt werden. Außerdem konnten entscheidende Fortschritte in der Qualität der Erzeugnisse erreicht werden: Die produktionsbegleitende Qualitätskontrolle kann schneller korrigierend eingreifen als die – früher übliche – „Endkontrolle". Ähnliches gilt für die laufende Anlagenwartung und -instandhaltung durch die Arbeitsgruppen. Es liegt auf der Hand, dass sich die „flache Organisation" amortisiert.

Lösung zu Aufgabe 18:

Für die vorgegebenen drei Werkstätten und fünf Produkte wird eine Reihenfolgeplanung erstellt. Die Fertigung kann so vorgenommen werden, dass alle Produkte nach sieben Tagen gemeinsam ausgeliefert werden.

Werkstattbelegungstafel:

Tag / Werkstatt	1.	2.	3.	4.	5.	6.	7.
I	C	C	B	D	E	–	–
II	A	A	D	E	C	D	A
III	E	E	A	C	B	B	B

Auftragstafel:

Tag / Produkt	1.	2.	3.	4.	5.	6.	7.
A	II	II	III	–	–	–	II
B	–	–	I	–	III	III	III
C	I	I	–	III	II	–	–
D	–	–	II	I	–	II	–
E	III	III	–	II	I	–	–

Lösung zu Aufgabe 19:

Lean Production oder Lean Management beschreibt die zunehmende Tendenz zur

- Gruppenarbeit mit Delegation von Verantwortung und erweiterten Zuständigkeiten „am Band“,
- flacher werdenden Organisationsstruktur,
- Konzentration auf Kernkompetenzen und
- Anwendung von JIT- und TQM-Prinzipien.

Die Besonderheit der „Lean Production“ ist hierbei vor allem in der Verminderung der Fertigungstiefe zu sehen. Durch die Auslagerung der Fertigung von immer umfangreicheren Bauteilen und Produktkomponenten auf die Zulieferer kann der Endfertiger seine Fertigungskomplexität erheblich reduzieren. Dieses „Outsourcing“ an „Systemlieferanten“ entlastet seine Fertigungskapazitäten, was insgesamt zu einer schnelleren und kostengünstigeren Produktion führt. Es steigen allerdings die Anforderungen an Koordination und Qualitätsmanagement.

Lösung zu Aufgabe 20:

Ein wesentlicher Bestandteil der Programmplanung ist die Kapazitätsplanung. Darin werden die verfügbaren Kapazitäten den zu produzierenden Produkten zugeordnet. Es müssen dabei die jeweiligen Durchlaufzeiten (und damit Kapazitätsbeanspruchungen) der Produkte mit der Terminplanung (Liefertermine) abgestimmt werden. Ein Hilfsmittel, um die Fertigungsreihenfolge der einzelnen Aufträge festzulegen, sind die Prioritätsregeln. Beispiele dafür sind:

- KOZ-Regel: Der Auftrag mit der kürzesten Operationszeit erhält jeweils die höchste Priorität.
- First come first served-Regel: Die Aufträge werden in der selben Reihenfolge bearbeitet, wie sie eingegangen sind.
- WAA-Regel: Der Auftrag mit den wenigsten noch auszuführenden Arbeitsschritten hat Vorrang.
- Belastungsorientierte Auftragsfreigabe: Bearbeitung der Aufträge nach Dringlichkeit (Terminschranke).
- Engpassorientierte Auftragsfreigabe: Reihenfolge der Aufträge erfolgt so, dass der Engpass am wenigsten greift.

Anhand der zur Anwendung kommenden Regel wird für jeden der wartenden Aufträge eine Prioritätszahl ermittelt. Diese ist Basis für die Einordnung der Aufträge in eine Warteschlange. Werden Kapazitäten frei, wird der Auftrag mit der höchsten Priorität als nächster bearbeitet. Neu hinzukommende Aufträge werden entsprechend ihrer Priorität in die Warteschlange eingereiht oder bereits wartenden Aufträgen vorgezogen.

Nachteilig an den Prioritätsregeln ist, dass sie Kapazitätsüberlastungen bei vor- und nachgelagerten Maschinen nicht ausreichend berücksichtigen. Hier bedarf es spezieller Interaktionsregeln.

Lösung zu Aufgabe 21:

Computer Aided Manufacturing-Systeme haben sowohl in die Werkstatt – wie in die Fließfertigung Einzug gehalten. Viele maschinelle Bearbeitungsvorgänge lassen sich weitgehend durch Computer steuern, was zu einer drastischen Verringerung der Rüst- und Nebenzeiten führt. Dies erlaubt die Fertigung unterschiedlicher Werkstücke ohne Beachtung der Reihenfolge: Die Umrüstung der Fertigungsanlagen wird – durch Steuerung über einen zentralen Rechner – von den Maschinen selbst und in kürzester Zeit durchgeführt. Die Rüstzeiten und damit Umrüstkosten verlieren an Bedeutung. Beispiele in der Werkstattfertigung sind flexible Fertigungszellen, die zu einem flexiblen Fertigungssystem verknüpft werden können: Sie verfügen über ein Bearbeitungs-, Materialfluss- und Informationssystem. In der Fließfertigung findet sich die flexible Transferstraße, in der – je nach Variante – bestimmte Bearbeitungsstationen übersprungen werden können. Sie sind zwar nicht so flexibel wie Werkstatt-Fertigungssysteme, aber flexibel genug, um sie auch bei einer Verschiebung der Nachfrage (z.B. vom 5er zum 3er BMW oder hin zu anderen Ausstattungsvarianten) ständig voll auszulasten. CAM-Systeme bedeuten deshalb auch eine erheblich verbesserte Kundennähe.

Lösung zu Aufgabe 22:

Ein Produktionsplanungssystem (PPS) versucht, das Problem der Reihenfolgeplanung, also die Festlegung, welches Produkt zu welchem Zeitpunkt wo gefertigt wird, zu lösen. Dazu werden zunächst aus der Programmplanung die zu produzierenden Mengen abgeleitet (Mengenplanung). Daraus lassen sich die individuellen Durchlaufzeiten (Terminplanung) und damit die jeweilige Kapazitätsbeanspruchung ermitteln. Mit Hilfe von Computerprogrammen werden diese dann mit den verfügbaren Kapazitäten abgestimmt (Kapazitätsplanung). So könnten Engpässe durch Terminverschiebungen nicht-kritischer Aufträge oder Überstunden beseitigt werden; das Ergebnis ist die Reihenfolgeplanung (Maschinenbelegplanung). Darauf aufbauend übernimmt die Produktionssteuerung die tatsächliche Auftragsfreigabe und -überwachung. Grundsätzlich kann dabei zwischen zentral und dezentral gesteuerten Systemen unterschieden werden. Bei zentral gesteuerten Systemen regelt eine zentrale Planungsstelle die einzelnen Schritte des Produktionsablaufs. Die einzelnen Produktionsstellen setzen die zentralen Vorgaben um, ohne an der Planung selbst beteiligt zu sein. Im Rahmen der modernen Fertigungstechnologien ist ein zentrales System besonders geeignet. So kann z.B. von einem einzigen Leitstand aus simultan zur Auftragsfreigabe die automatischen Umrüstungen der flexiblen Fertigungsanlagen vorgenommen werden. Darüber hinaus ist es möglich – dem Just-in-Time-Konzept folgend – gleichzeitig die notwendigen Teile bei den Zulieferern abzurufen.

In dezentralen Systemen sind die Steuerungsfunktionen weitgehend den einzelnen Produktionsstellen übertragen. Zentralisiert bleibt lediglich die „Grobplanung". Dementsprechend schwierig gestaltet sich hier der Informationsfluss und die Koordination des Produktionsablaufs. Vorteilhaft ist jedoch die – infolge der Delegation der Steuerungsfunktionen auf die einzelnen Produktionsstellen – erhöhte Flexibilität und Anpassungsfähigkeit des Systems.

Lösung zu Aufgabe 23:

Als Rüstzeit bezeichnet man diejenige Zeitspanne, die benötigt wird, um eine Produktionsanlage von der Fertigung einer Produktvariante auf eine andere Variante umzustellen. Da während dieser Zeit die gesamte Produktion ruht, stellen die Rüstzeiten einen erheblichen Kostenfaktor dar. Eine Aufgabe der Reihenfolgeplanung ist es z.B., die Fertigungslose so zu bestimmen, dass die Umrüstkosten minimiert werden. Die Verkürzung der Rüstzeiten und der damit erzielbare Kostenvorteil stellen einen wichtigen Faktor für den Markterfolg eines Unternehmens dar. Ein Beispiel dafür ist auch die zunehmende Einführung von flexiblen Fertigungsanlagen, die sich selbständig und in kürzester Zeit auf die unterschiedlichsten Varianten einstellen können. Die Umrüstkosten und mit ihnen die Notwendigkeit der Planung der Losgrößen bzw. der Variantenfolgen werden dadurch bedeutungslos. Auf diese Weise lassen sich wiederum die Lieferzeiten erheblich verkürzen und gleichzeitig die Produkte individueller an die spezifischen Kundenwünsche anpassen. Unternehmen können so von einer Massenfertigung weniger Varianten auf eine Differenzierungsstrategie übergehen: Auftragsfertigung mit Schnelligkeit und Kundennähe.

Lösung zu Aufgabe 24:

Mit der Zerlegung der Arbeitsaufgaben in möglichst viele Teilverrichtungen, wie es z.B. in der Fließbandfertigung perfektioniert wurde, steigt auch die Monotonie der Arbeit. Die Auswirkungen reichen von der Unzufriedenheit am Arbeitsplatz bis hin zu gesundheitlichen Störungen und Kündigung der Mitarbeiter. Die angeführten Begriffe kennzeichnen Maßnahmen, um sich vom „Taylorismus“ zu lösen und in diesem Rahmen die Arbeit zu humanisieren:

- Job Enlargement beinhaltet Maßnahmen zur quantitativen Aufgabenerweiterung. Ein Beispiel hierfür ist die Verlängerung der Taktzeit, wodurch jedem Arbeitnehmer am Band eine in sich geschlossene, größere Aufgabe zugewiesen wird. Ergänzend kann eine Reihenfertigung zur individuelleren Gestaltung der Arbeitsgeschwindigkeit (über Puffer) eingeführt werden.
- „Job Enrichment“ wird dadurch erreicht, dass die Tätigkeiten durch Verlagerung von Kontroll- und Dispositionsentscheidungen qualitativ aufgewertet werden.
- „Job Rotation“ beschreibt den systematischen Arbeitsplatzwechsel der Mitarbeiter in einem Unternehmen bzw. innerhalb einer Arbeitsgruppe.

Die mit diesen „Neuerungen“ einhergehenden Rationalisierungseinbußen sollen durch die bessere Arbeitsmotivation bei weniger Krankenstand und Ausschuss aufgefangen werden.

Lösung zu Aufgabe 25:

Bei der Variantenfertigung werden im Gegensatz zur Massenfertigung verschiedene Produkte in begrenzten Stückzahlen hergestellt. Damit wird versucht, auf die unterschiedlichen Vorstellungen, die Konsumenten von einem Produkt haben können, mit speziell zugeschnittenen Varianten zu reagieren. Bei Systemgütern muss den Varianten allerdings ein einheitlicher Standard zugrunde gelegt werden, weil sich der Nutzen des Anwenders erhöht, so bald auch andere Anwender diesen Standard verwenden (Wunsch nach Kompatibilität); ein klassisches Beispiel hierfür wäre der GSM-Standard der Handys. Sofern sich die zu produzierenden Varianten nicht sehr stark unterscheiden, sondern zahlreiche gemeinsame Komponenten aufweisen, kann bei der Herstellung sehr gut auf die Plattform-Strategie zurückgegriffen werden. Handelt es sich beispielsweise – wie beim Handy-Hersteller Nokia – lediglich um einen Unterschied im Design, können innere Typenbestandteile vereinfacht werden, ohne die äußere Typenvielfalt zu beschränken.

Lösung zu Aufgabe 26:

Müssen die Produkte für jeden Kunden individuell hergestellt werden, lässt sich das nur in Form einer Einzelfertigung (oder einer äußerst flexiblen Variantenfertigung mit Losgröße = 1 und Lagerbestand = 0) realisieren: Jedes Produkt stellt dann eine Besonderheit dar. Auf Einzelfertigungen spezialisierte Unternehmen haben kein festes Produktionsprogramm und brauchen, um die speziellen Kundenwünsche erfüllen zu können, Universalmaschinen und vielseitig befähigte Arbeitskräfte. Durch die Anpassung der Maschinen an die Anforderungen der Einzelaufträge entstehen zudem Umrüstzeiten und damit ein Stillstand im Produktionsprozess. Das kann zu einer Verlängerung der Lieferfristen führen. Kürzere Lieferfristen wären nur denkbar, wenn der Hersteller alle denkbaren Varianten auf Vorrat hätte, oder der Konsument Kompromisse beim Produktdesign eingehen würde. Eine Lösungsmöglichkeit wäre hier die maßgeschneiderte Massenfertigung (Customer Integration), sofern das Produkt an sich homogen ist und nur durch Computerunterstützung modifiziert bzw. mit individuellen Dienstleistungen verknüpft wird. Ein Weg zu Senkung der Lieferfristen bei gleichzeitiger Verringerung der Bevorratungskosten wäre, relativ homogene Zwischenprodukte „prognosegetrieben“ auf Lager zu nehmen, deren Weiterverarbeitung dann aber „auftragsgetrieben“ erfolgt.

Lösung zu Aufgabe 27:

Gruppenarbeit bedeutet, dass eine Gruppe von ca. 10 bis 20 Arbeitnehmern kollektiv für den Zusammenbau größerer Bausätze verantwortlich ist. Die Gruppe kann dabei selbst das Arbeitstempo bestimmen und festlegen, wer für welchen Montageschritt zuständig ist. Jedes Gruppenmitglied sollte grundsätzlich alle Arbeitsschritte beherrschen und in bestimmten Zeitintervallen auch durchführen. Problematisch an diesem Ansatz war einerseits, dass sich Mitarbeiter überfordert fühlten und aus der Gruppendynamik Positionskämpfe erwuchsen, die die schwächeren Mitarbeiter auf die „unbeliebten“ Plätze verwiesen. Diese wollten zurück ans Band, wo die Arbeit zwar monoton aber frei von Pression war.

Die modernen Produktionsverfahren sind dadurch geprägt, dass die eigentliche Fertigung (Bearbeitung und Transport) weitgehend automatisch erfolgt. Die Mitarbeiter übernehmen hier keine – mehr oder weniger beliebten – Montagearbeiten, sie sind vielmehr zuständig für Dispositions- und Steuerungsaufgaben wie Materialdisposition, Arbeitsvorbereitung, Terminsteuerung, Wartung und Instandhaltung sowie Qualitätskontrolle. Damit wurde die Gruppenarbeit gegenüber den Anfängen erheblich anspruchsvoller und stellt wesentlich höhere Qualifikationserfordernisse („Mechatroniker"). Dieses neuartige Arbeitsumfeld, das statt „Handarbeit" Flexibilität, Übersicht und Verantwortungsbereitschaft verlangt, hat die gruppendynamischen Probleme erheblich entschärft, nicht aber vollständig beseitigt, z.B. im Hinblick auf die jeweilige Kompetenzabgrenzung.

Lösung zu Aufgabe 28:

Bei der Produktmengenplanung im Einproduktbetrieb kann auf saisonale Schwankungen der Absatzmenge mit unterschiedlichen Maßnahmen reagiert werden. Eine Möglichkeit besteht in der Anpassung der betrieblichen Kapazität an den Spitzenbedarf, was als Synchronisationsprinzip bezeichnet wird. Die Saisonschwankungen werden über Beschäftigungsschwankungen aufgefangen (z.B. Saisonarbeiter, unterschiedlich stark besetzte Schichten etc.). Lagerhaltung ist nur in Form des eisernen Bestandes notwendig. Bei diesem Vorgehen fallen kaum Aufbewahrungs-, in hohem Maße jedoch Kapazitätskosten an. Insbesondere Dienstleistungsunternehmen – wie öffentlicher Personennahverkehr, Gastronomiebetriebe, Handwerksbetriebe – müssen, aufgrund der fehlenden Lagerbarkeit ihrer Leistungen, auf diese Lösung zurückgreifen.

Arbeitsaufgaben und Lösungen zum 14. Kapitel Die Grundlagen der Absatzplanung

(Absatzplanung I)

1. Aufgabe

Was verstehen Sie unter einem Verbrauchswirtschaftsplan? Erläutern Sie in diesem Zusammenhang die Begriffe „Bedürfnis", „Bedarf" und „Nachfrage"!

2. Aufgabe

Was sind absatzpolitische Instrumente, und wozu dienen sie?

3. Aufgabe

Nehmen Sie Stellung zu der Aussage: „Marketing beginnt, ehe die Produktion einsetzt"!

4. Aufgabe

Charakterisieren Sie den Käufermarkt, und nennen Sie Ursachen für sein Entstehen!

5. Aufgabe

Nehmen Sie Stellung zu der Aussage: „Man muss soviel Marktwiderstand wie möglich beseitigen"!

6. Aufgabe

Was sind Segmentierungsvariablen, und wozu dienen sie?

7. Aufgabe

Inwiefern können Indikatoren Grundlage der Absatzplanung sein?

8. Aufgabe

Ein Unternehmen verkauft seine Produkte I und II in den Gebieten A und B; dabei gibt es weder zwischen den Gebieten noch zwischen den Produkten „Verbundeffekte".

Die Verkaufsanteile sind:

	Produkt I	Produkt II
Gebiet A	30 %	70 %
Gebiet B	70 %	30 %

Bei voller Leistung stellen sich Erlöse und Kosten folgendermaßen dar:

	Variable Kosten	Fixkosten	Erlöse
Produkt I	200	95	320
Produkt II	120	90	400

Außerdem fallen in Gebiet B stets fixe Vertriebskosten in Höhe von 150 an.

Berechnen Sie die Vorteilhaftigkeit des Gesamtprogramms. Welche Veränderungen würden das Programm noch vorteilhafter machen? (Rechenweg!)

9. Aufgabe

Vergleichen Sie die Erhebungsarten Befragung und Beobachtung!

10. Aufgabe

Worin sehen Sie die Vor- und Nachteile der Erhebungsarten schriftliches Interview und mündliches Interview?

11. Aufgabe

Charakterisieren Sie kurz die Ihnen bekannten Experiment-Verfahren im Marketing!

12. Aufgabe

Was sind multivariate Verfahren, und wozu dienen sie?

13. Aufgabe

Erläutern Sie kurz Zusammenhänge und Anwendungsmöglichkeiten der Schwerin-Kurve!

14. Aufgabe

Nennen Sie Vor- und Nachteile von Primär- und Sekundärerhebung!

15. Aufgabe

Beschreiben Sie die Stichprobenverfahren

a) reine Zufallsauswahl

b) geschichtete Zufallsauswahl

c) Klumpenauswahl

16. Aufgabe

Beschreiben Sie Anlage, Zweck und Problematik von Panel-Erhebungen!

17. Aufgabe

Beschreiben Sie Anlage, Zweck und Problematik von Markttests!

18. Aufgabe

Beschreiben Sie Anlage, Zweck und Problematik von Labortestmärkten!

19. Aufgabe

Welche statistischen Auswertungsverfahren eignen sich zur Beantwortung der folgenden Fragen?

a) Beeinflussen die Farbe und die Regalplazierung eines Produktes die Höhe seiner Absatzmenge?

b) Lassen sich die Kunden eines Kaufhauses entsprechend ihren Bedürfnissen in Gruppen einteilen?

c) Wie verändert sich die Absatzmenge eines Produktes, wenn die Werbeausgaben um 20 % gekürzt werden?

d) In welchen soziodemographischen Merkmalen unterscheiden sich Raucher von Nichtrauchern?

20. Aufgabe

Beschreiben und vergleichen Sie kurz die Verfahren „Clusteranalyse" und „Diskriminanzanalyse"!

21. Aufgabe

Erläutern Sie das Konsumentenverhalten im Behaviorismus!

22. Aufgabe

Beschreiben Sie Möglichkeiten und Grenzen von Regressionsanalysen.

23. Aufgabe

Womit befassen sich Vertriebskosten- und Absatzsegmentrechnung?

24. Aufgabe

Das Data-Base-Marketing ist ein effizienter Weg zum Mikromarketing. Nehmen Sie Stellung!

25. Aufgabe

Die Polarisierung im Handel ist auf den hybriden Käufer zurückzuführen. Erläutern Sie diesen Zusammenhang!

26. Aufgabe

Beschreiben Sie das Dilemma der Marktsegmentierung.

27. Aufgabe

Beschreiben und vergleichen Sie die Käufertypen „Innovatoren" und „Imitatoren"!

Erläutern Sie dabei auch den Hintergrund für das Imitatoren-Verhalten!

28. Aufgabe

„Kreativität und Perfektion sind untrennbare Bestandteile einer Spitzenreiter-Strategie" (Horst Albach). Erläutern Sie diese Aussage!

29. Aufgabe

„Instead of banking your money, maybe you should garage it" (BMW-Werbung in USA).

Interpretieren Sie diese Aussage im Hinblick auf den Verbrauchswirtschaftsplan!

30. Aufgabe

„Nicht die Großen fressen die Kleinen, sondern die Schnellen die Langsamen" (Jürgen Hubbert, Daimler Benz).

Interpretieren Sie diese Aussage!

31. Aufgabe

Erläutern Sie kurz die wichtigsten Formulierungsvarianten bei Interview-Fragen!

32. Aufgabe

Faktorenanalyse und multidimensionale Skalierung sind in erster Linie Verfahren zur Arbeitserleichterung. Nehmen Sie Stellung!

33. Aufgabe

Was ist ein strategischer Wettbewerbsvorteil, und wer braucht ihn wozu?

34. Aufgabe

Den Kunden wird nicht geliefert was sie wünschen; sie sollen vielmehr das kaufen, was ihnen die Produzenten anbieten. Nehmen Sie Stellung zu dieser Aussage!

35. Aufgabe

Wodurch entstehen Überkapazitäten, und was ist von ihnen in einer Marktwirtschaft zu halten?

36. Aufgabe

Der hybride Käufer ist unberechenbar, weil er seinen Launen folgt. Nehmen Sie Stellung zu dieser Aussage!

37. Aufgabe

Die Quelle des Erfolgs ist der zufriedene Kunde. Warum ist das so und welche Anforderungen stellt dies an die Anbieter?

38. Aufgabe

Brauchen wir hunderte Käsesorten? Begründen Sie Ihre Antwort!

39. Aufgabe

Warum nennt man Mikro-Marketing auch „One-to-one-Marketing"?

40. Aufgabe

Warum passt das Factory-outlet-Center gut zum hybriden Käufer?

41. Aufgabe

Benchmarking ist mehr als Konkurrenzanalyse. Erläutern Sie den Sachverhalt!

42. Aufgabe

Eine Brauerei schaltete im Regionalfernsehen eine Woche lang Fernsehspots. Eine repräsentative Befragung ergab folgendes Ergebnis:

- Bierverbrauch pro Tag und Haushalt in der Region vor der Aktion: 0,28 l
- Bierverbrauch pro Tag und Haushalt in der Region nach der Aktion: 0,49 l.

Diskutieren Sie den Aussagewert dieser Ergebnisse!

43. Aufgabe

Warum beflügelt ein steigender Marktverbreitungsgrad die Imitatoren?

Lösung zu Aufgabe 1:

Die Verbrauchswirtschaftspläne der Haushalte sind die Ansatzpunkte für die Verkaufsstrategien der Unternehmen. Grundlage bilden die individuellen Bedürfnisse aller jeweils zu einem Haushalt zusammengefassten Personen. Unter einem Bedürfnis wird dabei „das Gefühl eines Mangels sowie der Wunsch, diesen zu beseitigen" verstanden. Diese Bedürfnisse werden dann nach ihrer Dringlichkeit geordnet, und es wird festgelegt, welche Güter zu ihrer Befriedigung verwendet werden sollen.

Die so entstehende Rangfolge der begehrten Gütermengen stellt den Bedarf des Haushalts dar. Um aus diesem Bedarf die tatsächlich am Markt zu beschaffenden Gütermengen – die Nachfrage – abzuleiten, müssen die Güter mit den dafür voraussichtlich zu entrichtenden Preisen gewichtet und zu den verfügbaren Mitteln (Budget) des Haushalts in Beziehung gesetzt werden. Der so entstandene Verbrauchswirtschaftsplan bildet die

Grundlage für die Konsumentscheidungen des Haushalts und steht damit im Mittelpunkt der unternehmerischen Verkaufsbemühungen.

Lösung zu Aufgabe 2:

Absatzpolitische Instrumente stellen die verschiedenen Möglichkeiten eines Anbieters dar, den Absatz seiner Produkte zu steigern. Sie dienen folglich dazu, den Marktwiderstand, der aus der mangelnden Nachfrage der Verbraucher sowie den störenden Aktionen der Konkurrenz erwächst, zu beseitigen. Man unterscheidet die folgenden Instrumente:

- Preis- und Konditionenpolitik,
- Kommunikationspolitik,
- Produkt-, Sortiments- und Servicepolitik,
- Vertriebspolitik.

Lösung zu Aufgabe 3:

Durch den Wandel der Märkte zu Käufermärkten ist die Frage „Wo können wir was verkaufen?" in den Mittelpunkt unternehmerischen Denkens gerückt. Bevor produziert wird muss deshalb untersucht werden, wo es neue Märkte (Marktlücken) gibt, welche Möglichkeiten bestehen, um in andere, bereits existierende Märkte einzudringen oder wie die eigene Stellung auf bereits belieferten Märkten ausgebaut werden kann. Die Absatzforschung – insbesondere die Marktforschung – soll hier Wege aufzeigen, und anschließend ist es dann Aufgabe der Marktgestaltung, diese Wege für eigene Angebote frei zu machen. Marktforschung und Marktgestaltung sind somit zwei unverzichtbare Teile im Marketing. Der Markt stellt oft den Engpass dar, an dem sich die gesamte Planung eines Unternehmens auszurichten hat. Marketing-Management bedeutet folglich die Führung des Unternehmens vom Markt her und setzt ein, lange bevor die eigentliche Produktionsplanung vorgenommen werden kann.

Lösung zu Aufgabe 4:

Der Käufermarkt ist dadurch gekennzeichnet, dass die Anbieter im gegenseitigen Wettbewerb um die Gunst der Konsumenten stehen. Typisch für einen Käufermarkt ist folglich ein Überangebot. Dem einzelnen Anbieter steht ein erheblicher Marktwiderstand entgegen, der sich aus dem Konkurrenzangebot und der daraus erwachsenden mangelnden Nachfrage für die „eigenen" Produkte ergibt. Um in dieser Konkurrenzsituation Erfolg zu haben, muss sich ein Anbieter strikt nach den Wünschen der Kunden richten.

Im Käufermarkt ist der „Kunde der König". Die Voraussetzungen für das Entstehen eines Käufermarktes sind vor allem ein freier Marktzugang sowie eine wettbewerbsfreundliche Rechtsordnung. Die etablierten Anbieter müssen dann ständig das Auftreten neuer und innovativer Konkurrenten fürchten und sind so gezwungen, sich um ihre Kunden zu bemühen.

Lösung zu Aufgabe 5:

Für die Gestaltung der jeweils belieferten Märkte setzen die Unternehmen ihre absatzpolitischen Instrumente ein. Zielsetzung dabei ist es, den Marktwiderstand zu beseitigen, der sich einerseits aus der mangelnden Nachfrage der Verbraucher und andererseits aus den Angeboten und Aktivitäten der Konkurrenz ergibt. Allerdings ist es nicht sinnvoll, soviel Marktwiderstand wie irgend möglich zu beseitigen. Grundsätzlich gilt auch hier das Gesetz vom abnehmenden Grenzertrag: Bei zunehmendem Abbau des Marktwiderstands nimmt der dadurch realisierbare zusätzliche Ertrag laufend ab. Da man auf immer resistentere Käuferschichten stößt, steigen die zusätzlichen Markterschließungskosten stark an und übersteigen von einem bestimmten Punkt an den zusätzlichen Rohgewinn dieser Markterschließung.

Darüber hinaus erscheint eine Beachtung der eigenen Produktionskapazitäten notwendig. Um nicht Markterschließung für die Konkurrenz zu betreiben, ist die Beseitigung des Marktwiderstandes bzw. die Erzeugung von Nachfrage nur in dem Maße sinnvoll, wie man diese auch selbst beliefern kann.

Lösung zu Aufgabe 6:

Um sich im harten Konkurrenzkampf zu behaupten, ist es für die Unternehmen erforderlich, ihre Leistungsangebote an den spezifischen Wünschen ihrer Kunden auszurichten. Um dies zu erleichtern, werden die Käufer in Zielgruppen segmentiert, die dann mit speziell auf sie zugeschnittenen Produkten bzw. Dienstleistungen „individuell" beliefert werden können („Target Marketing"). Segmentierungsvariablen sind geeignete Merkmale, anhand derer die Trennung bzw. Zusammenfassung der Marktsegmente vorgenommen wird. Beispiele dafür sind:

- sozio-ökonomische Merkmale (Einkommen, Beruf etc.),
- demographische Merkmale (Alter, Geschlecht etc.),
- psychographische Merkmale (Konsummotive, Lebensstil),
- Besitz- und Verbrauchsmerkmale.

Lösung zu Aufgabe 7:

Im Rahmen der Absatzplanung ist nicht nur die aktuelle Marktsituation von Interesse, es muss vielmehr auch versucht werden, die in der Zukunft liegenden Entwicklungstendenzen zu prognostizieren. Werden etwaige

Trends erkannt, lassen sich frühzeitig geeignete Strategien entwickeln, um darauf reagieren zu können. Ein hierzu verwendetes Instrument bilden die „Indikatoren". Man versteht darunter „vorauslaufende" Kennzahlen aus anderen wirtschaftlichen Bereichen, die mit der eigenen Branche (positiv oder negativ) eng verbunden sind. Ein Beispiel sind die Baugenehmigungen als Indikator für die Hersteller sanitärer Einrichtungen. Häufig wird versucht, aus solchen Indikatoren ein Früherkennungs- bzw. Frühwarnsystem für die bevorstehenden Chancen und Risiken eines Marktes zu erstellen (z.B. auch durch die Beobachtung „vorauslaufender" Märkte, etwa USA).

Lösung zu Aufgabe 8:

Bei Durchführung des gesamten Programms erreicht das Unternehmen einen Gewinn von G=320-95-200+400-90-120-150=65.

a) Bei Verzicht auf Produkt I entsteht ein Gewinn von
G_I=400-120-90-50=40

b) Bei Verzicht auf Produkt II entsteht ein Gewinn von
G_{II}=320-200-95-150=-125

c) Bei Verzicht auf Gebiet A entsteht ein Gewinn von
G_A=(320-200) · 0.7-95+(400-120) · 0.3-90-150=-167

d) Bei Verzicht auf Gebiet B entsteht ein Gewinn von
G_B=(320-200) · 0.3-95+(400-120) · 0.7-90=47

e) Bei Verzicht auf Produkt I und Gebiet A entsteht ein Gewinn von
$G_{I/A}$=(400-120) · 0.3-90-150=-156

f) Bei Verzicht auf Produkt I und Gebiet B entsteht ein Gewinn von
$G_{I/B}$=(400 – 120) · 0.3 – 90=106

g) Bei Verzicht auf Produkt II und Gebiet A entsteht ein Gewinn von
$G_{II/A}$=(320-200) · 0.7-95-150=-161

h) Bei Verzicht auf Produkt II und Gebiet B entsteht ein Gewinn von
$G_{II/B}$=(320-200) · 0.3-95=-59

⇨ Durch Verzicht auf Produkt I und Gebiet B kann der Gewinn im Vergleich zum Gesamtprogramm von 65 GE auf 106 GE gesteigert werden.

Lösung zu Aufgabe 9:

Im Rahmen der Marktforschung sind Befragung und Beobachtung typische Formen der Datenerhebung. Die Befragung lässt sich sowohl als persönliches als auch als schriftliches Interview durchführen. Die Grundlage bildet in der Regel ein Fragebogen bzw. Explorationsleitfaden. Für eine schriftliche Befragung sprechen die geringen Kosten und die Vermeidung der unbewussten (manchmal sogar bewussten) Beeinflussung des Befragten durch den Interviewer (Interviewer-Bias). Allerdings stellt der geringe Rücklauf ein Problem dar, weshalb man zu Nachfassaktionen und Gewinnspielen (mit Preisgabe der Anonymität) greift. Ferner ist nicht sichergestellt, dass die Fragen durch die Zielperson, spontan und in der vorgegebenen Reihenfolge beantwortet werden. Der Vorteil des persönlichen (auch Telefon-) nterviews besteht dagegen im persönlichen Kontakt zum Probanden, wodurch auch kompliziertere oder erklärungsbedürftige Fragestellungen möglich sind. Dem stehen aber die hohen Kosten und die Gefahr des Interviewer-Bias gegenüber.

Die Beobachtung kann z.B. in Gestalt von Kundenlaufstudien („geheime Beobachtung") oder als „teilnehmende Beobachtung" durchgeführt werden. Sie ist in der Lage, Informationen über das tatsächliche Konsumverhalten von Testpersonen zu ermitteln. Im Gegensatz zu den aus einer Befragung resultierenden „bekundeten" Verhaltensabsichten stellt das „beobachtete" Verhalten eine realistischere Information dar. Dafür lässt die Beobachtung allerdings die bewussten oder unbewussten Entscheidungsprozesse im Dunkeln, die das jeweilige Verhalten auslösen. Zudem sind Beobachtungen in der Regel nicht repräsentativ, da der Beobachter keinen Einfluss auf die Stichprobe nehmen kann.

Lösung zu Aufgabe 10:

Eine in der Marktforschung häufig angewandte Form der Datenerhebung ist die Befragung. Sie kann als mündliches (persönliches) oder schriftliches Interview durchgeführt werden. Der persönliche Kontakt bei einer mündlichen Befragung ermöglicht auch kompliziertere und erklärungsbedürftige Fragestellungen. Es besteht dabei allerdings die Gefahr der Beeinflussung des Probanden durch den Interviewer (Interviewer-Bias). Die persönliche Befragung ist zwar sehr kostspielig, sie bietet dafür aber den Vorteil eines relativ hohen Rücklaufs. Eine Sonderform ist die Telefonbefragung.

Erheblich kostengünstiger sind in der Regel die schriftlichen Befragungen z.B. mittels postalisch zugestellter Fragebögen. Da kein persönlicher Kontakt zum Befragten herrscht, besteht hierbei auch keine Gefahr eines Interviewer-Bias. Problematisch ist bei dieser Befragungsform allerdings, dass weder ein ausreichender Rücklauf (Repräsentativität) noch eine spontane bzw. reihenfolgegerechte Fragenbeantwortung durch die Zielperson gewährleistet werden kann. Das Problem des mangelhaften Rücklaufs versucht man durch Nachfassaktionen und Gewinnanreize (bei Aufgabe der Anonymität) zu mildern.

Lösung zu Aufgabe 11:

Ein Experiment beinhaltet Befragung und/oder Beobachtung, allerdings in einer kontrollierten Versuchsanordnung unter vorgegebenen Rahmenbedingungen. Je nach Art der gewählten Rahmenbedingungen werden folgende Formen von Experimenten unterschieden:

- Ein Laborexperiment ist dadurch gekennzeichnet, dass genau kontrollierte, künstliche Rahmenbedingungen vorliegen. Laborexperimente werden im Marketing hauptsächlich zur Motiv- sowie Produkt- und Werbeforschung eingesetzt. Typische Verfahren dabei sind die Projektions- und die Assoziationstests, sowie Schnellgreifbühne und Augenkamera. Ein besonderes Problem stellt der Laborstress dar.
- Wird ein Experiment unter natürlichen Rahmenbedingungen durchgeführt, handelt es sich um ein Feldexperiment. Typische Vertreter der Feldexperimente sind die Testmärkte, mit deren Hilfe die Erfolgsaussichten neuer Produkte prognostiziert werden sollen sowie die Panelerhebungen, die einen Einblick in das Konsumverhalten der Haushalte eröffnen.
- Angesichts von Zeitbedarf und Öffentlichkeit der Testmarkt-Untersuchungen gehen viele Unternehmen auf Labortestmarkt-Untersuchungen – als Mischung aus Labor- und Markttest – über: Die Öffentlichkeit bleibt ausgeschlossen und der Laborstress hält sich in Grenzen.

Lösung zu Aufgabe 12:

Nachdem durch Befragungen die gewünschten Daten erhoben wurden, ergibt sich als nächstes Problem der Marktforschung die sinnvolle Aufbereitung und Analyse dieser Daten. Zielsetzung dabei ist es, durch eine geeignete Verdichtung bzw. Kombination der Daten auch komplexere Wirkungszusammenhänge und Hintergrundinformationen abzuleiten. Hierzu eignen sich insbesondere die multivariaten Analyseverfahren. Im Gegensatz zu univariaten oder bivariaten Verfahren werden in den multivariaten Modellen eine Vielzahl von Variablen gleichzeitig zur Erklärung der zu untersuchenden Effekte herangezogen, weshalb sie eher dazu geeignet sind, die Komplexität realer Wirkungszusammenhänge abzubilden. Beispiele multivariater Analysemethoden sind die Regressionsanalyse, die Clusteranalyse, die Diskriminanz- sowie die Faktoren- und die Varianzanalyse.

Lösung zu Aufgabe 13:

Die Schwerinkurve befasst sich mit innermenschlichen (psychischen) Vorgängen, die zur Erklärung der verschiedenen Verhaltensweisen der Konsumenten herangezogen werden. Sie drückt den Zusammenhang zwischen dem Behalten (Lerneffekt) eines bestimmten Erlebnisses/Reizes (z.B. Werbespot) und dem Gefühlston, in dem das Erlebnis wahrgenommen wurde, aus. Die Schwerin-Kurve kann graphisch folgendermaßen dargestellt werden:

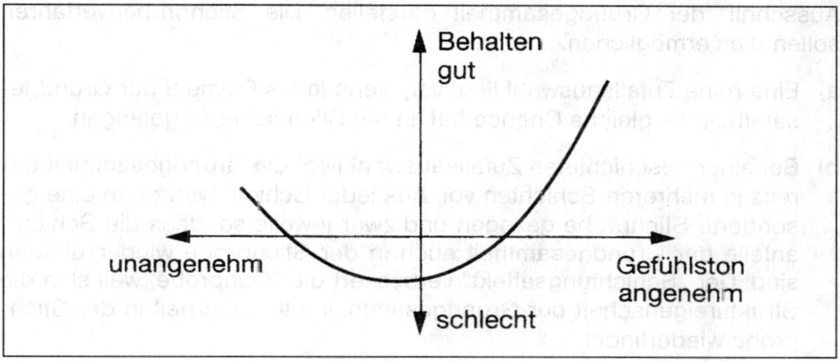

Es wird deutlich, dass Informationen mit einem positiven Umfeld besser behalten werden als solche mit negativem Gefühlston. Am „schlechtesten" gelernt werden in einem neutralen Umfeld vermittelte Informationen. Demzufolge erscheint es vorteilhaft, in den Werbespots ein positives „Gefühlsklima" zu erzeugen. Allerdings entsteht so in der Werbung die Lebensillusion einer heilen Welt.

Lösung zu Aufgabe 14:

Für die Beschaffung der im Rahmen der Absatzforschung benötigten Daten stehen grundsätzlich zwei Ansatzpunkte zur Verfügung. Werden die Daten unmittelbar an ihrem Entstehungsort erhoben, wird dies als Primärerhebung bezeichnet. Typische Erscheinungsformen hierbei sind die Befragung, die Beobachtung und das Experiment. Stammen die Informationen dagegen aus bereits vorhandenen Datenbeständen, handelt es sich um eine Sekundärerhebung. Grundlage der Sekundärforschung bilden z.B. die betriebsinterne Unterlagen des Rechnungswesens oder auch die betriebsexternen Veröffentlichungen von Forschungsinstituten, statistischen Ämtern etc. Der Vorteil der Sekundärerhebung liegt vor allem in den geringen Kosten und dem niedrigen Zeitaufwand. Da auf bereits vorhandenes, meist schon für die EDV aufbereitetes Datenmaterial zurückgegriffen werden kann, ist eine schnelle und kostengünstige Bearbeitung möglich. Die Informationssuche im World Wide Web (www) erleichtern Suchmaschinen. Die Sekundärdaten wurden jedoch ursprünglich für einen anderen Zweck erhoben, so dass sie sich nicht für sehr spezifische Fragestellungen eignen. Hierin ist die Stärke der Primärerhebung zu sehen. Bei ihr können die Fragen jeweils individuell auf die gewünschten Informationen genau zugeschnitten werden. Sie ist dafür aber erheblich teurer und zeitaufwendiger.

Lösung zu Aufgabe 15:

Die Auswahl einer Stichprobe sollte grundsätzlich so vorgenommen werden, dass die untersuchten Einheiten einen möglichst repräsentativen Ausschnitt der Grundgesamtheit darstellen. Die Stichprobenverfahren sollen dies ermöglichen.

a) Eine reine Zufallsauswahl liegt vor, wenn jedes Element der Grundgesamtheit die gleiche Chance hat, in die Stichprobe zu gelangen.

b) Bei einer geschichteten Zufallsauswahl liegt die Grundgesamtheit bereits in mehreren Schichten vor. Aus jeder Schicht wird dann eine gesonderte Stichprobe gezogen und zwar jeweils so, dass die Schichtanteile der Grundgesamtheit auch in der Stichprobe wiederzufinden sind. Der „Schichtungseffekt" verbessert die Stichprobe, weil sich die Struktureigenschaft der Grundgesamtheit mit Sicherheit in der Stichprobe wiederfindet.

c) Liegt die Grundgesamtheit zerlegt in „Klumpen" vor (z.B. Familien, Stadtbezirke etc.), so kann eine Klumpenauswahl vorgenommen werden: Es wird nach dem reinen Zufallsprinzip eine bestimmte Anzahl von Klumpen ausgewählt, die dann aber jeweils vollständig erhoben werden. Der „Klumpeneffekt" verschlechtert die Stichprobe, da – in der Regel – die Klumpen sehr unterschiedlich strukturiert sein können.

Lösung zu Aufgabe 16:

Mit Hilfe von Panelerhebungen versuchen die Marktforschungsinstitute, die spezifischen Konsumgewohnheiten zufällig ausgewählter Haushalte zu untersuchen. Sie werden dazu gebeten, gegen Bezahlung Haushaltsbücher zu führen, in welchen sie ihre jeweils getätigten Käufe genau protokollieren. Dies soll beispielsweise darüber Aufschluss geben, welche Einkaufstage und -zeiten, welche Produkte in welchen Mengen, welche Packungsgrößen oder auch welche Geschäftstypen jeweils bevorzugt werden.

Probleme verursachen die Panelerhebungen häufig dadurch, dass insbesondere in den oberen sozialen Schichten und den Ein-Personen-Haushalten das Interesse am Führen solcher Haushaltsbücher sehr schnell schwindet (Panel-Sterblichkeit). Außerdem kann bereits die Tatsache, dass Buch geführt wird, die Konsumgewohnheiten verändern. Es unterbleiben beispielsweise Spontankäufe (Panel-Effekt). Schließlich lassen sich bewusste Falschangaben in den Haushaltsbüchern (etwa aus Schamgefühl oder Imponiergehabe) nicht vermeiden (Over- bzw. Underreporting).

Mittlerweile werden die Haushaltsbücher durch Handscanner ersetzt, die die EAN-Codes auf den Verpackungen erfassen. Die übrigen Informationen werden über Codes in einem Handbuch bzw. die Tastatur eingegeben. Die Preise steuern die kooperierenden Hersteller direkt beim Marktforschungsinstitut ein. Die gespeicherten Einkäufe werden über ein Modem abgerufen.

Ein weiterer Schritt ist die Erfassung der Einkäufe an den Kassenterminals des Einzelhandels, wobei die Zuordnung über Identifikationskarten der Panel-Haushalte erfolgt.

Lösung zu Aufgabe 17:

Zielsetzung von Markttests ist es, durch einen probeweisen Verkauf die Marktgängigkeit eines neuen Produktes und die dafür geplante Vertriebsstrategie zu testen. Die Marketing-Maßnahmen werden auf einem räumlich gut abgegrenzten Testmarkt durchgeführt. Häufig dient ein Kontrollmarkt als Vergleichsmaßstab, um die erzielten Ergebnisse zu relativieren und aus abweichenden Entwicklungen Rückschlüsse ziehen zu können. Ein Nachteil der Markttests liegt im hohen Zeitbedarf und den daraus resultierenden hohen Kosten dieser Untersuchungen. Der Vorteil der Realitätsnähe der Testmärkte birgt gleichzeitig auch das Problem der „Öffentlichkeit": Die Konkurrenz wird über das neue Produkt informiert und kann so frühzeitig Gegenmaßnahmen entwickeln (mittesten). Darüber hinaus haben Testmärkte oft den Nachteil, nicht repräsentativ zu sein. Sie weisen häufig z.B. hinsichtlich der soziodemographischen Merkmale Besonderheiten auf, die die Verallgemeinerungsfähigkeit der erzielten Ergebnisse in Frage stellen. In diese Richtung wirken auch gezielte Gegenmaßnahmen der Konkurrenz auf dem Testmarkt („unterwandern"). Schließlich kann das Pendlerproblem zu Fehleinschätzungen des Markterfolgs führen: Bei Einpendlern wird er überschätzt.

Lösung zu Aufgabe 18:

Bei Labortestmärkten erhalten Konsumenten die Gelegenheit, nach der Vorführung von Werbespots Produkte zu Hause auszuprobieren. Das Sortiment besteht dabei sowohl aus dem Testprodukt als auch aus weiteren Konkurrenzangeboten. In einem abschließenden Interview werden die Wiederkaufabsichten sowie Markenpräferenzen und Einstellungen – in Abhängigkeit von der Verwendungsdauer und -häufigkeit der getesteten Produktart – ermittelt. Die gewonnenen Daten gehen in mathematisch-statistische Modelle ein, die eine Prognose des Markterfolgs ermöglichen sollen. Vorteilhaft an den „Testmarktsimulationen" (TESI) ist ihre kostengünstige und kurzfristige Durchführung sowie der Ausschluss der Öffentlichkeit – insbesondere der Konkurrenz. Ob und wie stark die künstliche Testsituation („Laborstress") die Testergebnisse beeinflusst, ist umstritten.

Lösung zu Aufgabe 19:

a) Mittels einer Varianzanalyse lässt sich bestimmen, inwieweit verschiedene „erklärende" Variable (hier: Farbe, Regalplatzierung) einzeln (Haupteffekte) oder gemeinsam (Interaktionseffekte) einen Einfluss auf eine zu „erklärende" Variable (hier: Absatzmenge) haben.

b) Um Personen (hier: Kaufhauskunden) anhand ihrer Merkmalsstruktur (hier: gleiche Bedürfnisse) zu homogenen Gruppen (Cluster) zusammenzufassen, kann die Clusteranalyse herangezogen werden.

c) Über Regressionsanalysen können lineare Zusammenhänge zwischen einer oder mehreren „erklärenden" Variablen (hier: Werbeausgaben) und einer „zu erklärenden" Variablen (hier: Absatzmenge) aufgedeckt werden. Dieses Verfahren eignet sich – unter der Annahme konstanter Rahmenbedingungen („Zeitstabilitätshypothese") – auch zur Prognose von zukünftigen Entwicklungen.

d) Zur Identifizierung von typischen Merkmalen (hier: sozio-demographische Merkmale), hinsichtlich derer sich vorgegebene Personengruppen (hier: Raucher, Nichtraucher) unterscheiden, bietet sich die Diskriminanzanalyse an.

Lösung zu Aufgabe 20:

Sowohl die Cluster- als auch die Diskriminanzanalyse gehören zu den multivariates Analyseverfahren. Mit ihrer Hilfe können die Effekte einer Vielzahl von Untersuchungsmerkmalen simultan ausgewertet werden. Beide Verfahren befassen sich mit Gruppierungen innerhalb der Menge der untersuchten Objekte.

Die Clusteranalyse versucht, die Objekte (z.B. Personen) anhand der erhobenen Merkmale (z.B. Alter und Einkommen) in möglichst homogene Gruppen (Cluster) zusammenzufassen (Gruppenbildung).

Bei der Diskriminanzanalyse dagegen sind die Gruppenzugehörigkeiten der Objekte von vorneherein bekannt. Die Aufgabe des Verfahrens ist es dann, durch geeignete Kombination der erhobenen Merkmale eine möglichst gute Trennung (Diskriminierung) der Gruppen vorzunehmen. Anschließend lässt sich die (voraussichtliche) Gruppenzugehörigkeit für ein neu hinzutretendes Objekt anhand seiner Merkmalsausprägungen prognostizieren (Klassifikation).

Lösung zu Aufgabe 21:

Im Behaviorismus werden zwei Erklärungsansätze des Konsumentenverhaltens unterschieden. Nach dem klassischen Behaviorismus wird der Konsument wie eine „Black Box" betrachtet: Er nimmt einen Stimulus S auf (z.B. Werbung) und gibt dazu eine Reaktion R (z.B. Kaufhandlung) ab

(„S-R-Modell"). Aufgrund von Störvariablen (z.B. Wetter) kann kein eindeutiges Reaktionsmuster abgeleitet werden, die Beziehungen sind lediglich stochastischer Natur.

Der Neo-Behaviorismus versucht, die zwischen Stimulus und Reaktion liegenden Abläufe durch die Einführung von intervenierenden Variablen zu erklären. Es wird dazu eine Trennung in aktivierende Prozesse (Emotionen, Motivationen, Einstellungen) und kognitive Vorgänge (Informationsaufnahme, -wahrnehmung und -speicherung) vorgenommen. Natürlich sind beide „Prozesstypen" stets eng miteinander verwoben; so setzen Einstellungen Denkvorgänge voraus. Mit Hilfe solcher theoretischer Konstrukte („latente Variablen") wird versucht, die psychischen Zusammenhänge zu erklären und damit die „Black Box Konsument" zu erhellen.

Lösung zu Aufgabe 22:

Die (lineare) Regressionsanalyse ist ein Verfahren, mit dessen Hilfe ein linearer Zusammenhang zwischen „erklärenden" Merkmalen und einer „zu erklärenden" Größe hergestellt wird. Ausgangspunkt ist ein mehrdimensionaler Raum, in welchem die untersuchten Objekte anhand ihrer jeweiligen Merkmalsausprägungen als Punkte eingetragen werden. Die Regressionsanalyse versucht, eine Regressionsgerade bzw. (Hyper-)Ebene in diese empirische Punktewolke so zu legen, so dass die Summe der quadrierten vertikalen oder horizontalen Abstände der Punkte von der Geraden minimiert wird. Aus dem Verlauf der Regressionsgeraden können dann auch Prognosen für nicht erhobene Kombinationen der Merkmalsausprägungen abgeleitet werden. Einschränkend gilt aber, dass die Regressionsanalyse lediglich einen statistischen Zusammenhang herstellt, hinter dem nicht zwingend auch eine kausale Beziehung stehen muss. Wird die Regressionsgerade für Prognosen verwendet, so sind diese nur insoweit brauchbar, als sich die Rahmenbedingungen nicht verändern: Es darf – entsprechend der Zeitstabilitätshypothese – kein Strukturbruch eintreten, da nach diesem Bruch eine ganz andere Regressionsgerade gültig sein kann.

Lösung zu Aufgabe 23:

Die Vertriebskostenrechnung befasst sich mit den im Vertriebsbereich eines Unternehmens anfallenden Kosten. Ihre Aufgaben lassen sich wie folgt zusammenfassen:

- Gliederung des Vertriebsbereiches in Vertriebskostenstellen,
- Sammlung aller anfallenden Vertriebskosten in diesen Kostenstellen,

- möglichst verursachungsgerechte Zuordnung der Gemeinkosten auf die Produkte (Kostenträger) je nach Inanspruchnahme der Kostenstellen.

Das heute noch übliche Verfahren der Verteilung der Vertriebskosten des Unternehmens auf Basis der jeweiligen Herstellkosten sollte zugunsten einer – mit Hilfe der Vertriebskostenrechnung möglichen – Kosten- und Erlöskontrolle des Vertriebsbereichs abgelöst werden.

Die Absatzsegmentrechnung geht noch weiter. Sie berücksichtigt sowohl die Kosten als auch die Ertragskomponenten der jeweiligen Erzeugnisse. Der Vertrieb der Produkte wird in Absatzsegmente aufgeteilt. Diese Aufspaltung kann beispielsweise nach regionalen oder nach produkt- bzw. abnehmerspezifischen Gesichtspunkten vorgenommen werden. Gegenstand der Absatzsegmentrechnung ist dann die Aufdeckung von Gewinn und Verlustquellen in diesen speziellen Teilbereichen.

Lösung zu Aufgabe 24:

Um auf einem Markt erfolgreich agieren zu können, ist es für ein Unternehmen erforderlich, sich den differenzierten Kundenwünschen möglichst gut anzupassen. Man versucht dies z.B. dadurch, dass der Markt in homogene Zielgruppen aufgespalten wird und man dann durch die Differenzierung der Produkte sowie individuelle Werbe- und Preisstrategien diese Marktsegmente gezielt bearbeitet. Je kleiner die Zielgruppen, um so homogener werden sie und um so besser lassen sich die Konsumenten individuell ansprechen. Der Extremfall ist die Konzeption eines persönlichen Leistungsangebotes für jeden einzelnen Nachfrager, was als „Mikromarketing" bezeichnet wird. Mit den immer kleiner werdenden Zielgruppen steigen aber auch die Kosten dieser Marktsegmentierung. Einen effizienten Weg, um eine individuelle Ausrichtung des Marketings zu erreichen, bietet das „Data-Base-Marketing". Die Grundlage dafür bildet eine elektronische Kundendatenbank, in der alle verfügbaren Informationen über die aktuellen sowie potenziellen Kunden gespeichert sind („Kunden-Steckbriefe" z.B. anhand von Kundenkreditkarten). Dadurch können die Kunden ohne großen Aufwand persönlich angesprochen und viele Leistungsangebote nach deren spezifischen Anforderungen ausgerichtet werden. Hilfreich hierbei sind auch die neuen Technologien in der Fertigung.

Lösung zu Aufgabe 25:

Der „hybride Käufer" kennzeichnet den Sachverhalt, dass der selbe Konsument sowohl eine Sparorientierung als auch eine Komfortorientierung in seinem Kaufverhalten zum Ausdruck bringen kann. Dieselbe Person ist bereit, für bestimmte Produkte sehr viel Geld auszugeben, während für andere Produkte sehr genau auf den Preis geachtet wird. Welche Produkte aber jeweils unter die Spar- und welche unter die Komfortorientierung fallen, ist von Person zu Person unterschiedlich: Ist einer Person ein Produkt wichtig und empfindet sie beim Kauf ein Risiko, dann bevorzugt sie Markenartikel mit Beratung (Teuerkauf). Ist für sie hingegen der Kauf nicht risikobehaftet, wird sie zum Markenartikel-Schnäppchenjäger (Preiswertkauf). Bei Produkten, die weder wichtig noch beratungsbedürftig sind, dominiert hingegen der sparorientierte No name-Kauf (Billigkauf). Dieses selektive Einkaufsverhalten des hybriden Käufers kann zur Erklärung der Polarisierung im Handel herangezogen werden.

Die preisaggressiven Verbrauchermärkte sowie der Versandhandel kommen der Sparorientierung entgegen: Sie bieten No names und Markenartikel für Schnäppchenjäger (Sparorientierung).

Den entgegengesetzten Pol bilden die Fachgeschäfte. Sie konzentrieren sich auf Konsumentscheidungen, die vom Konsumenten als wichtig und problematisch erlebt werden. Durch ein umfangreiches Angebot an Markenartikel sowie Beratung und Service kommen sie der Komfortorientierung der Konsumenten entgegen.

Lösung zu Aufgabe 26:

Unter Marktsegmentierung wird die Aufspaltung der Käuferschaft eines Marktes in Zielgruppen verstanden. Die Grundlage hierzu bilden die Segmentierungsvariablen (sozio-ökonomische-, demographische, psychographische- sowie Besitz- und Verbrauchsmerkmale). Zielsetzung ist es, die Marktsegmente so zu bilden, dass sie in sich sehr gleichförmig sind (intern homogen), dabei aber gegeneinander möglichst gut abgegrenzt werden können (extern heterogen). Das Dilemma der Marktsegmentierung besteht nun darin, dass mit zunehmender Ausdifferenzierung der Zielgruppen gleichzeitig auch die Trennschärfe zwischen ihnen abnimmt. Je weiter man den Markt also unterteilt, desto homogener werden zwar die gebildeten Gruppen, die jeweils „benachbarten“ Gruppen gleichen sich aber immer mehr, was das Angebot wahrnehmbar unterschiedlicher Angebote massiv erschwert. Die Festlegung der Clusterzahl ist folglich ein Optimierungsproblem.

Lösung zu Aufgabe 27:

Die Unterscheidung der Käufertypen nach „Innovatoren“ und „Imitatoren“ wird im Modell der gemischten Kommunikation vorgenommen. Das jeweilige Verhalten kann wie folgt charakterisiert werden:

– Innovatoren sind in besonderer Weise an Neuheiten interessiert. Sie treffen ihre Kaufentscheidung unabhängig von den Übernahmeentscheidungen anderer Nachfrager.

- Imitatoren orientieren sich am Kaufverhalten anderer Nachfrager. Ihre Kaufentscheidung wird maßgeblich durch den bereits erreichten Produktverbreitungsgrad beeinflusst.

Für die Imitatoren spielt es grundsätzlich keine Rolle, ob es sich bei den bisherigen Adoptern um Innovatoren oder Imitatoren handelt. Je mehr Käufe bereits getätigt wurden, desto höher wird die Kaufmotivation der noch unbelieferten Imitatoren ausfallen: Mit zunehmender Produktverbreitung nehmen die (positiven) Erfahrungsberichte über das jeweilige Produkt zu (Innovationsinformation). Gleichzeitig signalisiert eine hohe Produktverbreitung einen „Erfahrungsfundus“, der wiederum das Gefühl der Qualitätssicherheit vermittelt und damit ebenfalls die Kaufbereitschaft der Imitatoren erhöht. Schließlich können sich Imitatoren mit zunehmender Produktverbreitung nicht mehr dem „sozialen Übernahmedruck“ entziehen.

Lösung zu Aufgabe 28:

Die Marktforschung dient dazu, eine „Diagnose“ über das Marktgeschehen zu erstellen. Anschließend ist es Aufgabe der Absatzplanung, den Markt zu gestalten, also eine „Therapie“ zu entwickeln. Den Rahmen dafür bildet ein strategisches Grundkonzept, in welchem die prinzipielle Ausrichtung des Unternehmens festgelegt wird. Ein Unternehmen, das gleichzeitig „Problemlöser-“ und „Kostenführerschaft“ anstrebt, folgt der sogenannten Spitzenreiterstrategie (Outpacing-Strategie). Es wird einerseits über innovative Produktentwicklungen versucht, den Produktnutzen zu verbessern, andererseits gilt es aber auch, das Niveau der Produktionskosten durch die Rationalisierung des Herstellungsverfahrens zu senken. Die Kreativität im Rahmen der Produktentwicklung sowie das Streben nach Perfektion im Produktionsprozess sind folglich wesentliche Säulen einer Spitzenreiter-Strategie.

Lösung zu Aufgabe 29:

Der Verbrauchswirtschaftsplan eines Haushaltes setzt sich zusammen aus der Rangfolge der Bedürfnisse, die in eine Präferenzordnung der begehrten Gütermengen mündet, der Schätzung der dafür voraussichtlich zu bezahlenden Preise sowie der Beschränkung dieses Bedarfs durch die verfügbaren Geldmittel (Budget-Restriktion). Daraus kann direkt die konkrete Nachfrage des jeweiligen Haushalts abgeleitet werden. Die Unternehmen wiederum versuchen, das Zustandekommen der Verbrauchswirtschaftspläne und damit die Nachfrage der Haushalte zu beeinflussen. Dies kann z.B. dadurch geschehen, dass man die momentan verfügbaren Mittel durch Kreditangebote vergrößert, die Kenntnis der Bedürfnis-Befriedigungsmittel durch Werbung verbessert oder versucht, die Rangfolge der Bedürfnisse selbst zu verändern. Im vorliegenden Fall möchte BMW das Sicherheitsbedürfnis (banking) nach hinten und das

Prestigebedürfnis (garage) nach vorne bringen. Dies wiederum bewirkt, dass die verfügbaren Mittel wachsen und – natürlich für einen BMW – ausgegeben werden können.

Lösung zu Aufgabe 30:

Viele Unternehmen versuchen, vor allem durch Expansion ihre Marktstellung zu verbessern. Durch die Nutzung von Größenvorteilen sei es ihnen möglich, in erheblichem Umfang die Kosten und damit die Preise zu senken. Angesichts des zunehmenden Konkurrenzdrucks und der Verkürzung der Produktlebenszyklen genügt aber inzwischen ein Preisvorteil alleine nicht mehr, um sich als Marktführer zu profilieren. Gleichzeitig mit den günstigen Preisen ist es erforderlich, schneller als die Konkurrenz zu sein. Die Zeit ist zu einem strategischen Wettbewerbsvorteil geworden. Das Unternehmen, welches als erstes mit einem neuen Produkt zu einem akzeptablen Preis-Leistungs-Verhältnis am Markt erscheint, ist in der Lage, die Käufe der an Neuheiten interessierten Innovatoren auf sich zu ziehen. Es verschafft sich damit eine starke Position auch für die folgenden Imitatorenkäufe, so dass es für einen später erscheinenden Konkurrenten immer schwieriger wird, auf dem Markt Fuß zu fassen. Opfer der Schnellen können dann auch Größte werden (z.B. IBM).

Lösung zu Aufgabe 31:

Die Befragung zählt in der Marktforschung zu den am häufigsten verwendeten Methoden der Datenerhebung. Meistens liegt der Befragung ein strukturierter Fragebogen zugrunde. Darin können unter anderem die folgenden Fragestellungen verwendet werden:

- Ja/Nein-Frage: Zustimmung bzw. Ablehnung eines Statements,
- Alternativfrage: Auswahl einer oder mehrerer Alternativen aus einer Menge von Möglichkeiten,
- Rang-Frage: Reihung einer Auswahl von Alternativen nach ihrer Vorziehenswürdigkeit, Wichtigkeit, Beliebtheit etc.,
- Rating-Skala: Bewertung von Statements hinsichtlich Zustimmung bzw. Ablehnung (z.B. auf einer Fünf-Punkte-Skala),
- Polaritätsprofil: Charakterisierung von Objekten durch die Abwägung zwischen gegensätzlichen Begriffspaaren,
- Matrix-Frage: jeweils paarweiser Vergleich mehrerer Alternativen.

Lösung zu Aufgabe 32:

Faktorenanalyse und multidimensionale Skalierung (MDS) gehören zu den multivariaten Verfahren der Datenanalyse. Beide Verfahren werden häufig, z.B. im Rahmen der statistischen Auswertung von Befragungen, anderen Analysen vorgeschaltet. Sie eignen sich dazu, das Datenmaterial so zu verdichten bzw. zu strukturieren, dass die nachfolgende Arbeit erheblich erleichtert werden kann.

Mit Hilfe der Faktorenanalyse wird versucht, aus einer Vielzahl von Variablen jeweils gleich oder entgegengesetzt gerichtete (positiv oder negativ korrelierte) Merkmale zu einem (Hintergrund-) Faktor zusammenzufassen. In der weiteren Auswertung kann dann mit den ermittelten (unkorrelierten) Faktoren gearbeitet werden, was z.B. in der Regressions- und Clusteranalyse Anwendungsvoraussetzung ist.

Die MDS dient der Visualisierung von Ähnlich- bzw. Unähnlichkeiten zwischen den Untersuchungsobjekten. Man erhält eine räumliche Darstellung, mit deren Hilfe Strukturen und Gruppierungen in der Stichprobe deutlich werden. Diese lassen sich dann gezielt in den weiteren Analysen herausarbeiten. Da eine zweidimensionale Darstellung am übersichtlichsten, den Daten aber meist nicht angemessen ist, entsteht „Stress“.

Lösung zu Aufgabe 33:

Ein „strategischer Wettbewerbsvorteil“ charakterisiert den Sachverhalt, dass ein Unternehmen in einem bestimmten Bereich einen Vorsprung vor allen anderen Konkurrenten hat. Das Unternehmen muss nicht in allen Aspekten eine Überlegenheit besitzen, sondern es genügt, wenn es sich in einigen Teilbereichen von den Konkurrenten abhebt („Unique Selling Proposition [USP]“). Der strategische Wettbewerbsvorteil muss allerdings auf Dauer bestehen und vor allem von den Nachfragern auch als solcher wahrgenommen werden. Die Unternehmen sind ständig auf der Suche nach solchen strategischen Vorteilen, die sich am einfachsten durch folgende Fragestellung charakterisieren lassen: „Welchen Grund haben die Kunden, ausgerechnet bei mir zu kaufen?“ Beispiele: BMW – Sportlichkeit, Mercedes – Solidität, Sony – Miniaturisierung, Aldi – Preisvorteil.

Lösung zu Aufgabe 34:

Die beschriebene Situation ist typisch für Verkäufermärkte: Weil die Nachfrage die Produktionsmöglichkeiten übersteigt, ist der Marktwiderstand recht gering; die Kunden kaufen – in Ermangelung alternativer Angebote – das, was ihnen angeboten wird. Die Anbieter haben keinen besonderen Anreiz, auf die Wünsche der Kunden einzugehen, weil sie aufgrund des Nachfrageüberhangs die von ihnen produzierten Waren ohnehin absetzen können.

Die meisten Märkte sind mittlerweile allerdings in Käufermärkte übergegangen: Der Marktwiderstand ist hoch, weil die Nachfrage hinter den Produktionsmöglichkeiten zurückbleibt. Die Anbieter müssen daher sehr wohl auf die Wünsche der Kunden eingehen, weil sie sonst im Wettbewerb um die Käufergunst nicht bestehen können: Kundenorientierte Konkurrenten würden die Chance nutzen, um sie vom Markt zu verdrängen.

Lösung zu Aufgabe 35:

Für die Entstehung von Überkapazitäten gibt es mehrere Gründe: Die Öffnung der Märkte durch die europäische Integration sowie den weitgehenden Abbau von Zöllen ermöglicht den Auftritt ausländischer Anbieter. Häufig wird auch mit der Erlahmung des technischen Fortschritts und der damit verbundenen Beschränkung auf verschleißbedingte Ersatzkäufe argumentiert. Dabei darf aber nicht übersehen werden, dass sich oft auch auf Märkten mit raschem technischen Fortschritt Absatzprobleme ergeben: Die schnelle Veralterung der Produkte erfordert die Amortisation teurer Produktionsanlagen, was zur Herstellung großer Mengen führt. Außerdem treten immer wieder „Newcomers“ auf scheinbar gesättigten Märkten auf, die den etablierten Anbietern innovative Konzepte entgegenhalten.

Für die Verbraucher in einer Marktwirtschaft ist diese Entwicklung günstig, führt sie doch nicht nur zu einer guten Versorgung, sondern auch dazu, dass die Anbieter auf die Wünsche der Kunden eingehen müssen, um im Wettbewerb zu bestehen. Der Kunde wird dadurch zum sprichwörtlichen König und treibt durch Bevorzugung bzw. Missachtung bestimmter Angebote den Strukturwandel voran.

Lösung zu Aufgabe 36:

Die Beobachtung, dass ein und derselbe Käufer bei manchen Produkten geizig, bei anderen hingegen verschwenderisch erscheint, führt bisweilen zu dem Schluss, dieser zwitterhafte Käufer sei launisch: Die Fülle unterschiedlicher hybrider Verhaltensmuster mache ihn unberechenbar.

Hybrides Kaufverhalten kann allerdings durchaus mit der Vernunft des Käufers begründet werden. Demnach berücksichtigt er bei seinen Einkäufen, ob das Produkt für ihn wichtig und der Kauf mit einem merklichen Risiko verbunden ist. Betrachtet ein Kunde ein Produkt als wichtig, z.B. weil es einen hohen Nutzen für ihn selbst hat oder er es an eine ihm bedeutsame Person verschenkt, so neigt er zum Kauf eines Markenartikels; andernfalls begnügt er sich mit „No names“. Empfindet er das Kaufrisiko als hoch, z.B. aufgrund mangelnder Kauferfahrung, komplizierter Bedienung oder aus Angst vor „Sanktionen“ seines sozialen Umfelds, dann ist er bereit, für Einkaufskomfort zu zahlen: Durch Auswahl, Beratung und Service möchte er sich absichern.

Daraus ergeben sich folgende Verhaltensfacetten: Wenn ein Produkt für den Käufer wichtig ist und er ein hohes Kaufrisiko empfindet, dann erwirbt er einen Markenartikel „komfortorientiert“ (Teuer-Kauf). Erlebt er den Kauf eines wichtigen Produktes nicht als risikobehaftet, weil er weiß, was er will bzw. sein Umfeld erwartet, versucht er, den Markenartikel preiswert – ohne Einkaufskomfort – zu bekommen („Schnäppchenjagd"). Unwichtige Produkte, deren Kauf als risikolos, aber notwendig betrachtet wird, wird er hingegen möglichst billig kaufen – als No names ohne Beratung und Service.

Lösung zu Aufgabe 37:

Um sich auf dem Käufermarkt dauerhaft behaupten zu können, muss der Anbieter die Kunden zufrieden stellen, da diese ohne weiteres zur Konkurrenz wechseln können. Zufriedene Kunden bleiben „ihrem" Anbieter eher treu und empfehlen ihn oft sogar weiter. Um auf Dauer einen für den Kunden erkennbaren strategischen Wettbewerbsvorteil („Unique Selling Proposition") realisieren zu können, muss der Anbieter Kundennähe demonstrieren: Manifeste und latente Kundenwünsche müssen erkannt und umgesetzt werden, selbstverständlich zu einem für den Kunden akzeptablen Preis-Leistungs-Verhältnis bei akzeptabler Rendite. Voraussetzung hierfür sind Marktforschung und Außendienst als Schnittstellen zwischen Unternehmen und Kunden; möglicherweise können Kunden sogar an der Produktentwicklung beteiligt werden. Heterogene Kundenwünsche sollten dabei durch differenzierte Marktbearbeitung ebenso berücksichtigt werden wie Sonderwünsche bei bereits existierenden Produkten. Ferner darf nicht übersehen werden, dass Kundenwünsche sich mittelfristig ändern können. Die so verstandene Kundennähe schafft zufriedene Kunden, die die Voraussetzung für den Erfolg des Unternehmens sind.

Lösung zu Aufgabe 38:

Die in vielen Bereichen stark ausdifferenzierte Produktpalette mit unzähligen Varianten wird oft kritisiert. Da es jedoch keine allgemein akzeptierte Instanz gibt, die entscheiden könnte, wie viele Varianten wirklich gebraucht werden und welche „unnötig" sind, fungiert der Markt als Schiedsrichter: Die Käsesorten, die nicht gekauft werden, verschwinden ohnehin vom Markt. Politisch durchgesetzte Beschränkungen führen dagegen häufig zur Entstehung von „schwarzen Märkten" für die Produkte, die gewünscht, aber nicht mehr angeboten werden.

Lösung zu Aufgabe 39:

Von Mikro-Marketing wird gesprochen, wenn die Zielgruppen immer kleiner werden, bis schließlich jeder Kunde ein speziell auf ihn zugeschnittenes Leistungsangebot erhält. Weil einzelne Kunden vom Anbieter gezielt angesprochen werden, wird diese Art des Marketing auch als „One-to-one-Marketing" bezeichnet. Die Grundlage für individuelle Kundenprofile sind Kundendatenbanken, die besonders einfach mithilfe von Kundenkreditkarten erstellt werden können. Durch die technischen Möglichkeiten dieses Database-Marketing können selbst kleinste Zielgruppen – „one to one" – zu vertretbaren Kosten angesprochen werden.

Lösung zu Aufgabe 40:

Für den hybriden Käufer, der sich bei seinen Einkäufen vor allem daran orientiert, ob das zu kaufende Produkt für ihn wichtig ist und der Kauf mit einem merklichen Risiko verbunden ist, ergeben sich folgende Verhaltensfacetten: Der Käufer erwirbt einen Markenartikel „komfortorientiert", also inklusive Beratung und Service, wenn das Produkt für ihn wichtig ist und er den Kauf als risikobehaftet empfindet. Wenn er hingegen beim Kauf eines wichtigen Produktes kein Risiko empfindet, weil er genau weiß, was er will, dann versucht er, den Markenartikel preiswert zu bekommen („Schnäppchenjagd"). Ein unwichtiges, aber notwendiges Produkt, dessen Kauf er als risikolos einstuft, wird er – als No name – schließlich möglichst billig einkaufen.

Fabrikverkaufszentren, die die Direkt-Angebote mehrerer Hersteller bündeln (Factory-outlet-Center) passen insofern gut zum hybriden Käufer, als sie die Preiswertkäufe bedienen: (Vorsaison-) Markenware kann hier erheblich billiger als im Fachgeschäft erworben werden, wenn der Kunde bereit ist, auf Beratung und Service (weitgehend) zu verzichten, was beim Preiswertkauf der Fall ist: Factory-outlet-Center eignen sich damit hervorragend für die Schnäppchenjagd.

Lösung zu Aufgabe 41:

Während die Konkurrenzanalyse auf die wichtigsten Wettbewerber und deren Strategien, Kosten, Forschung usw. – und damit auf Profilierungschancen am Markt – gerichtet ist, geht Benchmarking einen Schritt weiter: Durch Analyse branchenfremder Spitzenreiter wird versucht, deren Leistungen auf das eigene Unternehmen zu übertragen und somit den eigenen Branchenführer zu überholen. Das Augenmerk beim Benchmarking liegt daher auf Prozessen im Unternehmen, insbesondere solchen, die bei Unternehmen anderer Branchen von größerer Bedeutung sind; hier bieten sich oft zahlreiche Verbesserungsmöglichkeiten. Branchenfremde Unternehmen dürften in der Regel auch kooperationsbereiter sein als Konkurrenten; allerdings sollte der Benchmarking-Partner nicht zu weit von der eigenen Branche entfernt sein, da mit zunehmender Distanz die Übertragbarkeit – meist – unwahrscheinlicher wird.

Lösung zu Aufgabe 42:

Bei dem dargestellten Markttest handelt es sich um eine Form des Feldexperiments, dessen Vorteil in der Realitätsnähe der Untersuchung liegt. Allerdings schränken verschiedene Faktoren die Aussagekraft dieser Ergebnisse erheblich ein:

- Der regionale Testmarkt könnte nicht repräsentativ im Hinblick auf die Zielgruppe sein, sondern soziodemographische Besonderheiten aufweisen.
- Die Veränderungen im Konsumverhalten könnten nicht (nur) auf die Werbung, sondern (auch) auf andere Gründe zurückzuführen sein (z.B. „Biergartenwetter"). Durch parallele Befragungen auf einem Kontrollmarkt, auf dem die Werbung nicht gezeigt wird, hätte die Aussagekraft der Ergebnisse erhöht werden können.
- Aufgrund der Öffentlichkeitswirkung der Fernsehwerbung hätte die Konkurrenz die Untersuchung – z.B. durch Preisänderungen – verfälschen können.
- Werbung wirkt in der Regel nicht (nur) sofort, sondern (auch) später („Carry-over-Effekte").

Lösung zu Aufgabe 43:

Im Modell der gemischten (persönlichen und unpersönlichen) Kommunikation werden zwei Käufertypen unterschieden: Innovatoren sind besonders an Neuigkeiten interessiert, über die sie sich vor allem durch Werbung informieren; ihre Kaufentscheidungen sind daher unabhängig von denen anderer Nachfrager. Imitatoren orientieren sich hingegen überwiegend an den Kaufentscheidungen anderer. Ein steigender Marktverbreitungsgrad beflügelt dabei die Imitatorennachfrage aus verschiedenen Gründen: Erfahrungsberichte von Käufern sind für unentschlossene Nachfrager eine wichtige Entscheidungshilfe; je weiter die Marktverbreitung ist, desto mehr (positive) Innovationsinformationen sind verfügbar. Ferner signalisiert ein hoher Verbreitungsgrad, dass es offensichtlich einen umfangreichen Fundus von (positiven) Erfahrungen gibt, was das Risikoempfinden ebenfalls mindert. Schließlich wird durch zunehmende Marktverbreitung eine Innovation zum Standard, weshalb sich Imitatoren dem sozialen Druck beugen und – nicht zuletzt aus Prestigegründen – das Produkt kaufen. Für die Kaufentscheidung der Imitatoren ist es im übrigen egal, ob die erreichte Produktverbreitung auf Innovatoren- oder Imitatorenkäufen beruht, da dies ohnehin nicht erkennbar ist.

Arbeitsaufgaben und Lösungen zum 15. Kapitel Die Preispolitik
(Absatzplanung II)

1. Aufgabe

Was bedeutet „kostenorientierte Preisstellung“, und wo liegen ihre Probleme?

2. Aufgabe

Was verstehen Sie unter einem vollkommenen Markt, und warum kann es dort keine Preisunterschiede geben?

3. Aufgabe

Wodurch ist die gewinnmaximale Preis-Mengen-Kombination eines Monopolisten gekennzeichnet?

4. Aufgabe

Ein monopolistischer Anbieter steht einer linearen Preis-Absatz-Funktion gegenüber, von der er allerdings nur den Prohibitivpreis (p=8.40) und die Sättigungsmenge (x=42) kennt. Seine Kosten setzen sich aus Fixkosten (K_F=24) und variablen Kosten (k_v=0.33) zusammen.

a) Ermitteln Sie die Preis-Absatz-Funktion.

b) Berechnen Sie die gewinnmaximale Preis-Mengen-Kombination.

5. Aufgabe

Erläutern und vergleichen Sie Stückkosten- und Erfahrungskurve; worin besteht trotz formaler Ähnlichkeiten der prinzipielle Unterschied?

6. Aufgabe

Definieren Sie das heterogene Polypol und skizzieren Sie seine Nachfragefunktion!

Welche preispolitischen Empfehlungen lassen sich daraus ableiten?

7. Aufgabe

Definieren Sie das heterogene Oligopol und skizzieren Sie seine Nachfragefunktion; erläutern Sie dabei, warum es bei den Konkurrenten zu „bewusstem Parallelverhalten" kommt!

8. Aufgabe

Was verstehen Sie unter horizontaler und vertikaler Preisdifferenzierung?

9. Aufgabe

Ein Unternehmen beliefert zwei räumlich getrennte Absatzmärkte A und B mit den Preis-Absatz-Funktionen:

$p_A = 15 - 0{,}5 \cdot x_A$ und $p_B = 12 - 0{,}25 \cdot x_B$

Die Kostenfunktion des Anbieters lautet:

$K = 2 + 0{,}25 \cdot x$; allerdings fallen für den Markt B zusätzliche Transportkosten in Höhe von $1{,}0 \cdot x_B$ an. Ermitteln Sie für beide Märkte die gewinnmaximalen Preise und Absatzmengen sowie den Gesamtgewinn des Unternehmens!

10. Aufgabe

Was sind

a) Preisbindung

b) Preisempfehlung

und inwieweit gibt es hierzu rechtliche Regelungen?

11. Aufgabe

Nennen Sie Aspekte „psychologischer" Preissetzung!

12. Aufgabe

„Im Schatten hoher Handelsspannen entstehen Diskontbetriebe" (Konrad Mellerowicz). Erläutern Sie diese Aussage!

13. Aufgabe

Wann kann das Bundeskartellamt in die unternehmerische Preissetzung eingreifen?

14. Aufgabe

Was verstehen Sie unter der „direkten Preiselastizität der Nachfrage", und welche Bedeutung hat sie im Hinblick auf die Preisdifferenzierung?

Geben Sie Anwendungsbeispiele aus der Praxis der Preispolitik!

15. Aufgabe

Zur Beantwortung der Frage, ob ein Preis überhöht ist, kann sich das Bundeskartellamt verschiedener Konzepte bedienen. Diskutieren Sie diese kurz!

16. Aufgabe

Wie vollzieht sich kostenorientierte Preissetzung in Handel und Industrie?

17. Aufgabe

Was besagt das magische Dreieck der Preispolitik?

18. Aufgabe

Nehmen Sie Stellung zum Verbraucherrabatt – Erscheinungsformen und gesetzliche Regelungen!

19. Aufgabe

Selbst teure Extras lassen sich beim Autokauf leicht „an den Mann" bringen. Woran könnte das liegen?

20. Aufgabe

Was ist ein Prohibitivpreis, was die Sättigungsmenge?

21. Aufgabe

Wenn die Gesamtkosten steigen, fallen die Stückkosten. Nehmen Sie Stellung!

22. Aufgabe

Gewünschte Absatzmenge und errechneter Zuschlagspreis sind meist am Markt nicht vereinbar. Nehmen Sie Stellung!

23. Aufgabe

Was könnte man unter dem Begriff „Investition in die Markterschließung" verstehen?

24. Aufgabe

Was bedeutet, dass man Preise logarithmisch transformiert wahrnimmt, und welche Auswirkung hat dies auf eine „psychologisch äquidistante" Produktlinie?

25. Aufgabe

„Nicht die Kosten bestimmen die Preise, sondern die Preise die tolerierbaren Kosten" (Herbert Giersch). Erläutern Sie diese Aussage vor dem Hintergrund des „Magischen Dreiecks" in der Preispolitik.

26. Aufgabe

Das Verbot des Untereinstandspreisverkaufs hat mehr Nach- als Vorteile. Nehmen Sie Stellung zu dieser Aussage!

27. Aufgabe

Erörtern Sie das Konstrukt der „Internationalen Erschöpfung" und wägen Sie seine Vor- und Nachteile gegeneinander ab!

28. Aufgabe

In einem monopolistischen Unternehmen hat man aufgrund langjähriger Erfahrung herausgefunden, dass das Gewinnmaximum bei einer Menge von $\overline{x}= 26$ liegt und der dazugehörige Gewinn $\overline{G}= 3380$ beträgt. Die Kostenfunktion ist linear; Fixkosten treten nicht auf.

Ferner weiß man, dass der Prohibitivpreis der linearen Preis-Absatz-Funktion bei 300 liegt. Wie lauten Preisabsatz- und Kostenfunktion?

Lösung zu Aufgabe 1:

Bei der kostenorientierten Preisstellung wird der Verkaufspreis eines Produktes durch einen „angemessenen" Gewinnaufschlag auf die Selbstkosten kalkuliert. In der Praxis findet man diese Vorgehensweise bei Herstellern und Handelsunternehmen. Eine kostenorientierte Preispolitik ist allerdings sehr problematisch, da sie die tatsächliche Nachfragesituation am Markt nicht berücksichtigt. Diese lässt sich am einfachsten mittels einer linear fallenden Nachfragefunktion darstellen, d.h. mit sinkendem (steigendem) Preis nimmt die absetzbare Menge zu (ab). Die Stückkosten nehmen ebenfalls mit steigender Produktions-(= Absatz-)Menge ab, da sich die Fixkosten auf immer mehr Einheiten verteilen. Diese sowie ein (z.B. prozentualer) Gewinnzuschlag (Angebotsfunktion) „treffen" sich aber nur zufällig mit der Nachfragefunktion, weshalb gewünschte Absatzmenge und errechneter Zuschlagspreis in der Regel „am Markt" unvereinbar miteinander sind: Es kann passieren, dass

- der Anbieter auf seiner Ware „sitzen bleibt", weil sein Preis zu hoch ist,
- die Nachfrager „eine Schlange bilden", weil sie zu seinem Preis viel mehr kaufen möchten.

Es ist im übrigen nicht garantiert, dass kostenorientierte Preise niedrige Preise bedeuten: Plant der Hersteller eine kleine Produktions- (= Absatz-)Menge, sind auch die Stückkosten und damit sein Angebotspreis (zu?) hoch. Ferner führt die Garantie kostendeckender Preise bei (öffentlichen) Betrieben oft zu einem nachlässigen Kostenmanagement.

Im Laufe der Zeit sinken zudem die Stückkosten (Erfahrungskurven-Effekt), was bei einer kostenorientierten Preispolitik nur eine Skimming-Strategie erlauben würde; es gibt freilich auch gute Gründe für eine Penetration-Strategie.

Lösung zu Aufgabe 2:

Den „vollkommenen Markt" kennzeichnet eine idealtypische Situation, die in der Realität praktisch nicht vorkommt. Er weist folgende Eigenschaften auf:

- Alle Marktteilnehmer haben eine umfassende Marktübersicht (Transparenz).
- Die Marktteilnehmer reagieren sofort mit unendlich hoher Anpassungsgeschwindigkeit auf eine Veränderung der Marktdaten.
- Es existieren keine zeitlichen, räumlichen oder personellen Präferenzen.
- Alle Marktteilnehmer orientieren sich am Maximumprinzip (Maximierung des Nutzens bzw. des Gewinns), d.h. sie handeln „rational".

Unter diesen Bedingungen kann es keine Preisunterschiede geben. Senkt beispielsweise ein Anbieter seinen Preis, so sind sofort – aufgrund der Marktübersicht – alle Nachfrager darüber informiert. Um ihren Nutzen zu maximieren, wechseln diese dann, da sie auch sonst keine Präferenzen für ihre bisherigen Lieferanten haben, „unendlich schnell" zum nun billigeren Anbieter. Den restlichen Anbietern bleibt folglich nichts anderes übrig, als sich ebenfalls sofort an die veränderte Preissituation anzupassen.

Lösung zu Aufgabe 3:

Die gewinnmaximale Preis-Mengen-Kombination im Monopol wird allgemein auch als Cournot-Punkt bezeichnet. Dieser kann sowohl graphisch als auch analytisch verdeutlicht werden. Die gewinnmaximale Absatzmenge x* (Preis p*) liegt dort, wo die Differenz zwischen Umsatz (U) und Kosten (K), also der Gewinn (G), am größten ist. Dies ist der Punkt, in dem der Grenzumsatz dU/dx (Steigung der Umsatzfunktion) den Grenzkosten dK/dx (Steigung der Kostenfunktion) entspricht.

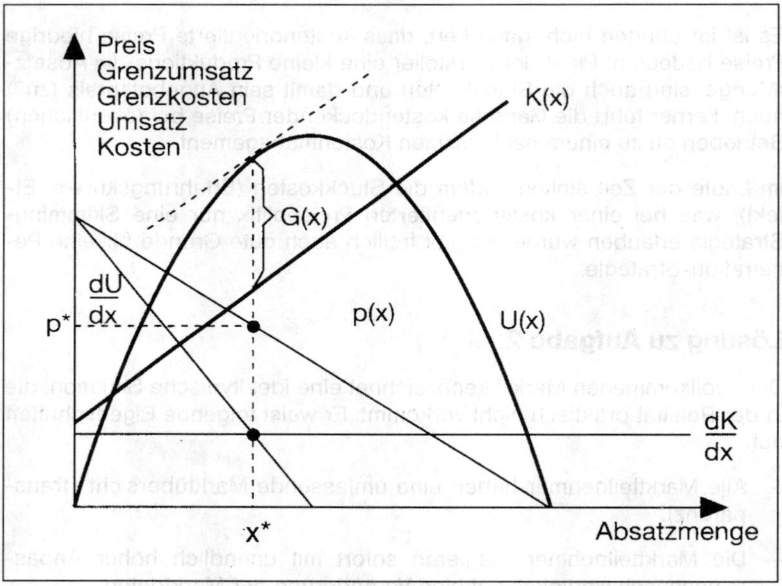

Das Gewinnmaximum liegt also dort, wo der Grenzgewinn dG/dx gleich Null ist bzw. wo der Grenzumsatz den Grenzkosten entspricht:

$$G(x) = U(x) - K(x) \Rightarrow \frac{dG}{dx} = \frac{dU}{dx} - \frac{dK}{dx} \; 0 \Rightarrow \frac{dU}{dx} = \frac{dK}{dx}$$

Lösung zu Aufgabe 4:

a) Die allgemeine Form der linearen Preis-Absatz-Funktion lautet $p = a + b \cdot x$. Beim Prohibitivpreis von $p = 8.40$ wird die Menge $x = 0$ abgesetzt, bei einem Preis von $p=0$ wird die Sättigungsmenge $x=42$ verkauft. Bekannt sind somit zwei Preis-Mengen-Kombinationen, die auf der gesuchten Preis-Absatz-Funktion liegen.

1) Prohibitivpreis:
$8.40 = a + b \cdot 0 \Rightarrow a = 8.40$

2) Sättigungsmenge:
$0 = 8.40 + b \cdot 42 \Rightarrow b = -0{,}2$

Die gesuchte Preis-Absatz-Funktion lautet $p = 8.40 - 0.2 \cdot x$

b) Der Gewinn berechnet sich allgemein aus der Differenz von Umsatz (U) und Kosten (K): $G = U - K$.
Die Umsatzfunktion lautet $U = p \cdot x = (8.40 - 0.2 \cdot x) \cdot x = 8.40 \cdot x - 0.2 \cdot x^2$
Die Kostenfunktion lautet $K = K_F + k_v \cdot x = 24 + 0.33 \cdot x$

Somit gilt für die Gewinnfunktion:
$G = p \cdot x - K_F + k_v \cdot x = 8.40 \cdot x - 0.2 \cdot x^2 - 24 - 0.33 \cdot x = 8.07 \cdot x - 0.2 \cdot x^2 - 24$
$G = 8.07 \cdot x - 0.2 \cdot x^2 - 24$

Im Gewinnmaximum muss der Grenzgewinn Null werden und daher der Grenzumsatz den Grenzkosten (Cournotscher Punkt) entsprechen.

$$\frac{dG}{dx} = \frac{dU}{dx} - \frac{dK}{dx} = 0$$

$$\frac{dG}{dx} = 8.07 - 0.4 \cdot x = 0 \Rightarrow x^* = 20.175$$

$$p^* = 8.4 - 0.2 \cdot x^* = 8.40 - 0.2 \cdot 20.175 = 4.365$$

Die gewinnmaximale Preis-Mengen-Kombination (p*|x*) beträgt (4.365|20.175).

Lösung zu Aufgabe 5:

Die Stückkostenfunktion beschreibt die Kostenentwicklung je hergestellter Einheit in Abhängigkeit von der Produktionsmenge. Sie wird im wesentlichen durch die „Fixkostendegression“ geprägt: Mit zunehmender Produktionsmenge steigen zwar die Gesamtkosten an, da sich aber die Fixkosten auf immer mehr Einheiten verteilen, nehmen die Stückkosten ständig ab und bewegen sich für x fi auf die variablen Stückkosten hin. Die Erfahrungskurve stellt einen Zusammenhang zwischen Produktionsroutine und Stückkosten her. Aufgrund von Anlaufschwierigkeiten und mangelnder Erfahrung sind zu Beginn der Produktion die Stückkosten noch relativ hoch. Sie nehmen aber im Zeitablauf mit zunehmender Produktionsroutine ständig ab.

Trotz ihrer Ähnlichkeit unterscheiden sich die Funktionen in einem wesentlichen Punkt: Die Stückkostenfunktion stellt einen Zusammenhang zwischen Stückkosten und Produktionsmenge her, während die Erfahrungskurve die Stückkostenentwicklung einer vorgegebenen Produktionsmenge im Zeitablauf betrachtet.

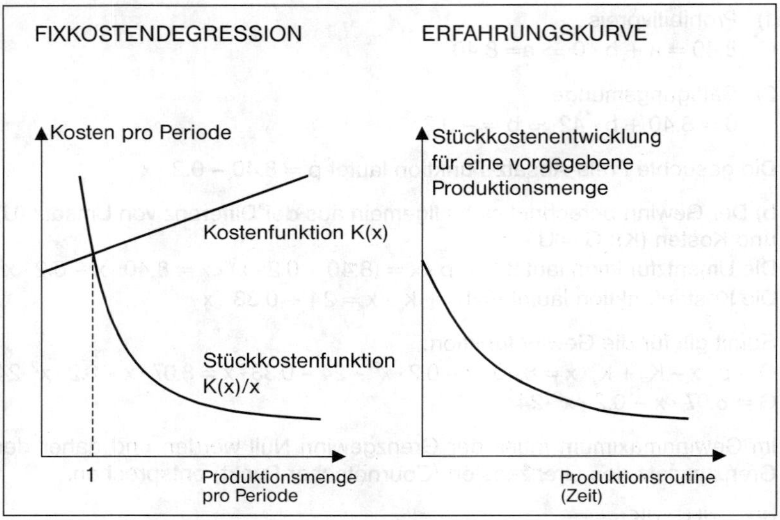

Lösung zu Aufgabe 6:

In der Marktform des heterogenen Polypols stehen zahlreiche Anbieter mit jeweils nur geringen Produktionskapazitäten einer Vielzahl von Nachfragern gegenüber. Der Absatz eines polypolistischen Anbieters wird von seinem eigenen Preis, dem Käuferverhalten und den Preisen der Konkurrenten beeinflusst. Da der einzelne Anbieter relativ klein ist (Kapazitätsgrenze), werden seine Aktionen nur zu insgesamt geringfügigen Zu- bzw. Abwanderungen von Konsumenten führen. Die Konkurrenten werden dies kaum registrieren und deshalb keine Reaktionen zeigen. Die individuelle Nachfragefunktion für einen Anbieter wird durch die doppelt geknickte, polypolistische Gutenberg-Absatzfunktion beschrieben.

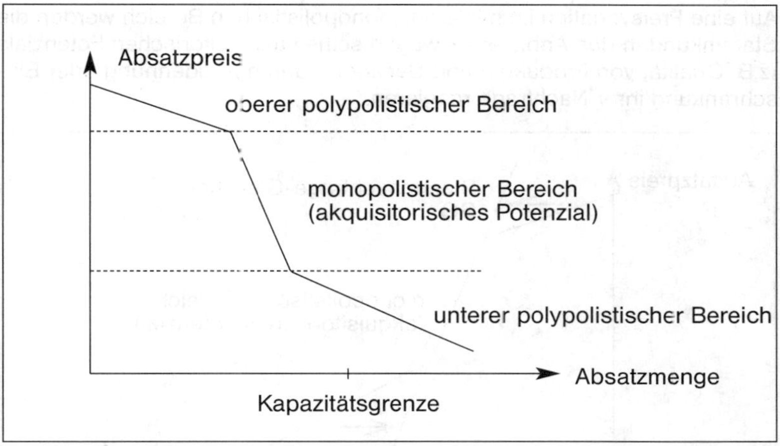

Ist p der Marktpreis, führen – aufgrund des akquisitorischen Potenzials (z.B. Qualität von Produkten und Service) – Preisänderungen im monopolistischen Bereich zu Mehr- oder Minderkäufen der eigenen Stammkunden. Preiserhöhungen (-senkungen) in den oberen (unteren) polypolistischen Bereich bewirken hingegen eine Ab- (Zu-) Wanderung eigener (fremder) Kunden (Laufkunden). Die wenigen eigenen Kunden verteilen sich jedoch auf viele Konkurrenten, während man selbst von vielen Konkurrenten – wegen der nahen Kapazitätsgrenze – nur wenige Kunden aufnehmen kann. Insgesamt bleibt deshalb die Käuferfluktuation unmerklich.

Preispolitisch wird in diesem Modell empfohlen, den Preis

- im monopolistischen Bereich festzulegen und Gewinn auf Basis der Stammkunden-Nachfrage zu erzielen (Fachgeschäftsvariante);
- im unteren polypolistischen Bereich festzulegen und Gewinn auf der Basis von Stammkunden und zugewachsener Laufkundschaft zu erzielen (Discountvariante).

Lösung zu Aufgabe 7:

Ein Oligopol bezeichnet einen Markt mit nur wenigen Anbietern, die jeweils relativ große Produktionskapazitäten besitzen. Der Absatz eines oligopolistischen Anbieters wird von seinem eigenen Preis, dem Käuferverhalten und den Preisen der Konkurrenten beeinflusst. Angesichts seines Gewichts im Markt muss er mit Konkurrenzreaktionen auf die eigenen Aktionen rechnen. Die preispolitischen Alternativen eines Anbieters können durch die oligopolistische, doppelt geknickte Gutenberg-Absatzfunktion beschrieben werden.

Auf eine Preisvariation im mittleren, monopolistischen Bereich werden die Stammkunden des Anbieters – wegen seines akquisitorischen Potenzials (z.B. Qualität von Produkten und Service) – durch Ausdehnung oder Einschränkung ihrer Nachfrage reagieren.

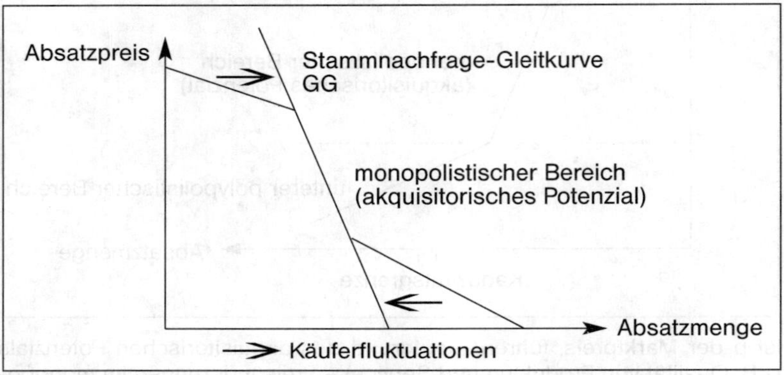

Verlässt der Anbieter jedoch den monopolistischen Bereich, so kommt es zu Käuferfluktuationen. Diese sind so umfangreich, dass die Konkurrenz darauf reagiert und ihre Preise an den neuen Preis anpasst. Für den einzelnen Oligopolisten bewegen sich daher alle realisierbaren Preis-Mengen-Kombinationen auf seiner „Stammnachfrage-Gleitkurve“ (GG). Sie stellt die eigentliche Nachfragefunktion für einen Oligopolisten dar.

Dieses „bewusste Parallelverhalten“ der Anbieter in einem Oligopol kann auch in der Praxis häufig beobachtet werden. Aufgrund gleicher bzw. ähnlicher Kosten- und Erlösstrukturen ist eine Preisänderung in der Regel auch für alle anderen Anbieter im Sinne der Gewinnmaximierung vorteilhaft. Es handelt sich deshalb auch nicht um ein – kartellrechtlich relevantes – „aufeinander abgestimmtes Verhalten“.

Lösung zu Aufgabe 8:

Preisdifferenzierung bedeutet, dass für das gleiche Produkt unterschiedliche Preise verlangt werden. Eine solche Vorgehensweise kann für einen Anbieter unter bestimmten Voraussetzungen im Sinne der Gewinnerzielung sinnvoll sein. Es werden hierzu zwei Varianten unterschieden:

- Vertikale Preisdifferenzierung bedeutet, dass gleichzeitig auf verschiedenen, von einander isolierten Märkten unterschiedliche Preise verlangt werden, ohne dass dies durch Kostenunterschiede gerechtfertigt wäre. Am häufigsten liegt eine räumliche Teilung der Märkte vor, eine Trennung der Märkte nach zeitlichen oder personellen Kriterien sowie nach dem Verwendungszweck der Produkte ist aber ebenfalls möglich.

- Horizontale Preisdifferenzierung beschreibt den Sachverhalt, dass ein Unternehmen auf dem selben Markt im Zeitablauf seinen Preis verändert: Durch seine schrittweise Senkung kann das Unternehmen immer wieder neue, preisempfindlichere Marktsegmente für sich gewinnen und so die Konsumentenrente abschöpfen. Man nennt diese Vorgehensweise auch Skimming-Strategie.

Lösung zu Aufgabe 9:

Im Zwei-Länder-Fall lauten die Umsatzfunktionen
für Land A: $U_A = x_A \cdot p_A = x_A \cdot (15 - 0.5 \cdot x_A)$ und
für Land B: $U_B = x_B \cdot p_B = x_B \cdot (12 - 0.25 \cdot x_B)$.
Für die Kostenfunktion gilt:
$K = K(x) = 2 + 0.25 \cdot x$ mit $x = x_A + x_B$
und somit $K(x) = 2 + 0.25 \cdot (x_A + x_B)$ sowie
$K_B = K_B(x_B) = 1.0 \cdot x_B$
Daraus folgt für die Gewinnfunktion $G = U_A + U_B - K - K_B$:
$G = x_A \cdot (15 - 0.5 \cdot x_A) + x_B \cdot (12 - 0.25 \cdot x_B) - 2 - 0.25 \cdot (x_A + x_B) - 1.0 \cdot x_B$
$G = 14.75 \cdot x_A - 0.5 \cdot x_A^2 + 10.75 \cdot x_B - 0.25 \cdot x_B^2 - 2.$

Im Gewinnmaximum muss gelten: $\frac{dG}{dx_A} = 0$ und $\frac{dG}{dx_B} = 0.$

$$\frac{dG}{dx_A} = 14.75 - 1.0 \cdot x_A = 0 \Rightarrow x_A^* = 14.75$$

$$\frac{dG}{dx_B} = 10.75 - 0.5 \cdot x_B = 0 \Rightarrow x_B^* = 21.50$$

Die gewinnmaximalen Preise ergeben sich über die Preis-Absatz-Funktionen:
$p_A^* = 15 - 0.5 \cdot x_A^* = 15 - 0.5 \cdot 14.75 = 7.625$ und
$p_B^* = 12 - 0.25 \cdot x_B^* = 12 - 0.25 \cdot 21.50 = 6.625.$
Daraus folgt für den maximalen Gewinn:
$G^* = p_A^* \cdot x_A^* + p_B^* \cdot x_B^* - K(x_A^* + x_B^*) - K_B(x_B^*)$
$G^* = 7.625 \cdot 14.75 + 6.625 \cdot 21.50 - 2 - 0.25 \cdot (14.75 + 21.50) - 1.0 \cdot 21.50$
$G^* = 222.34.$

Lösung zu Aufgabe 10:

Preisbindung kennzeichnet die Festsetzung eines Endverbraucherpreises durch den Hersteller mittels einer vertraglichen Bindung des Händlers. Eine solche Einschränkung der Preisgestaltung von Seiten des Herstellers ist gemäß § 14 GWB grundsätzlich verboten. Ausgenommen sind lediglich Verlagserzeugnisse, um ein flächendeckendes und verbrauchernahes Angebot zu gewährleisten (§ 15 GWB).

Durch „unverbindliche Preisempfehlungen“ versuchen die Hersteller, trotz des Verbots der Preisbindung auf die Endverbraucherpreise Einfluss zu nehmen. Sofern ein solcher Preisaufdruck als „unverbindlich“ gekennzeichnet ist und zu seiner Durchsetzung kein Druck angewendet wird, ist diese Vorgehensweise für Markenware zulässig. Die „unverbindlichen Preisempfehlungen“ unterliegen aber der Missbrauchsaufsicht durch das Kartellamt. Dieses kann die Preisempfehlung untersagen, wenn die tatsächlichen Preise „in einer Mehrzahl von Fällen“ darunter liegen.

Lösung zu Aufgabe 11:

Die Unternehmen müssen bei ihrer Preissetzung auch eine Reihe psychologischer Aspekte berücksichtigen. So hat der Preis eines Produktes einen erheblichen Einfluss auf die Qualitätsbeurteilung durch den Konsumenten: Je weniger Informationen über eine bestimmte Produktkategorie (z.B. Wein) zur Verfügung stehen, desto häufiger werden Qualitätsvergleiche durch Preisvergleiche vorgenommen.

Ein weiterer Aspekt ist die „subjektive Preiswahrnehmung“. Demnach werden prozentual gleiche Preisunterschiede als gleichbedeutend eingestuft (logarithmische Preisskala). Im Bereich hoher Preise werden Preisänderungen also weniger stark wahrgenommen als im Bereich niedriger. Damit eine Preisänderung aber überhaupt wahrgenommen wird, muss sie einen bestimmten „Schwellenwert der Fühlbarkeit“ überschreiten.

In der Praxis finden sich häufig auch „gebrochene Preise“. Dies trägt dem Sachverhalt Rechnung, dass runde Preise oft eine psychologische Reizschwelle darstellen. Darüber hinaus sind die gebrochenen Preise dazu geeignet, das Image einer „scharfen Kalkulation“ zu vermitteln. Offenbar sind allerdings Preisschwellen meist nur Wahrnehmungs-, nicht aber auch Reaktionsschwellen.

Schließlich kann man in der Diskrepanz zwischen empfohlenem und tatsächlich gefordertem Preis Psychologie vermuten: Ein niedrigerer Händlerpreis soll dessen „Preisimage“ stärken.

Lösung zu Aufgabe 12:

Die Handelsspanne spielt bei der von Handelsunternehmen häufig verwendeten kostenorientierten Preiskalkulation eine Rolle. Sie setzt sich zusammen aus der Gewinnspanne und der Kalkulationsspanne. Während die Gewinnspanne den als angemessen erachteten Gewinnaufschlag auf die Selbstkosten beinhaltet, deckt die Kalkulationsspanne die Differenz zwischen Einstand und Selbstkosten der Waren ab. Sie beinhaltet folglich alle jene Kostengrößen, die im Handelsbetrieb selbst anfallen und der Ware zugerechnet werden müssen. Dazu gehören beispielsweise die Ladenmiete, die Personalkosten, die Kosten von Heizung und Strom sowie Kosten der Werbung bzw. Warenpräsentation. Die Strategie der Diskontbetriebe besteht darin, diese Kosten weitgehend zu reduzieren (z.B. wenig Personal, nur spartanische Ladeneinrichtung etc.). Sie sind daher in der Lage, bei einer mit anderen Geschäften vergleichbaren Handelsspanne die Gewinnspanne zu vergrößern bzw. bei gleichbleibender Gewinnspanne die Verkaufspreise zu senken.

Lösung zu Aufgabe 13:

Bei ihrer Preisgestaltung haben die Unternehmen grundsätzlich freie Hand. Die Gerichte können allerdings eingeschaltet werden, wenn z.B. eine Notlage ausgenutzt („Wucher" § 138,2 BGB) oder ein Nachfrager sittenwidrig ausgebeutet wird (§ 1 UWG). In den folgenden Fällen hat das Bundeskartellamt die Möglichkeit, in die unternehmerische Preissetzung einzugreifen:

- Bei einer häufigeren Unterschreitung von „unverbindlichen Preisempfehlungen" kann das Kartellamt die Preisempfehlung untersagen (§ 23,3 GWB).
- Das UWG schränkt die Sonderangebotspolitik des Handels ein (§ 7,2 UWG): Bei Sonderangeboten darf es sich nur um einzelne Waren aus dem üblichen Sortiment handeln, es muss genügend Ware zur Verfügung stehen und Beschränkungen von Abgabezeitraum und -menge dürfen nicht überzogen sein. Verkäufe unter Einstandspreis sind nur in besonderen Fällen zulässig (§ 20,4 GWB).
- Besitzt ein Unternehmen eine „marktbeherrschende Stellung", so unterliegt die Preisgestaltung ebenfalls der Missbrauchsaufsicht durch das Kartellamt: Keine vertikale Preisdifferenzierung, keine „wesentlich" überhöhten Preise (§ 19 GWB).

Lösung zu Aufgabe 14:

Die direkte Preiselastizität der Nachfrage bezeichnet die relative Veränderung der Nachfragemenge im Verhältnis zur relativen Preisänderung. Da die nachgefragte Menge bei zunehmendem Preis abnimmt, ist die Preiselastizität (definitionsgemäß) kleiner als Null. Es gilt:

$$\varepsilon = \frac{\text{relative Nachfrageänderung}}{\text{relative Preisänderung}} = \frac{\frac{dx}{x}}{dp} = \frac{dx}{dp} \cdot \frac{p}{x}$$

Für ein Unternehmen erscheint es sinnvoll, auf einem Markt den Preis um so höher zu setzen, je niedriger der Betrag der Preiselastizität der Nachfrage ist (vertikale Preisdifferenzierung). Diese Beziehung kann am Beispiel zweier Märkte wie folgt hergeleitet werden:

Nachfragefunktionen : Markt 1: $p_1 = p_1(x_1)$ Markt 2: $p_2 = p_2(x_2)$
Kostenfunktion : $K = K(x)$ mit $x = x_1 + x_2$
Gewinnfunktion : $G = p_1(x_1) \cdot x_1 + p_2(x_2) \cdot x_2 - K(x) \rightarrow$ max!
δ

$$\text{I. } \frac{\delta G}{\delta x_1} = \frac{dp_1}{dx_1} \cdot x_1 + p_1 - \frac{dK}{dx} \cdot \frac{\delta x}{\delta x_1} = 0 \quad \text{II. } \frac{\delta G}{\delta x_2} = \frac{dp_2}{dx_2} \cdot x_2 + p_2 - \frac{dK}{dx} \cdot \frac{\delta x}{\delta x_2} = 0$$

Die beiden partiellen Ableitungen I. und II. können gleichgesetzt und mit $\delta x / \delta x_1 = \delta x / \delta x_2 = 1$ umgeformt werden zu:

$$p_1 \cdot \left[\frac{dp_1}{dx_1} \cdot \frac{x_1}{p_1} + 1\right] = p_2 \cdot \left[\frac{dp_2}{dx_2} \cdot \frac{x_2}{p_2} + 1\right] \Rightarrow \frac{p_1}{p_2} = \frac{1 + \frac{1}{\varepsilon_2}}{1 + \frac{1}{\varepsilon_1}} \text{; mit: } \varepsilon_1, \varepsilon_2 < 0$$

Es wird deutlich, dass die Relation der Preise im umgekehrten Verhältnis zur Relation der Elastizitäten der beiden Märkte steht.

Lösung zu Aufgabe 15:

Bei der Gestaltung ihrer Absatzpreise sind die Unternehmen grundsätzlich frei. Verfügt ein Unternehmen jedoch über eine marktbeherrschende Stellung und nutzt es diese „missbräuchlich“ aus, z.B. indem es wesentlich überhöhte Preise veranschlagt, kann das Bundeskartellamt eine Preissenkung verlangen. Für die Beurteilung, ab wann ein Preis als „wesentlich“ überhöht einzustufen ist, werden folgende Konzepte verwendet:

- Nach dem „Vergleichsmarkt-Konzept“ wird versucht, einen hypothetischen Wettbewerbspreis zu ermitteln, indem man von den Verhältnissen auf einem anderen, in seinen Rahmenbedingungen und Kostenstrukturen ähnlichen Markt ausgeht. Dieses Konzept scheitert allerdings häufig an der schwierigen Vergleichbarkeit der Märkte.

- Das „Kosten-Konzept“ dient dazu herauszufinden, ob die Preise die jeweiligen Kosten „missbräuchlich stark“ übersteigen. Das Problem hierbei besteht bereits bei der Ermittlung der Kosten, welche eine verursachungsgerechte Zurechnung von Gemeinkostenanteilen wie beispielsweise den Forschungs- und Entwicklungskosten erfordert.

Lösung zu Aufgabe 16:

Eine kostenorientierte Preissetzung wird sowohl bei Handelsunternehmen als auch im Industriebereich in der Weise vorgenommen, dass ein „angemessener“ Gewinnaufschlag auf die Selbstkosten je Stück (Stückkosten) verrechnet wird. Naturgemäß setzen sich die Selbstkosten in den verschiedenen Sektoren auch aus unterschiedlichen Komponenten zusammen. Die jeweilige Kalkulation kann schematisch wie folgt dargestellt werden:

Handel		**Industrie**
Listenpreis (ohne MwSt.)		Materialkosten
– Rabatte und sonstige Konditionen		+ Fertigungskosten
= Einkaufspreis		= Herstellkosten
+ Bezugskosten		+ Verwaltungs- und Vertriebskosten
= Einstandspreis		= **Selbstkosten**
+ Kalkulationsspanne ■	} Handelsspanne	+ Gewinnspanne
= **Selbstkostenpreis**	} Handelsspanne	= Nettoverkaufspreis
+ Gewinnspanne ■	} Handelsspanne	+ MwSt.
= Nettoverkaufspreis		= Bruttoverkaufspreis
+ MwSt.		
= Bruttoverkaufspreis		

Lösung zu Aufgabe 17:

Das „magische Dreieck der Preispolitik“ kennzeichnet das Spannungsfeld, in dem sich die unternehmerische Preissetzung bewegt. Die Preispolitik wird beeinflusst von den Kosten einerseits sowie von der Marktsituation (Verhalten der Konkurrenz und der Nachfrager) andererseits.

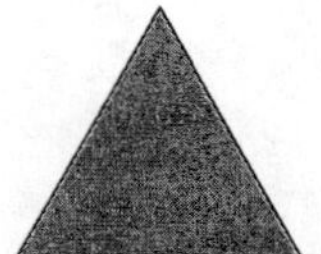

Hebt ein Anbieter den Selbstkostenaspekt hervor, betreibt er kostenorientierte Preispolitik. stehen hingegen Kunden und Konkurrenz im Mittelpunkt seiner Überlegungen, handelt er marktorientiert.

Lösung zu Aufgabe 18:

Der Verbraucherrabatt wird im Gesetz über Preisnachlässe (RabattG) geregelt. Demnach darf der Händler dem (End-) Verbraucher maximal einen Preisnachlass von 3 % des ursprünglichen Verkaufspreises einräumen.

Ein Verbraucherrabatt wird häufig auch in Form von Zugaben (versteckte Rabatte) oder besonderer Lieferungs- oder Zahlungsbedingungen gewährt. Die häufigste Variante sind jedoch die Rabattmarken oder der Barzahlungsrabatt (z.B. 3 % bei Barzahlung).

Basis der Rabattgewährung ist der „Hauspreis", der vom empfohlenen Preis des Herstellers abweichen kann und allen Kunden gewährt werden muss. Ferner betrifft der Verbraucherrabatt „nur" Waren des täglichen Bedarfs, worunter aber fast alles fällt: Autos, Küchen, nicht jedoch Segeljachten.

Eine Variante ist der Sonderrabatt für Mitarbeiter (Personalrabatt), Behörden und andere Großverbraucher.

Lösung zu Aufgabe 19:

Der Sachverhalt, dass bei einem teuren Produkt auch teure Zusatzleistungen verkauft werden können, liegt an der subjektiven Wahrnehmung der Preise. Die subjektive Preisskala des Konsumenten ist logarithmisch, was bedeutet, dass prozentual gleiche Preisdistanzen unabhängig vom Preisniveau auch gleich wahrgenommen werden. Der Preisunterschied von 1.- DM zu 1.10 DM (10 %) wird folglich subjektiv genauso empfunden wie die Differenz von 20000.- DM zu 22000.- DM (10 %). Der Konsument wird daher bei einem bereits hohen Grundpreis im selben Maße auch bereit sein, vergleichsweise teure Extras hinzuzukaufen (z.B. Schiebedach zum Auto).

Lösung zu Aufgabe 20:

Das Nachfrageverhalten der Konsumenten eines Marktes kann mittels einer Preis-Absatzfunktion beschrieben werden. Diese Funktion stellt einen Zusammenhang zwischen der nachgefragten Menge und dem jeweils durchsetzbaren Preis her. Die einfachste Gestalt einer Preis-Absatzfunktion ist ein linear fallender Verlauf, so dass mit zunehmender Absatzmenge der dafür zu erzielende Preis abnimmt. Von besonderem Interesse sind dabei die beiden „Endpunkte" dieser Geraden.

Der Prohibitivpreis ist der Preis, zu dem gerade nichts mehr verkauft werden kann. Er stellt damit die Obergrenze des Preisspielraums dar. Die Sättigungsmenge ist die maximale, bei einem Preis von Null abzusetzende Menge („Freibier").

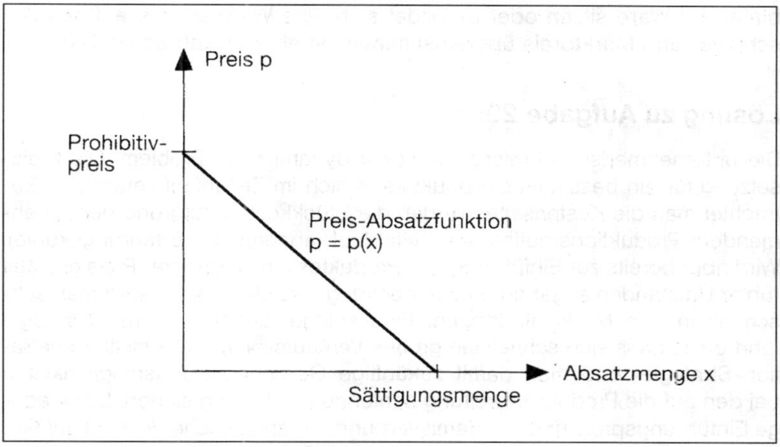

Lösung zu Aufgabe 21:

Der Zusammenhang steigender Gesamtkosten und gleichzeitig fallender Stückkosten ist nur dann gegeben, wenn die Zunahme der Gesamtkosten auf eine Mengenausdehnung zurückzuführen ist. Bei einer Ausdehnung der Produktionsmenge steigen die Gesamtkosten aufgrund des Mehrverbrauchs. Die Herstellkosten je Stück nehmen allerdings ab, da sich die Fixkosten nun auf mehr Einheiten verteilen können (Fixkostendegression). Streng genommen muss dabei noch unterstellt werden, dass die variablen Kosten mit zunehmender Herstellmenge nicht überproportional zunehmen. In diesem Fall könnte die relative Kostenzunahme den Effekt der Fixkostendegression kompensieren.

Ist die Zunahme der Gesamtkosten nicht auf die Mengenausweitung, sondern beispielsweise auf eine Preissteigerung der Werkstoffe zurückzuführen, werden die degressiven Stückkosten in relativ gleichem Umfang wie die Gesamtkosten zunehmen.

Lösung zu Aufgabe 22:

Ein Zuschlagspreis wird ermittelt durch einen „angemessenen" Gewinnaufschlag auf die Selbstkosten. Eine solche kostenorientierte Preispolitik missachtet allerdings die Kopplung von Marktpreis und Absatzmenge. Dies kann dazu führen, dass die Erwartungen eines Anbieters enttäuscht oder auch übertroffen werden. Der Anbieter kalkuliert seinen Preis auf der Grundlage einer geschätzten Absatzmenge und der dabei entstehenden Stückkosten. Die tatsächlich realisierbare Absatzmenge ist allerdings wiederum vom Preis abhängig, so dass möglicherweise zum kalkulierten Preis mehr (weniger) verkauft werden kann. Entweder bleibt also der Anbieter auf Ware sitzen oder es bildet sich eine Warteschlange. Dass Zuschlags- und Marktpreis übereinstimmen, ist eher unwahrscheinlich.

Lösung zu Aufgabe 23:

Die unternehmerische Preispolitik ist ein dynamisches Problem: Die Preissetzung für ein bestimmtes Produkt kann sich im Zeitablauf verändern. Betrachtet man die Kostenseite, werden die Stückkosten aufgrund der zunehmenden Produktionsroutine im Zeitablauf abnehmen (Erfahrungskurve). Wird aber bereits zur Einführung des Produktes ein niedrigerer Preis gewählt (unter Umständen sogar auf Kostendeckung verzichtet), kann wird man sehr schnell in den Markt eindringen. Eine solche Einführungspreis-Strategie führt dazu, dass sich schnell ein großes Verkaufsvolumen einstellt (Penetration-Strategie) und man damit zukünftige Gewinnerzielungsmöglichkeiten bei den auf die Produktverbreitung achtenden Imitatoren sichert. Der niedrige Einführungspreis und der damit verbundene anfängliche Verzicht auf Gewinn kann als „Investition in die Markterschließung“ bezeichnet werden.

Lösung zu Aufgabe 24:

Die „logarithmische Preiswahrnehmung“ bedeutet, dass prozentual gleiche Preisdifferenzen, unabhängig vom jeweiligen Preisniveau, als gleichbedeutend wahrgenommen werden. Eine Preisänderung von 1.- DM auf 1.10 DM (dp/p = 10 %) wird folglich genauso eingestuft wie die Änderung von 20000.- DM auf 22000.- DM (dp/p = 10 %). Für die absolute Wahrnehmungsänderung dR gilt folglich:

$$dR = k \cdot \frac{dp}{p} \text{ mit } k = \text{Proportionalitätskonstante}$$

bzw. für die Preiswahrnehmung R ergibt sich durch Integralbildung:

$$R = k \cdot \log(p) + K \text{ mit } K = \text{Integrationskonstante.}$$

Dieser Zusammenhang führt dazu, dass in einer „psychologisch äquidistanten“ Produktlinie die absoluten Preisunterschiede der einzelnen Produkte immer größer werden. Die relativen Preisdistanzen bleiben dabei allerdings konstant, wie auch das folgende Beispiel von 5 Produkten, beginnend bei einem Preis von 100 DM und den konstanten psychologischen Preisdifferenzen von je 10 %, verdeutlicht:

Produkt	Preis (p)	absolute Preisänderung (dp)	relative Preisänderung (dp/p)
1	100.00 DM	10,00 DM	10 %
2	110.00 DM	11,00 DM	10 %
3	121.00 DM	12,10 DM	10 %
4	133.10 DM	13,31 DM	10 %
5	146,41 DM		

Lösung zu Aufgabe 25:

Erfolgt die Preissetzung eines Unternehmens in Form eines Aufschlages auf die Selbstkosten, spricht man von kostenorientierter Preissetzung. Dabei soll sichergestellt werden, dass die Preise – zumindest langfristig gesehen – nicht die Selbstkosten unterschreiten, weil nur so Gewinne erzielt werden können. Eine kostenorientierte Preispolitik ist allerdings sehr problematisch, da sie die tatsächliche Nachfragesituation am Markt nicht berücksichtigt: In der trügerischen Gewissheit, dass die Preise entsprechend kalkuliert werden, könnte die Wirksamkeit des Kostenmanagements nachlassen und es zu Preisen kommen, die der Markt nicht „hergibt". Es sollte deshalb – in Form einer marktorientierten Preissetzung – die Preisbereitschaft der Nachfrager und das Verhalten der Konkurrenz ins Zentrum der Überlegungen gerückt werden. Selbstverständlich darf auch hier die Prämisse, dass die Selbstkosten – auf längere Sicht gesehen – gedeckt sein müssen, nicht vernachlässigt werden: So kann anhand des Gewinnes, der aus der marktorientierten Preissetzung resultiert, abgeleitet werden, ob die Kosten ein tolerierbares Maß haben. Wenn nicht, können nicht die Preise erhöht, sondern es müssen die Kosten gesenkt werden.

Lösung zu Aufgabe 26:

Laut § 20, 4 GWB sind Verkäufe unter Einstandspreis nur noch sehr beschränkt erlaubt: Sofern ein Händler gegenüber seinen „kleinen und mittleren Wettbewerbern" eine „überlegene Marktmacht" hat, darf er nur „gelegentlich" und auch nur, wenn es „sachlich gerechtfertigt" ist, unter Einstandspreis verkaufen. Beabsichtigt wurde mit dieser Forderung, kleine und mittlere Handelsunternehmen vor der Macht großer, kapitalkräftiger Handelskonzerne zu schützen: Diese könnten – unter bewusster Inkaufnahme von Verlusten – so lange unter Einstandspreis verkaufen, bis alle kleinen Händler vom Markt verschwunden sind und danach die Preise nahezu beliebig erhöhen. Problematisch sind bei diesem Verbot allerdings die unscharf formulierten Bezeichnungen, wie „kleine und mittlere Wettbewerber", „überlegene Marktmacht", „gelegentlich" und „sachlich gerechtfertigt", die unterschiedlich ausgelegt werden können und damit zu einer unsicheren Rechtslage führen. Zudem muss das betroffene Unternehmen den Beweis führen, dass seine Verkäufe nicht gegen das Verbot verstoßen bzw. sachlich gerechtfertigt sind, was ordnungspolitisch bedenklich ist. Andererseits existiert eine Fülle sachlich gerechtfertigter Gründe (z.B. Fehleinschätzung der Marktlage, Modellwechsel, Liquiditätsprobleme, Wal Mart), auf die man zur Argumentation zurückgreifen kann. Darüber hinaus muss bedacht werden, dass die sog. „kleinen und mittleren" Wettbewerber meist Mitglieder mächtiger Kooperationen sind (z.B. Edeka) und damit dem Treiben der großen Unternehmen gar nicht so hilflos gegenüberstehen wie es auf den ersten Blick scheint.

Lösung zu Aufgabe 27:

Im Deutschen Markengesetz (DMG) ist – basierend auf einer EU-Richtlinie – geregelt, dass ein Hersteller die Verfügungsgewalt über seine Markenprodukte auch dann nicht verliert, wenn er sie in Verkehr gebracht und damit das Eigentum übertragen hat (§24,2 DMG). Hiervon begünstigt ist die internationale Preisdifferenzierung der Hersteller, wobei allerdings der Geltungsbereich dieses Markenrechts eingeschränkt ist: Wird die Ware zum Zwecke des Arbitragegewinns von Reimporteuren aus Ländern, die nicht innerhalb des Europäischen Wirtschaftsraums liegen, in Ländern innerhalb des EWR in den Verkehr gebracht, so greift das Markenrecht, und der Hersteller kann Unterlassungs- und Schadensersatzansprüche geltend zu machen. Das Markenrecht findet jedoch keine Anwendung (und ist damit „erschöpft"), wenn der Reimporteur zwischen Ländern innerhalb des EWR tätig ist, da innerhalb des EWR der Handel frei ist.

Dem Interesse des Herstellers an der Durchsetzung einer nach Preiselastizität differenzierten Preispolitik in den verschiedenen Ländern bzw. Ländergruppen steht das Interesse der Händler (und Käufer) nach einem liberalisierten Welthandel entgegen. Das DMG bevorzugt einseitig die Hersteller sowie die Touristen, die sich außerhalb des EWR „eindecken" können. Auf Dauer dürfte sich eine weltweite Ausdehnung der Erschöpfung nicht verhindern lassen: Auch hier werden die Marktkräfte den Schutzwall überwinden und dort zu Preissenkungen führen, wo die Einkommen hoch und deshalb der Betrag der direkten Preiselastizität niedrig ist.

Lösung zu Aufgabe 28:

$G = U - K = (a + b \cdot x) \cdot x - (m + n \cdot x) = a \cdot x + b \cdot x^2 - m - n \cdot x$

$\frac{dG}{dx} = a - 2 \cdot b \cdot x - n$

im Gewinnmaximum gilt:

(1) $G = 300 \cdot 26 + b \cdot 26^2 - 0 - n \cdot 26 = 7800 + 676 \cdot b - 26 \cdot n = 3380$

(2) $\frac{dG}{dx} = 300 - 2 \cdot b \cdot 26 - n = 300 - 52 \cdot b - n \overset{!}{=} 0$

aus (2) $n = 300 - 52 \cdot b$

in (1) $7800 + 676 \cdot b - 26 \cdot (300 - 52 \cdot b) = 3380$

$676 \cdot b = 3380$

$b = 5, n = 300 - 52 \cdot 5 = 40$

Die Preis-Absatzfunktion lautet: $p = 300 - 5 \cdot x$,

die Kostenfunktion lautet: $K = 40 \cdot x$

Arbeitsaufgaben und Lösungen zum 16. Kapitel Die Kommunikationspolitik
(Absatzplanung III)

1. Aufgabe

Das größte Werbebudget ist das beste.

Nehmen Sie anhand einer graphischen Analyse Stellung zu dieser Aussage!

2. Aufgabe

Beschreiben und kritisieren Sie Verfahren zur Werbeerfolgsprognose!

3. Aufgabe

Was ist ein AIDA-Katalog?

4. Aufgabe

Aus welchen Elementen besteht die Werbeplanung?

5. Aufgabe

Warum ist die Marktanteilsanalyse besser zur Werbeerfolgskontrolle geeignet als die Absatzanalyse?

6. Aufgabe

Was verstehen Sie unter „Werberendite“ und „kritischem Streuerfolg“?

7. Aufgabe

Inwieweit ist Werbung

a) Quelle der Information

b) Ursache der Manipulation?

8. Aufgabe

Was versteht man unter „Konditionierung durch Werbung“?

9. Aufgabe

Beschreiben Sie kurz die klassischen Elemente des Kommunikations-Mix!

10. Aufgabe

Beschreiben Sie humorige Werbung unter dem Gesichtspunkt der Aktivierungsreize!

11. Aufgabe

Beschreiben Sie das Tausender-Kontaktpreis-Kriterium als Grundlage der Streuplanung!

12. Aufgabe

Vergleichende Werbung in Deutschland: Was ist erlaubt, was ist verboten?

13. Aufgabe

Erläutern Sie UWG und Werbefreiheit!

14. Aufgabe

Nennen Sie die Zusammensetzung und Aufgaben des Deutschen Werberats.

15. Aufgabe

Erläutern Sie Carry-over- und Spill-over-Effekt!

16. Aufgabe

Nehmen Sie kritisch zu den in der Praxis üblichen Verfahren zur Werbebudgetplanung Stellung!

17. Aufgabe

Gefühle sind das trojanische Pferd der Werbung (Werner Kroeber-Riel). Nehmen Sie dazu Stellung!

18. Aufgabe

Beschreiben Sie die Bedeutung von Bezugspersonen in der Werbung!

19. Aufgabe

Erläutern Sie die Bedeutung der selektiven Wahrnehmung in der Werbung! Was kann man dagegen tun?

20. Aufgabe

Gefühle zwischen Aktivierung und Ablenkung: Kann man Orientierungsreaktionen wirksam auslösen?

21. Aufgabe

Die Diskussion um echte und unechte Bedürfnisse ist müßig. Was halten Sie von dieser Aussage?

22. Aufgabe

Wenn Du einen Dollar in ein Unternehmen steckst, musst Du einen zweiten bereit halten, um es bekannt zu machen (Henry Ford I).

Erläutern Sie diese Aussage!

23. Aufgabe

Was ist Telefon-Marketing, und wo liegen die rechtlichen Grenzen?

24. Aufgabe

Was bedeutet „Corporate Identity", woraus setzt sie sich zusammen, und in welchem Verhältnis steht sie zur Öffentlichkeitsarbeit eines Unternehmens?

25. Aufgabe

In welchem Umfang dürfen „Öffentlich-Rechtliche" und „Private" Werbung im Fernsehen schalten?

26. Aufgabe

Was ist Zapping, und was können die Werbetreibenden dagegen tun?

27. Aufgabe

Wieso kann das Tausender-Kontaktpreis-Kriterium dazu führen, dass auch Medien mit hohem Tausender-Kontaktpreis belegt werden?

28. Aufgabe

Der Recall-Test zur Messung der Werbewirkung.

29. Aufgabe

In einer „Amtlichen Bekanntmachung der Stadt Tübingen" teilt das Bürgermeisteramt unter der Überschrift „Verteilung von Werbebeilagen" unter anderem mit: „In unserer Konsumgesellschaft ist häufig nicht der notwendige Bedarf, sondern die Werbung der Motor für Einkaufsverhalten und Geschäftsumsätze." Nehmen Sie Stellung zu dieser Behauptung!

30. Aufgabe

Was fasst man unter dem Begriff „Werbung below the line" zusammen?

31. Aufgabe

Möglichkeiten und Grenzen der Online-Werbung

32. Aufgabe

Möglichkeiten und Grenzen des Online-shopping.

33. Aufgabe

Was bietet das Online-shopping dem hybriden Käufer?

34. Aufgabe

Was versteht man unter dem Berührungserfolg in der Werbung?

Warum ist er eine notwendige, aber keine hinreichende Bedingung?

35. Aufgabe

Für eine Anbieter gilt die Werbekostenfunktion

$$W = \frac{8}{32} x^2$$

und die Produktionskostenfunktion

$$K = 2 + 0{,}5x.$$

Den Marktpreis in Höhe von

$$p = 2$$

kann er nicht beeinflussen.

Wie groß ist seine gewinnmaximale Absatzmenge, und wie lautet das zugehörige Werbebudget? Inwieweit ändern sich beide, wenn eine proportionale Werbesteuer

$$WSt = 0.2 \cdot W$$

gezahlt werden muss?

Welchen Einfluss hat die Werbesteuer auf den Gewinn?

36. Aufgabe

Über eine Postwurfsendung wurden 100 000 Haushalte mit der Bestellbroschüre Schibo versogt. Die Kosten der Aktion (einschließlich Druck und Zustellung) beliefen sich auf 0.35 DM je Haushalt; erfahrungsgemäß erzielt Schibo je Bestellung einen Gewinn von durchschnittlich 4,- DM. Wie viele Haushalte müssten eine Bestellung aufgeben, damit Schibo gerade „keine roten Zahlen" schreibt? Wie nennt man die von Ihnen ermittelte Kenngröße in der Werbeplanung? Wann kann Sie auch bei Zeitungswerbung ermittelt werden?

37. Aufgabe

Die Tabakindustrie argumentiert, dass Werbung nicht zum Rauchen verführt. Warum stemmt sie sich dann gegen ein Werbeverbot?

Lösung zu Aufgabe 1:

Grundsätzlich ermöglicht die Vergrößerung des Werbebudgets eine Verschiebung der Nachfragefunktion nach rechts.

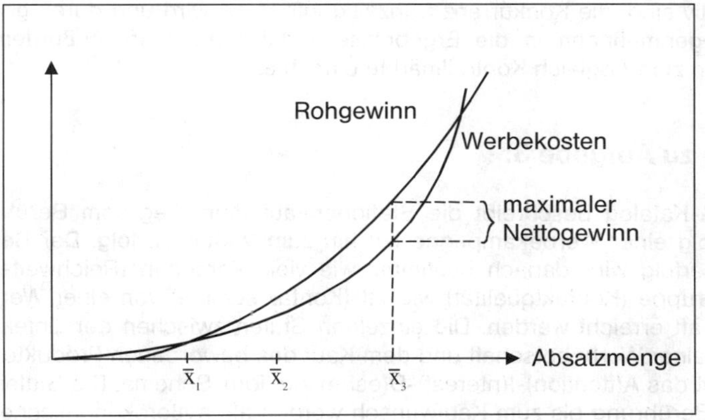

Dabei ist freilich zu beachten, dass die gewinnmaximale Preis ($\overline{p}$)-Mengen ($\overline{x}$)-Kombination einer weiter rechts liegenden Nachfragefunktion nur mit überproportional steigendem Werbebudget zu erreichen ist: Es wird immer schwieriger, zusätzliche Käufer zu gewinnen, wenn man schon viele beliefert; die beigefügte Graphik zeigt das beispielhaft für die Abfolge der gewinnmaximalen Mengen $\overline{x}_1$, $\overline{x}_2$ und $\overline{x}_3$. Zwar steigt auch der Rohgewinn (ohne Abzug der Werbekosten), letztlich aber weniger stark. Das optimale Werbebudget liegt bei $\overline{x}_3$: Hier ist die Differenz zwischen Rohgewinn und Werbekosten – und damit der Nettogewinn – am größten. Eine noch größere Absatzmenge würde einen starken Anstieg der Werbekosten verursachen und zu einer Reduzierung des Nettogewinns führen bis schließlich die Werbekosten sogar den Rohgewinn übersteigen.

Lösung zu Aufgabe 2:

Im Rahmen der Werbeerfolgsprognose wird versucht, mittels „Pretests" die Erfolgsträchtigkeit einer Werbemaßnahme abzuschätzen. Im einzelnen können Laborexperimente (künstliche Rahmenbedingungen) oder Feldexperimente (natürliche Rahmenbedingungen) durchgeführt werden. Häufig in Labortests eingesetzte Verfahren sind Assoziationstests, Schnellgreifbühnen, Blickaufzeichnungsverfahren etc. Ein grundsätzliches Problem liegt allerdings darin, dass im Labor nur die Aufmerksamkeitswirkung einer Werbung oder bestenfalls die Kaufbereitschaft erfasst werden kann. Inwieweit die jeweilige Maßnahme dann tatsächlich zu einem (ökonomischen) Werbeerfolg führt – also das beworbene Produkt tatsächlich gekauft wird – ist unklar. Im Rahmen von Feldexperimenten werden in regional begrenzten Verkaufsgebieten (Testmärkte) unterschiedliche Werbekampagnen durchgeführt. Man kann daraus ableiten, welche Kampagne die voraussichtlich größte Verkaufswirkung entfaltet. Problematisch dabei ist aber, dass die Testmärkte in der Regel nicht repräsentativ sind, die Konkurrenz frühzeitig informiert wird und durch gezielte Gegenmaßnahmen die Ergebnisse verfälschen kann. Außerdem sollte man zum Abgleich Kontrollmärkte einrichten.

Lösung zu Aufgabe 3:

Der AIDA-Katalog beschreibt die Stationen auf dem Weg vom Berührungserfolg einer Werbekampagne bis hin zum Verkaufserfolg. Der Berührungserfolg wird danach bestimmt, wie viele Personen (Reichweite) der Zielgruppe (Kontaktqualität) wie oft (Kontaktsumme) von einer Werbebotschaft erreicht werden. Die einzelnen Stufen zwischen der „Infektion" mit einer Werbebotschaft und dem Kauf des beworbenen Produktes beinhaltet das A(ttention)-I(nterest)-D(esire)-A(ction)-Schema. Die Stufen von der Berührung bis zum Kaufwunsch werden als außerökonomischer

Werbeerfolg bezeichnet. Erst der Kauf des Produkts stellt dann auch einen ökonomischen Erfolg dar.

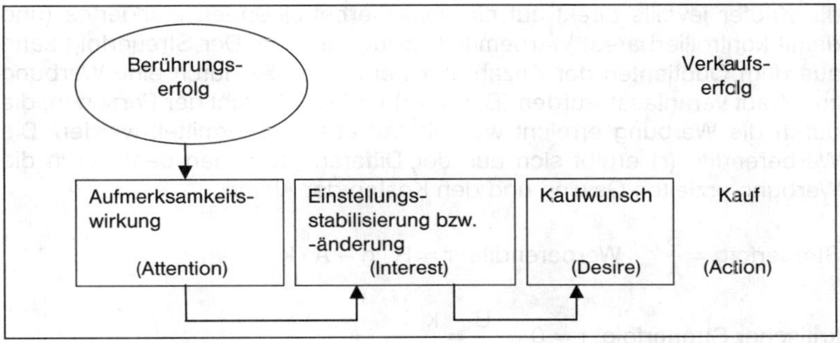

Lösung zu Aufgabe 4:

Die Werbeplanung umfasst zwei Dimensionen. Zunächst muss der Umfang des bereitzustellenden Werbebudgets festgelegt werden; anschließend wird bestimmt, auf welche Werbeträger dieses Werbebudget aufgeteilt werden soll. Letzteres wird häufig auch als „Streuplanung" bezeichnet. Die Zielsetzung der Werbeplanung liegt darin, sowohl die Höhe als auch die Aufteilung des Werbebudgets so zu gestalten, dass nicht nur die Kosten der Werbeaktion selbst gedeckt werden, sondern durch die zusätzlichen Umsätze ein möglichst großer Nettogewinn bleibt. Streng genommen müssen Budget- und Streuplanung simultan durchgeführt werden: Welches Budget gewinnmaximal ist, hängt von seiner Aufteilung ab und umgekehrt. In der Praxis werden hingegen beide Planungsschritte sukzessiv durchgeführt: Das Problem ist zu kompliziert.

Lösung zu Aufgabe 5:

Ein häufig auftretendes Problem bei der Bewertung einer Werbekampagne stellen die exogenen Einflussfaktoren dar. Störgrößen, wie z.B. die Witterung, können eine Veränderung des Absatzes bewirken, die dann zu Unrecht der Werbeaktion zugeschrieben wird. Die reine Betrachtung der Absatzzahlen (Absatzanalyse) kann daher verfälschte Ergebnisse liefern. Eine Analyse der Marktanteilsveränderung ist hier ein besseres Instrument der Werbeerfolgskontrolle. Wird während der Werbeaktion, etwa aufgrund des schlechten Wetters, ein Absatzrückgang beobachtet, so kann die Aktion dennoch als Erfolg beurteilt werden, wenn der Absatz bei den Konkurrenten noch stärker zurückgegangen ist. Der eigene Marktanteil ist dann gestiegen.

Lösung zu Aufgabe 6:

Die Messung des Streuerfolgs einer Werbeaktion ist dann möglich, wenn die Käufer jeweils direkt auf ein vom Werbetreibenden markiertes (und damit kontrollierbares) Werbemittel Bezug nehmen. Der Streuerfolg kann aus dem Quotienten der Anzahl der Personen, die durch eine Werbung zum Kauf veranlasst wurden (Besteller) und der Anzahl der Personen, die durch die Werbung erreicht wurden (Adressaten), ermittelt werden. Die Werberendite (r) ergibt sich aus der Differenz zwischen dem durch die Werbung erzielten Gewinn und den Kosten der Aktion.

Streuerfolg $= \frac{B}{A}$ Werberendite: $r = B \cdot g - A \cdot k$

kritischer Streuerfolg: $r = 0 \Rightarrow \frac{B}{A} = \frac{k}{g}$

mit: A = Anzahl der Adressaten B = Anzahl der Besteller
k = Kosten je Adressat g = Gewinn je Bestellung

Ein „kritischer Streuerfolg" ist dann erreicht, wenn die Werberendite gleich Null ist. Der durch die Werbeaktion erzielte Gewinn deckt gerade noch die Kosten der Werbeaktion. Der Streuerfolg entspricht hier genau dem Verhältnis aus Stückwerbekosten (k) und Stückgewinn (g).

Lösung zu Aufgabe 7:

a) Die Notwendigkeit der Werbung wird häufig damit begründet, dass sie dem Verbraucher in den Massenmärkten einen Überblick verschafft (Sprachrohr). Die Eignung der Werbung als Informationsquelle muss allerdings relativiert werden. Es werden lediglich verkaufsfördernde „positive" Informationen – oft in Form von Bildern statt Texten – werblich verwendet. Darüber hinaus zielen die Informationen meist darauf ab, den Produkten einen psychologischen Zusatznutzen zu verschaffen und problematische Kaufentscheidungen zu rechtfertigen.

b) Gegen den Vorwurf, die Werbung manipuliere den Verbraucher, indem sie ihm neue Bedürfnisse einrede, lassen sich eine Reihe von Argumenten anführen. Empirische Untersuchungen zeigen, dass die meisten Produktneueinführungen trotz massiver Werbung nicht durchsetzbar sind. Das Kaufverhalten wird weniger direkt durch die Werbung, als vielmehr durch das Konsumverhalten anderer Individuen beeinflusst (sozialer Druck). Darüber hinaus wird aufgrund des begrenzten Wahrnehmungsvermögens des Menschen (selektive Wahrnehmung) überhaupt nur ein geringer Teil der Werbung bewusst. Hierzu ist eine bereits bestehende Einstellung bzw. ein vorhandenes Bedürfnis Voraussetzung. Die Werbung kann folglich zwar neuen Bedarf schaffen, aber lediglich auf der Basis vorhandener Bedürfnisse.

Lösung zu Aufgabe 8:

Ein Produkt kann im Laufe der Zeit alleine schon dadurch eine positive Einschätzung erhalten, dass es von der Werbung immer wieder in einem angenehmen Umfeld präsentiert wurde. Das positive Wahrnehmungsklima (Beiwerk) überträgt sich mit zunehmender Wiederholung der Werbung auf das Produkt, so dass sogar seine sachlichen Eigenschaften „besser" beurteilt werden. Im Sinne der Schwerin-Kurve sollte das Beiwerk keinen negativen Gefühlston aufweisen, da dann schneller verdrängt und weniger gut behalten wird. Hinter der Konditionierung steht der Pawlow'sche Hund.

Lösung zu Aufgabe 9:

Das „Kommunikations-Mix" kennzeichnet das Zusammenwirken der von einem Unternehmen eingesetzten kommunikationspolitischen Instrumente. Diese lassen sich in folgende Bereiche einteilen:

- Mediawerbung: Hierzu zählen die Werbekampagnen in den Medien (Fernsehen, Rundfunk, Print-Medien, Plakate etc.).
- Verkaufsförderung (sales promotion): Diese umfasst die direkten Maßnahmen an den Verkaufsstellen des Handels wie z.B. Display-Material, Proben, Schaufenster etc.
- Direktwerbung: Sie kennzeichnet die Werbemaßnahmen, die sich unmittelbar an ausgewählte Konsumenten wenden (z.B. über die Post, das Telefon oder die Außendienstmitarbeiter).
- Öffentlichkeitsarbeit (public relations): Hier geht es um die Darstellung des Unternehmens als Ganzes, z.B. durch die Schaffung eines einheitlichen Erscheinungsbildes (corporate identity) und Betriebsbesichtigungen.
- Werbung „below the line": Diese neueren Varianten betreffen Product Placement, Event Marketing, Sponsoring und Licensing.

Lösung zu Aufgabe 10:

Für die Werbung ist es ein großes Problem, die „selektive Wahrnehmung" der Konsumenten zu umgehen. Eine häufig verwendete Methode dabei ist es, über kognitive oder emotionale Aktivierungsreize beim Konsumenten eine Orientierungsreaktion auszulösen. Die humorige Werbung kann als eine Mischung aus „gefühlsbetonten" (emotionalen) und „erkenntnisbetonten" (kognitiven) Aktivierungsreizen angesehen werden. Sie muss dabei aber in einem positiven Grundton gehalten und klar auf das Produkt bzw. das Humorverständnis der anzusprechenden Zielgruppe ausgerichtet sein.

Produktinformationen sollten nicht fehlen.

Lösung zu Aufgabe 11:

Die Aufgabe der Werbestreuplanung besteht in einer möglichst effizienten Aufteilung eines vorgegebenen Werbebudgets auf die zur Verfügung stehenden Werbemedien. Ein häufig verwendetes „Mediaselektionsmodell" ist das Tausender-Kontaktpreis-Kriterium: Für jedes Medium wird ermittelt, wieviel es kostet, mit einer Einschaltung tausend Nutzer zu erreichen (Tausender-Kontaktpreis). Es wird dann das Medium mit dem günstigsten Tausender-Kontaktpreis (TKP) so oft wie möglich belegt. Ist das Werbebudget noch nicht ausgeschöpft, so erfolgt die Belegung des Mediums mit dem zweitniedrigstem TKP usw. Das Tausender-Kontaktpreis-Kriterium ist allerdings problematisch. Es stellt sicher, dass die Kontaktsumme maximiert wird, was aber nichts darüber aussagt, wie viele Personen tatsächlich erreicht wurden. Mehrfachkontakte, bedingt durch externe oder interne Überschneidungen, werden wie Neukontakte gezählt. Eine Modifikation des Kriteriums besteht darin, den Tausender-Kontaktpreis nicht auf der Basis aller Nutzer, sondern lediglich der ins Auge gefassten Zielpersonen (z.B. Personen in leitenden Berufen) zu ermitteln. Es ergibt sich dann ein völlig anderer Belegungsplan. Ferner ist es möglich, die Belegungszahlen der Medien zu begrenzen: Es können dann mehr Medien belegt werden mit der Folge, dass die internen Überschneidungen zugunsten von Neukontakten zurück gehen; allerdings kann es mit den neu hinzukommenden Medien auch externe Überschneidungen geben. Die Kontaktsumme wird nun allerdings nicht mehr maximiert.

Lösung zu Aufgabe 12:

Vergleichende Werbung ist – infolge einer EU-Richtlinie – in Deutschland erlaubt. Sie könnte allerdings als irreführend im Sinne von §3 UWG eingestuft werden, wenn sie die folgenden Kriterien nicht erfüllt:

- Sie muss sich auf objektiv nachprüfbare und zugleich wesentliche Eigenschaften beziehen (auch: Preis)
- Der Vergleich muss Waren und Dienstleistungen gleicher Zweckbestimmung umfassen.
- Die Werbung darf weder anlehnend (Ausbeutung) noch herabsetzend (Verunglimpfung) ausfallen.
- Verwechslungen müssen ausgeschlossen sein.

Der Vergleich kann sich auf einzelne Wettbewerber oder die ganze Branche („Systemvergleich") beziehen.

Lösung zu Aufgabe 13:

In Deutschland dürfen die Unternehmen grundsätzlich nach eigenem Ermessen Werbung betreiben. Die Werbefreiheit wird aber – neben anderen Gesetzen und Verordnungen sowie der freiwilligen Selbstbeschränkung – vor allem durch das Gesetz gegen den unlauteren Wettbewerb (UWG) begrenzt.

Eine „sittenwidrige Werbung" gemäß §1 UWG liegt vor, wenn mittels Täuschung, Nötigung oder Belästigung „Kundenfang" betrieben oder wenn die Konkurrenz auf unbillige Weise behindert wird. Beispiele einer unzulässigen Behinderung sind Boykottaufrufe, Ruf- und Geschäftsschädigung sowie Abwerbung. Das Verbot „irreführender Werbung" beinhaltet §3 UWG. Dies betrifft hauptsächlich die Werbung mit Selbstverständlichkeiten oder falschen bzw. mehrdeutigen Angaben (mit Ausnahme von offensichtlich unrichtigen, „marktschreierischen" Aussagen) sowie die redaktionell gestalteten Werbeanzeigen. Von einer irreführenden Angabe wird grundsätzlich ausgegangen, wenn ein erheblicher – vom Einzelfall abhängiger – Teil des angesprochenen Publikums (etwa 15 %) zu einer von der Realität abweichenden Vorstellung mit „anlockender Wirkung" gelangt. Irreführend kann auch vergleichende Werbung sein, wenn sie die „Spielregeln" verletzt: Der Vergleich muss objektiv nachprüfbar sein und darf sich weder an die Konkurrenz anlehnen noch diese herabsetzen.

Lösung zu Aufgabe 14:

Der Zentralverband der Werbewirtschaft (ZAW) ist der Dachverband von 40 Verbänden der deutschen Werbewirtschaft und versucht, die Selbstdisziplin in der Werbewirtschaft zu verbessern. Die Mitglieder seines Präsidiums bilden den Deutschen Werberat. Er hat im wesentlichen zwei Aufgaben zu erfüllen:

- Bearbeitung von Einzelbeschwerden gegen Werbemaßnahmen im Bereich der Wirtschaftswerbung. Jedermann – auch die Konkurrenz – kann hier Beschwerde einlegen.
- Erarbeitung von allgemeinen Leitlinien und Verhaltensregeln für die Werbetreibenden.

Die Kompetenzen des Werberates umfassen allerdings lediglich die Möglichkeit, beanstandete Werbemaßnahmen öffentlich zu rügen. Darüber hinausgehende Sanktionen oder Verbote kann der Werberat nicht verhängen.

Lösung zu Aufgabe 15:

Die Wirkung einer Werbeaktion bleibt selten nur auf einen Zeitpunkt bzw. ein Produkt beschränkt. Vielmehr ist es so, dass eine Werbeaktion nicht nur den heutigen Absatz beeinflusst, sondern auch die zukünftige Verkaufsentwicklung fördert. Eine derartige Übertragung der Werbewirkung auch auf spätere Zeitpunkte wird als „Carry-over-Effekt“ bezeichnet.

Von „Spill-over-Effekten“ spricht man, wenn in einem Mehrproduktunternehmen die partielle Werbung für ein bestimmtes Produkt (z.B. 7er BMW) auf den Verkaufserfolg anderer Produkte in der Produktlinie positiv ausstrahlt (z.B. 5er BMW). Solche „Spill-over-Effekte“ können aber auch zwischen Produkten verschiedener Hersteller auftreten (z.B. Persil und Ariel).

Lösung zu Aufgabe 16:

In der Praxis wird der Umfang des Werbebudgets meistens durch den Werbemanager bzw. dessen Verhandlungen mit der Unternehmensleitung festgelegt. Als Grundlage hierzu dient häufig der Vorjahresumsatz oder auch die Konkurrenzwerbung, an deren Höhe man sich orientiert. Die angeführten Verfahren zur Festlegung des Werbebudgets sind allerdings äußerst zweifelhaft. Die Umsatzorientierung stellt die Zusammenhänge auf den Kopf, da nicht der Umsatz die Werbung, sondern die Werbung den Umsatz beeinflusst. Ebenso erscheint eine Konkurrenzorientierung unbrauchbar, da sie die Besonderheiten der eigenen Situation nicht berücksichtigt; außerdem gibt man so die Initiative ab. Die manchmal zu beobachtende Vorgehensweise, dass das Werbebudget – als Residualgröße nach Abzug aller sonstigen Marketingausgaben vom Etat – ermittelt wird, kann logisch überhaupt nicht begründet werden.

Lösung zu Aufgabe 17:

Die „selektive Wahrnehmung“ des Menschen bewirkt, dass er nur einen Bruchteil der (Werbe-)Eindrücke, die ihn erreichen, auch wahrnimmt. Vor allem solche Reize werden verarbeitet, die im Einklang mit „vertrauten Dingen“ (vorhandenen Bedürfnissen, Einstellungen etc.) stehen. Um diese „Mauer des begrenzten Wahrnehmungsvermögens“ zu durchbrechen, bedient sich die Werbung häufig der Gefühle. Es wird versucht, über emotionale Aktivierungsreize (z.B. sexuelle Appelle oder Kindchenschema) eine Orientierungsreaktion beim Beworbenen auszulösen. Die Werbung dringt mit diesem trojanischen Pferd in das Bewußtsein ein, um dann ihre eigentliche Botschaft – das beworbene Produkt – „auszupacken“. Problematisch ist, dass die emotionale Aktivierung häufig einen Ablenkungseffekt beinhaltet, so dass das emotionale Beiwerk zwar wahrgenommen wird, nicht jedoch die Werbebotschaft. Der Blick des Betrachters verharrt auf der Reiz-Abbildung, ohne auf die Produkt-Abbildung weiterzuwandern.

Lösung zu Aufgabe 18:

Ein Großteil der Menschen kann nicht direkt durch Werbung aktiviert werden. Sie orientieren sich vielmehr vorrangig am Verhalten ihrer Mitmenschen. Das beobachtete Kaufverhalten wird um so eher imitiert, je weiter das Produkt bereits verbreitet ist. Es steigt der „soziale Druck", das Produkt auch besitzen zu müssen. In der Werbung wird daher versucht, durch typische Bezugspersonen bzw. -situationen bestimmte Verhaltensweisen vorzustellen und auf diese Weise zur Nachahmung anzuregen. Häufig werden auch „Experten" oder „Prominente" verwendet, was die Glaubwürdigkeit erhöhen soll („Testimonial-Werbung"). Allerdings ist tatsächlich beobachtetes Verhalten anderer wesentlich wirkungsvoller als das in der Werbung vorgespiegelte, insbesondere wegen der vermuteten „Parteilichkeit" z.B. der Testimonials („werden dafür bezahlt").

Lösung zu Aufgabe 19:

Für die Werbung hat das begrenzte Wahrnehmungsvermögen der Menschen eine große Bedeutung. Nur ein Bruchteil der täglich auf ihn wirkenden Eindrücke wird von ihm bewusst registriert. Die meisten „unwichtigen" Informationen werden Opfer der selektiven Wahrnehmung und gelangen gar nicht erst ins Bewußtsein. Grundsätzlich werden von den Werbebotschaften vor allem diejenigen verarbeitet, die „vertraute Dinge" beinhalten.

Die Werbetreibenden versuchen deshalb, durch Aktivierungsreize beim Konsumenten eine Orientierungsreaktion auch für Botschaften, die ihn eigentlich nicht interessieren, auszulösen. Auf diese Weise soll Aufmerksamkeit erregt werden, um so die Werbebotschaft zu vermitteln. Aktivierungsreize sind in verschiedenen Formen gebräuchlich:

- Emotionale Aktivierungsreize setzen auf biologische Schlüsselreize wie Sexualität (Frauendarstellungen) und Aufzuchtinstinkt (Kindchenschema).
- Kognitive Reize bauen auf überraschende Aussagen, Wortspiele und Rätselüberschriften.
- Physische Reize bedienen sich z.B. der Farbgebung und Lautstärke.
- Humorige Werbung stellt eine Kombination aus emotionalen und kognitiven Aktivierungsreizen dar.

Lösung zu Aufgabe 20:

Werbung macht sich Gefühle zunutze, um die selektive Wahrnehmung zu unterlaufen. Es wird z.B. versucht, durch biologische Schlüsselreize (sexuelle Reize, Kindchenschema) beim Umworbenen eine Orientierungsreaktion auszulösen und so die Aufmerksamkeit auf die Werbebotschaft zu lenken. Der Weg, über derartige Aktivierungsreize ins Bewußtsein des Konsumenten vorzudringen, ist aber nicht unproblematisch. Die emotionale Aktivierung beinhaltet häufig einen Ablenkungseffekt, so dass das emotionale Beiwerk zwar wahrgenommen, die eigentliche Werbebotschaft jedoch nicht bewusst wird. Der Blick des Betrachters verharrt auf der Reiz-Abbildung, ohne auf die Produkt-Abbildung weiterzuwandern. Über Gefühle lassen sich also Orientierungsreaktionen auslösen; inwieweit diese auch wirksam im Sinne des werblichen Ziels sind, ist fraglich.

Lösung zu Aufgabe 21:

Der Werbung wird häufig vorgeworfen, sie schaffe neue „unechte" Bedürfnisse, oder stelle zumindest die Rangfolge der Bedürfnisse in einer unvernünftigen Weise um, weshalb sie insoweit verboten werden sollte. Grundsätzlich muss die Sinnhaftigkeit der Unterscheidung nach „echten" und „unechten" Bedürfnissen bezweifelt werden. Die Rangfolge der Bedürfnisse ist bereits vor einer Werbemaßnahme von einer Vielzahl von Einflüssen geprägt (frühere Werbung, Umwelt etc.), so dass kaum festzustellen ist, was letztendlich ein „echtes" Bedürfnis im Sinne von „ursprünglich" ist. Darüber hinaus beinhaltet die Unterscheidung immer auch ein Werturteil. Eine „unvernünftige" Bedürfnisrangfolge kann lediglich dann unterstellt werden, wenn sie gegen eine allgemein akzeptierte gesellschaftliche Norm verstößt. Ob Werbung grundsätzlich in der Lage ist, neue Bedürfnisse zu schaffen, muss schon unter dem Aspekt der selektiven Wahrnehmung stark bezweifelt werden. Es bedarf beim Konsumenten bereits vorher einer positiven Grundeinstellung zum Produkt, damit die Werbung überhaupt wahrgenommen wird. Werbung schafft keine neuen Bedürfnisse, aber ständig neuen Bedarf zur Befriedigung der vorhandenen (z.B. Sportgeräte für das Bedürfnis nach „Fitness").

Lösung zu Aufgabe 22:

Die Aussage Henry Fords beschreibt den Stellenwert der Werbung. Sie hat in den unübersichtlichen Massenmärkten die Funktion, den Verbraucher über die eigenen Angebote zu informieren. „Ein Produkt, das man nicht kennt, existiert nicht". Wird in einem Unternehmen investiert, so muss ebenso darauf geachtet werden, dass es auch einen ausreichenden Bekanntheitsgrad erlangt. Ob allerdings „jeder zweite Dollar" in die Werbung fließen sollte, ist fraglich. Bei der Bestimmung des Werbebudgets muss beachtet werden, dass mit zunehmender Absatzmenge die Hinzugewinnung eines weiteren Käufers nur mit überproportional steigenden Werbebudgets zu erreichen ist. Es gilt daher, den Nettogewinn (Rohgewinn abzüglich Werbekosten) nicht aus den Augen zu verlieren. Optimal zu werben bedeutet auch, sich zu beschränken.

Lösung zu Aufgabe 23:

Das Telefon-Marketing ist eine neue Form der Direktwerbung. Es sollen dabei ausgewählte Personen gezielt über das Telefon angesprochen werden. Angesichts der „überfüllten Briefkästen" verspricht man sich davon eine größere Aufmerksamkeitswirkung. Die Möglichkeiten sind allerdings rechtlich erheblich reglementiert. So darf ein Anbieter unaufgefordert nur solche Verbraucher anrufen, die ausdrücklich ihr Einverständnis gegeben haben; anderenfalls handelt es sich um ein unzulässiges Eindringen in die Privatsphäre. Im gewerblichen Bereich ist die Telefonwerbung ebenfalls grundsätzlich als unzulässige Störung des Geschäftsbetriebs verboten, es sei denn, man kann davon ausgehen, dass der Gewerbetreibende – z.B. bei Eilbedürftigkeit und bereits bestehenden Geschäftsbeziehungen – mit der telefonischen Ansprache einverstanden ist. Was für das Telefon gilt, gilt auch für FAX und Email.

Lösung zu Aufgabe 24:

Zielsetzung der Öffentlichkeitsarbeit eines Unternehmens (public relations) ist die eigene Darstellung als Ganzes gegenüber der interessierten Öffentlichkeit (Gemeinde, Medien, Lieferanten etc.). Ein zentraler Aspekt dabei ist die Schaffung eines einheitlichen Erscheinungsbildes und Auftretens des Unternehmens, sowohl nach innen wie auch nach außen. Eine solche „Corporate Identity" besteht aus einer Reihe von Maßnahmen. Dazu gehören insbesondere die Schaffung

- eines einheitlichen visuellen Erscheinungsbildes (Corporate Design),
- einer nach innen und außen gleichermaßen funktionierenden Kommunikation (Corporate Communication) sowie
- eines Verhaltens aller Unternehmensangehörigen, das dem Anspruch des Unternehmens gerecht wird (Corporate Behavior).

Lösung zu Aufgabe 25:

Der Umfang der Werbung im Fernsehen wird durch den Rundfunkstaatsvertrag geregelt. Demnach darf das Privatfernsehen, da es seine Einnahmen alleine aus der Werbung finanziert, zu jeder beliebigen Uhrzeit täglich bis zu zwanzig Prozent der Sendezeit für Werbung verwenden. Da sich das öffentlich-rechtliche Fernsehen aus Gebühren und Werbeeinnahmen mischfinanziert, ist hier die Werbung auf zwanzig Minuten täglich und die Zeit vor 20 Uhr beschränkt, wobei die 20-Uhr-Werbegrenze durch Sponsorenhinweise vor und nach bestimmten Sendungen klar unterlaufen wird.

Folge dieser Regelung ist, dass die Werbeagenturen die zuschauerstärkste „Prime Time" (18 bis 24 Uhr) zunehmend bei den privaten Sendern belegen, was zu Lasten des öffentlich-rechtlichen Fernsehens geht. Allerdings übersteigen die Gebühreneinnahmen von ARD und ZDF die gesamten Werbeeinnahmen aller Sender deutlich.

Lösung zu Aufgabe 26:

„Zapping" bedeutet, dass die Fernsehzuschauer am Beginn von Werbeblöcken auf andere Sender umschalten. Auf diese Weise wird gezielt die Werbung „umgangen" und die Zeit dazu genutzt, sich einen Überblick über die anderen Programme zu verschaffen. Besonders ausgeprägt scheint das „Zapping" bei Werbeblöcken zwischen Sendungen zu sein. Aus diesem Grund geht man zunehmend auf „Unterbrecherwerbung" über, wobei hier allerdings rechtliche Beschränkungen zu beachten sind.

Neben den Versuchen der Sender, ihre Werbeblöcke weitgehend zu synchronisieren, versucht die Werbewirtschaft, das Zapping-Problem auch durch das „Product-Placement" zu lösen. Hierbei werden Produkte in Spielfilmen oder Unterhaltungssendungen gezielt ins Bild gerückt, was nach dem Rundfunkstaatsvertrag jedoch verboten ist, es sei denn, das Produkt ist als Requisite handlungsbedingt unverzichtbar (z.B. das Auto des Krimi-Kommissars).

Lösung zu Aufgabe 27:

Das Tausender-Kontaktpreis-Kriterium dient dazu, ein vorgegebenes Werbebudget auf die zur Verfügung stehenden Medien aufzuteilen. Es wird dazu für jedes Medium der „Preis" bestimmt, um mit einer einmaligen Schaltung in dem Werbeträger eintausend Personen (Nutzer) zu erreichen. Wie oft welche Medien mit einer Werbeanzeige belegt werden, hängt dann von den Preisrelationen und dem Umfang des Werbebudgets ab. Es wird zunächst das Medium mit dem niedrigsten Tausender-Kontaktpreis (TKP) maximal belegt, dann das Medium mit dem zweitniedrigsten usw., bis das Budget erschöpft ist. Je größer das veranschlagte Werbebudget ausgelegt ist, um so eher werden auch Werbeträger mit vergleichsweise hohem Tausender-Kontaktpreis herangezogen.

Meist werden jedoch Medien mit hohen Tausender-Kontaktpreisen deshalb belegt, weil der TKP-Wert nicht auf Basis der Nutzer pro Ausgabe, sondern auf Basis der Zielpersonen pro Ausgabe ermittelt wird. Da die Zielpersonen immer nur eine Teilmenge der Nutzer sind, steigen die TKP-Werte. Ferner sind diese Teilmengen in den verschiedenen Medien unterschiedlich stark vertreten, weshalb es auch zu einer Umschichtung in der Medien-Rangfolge kommt: Medien, die auf Nutzer-Basis sehr günstig sind, können auf Zielpersonen-Basis relativ teuer werden.

Lösung zu Aufgabe 28:

Der Recall-Test gehört zu den Verfahren der Werbewirkungskontrolle, mit denen ex post Fehler der Vergangenheit identifiziert werden, um sie in der Zukunft vermeiden zu können. Allgemein gilt der Recall-Test als eine relativ einfache aber „strenge" Methode der Erfolgsmessung: Am Tage nach einem Werbespot wird eine Zufallsstichprobe von Telefonbesitzern angerufen und gefragt, ob sie am Vortag einen bestimmten Werbespot gesehen haben (gestützter Recall-Test) bzw. an welche Werbespots sie sich erinnern können (ungestützter Recall-Test).

Auf diese Weise können Aufmerksamkeitserfolge einer Werbekampagne und auch Veränderungen im Bekanntheitsgrad eines Produktes gemessen werden. Problematisch ist, dass allein die Erinnerungs-, nicht jedoch die Verkaufswirkungen von Kampagnen getestet werden können.

Lösung zu Aufgabe 29:

Der Werbung wird häufig vorgeworfen, sie manipuliere die Verbraucher, indem sie ihnen neue Bedürfnisse einrede. Dieser Vorwurf ist nicht berechtigt, vielmehr bleibt die Manipulationsmacht der Werbung begrenzt, wovon der empirische Befund zeugt, dass ein Großteil aller neuen Produkte am Markt nicht durchsetzbar ist. Der Mensch verfügt nur über ein begrenztes Wahrnehmungsvermögen: Von den Werbebotschaften werden vor allem diejenigen „verarbeitet", die mit den bisher schon vorhandenen Einstellungen und Bedürfnissen im Einklang stehen. Die Werbebeilagen können damit zwar auf der Basis vorhandener Bedürfnisse neuen Bedarf schaffen, aber keine völlig neuen Bedürfnisse wecken.

Ob dieser Bedarf notwendig ist oder nicht, sollte man aber nicht das Bürgermeisteramt entscheiden lassen. Solange es keine allgemein akzeptierten Normen gibt, setzt es sich notwendigerweise dem Vorwurf der Bevormundung der Bürger aus. Konsequenterweise wurde deshalb auch der Versuch von Gemeinden gerichtlich untersagt, Werbung – z.B. für Alkohol oder Autos – auf gemeindeeigenen Grundstücken zu untersagen. Gibt es jedoch eine gesellschaftliche Übereinkunft, sind Verbote zulässig, z.B. Rauschgift.

Im übrigen sollte sich jeder Bürgermeister über „Geschäftsumsätze" freuen, führen sie doch zu Arbeitsplätzen und Gewerbesteuereinnahmen. Besonders merkwürdig ist, wenn – wie bei Tabakerzeugnissen – Werbeverbote durch Anbausubventionen flankiert werden.

Lösung zu Aufgabe 30:

Werbung „below the line" dient als Sammelbegriff für neuere, nichtklassische Formen der Werbung. Darunter fallen:

- Product Placement: Produkte, Dienstleistungen und/oder Unternehmen werden als reale Requisiten in die Handlung eines „publizistischen Aussageteils", z.B. Filme, Reportagen, eingebunden. Diese Einbindung verhindert, dass der Zuschauer – wie bei Werbeblöcken – einfach den Sender wechselt. Nach dem Rundfunkstaatsvertrag ist diese Vorgehen verboten.

- Event-Marketing: Es werden firmen- und produktbezogene Veranstaltungen – oft mit Shows oder Künstlerauftritten – inszeniert, wobei die Botschaften des Veranstalters nicht überdeckt werden sollten. Ziel ist die emotionale Bindung der Zielgruppe an ihre Markenwelt. Um eine Breitenwirkung zu erreichen, sollten sie stets auch von Mediawerbung begleitet werden.
- Sponsoring: Gegen die Gewährung von Kommunikationsrechten übernimmt der Sponsor die Finanzierung oder sonstige Unterstützung einer Person, Organisation, Institution oder Aktivität aus seinem gesellschaftlichen Umfeld (häufig Sport und Kultur). Es handelt sich um ein Geschäft auf Gegenseitigkeit, wobei die Auswahl vom Tätigkeitsgebiet und der Zielgruppe des Sponsors abhängt. Besonderheiten des Sponsoring sind die nicht-kommerzielle Situation der Zielgruppenansprache sowie der Imagetransfer auf den Sponsor.
- Licensing: Im Vordergrund steht auch hier der Imagetransfer, allerdings nur von Namen, Symbolen, Figuren u.s.w. auf die Produkte des Licensing-Nehmers. Mögliche Varianten sind z.B. Charakter-Licensing (Mickey Mouse für Nestlé) oder Trademark-Licensing (Camel Herrenschuhe). Eine zu freigiebige Ausgabe von Lizenzen kann zu einer Verwässerung des Images führen.

Lösung zu Aufgabe 31:

Werbung im Internet ist auf verschiedene Arten möglich: So kann ein Unternehmen eine Homepage ins Netz stellen und/oder versuchen auf häufig besuchten Seiten das eigene Firmenlogo zu platzieren; verweist von dort ein Link auf die Homepage, spricht man von einem Banner. Das besondere der Online-Werbung ist ihr Abruf-Charakter, der ein besonderes Interesse („High involvement“) an der Botschaft voraussetzt. Zudem bietet sie – über Feed-back-Funktionen wie E-Mail – die Möglichkeit, vertiefende Auskünfte zu bekommen. Die Präsentation ist ständig aktualisierbar, multimedial und kann weltweit abgerufen werden; dabei fallen nur geringe Kosten an. Nachteilig ist, dass große Banner bzw. Graphiken die Ladezeit stark verlängern können, weshalb sie häufig durch Abschalten der Graphikfunktion ausgeschaltet werden.

Lösung zu Aufgabe 32:

Online-Shopping ist eine Alternative zum traditionellen Einkauf im Handel. Hersteller und Letztverbraucher sparen hierbei die Handelsspanne. Allerdings muss der Hersteller dafür seine Produktpalette multimedial im Internet präsentieren und die Auslieferung an den Kunden organisieren. Zudem könnte er einen Online-Kundendienst über E-Mail einrichten. Ladenschlusszeiten und Parkplatzprobleme gibt es nicht, außerdem kann der Kunde über Suchmaschinen auf Schnäppchenjagd gehen. Durch diese Transparenz entfällt für den Hersteller die Möglichkeit einer internationalen bzw. kundenspezifischen Preisdifferenzierung. Ein schwieriges Thema ist die Bezahlung über das Internet, weshalb weniger auf Kreditkarten, sondern auf konventionelle Zahlungsmittel zurückgegriffen wird. Der Kunde muss neben den eventuell hierfür anfallenden Gebühren noch Provider und Telefonkosten bezahlen und die Kosten für Hard- und Software tragen. Häufig beklagt wird der fehlende persönliche Kontakt, die begrenzte Beratung sowie fehlende Rechtssicherheit (Zahlungsverkehr, Allgemeine Geschäftsbedingungen, Haftung, Rücktrittsrecht).

Lösung zu Aufgabe 33:

Das Verhalten des hybriden Käufers umfasst folgende Facetten: Der Käufer erwirbt einen Markenartikel „komfortorientiert", also inklusive Beratung und Service, wenn das Produkt für ihn wichtig ist und er den Kauf als risikobehaftet empfindet. Wenn er hingegen beim Kauf eines wichtigen Produktes kein Risiko empfindet, weil er genau weiß, was er will, dann versucht er, den Markenartikel preiswert zu bekommen („Schnäppchenjagd"). Ein unwichtiges, aber notwendiges Produkt, dessen Kauf er als risikolos einstuft, wird er – als No name – schließlich möglichst billig einkaufen.

Online-Shopping bietet dem Käufer – aufgrund der Preistransparenz – eine gute Möglichkeit zur Schnäppchenjagd: Einkauf von Markenware möglichst günstig, aber ohne „Einkaufserlebnis". Zudem eignet sich auch der Billigkauf (von No names) für das Netz.

Lösung zu Aufgabe 34:

Das Werbebudget eines Unternehmens sollte so auf die einzelnen Werbeträger verteilt werden, dass der größte Verkaufserfolg resultiert. Da es in der Praxis nicht möglich ist, für alle Werbeträger a priori festzulegen, welcher Verkaufserfolg resultieren würde, muss ein anderer Maßstab genommen werden: Ein Werbebudget wird bereits dann als optimal aufgeteilt angesehen, wenn mit keiner anderen Aufteilung ein größerer Berührungserfolg erzielt werden könnte. Der Berührungserfolg bestimmt sich danach, wie viele Personen (Reichweite) wie oft (Kontaktsumme) erreicht werden, wobei die interessierenden Zielgruppen Berücksichtigung finden (Kontaktqualität). Die Realisierung eines möglichst großen Berührungserfolgs ist zwar ein wichtiges, keineswegs aber ein hinreichendes Ziel: Die Werbung sollte bei den „Berührten" zunächst die Aufmerksamkeit auf das Produkt lenken, Interesse dafür wecken, den Kaufwunsch hervorrufen und schließlich zum Kauf führen (AIDA-Regel). So lange sich der Verkaufserfolg nicht einstellt, spricht man von einem „außerökonomischen" Werbeerfolg.

Lösung zu Aufgabe 35:

$$G = U - K - W = 2 \cdot x - (2 + 0{,}5 \cdot x) - \frac{8}{32} \cdot x^2 = 1{,}5 \cdot x - 2 - \frac{8}{32} \cdot x^2$$

$$\frac{dG}{dx} = 1{,}5 - 0{,}5 \cdot x = 0, \text{ daraus folgt } x = 3 \quad W = 2{,}2 \quad G = 0{,}25$$

Bei einer proportionalen Werbesteuer WST = 0,2 W:

$$G = U - K - (1 + 0{,}2) \cdot W = 2 \cdot x - (2 + 0{,}5 \cdot x) - (1 + 0{,}2) \cdot \left(\frac{8}{32} \cdot x^2\right) = 1{,}5 \cdot x - 2 - 0{,}3 \cdot x^2$$

$$\frac{dG}{dx} = 1{,}5 - 0{,}6 \cdot x = 0, \text{ daraus folgt } x = 2{,}5 \quad W = 1{,}875 \quad G = 0{,}125$$

Bei Einführung einer Werbesteuer sinken sowohl die Absatzmenge als auch die Werbekosten. Aus dem ursprünglichen Gewinn von 0,25 wird ein Verlust von –0,125.

Lösung zu Aufgabe 36:

Die zu ermittelnde Kenngröße ist der kritische Streuerfolg: Der durch die Werbeaktion erzielte Gewinn deckt gerade noch die Kosten der Werbeaktion.

$$\frac{B}{A} = \frac{k}{g}$$

$$\frac{B}{100.000} = \frac{0{,}35}{4} \qquad B = \frac{0{,}35}{4} \cdot 100.000 = 8.750$$

8.750 Haushalte müssten eine Bestellung abgeben, dass Schibo keine „roten Zahlen" schreibt.

Der kritische Streuerfolg kann auch bei Zeitungswerbung ermittelt werden, sofern das Werbemittel entsprechend markiert ist und damit einen Rückschluss auf das Werbemittel zulässt.

Lösung zu Aufgabe 37:

Tatsächlich ist eine Verhaltenssteuerung durch Werbung nur in begrenztem Maße möglich. Sie kann jedoch vorhandene Bedürfnisse verstärken und auf dieser Basis neuen Bedarf schaffen. Während Tabakwerbung bei Nichtrauchern also kaum einen Effekt auslöst, kann sie bei Rauchern das Interesse an einer anderen Marke wecken. Für die Tabakindustrie würde ein Werbeverbot demnach bedeuten, dass sich die Marktanteile der etablieren Marken festigen, während neue Marken kaum noch Chancen hätten. Hinter dem Widerstand gegen das Werbeverbot steht folglich der Wunsch nach einer Änderung der Marktanteilssituation. Für diese Argumentation spricht auch die Tatsache, dass in den EU-Staaten, die das Werbeverbot in erster Linie durchsetzen wollen, das Tabakmonopol eine lange Tradition hat: Sie wollen dem Vormarsch der Großkonzerne mit ihrer Markenvielfalt entgegenwirken.

Arbeitsaufgaben und Lösungen zum 17. Kapitel Produkt-, Sortiments- und Servicepolitik, Vertriebspolitik
(Absatzplanung IV)

1. Aufgabe

Beschreiben Sie die Vor- und Nachteile von Produktinnovation und Produktimitation.

2. Aufgabe

Diskutieren Sie das Warenzeichen als produktpolitisches Instrument; gehen Sie dabei auch auf rechtliche Regelungen ein!

3. Aufgabe

Was versteht man unter einem Produktlebenszyklus; welche besonderen Probleme bieten Einführungs- und Degenerationsphase?

4. Aufgabe

Nach welchen Kriterien lässt sich ein Handelssortiment charakterisieren?

5. Aufgabe

Was versteht man unter Imagetransfer, und worin liegen seine Vor- und Nachteile?

6. Aufgabe

Beschreiben und vergleichen Sie die Absatzformen Reisender, Handelsvertreter, Kommissionär und Makler!

7. Aufgabe

Beschreiben und kritisieren Sie das Kostenvergleichsmodell zum Reisenden-Handelsvertreter-Einsatz!

8. Aufgabe

Welche Leistungen erbringt der Handel für den Hersteller? Erläutern Sie in diesem Zusammenhang den Transaktionskostenansatz!

9. Aufgabe

Forschung und Entwicklung stehen unter dem Dilemma des Time-Cost-Tradeoff.

Erläutern Sie diese Aussage!

10. Aufgabe

Technischer Fortschritt und Mode sind Antriebskräfte des Umsatzprozesses. Erläutern Sie die Zusammenhänge!

11. Aufgabe

Was verstehen Sie unter Nachfragemacht, worin liegt ihre besondere Problematik und worauf ist sie zurückzuführen?

12. Aufgabe

Die Stellung eines marktbeherrschenden Unternehmens lässt sich (...) leichter mit Hilfe der Produktvariation als der Preispolitik gewinnen (Erich Gutenberg).

Nehmen Sie Stellung!

13. Aufgabe

In einem Produktmarktraum mit den Eigenschaftsdimensionen „Qualität" und „Preis" soll ein Idealvektor abgebildet werden nach Maßgabe der Vorstellung „Möglichst große Qualität zu einem möglichst niedrigen Preis"; beide Eigenschaften werden als gleichbedeutend eingestuft. Erläutern Sie die Zusammenhänge!

14. Aufgabe

Was versteht man unter dem Pipeline-Effekt?

15. Aufgabe

Nennen Sie die Verfahren der Ideenfindung in der Produktpolitik.

16. Aufgabe

Nennen Sie produktpolitische Schutzrechte in Deutschland und grenzen Sie diese voneinander ab!

17. Aufgabe

Beschreiben Sie Vor- und Nachteile von Penetration- und Skimming-Strategie.

18. Aufgabe

Was versteht man unter einem werksgebundenen Vertriebssystem? Beschreiben Sie kurz Ihnen bekannte Arten!

19. Aufgabe

Beschreiben Sie das Dilemma der Vertriebsbindung und seine rechtliche Regelung.

20. Aufgabe

Was versteht man unter habituellem Kaufverhalten, wann greift und welche Auswirkungen hat es?

21. Aufgabe

Erläutern Sie die Bedeutung der Informationsdeformation beim Kaufentscheidungsprozess.

22. Aufgabe

Franchising ist ein Instrument der Mittelstandsförderung.

Nehmen Sie Stellung zu dieser Aussage!

23. Aufgabe

„Der Zusatznutzen wird zum Grundnutzen“ (Cari Zalloni, Cazal Brillen)

Was ist mit dieser Bemerkung gemeint?

24. Aufgabe

Worin besteht der prinzipielle Unterschied zwischen Idealpunkt- und Idealvektormodell?

25. Aufgabe

Was sind Marktein- und Marktaustrittsbarrieren?

26. Aufgabe

Was bedeutet „System-Selling"?

27. Aufgabe

Was bedeutet Produkthaftung, und wie ist sie geregelt?

28. Aufgabe

Autohändler bieten Finanzierungsmodelle, übernehmenden lästigen Papierkram bei der Kfz-Anmeldung, machen Inspektionen, bei denen Wagenwäsche und Transfer-Service selbstverständlich sind und lassen sich auch bei Animation und Verköstigung ihrer Kunden einiges einfallen. Beurteilen Sie dieses Programm als Profilierungsmöglichkeit gegenüber den Kunden!

29. Aufgabe

Welchen Beschränkungen unterliegen die produktpolitischen Gestaltungsmöglichkeiten? Geben Sie Beispiele!

30. Aufgabe

Die kognitive Dissonanz im Kaufgeschehen: Erörtern Sie Ursachen und Überwindungsmöglichkeiten!

31. Aufgabe

Neuheit ist nicht gleich Neuheit. Nehmen Sie Stellung!

32. Aufgabe

Erläutern Sie die Bedeutung von geographischen Herkunftsangaben und Ursprungsbezeichnungen!

33. Aufgabe

Erörtern Sie die Aspekte der optimalen Entwicklungsleistung!

34. Aufgabe

Stellen Sie die Bedeutung des Schnittstellenmanagements für die Produktentwicklung dar! Wo liegen Schwachstellen?

35. Aufgabe

„Die Kundschaft muss wieder stärker geführt werden, um so einen Weg zurück zu gängigen Modetrends und saisonnahen Einkaufsgewohnheiten zu finden" (Klaus Steilmann, Modefabrikant). Welche Rolle kann Mode im individuellen Kaufverhalten spielen, wieso hat sich diese Funktion abgeschwächt, und ist der oben beschriebene Weg gangbar?

36. Aufgabe

„Es ist unsere Aufgabe, weltweit Träume zu verkaufen" (Graham Morris, Vorstandsvorsitzender Rolls-Royce). Erörtern Sie diese Aussage produktpolitisch!

37. Aufgabe

Erörtern Sie den Unterschied zwischen Such-, Erfahrungs- und Vertrauenseigenschaften! Was kann man tun, um die damit verbundenen Probleme zu reduzieren?

38. Aufgabe

Erörtern Sie kritisch Ziele der Sortimentspolitik beim Hersteller!

39. Aufgabe

Welche Varianten von Sortimentsstrukturanalysen gibt es? Was ist dabei zu beachten?

40. Aufgabe

Was versteht man unter Kundendienst, wer soll ihn erbringen und was soll er beinhalten?

41. Aufgabe

Call Center: Was sind und was leisten sie?

42. Aufgabe

Worin besteht der Unterschied zwischen Vertragshändler und Franchise-Nehmer? Gibt es die Möglichkeit, auf ihre Preisgestaltung Einfluss zu nehmen?

43. Aufgabe

Was versteht man unter Key Account-Management und Efficient Consumer Response?

44. Aufgabe

Erläutern Sie die gesetzlichen Regelungen zum Diskriminierungsverbot! Welche Tatbestände im Handel sollen damit korrigiert werden?

45. Aufgabe

Ein Produkt ist ein Bündel von Eigenschaften. Erörtern Sie diesen Sachverhalt!

Lösung zu Aufgabe 1:

Für ein Unternehmen kann es sehr gewinnversprechend sein, als erstes mit einem neuen Produkt auf den Markt zu kommen. Es erwirbt sich bei den Nachfragern den Ruf eines „leistungsfähigen Pionierunternehmens" (Pionierbonus), während die produktimitierenden Konkurrenten das Image eines „Plagiators" haben. Darüber hinaus steht dem Pionier die Möglichkeit offen, seine Innovation als Patent schützen zu lassen, wodurch die Konkurrenten gezwungen sind, aufwendige Umgehungsentwicklungen zu betreiben, was der Pionier durch die Anmeldung von Vorrats- und Sperrpatenten zusätzlich erschweren kann, bzw. eine Lizenz zu erwerben. Das Pionierunternehmen kann in jedem Fall seinen zeitlichen Vorsprung gegenüber der Produktimitation gewinnbringend nutzen; oft wird sogar sein Produktnamen zum Gattungsnamen. Dafür beinhaltet die Produktinnovation aber das Risiko von Fehleinschätzungen (Innovationsflops). Die Konkurrenz kann zudem die Entwicklung beobachten und aus eventuellen Fehlern lernen. Außerdem muss das Pionierunternehmen erst auf das neue Produkt aufmerksam machen. Diese Marktaufschließung ist mit erheblichen Kosten verbunden. Die Produktimitation dagegen trifft auf einen bereits „vorbereiteten" Markt.

Lösung zu Aufgabe 2:

Ein zentraler Aspekt der Produktpolitik ist, dass sich die eigenen Produkte von den Konkurrenzprodukten abheben sollen. Hierbei spielen Warenzeichen und Warenausstattung eine wichtige Rolle. Nach dem Deutschen Markengesetz (DMG) ist ein Warenzeichen dann geschützt, wenn es „Unterscheidungskraft" besitzt, nicht mit dem Freihaltebedürfnis im Warenverkehr kollidiert und in das Markenregister beim Deutschen Patentamt eingetragen wurde. Hinsichtlich der Verwechslungsgefahr ist von einem durchschnittlichen Verbraucher auszugehen. Neben Bildzeichen (Mercedes-Stern) sind auch Wort- (Persil), Wort-Bild-Zeichen sowie Zahlen- (4711) und Buchstaben-Zeichen (AEG) zugelassen; schutzfähig sind mittlerweile auch akustische (z.B. Werbejingles) und dreidimensionale Warenzeichen (wie z.B. die Verpackung).

Ein Warenzeichen ist grundsätzlich nur „in der Nähe" der jeweiligen Produktart geschützt („Warenähnlichkeitsbereich"). Für einen „flächendeckenden Schutz" muss der Eigentümer das Warenzeichen als „Vorratszeichen" für alle möglichen „warenfremden" Produktarten eintragen lassen. Da dieser Schutz erlischt, wenn innerhalb von fünf Jahren keine tatsächliche Nutzung erfolgt, ist eine Diversifikation der Produktpalette bzw. die Vergabe von Lizenzen vorgezeichnet.

Der Schutzumfang geht nur bei bekannten Marken und Marken als Unternehmenszeichen über den Ähnlichkeitsbereich hinaus.

Lösung zu Aufgabe 3:

Der Produktlebenszyklus beschreibt die Verkaufsentwicklung eines Produktes im Zeitablauf. Er ist Ausdruck der wirtschaftlichen und technischen Entwicklung sowie des Anbieter- und Nachfragerverhaltens. Der typische Verlauf wird durch eine anfangs überproportionale und später unterproportionale Zunahme der Verkäufe gekennzeichnet, bis der Absatz schließlich sein Maximum erreicht hat. Die Verkäufe nehmen von da an zunächst stärker, dann schwächer ab. Der Lebenszyklus kann, wie in der folgenden Graphik dargestellt, in vier Phasen eingeteilt werden:

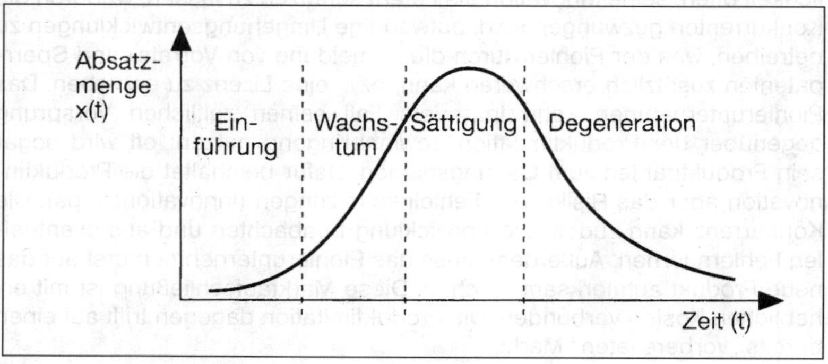

Besonders kritisch sind die Einführungs- und die Degenerationsphase. Die Einführungsphase ist gekennzeichnet durch hohe Investitionen in die Markterschließung bei gleichzeitig (noch) relativ geringen Umsätzen. Hier gilt es vor allem, die richtige Einführungsstrategie zu wählen (Penetration-Strategie mit niedrigem Einführungspreis oder Skimming-Strategie mit hohem Einführungspreis). In der Degenerationsphase nehmen die Periodenumsätze ständig ab. Hier sind die Produkte laufend durch ein Prüfkomitee zu beobachten, das mit Hilfe von Checklisten- und Punktbewertungsverfahren darüber entscheidet, ob man das Produkt auslaufen lässt (eliminiert) oder einen Relaunch versucht.

Spätestens in dieser Phase wird deutlich, wie wichtig es ist, rechtzeitig erfolgsträchtige Nachfolger zu entwickeln.

Lösung zu Aufgabe 4:

Die früher übliche Charakterisierung der Handelssortimente vom Material her (z.B. Möbelgeschäfte, Schuhgeschäfte etc.) wird zunehmend von anderen Kriterien abgelöst. Häufig findet man die Gestaltung des Sortiments nach Preislagen (z.B. Diskont-Geschäft) oder nach Erlebnisbereichen (z.B. „Alles für's Kind"). Dabei wird in der Regel auch danach unterschieden, ob das Sortiment im Selbst- oder Fremdbedienungsladen angeboten wird. Außerdem werden die Sortimente der Handelsunternehmen nach der Anzahl der Warengattungen bzw. Varianten strukturiert. Die Regel sind entweder enge und tiefe Sortimente (wenige Warengattungen, aber dafür viele Varianten) oder aber breite und flache Ausrichtungen (viele Warengattungen mit jeweils nur wenigen Varianten).

Lösung zu Aufgabe 5:

Unter „Imagetransfer" versteht man die Vorgehensweise von Markenartikelherstellern, das Image ihrer „berühmten Marken" auf Produkte mit anderen Verwendungszwecken zu übertragen. Die Produkte sollen aber – aus Gründen des Image-Erhalts – zu einer gemeinsamen „Produktwelt" gehören. Der Grundgedanke ist dabei, den Bekanntheitsgrad und das Markenimage zur gewinnträchtigen Erweiterung des Sortiments bzw. durch die Vergabe von Lizenzen zu nutzen. Darüber hinaus bietet insbesondere die Vergabe von Lizenzen einen gewissen Schutz gegen die – nach dem Markengesetz prinzipiell mögliche – Verwendung des Markennamens durch Dritte. Problematisch dabei kann aber sein, dass diese Vorgehensweise zu einer „Verwässerung" bzw. Zerstörung der ursprünglichen Identität der Marke führt. Im einzelnen profitiert die Hauptmarke durch ihre Aktualisierung, Stärkung etc., während die Transfermarke leichter in den Markt und an die Verbraucher kommt – und das bei Reduzierung der Werbekosten durch Mehrfachnutzung.

Lösung zu Aufgabe 6:

Die Absatzorgane Reisender und Handelsvertreter unterscheiden sich grundsätzlich durch ihre rechtliche Stellung. Der Reisende gehört dem Unternehmen an, er ist somit unselbständig und trägt kein Preisrisiko. Der Handelsvertreter dagegen ist rechtlich selbständig; da er aber im Namen und auf Rechnung des vertretenen Unternehmens verkauft, ist er wirtschaftlich abhängig und trägt wie der Reisende kein Preisrisiko. Ebenfalls rechtlich selbständig sind Kommissionäre und Makler. Im Gegensatz zu den Handelsvertretern treten die Kommissionäre in eigenem Namen auf. Obwohl auch sie auf fremde Rechnung arbeiten und damit kein Preisrisiko tragen, liegt ihnen meist viel daran, die geknüpfte Geschäftsbeziehung nicht aufzudecken, da die Geschäfte sonst „an ihnen vorbei" abgeschlossen werden. Der Makler schließlich vermittelt lediglich die Verträge. Seine Tätigkeit besteht im Sammeln von Angeboten und Nachfragen, aus denen er passende Paare zusammenfügt. Diese schließen dann selbständig ihre Geschäfte ab, und der Makler erhält eine Provision.

Lösung zu Aufgabe 7:

Für die Entscheidung, ob sich für ein Unternehmen entweder der Einsatz eines Reisenden oder eines Handelsvertreters besser eignet, können die unterschiedlichen Kosten der beiden Vertriebsorgane in Abhängigkeit von der potenziellen Verkaufsmenge verglichen werden. Dabei wird grundsätzlich angenommen, dass der Reisende ein größeres Fixgehalt, dafür aber eine geringere umsatzabhängige Provision als der Handelsvertreter bezieht. Es gilt:

Kosten Reisender: $K_R = F_R + q_R \cdot x$

Kosten Handelsvertreter: $K_H = F_H + q_H \cdot x$

mit: $F_R (F_H)$ = Fixum Reisender (Handelsvertreter) mit $F_R > F_H$

$q_R (q_H)$ = Provisionssatz Reisender (Handelsvertreter) mit $q_R < q_H$

x = Verkaufsmenge

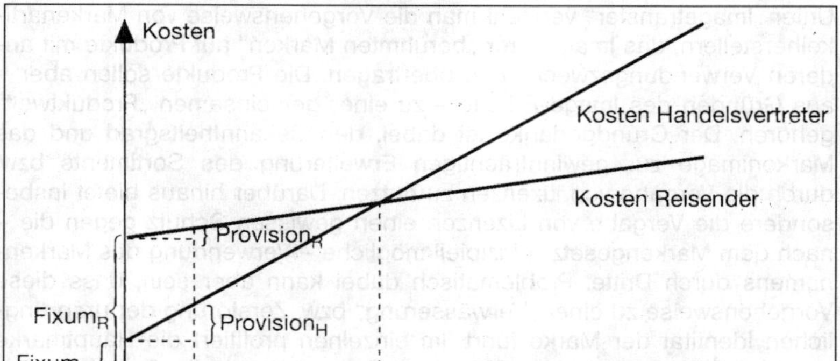

Für $K_R = K_H$ ergibt sich die kritische Verkaufsmenge $\bar{x}$. Für sie gilt:

$$\bar{x} = \frac{F_R - F_H}{q_H - q_R}$$

Ist die zu erwartende Verkaufsmenge größer als, ist es sinnvoll, einen Reisenden einzusetzen, während bis der Handelsvertreter die niedrigeren Kosten aufweist. Das Modell unterstellt dabei allerdings, dass jede Menge gleichermaßen vom Reisenden oder Handelsvertreter abgesetzt werden kann. Der Handelsvertreter könnte aber aufgrund seiner besseren Ortskenntnis bzw. der Reisende aufgrund seiner besseren Produktkenntnis – in Abhängigkeit vom jeweiligen Produkt bzw. Verkaufsgebiet – Vorteile besitzen. Darüber hinaus können sich im Zeitablauf sowohl die Kostensätze als auch die Verkaufsmengen ändern. Ein häufiger Wechsel zwischen Vertreter und Reisenden ist dann – dem Modell folgend – erforderlich, praktisch aber nicht möglich.

Lösung zu Aufgabe 8:

Zur Rechtfertigung des Handels werden meist vielfältige Dienste angeführt, die er für Hersteller und Verbraucher erbringt: Er wählt aus, berät, sammelt Aufträge, übernimmt Lagerhaltung, bietet Verkaufsstellen am Ort des Verbrauchs etc. Alle diese Einzelaspekte lassen sich unter dem Dach der Transaktionskosten-Theorie zusammenfügen:

Der indirekte Absatz über den Handel ist dann sinnvoll, wenn auf diese Weise Transaktionskosten zwischen Hersteller und Verbraucher eingespart werden. Aus dieser Ersparnis bezieht der Handel sein Einkommen (Handelsspanne). Zu den Transaktionskosten gehören:

- Anbahnungskosten (Kosten der Suche nach Transaktionspartnern),
- Vereinbarungs- und Kontrollkosten (Kosten des Vertragsabschlusses und der Kontrolle der Vertragserfüllung),
- Anpassungskosten z.B. bei Termin-, Preis- oder Qualitätsänderungen.

So reduzieren z.B. die Verkaufsstellen des Handels vor Ort ganz wesentlich die Lieferbeziehungen und damit Transaktionskosten zwischen Hersteller und Verbraucher. Verlieren die Lieferkosten hingegen an Bedeutung, z.B. durch e-commerce, dann mindert sich auch die Bedeutung des Handels.

Lösung zu Aufgabe 9:

Möchte ein Unternehmen ein neues Produkt entwickeln und auf den Markt bringen, steht es vor einem Dilemma: Eine schnelle Entwicklung führt zu Reibungsverlusten, da einzelne Entwicklungsstufen simultan statt sequentiell abgearbeitet werden müssen (Simultaneous engineering). Zudem fallen Überstundenzuschläge etc. an. Das gesamte Entwicklungsbudget ist hoch, dafür ist man aber schnell am Markt.

Bei einer Verstetigung des Entwicklungsprozesses ließe sich viel Geld sparen, allerdings bei einer relativ langen Entwicklungszeit (Time to market).

Angesichts der immer kürzer werdenden Produktlebenszyklen wird aber Schnelligkeit zunehmend zu einem strategischen Wettbewerbsvorteil: Simultaneous engineering treibt zwar die Kosten hoch, macht aber auch den Markterfolg wahrscheinlicher.

Lösung zu Aufgabe 10:

Sowohl der technische Fortschritt als auch die Mode schaffen neuen Bedarf, indem sie die Ersatzbeschaffungen beschleunigen. Sie sind aus diesem Blickwinkel geeignet, den Umsatzprozess anzutreiben. Die Mode lässt die Produkte vor ihrem tatsächlichen Verschleiß „psychologisch" veralten und ersetzt sie durch andere. Dabei gibt die Mode immer noch so viel Spielraum, dass der Konsument sich zwar dem herrschenden Modetrend anpassen kann (Konformität), dabei aber gleichzeitig seine persönliche Note (Individualität) zum Ausdruck bringt. Ebenso lässt der technische Fortschritt die Produkte vor ihrem Verschleiß veralten, er ersetzt sie jedoch durch „bessere". Die neuen Produkte sind ihren Vorgängern zumindest in technischer Hinsicht überlegen. Mit zunehmender Ausreifung der Produkte wird allerdings die technische Verbesserung mehr und mehr durch modische Variationen abgelöst.

Lösung zu Aufgabe 11:

Nachfragemacht beschreibt den Umstand, dass große Handelsunternehmen in der Lage sind, aufgrund ihrer Bestellmengen die Lieferanten unter Druck zu setzen. Die von den Handelsfirmen erzwungenen Leistungen reichen von besonderen Rabatten bis zu Regal- oder Schaufenstermieten.

Die Belastungen betreffen aber nicht nur die Hersteller, sondern auch kleinere Händler, die wegen fehlender Nachfragemacht nicht in diese Vergünstigungen kommen und folglich weniger konkurrenzfähig sind („Rabattspreizung"). Daher wurde im §20 GWB den marktbeherrschenden Händlern generell bzw. den unumgänglichen Handelsunternehmen im Verhältnis zu ihren kleinen und mittleren Lieferanten verboten, „ohne sachlich gerechtfertigten Grund" Vorzugsbedingungen zu verlangen (passives Diskriminierungsverbot). Kleine und mittlere Hersteller können ihre Beschwerde auch anonym einlegen.

Zudem haben kleine und mittlere Händler die Möglichkeit, gegen ihre großen Wettbewerber wegen „unbilliger Behinderung" vorzugehen, wenn diese die Rabattspreizung beim Hersteller durchgesetzt haben, um ihre kleinen Mitanbieter vom Markt zu drängen.

Bei allen Diskussionen über Nachfragemacht sollte man freilich bedenken, dass sich auch die Hersteller zu immer größeren Unternehmen zusammengeschlossen haben und manche Händler – als Mitglieder großer Einkaufskooperationen – nur scheinbar „klein" sind.

Lösung zu Aufgabe 12:

Der entscheidende Nachteil preispolitischer Maßnahmen ist, dass die Konkurrenten hierauf ohne nennenswerte Zeitverzögerung reagieren können. Die unmittelbare Vergleichbarkeit macht den Preis ferner zu einem aggressiven Instrument im Wettbewerb, weshalb preispolitische Maßnahmen – zurecht – als kaum kontrollierbar eingestuft werden: Es kann sich schnell eine Preisspirale nach unten einstellen und die Preisbereitschaft der Käufer dauerhaft zurückgehen. Der „Sieger" im Preiskampf sinkt dann ebenfalls erschöpft zurück.

Die Produktvariation ist dieser Reaktionsgefahr wesentlich weniger stark ausgesetzt: Die Konkurrenz tut sich wesentlich schwerer, mit einer Produktneuheit gleichzuziehen, insbesondere dann, wenn sie durch Schutzrechte (z.B. Patent, Gebrauchs- oder Geschmacksmuster) abgesichert ist. Die „Reaktionszeit" der Konkurrenz kann der Inhaber zu einer eigenen Weiterentwicklung nutzen, wodurch er dauerhaft den Vorsprung einer Produktgeneration erlangen kann.

Produktvariation heißt auch, Produkten einen Zusatznutzen mitzugeben, um sie aus dem Feld der in ihren Grundnutzen gleichen Angebote herauszuheben. Hierzu dienen Werbung, Marke und (Verpackungs-)Gestaltung. „Berühmte Marken" haben auf diese Weise ihre nachhaltige Alleinstellung erlangt – oft zu einem Preis oberhalb des üblichen Marktpreises.

Auch in der Degenerationsphase ist es besser, ein neues Produkt mit starken Wachstumskräften zu präsentieren als den Verfall des alten über Preiszugeständnisse hinauszuzögern.

Lösung zu Aufgabe 13:

Der Produktmarktraum stellt einen Raum dar, dessen Achsen die von den Nachfragern subjektiv wahrgenommenen Produkteigenschaften beschreiben. Das Idealvektormodell unterstellt, dass sich ein Nachfrager in einem bestimmten Mischungsverhältnis von diesen Eigenschaften jeweils so viel wie möglich wünscht, was durch den Idealvektor im Produktmarktraum abgebildet wird. Das von einem Nachfrager als optimal angesehene Mischungsverhältnis wird durch die Steigung des Vektors dargestellt. Sind die Eigenschaften gleichbedeutend, so sind auch die jeweiligen Winkel zwischen Vektor und Eigenschaftsachsen gleich groß (45°). Das besondere Problem im vorliegenden Fall ist allerdings, dass die Präferenz hinsichtlich der Eigenschaft Preis invers zur Eigenschaft Qualität verläuft. Der Vektor muss daher vom IV. Quadranten zum II. Quadranten des Produktmarktraumes verlaufen.

Eine Alternative hierzu wäre die Definition der Preisachse durch den Kehrwert (1/Preis). Auf diese Weise könnte man sich auf den I. Quadranten beschränken, in welchem dann der Idealvektor ebenfalls durch die Winkelhalbierende dargestellt würde.

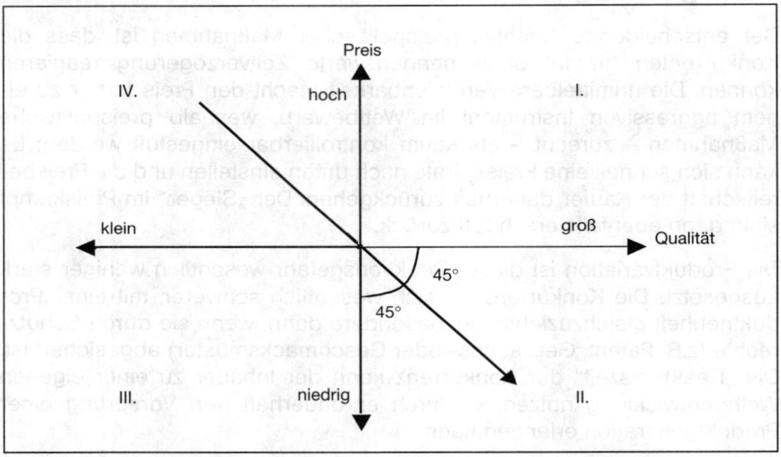

Lösung zu Aufgabe 14:

Der „Pipeline-Effekt" kann aus dem Produktlebenszykluskonzept erklärt werden. Insbesondere am Ende der Wachstumsphase, im Übergang zur Marktsättigung, kann das Auffüllen der Läger im Handel eine Nachfrageintensität vortäuschen, die tatsächlich nicht mehr vorhanden ist. Ein aufgrund der noch umfangreichen Bestellungen der Händler durchgeführter Ausbau der Produktionskapazitäten der Hersteller kann für diese zu einer unangenehmen Überraschung führen. Sind die Läger im Handel erst gefüllt, treffen die dann ausgebauten Produktionskapazitäten auf eine stagnierende bzw. rückläufige Nachfrageentwicklung.

Lösung zu Aufgabe 15:

Ausgangspunkt der Forschungs- und Entwicklungsanstrengungen eines Unternehmens ist eine Produktidee. Eine mögliche Vorgehensweise besteht darin, die zufällig aus dem Unternehmen oder der Umwelt zugetragenen Ideen aufzugreifen und diese weiterzuentwickeln (passive Ideenfindung). Viele Unternehmen betreiben allerdings auch eine aktive und systematische Ideensuche. Diese kann außerhalb des Betriebes z.B. durch Kundenbefragungen, Tagungen, Messen und Ausstellungen geschehen oder innerbetrieblich, durch die Auswertung des betrieblichen Vorschlagswesens sowie durch kreativitätsfördernde Maßnahmen (Brain-Storming-Gruppen). Dabei wird häufig danach unterschieden, ob der Ideenanstoß aus dem Absatzbereich (Nachfragesog) oder Forschungs- und Entwicklungsbereich (Technologiedruck) kommt. Meist handelt es sich im ersten Fall um Verbesserungs- und im zweiten Fall um Basisinnovationen. Verbesserungsinnovationen bleiben für die Nachfrager oft unmerklich, weshalb sie mit modischen Veränderungen „markiert" werden sollten.

Lösung zu Aufgabe 16:

Im Rahmen der Produktpolitik spielen die Schutzrechte an den Produkten eine wichtige Rolle. Sie ermöglichen es einem Pionierunternehmen – z.B. über eine Lizenzvergabe – einen Ausgleich für die geleisteten Forschungs- und Entwicklungsausgaben zu erhalten. Die Schutzrechte lassen sich folgendermaßen in drei Bereiche gliedern:

1 Technische Schutzrechte
am Herstellungsverfahren und technischen Produktfunktionen; hierzu gehören Patent und Gebrauchsmuster.

2. Schutzrechte an der Form (Ästhetik);
Beispiele hierfür stellen das Urheberrecht sowie die Geschmacksmuster dar.

3. Schutzrechte am Kennzeichen:
Das eingetragene Warenzeichen spielt insbesondere im Zusammenhang mit der Schaffung von „Marken" eine wesentliche Rolle; neben den „klassischen" Warenzeichen (z.B. Mercedes-Stern) sind z.B. auch dreidimensionale Warenzeichen (Verpackungsformen) und Werbejingles geschützt.

Eine gewerbsmäßige Verletzung fremder Schutzrechte kann nach dem Produktpirateriegesetz mit einer Freiheitsstrafe von bis zu fünf Jahren geahndet werden. Grundsätzlich nicht verboten ist eine „sklavische Nachahmung" nicht geschützter Produkte; allerdings könnte hierin ein Verstoß gegen die guten Sitten gemäß §1 UWG gesehen werden.

Ein Patent stellt deutlich höhere Anforderungen an die technische Erfindungshöhe als das Gebrauchsmuster, das zudem nur für Produktfunktionen eingetragen werden kann. Das Geschmacksmuster betrifft meist modische Gestaltungen (Design) und ist weniger streng angelegt als das Urheberrecht. Der Kennzeichenschutz betrifft im wesentlichen die Markierung von Markenprodukten im geschäftlichen Verkehr.

Lösung zu Aufgabe 17:

Skimming- und Penetration-Strategie sind alternative Vorgehensweisen der Preisgestaltung bei der Einführung neuer Produkte. Die Skimming-Strategie bedeutet, dass ein anfangs hoher Preis nach und nach gesenkt wird. Sie wird auch als die „Strategie des Absahnens" bezeichnet und entspricht der horizontalen Preisdifferenzierung. Genau umgekehrt verhält sich die Penetration-Strategie (Strategie der Marktdurchdringung). Ein bei der Produkteinführung niedriger „Einführungspreis" wird nach und nach erhöht. Die wesentlichen Aspekte der alternativen Strategien sind in der folgenden Tabelle zusammengefasst.

Skimming-Strategie	Penetration-Strategie
• Abschöpfung der Konsumentenrente.	• Ein großes Verkaufsvolumen wird schnell erreicht, was eine sehr gute Marktstellung bei den Imitatoren verschafft.
• Bei Auftreten von Konkurrenz ist eine flexible Preisreaktion möglich.	• Große Produktionsmengen führen zu niedrigen Stückkosten. Trotz niedrigem Preis entsteht langfristig Gewinn.
• Ein hoher Preis wird häufig mit hoher Qualität verbunden.	
• Trotz hoher Forschungs- und Entwicklungsausgaben wird schnell die Gewinnzone erreicht.	
• Der Absatz kommt nur langsam in Gang, da der hohe Preis abschreckt.	• Die anfangs geringen Gewinne bzw. Verluste müssen als „Investition in die Markterschließung" betrachtet werden.
• Eine massive Werbung ist unter Umständen zur Ankurbelung des Absatzes notwendig.	• Der niedrige Preis schreckt Konkurrenten ab.

Lösung zu Aufgabe 18:

Die werksgebundenen Vertriebssysteme zeichnen sich dadurch aus, dass der Hersteller den Vertrieb seiner Waren nicht selbst übernimmt, sondern rechtlich selbständigen Händlern überlässt, diese aber durch besondere Beziehungen wirtschaftlich an sich bindet. Im Gegensatz zu den werkseigenen Vertriebssystemen verkaufen die Händler auf eigene Rechnung und in eigenem Namen, weshalb sie auch das Preisrisiko tragen. Typische Formen werksgebundener Systeme sind Vertragshändler und Franchise-Systeme. Der Vertragshändler verpflichtet sich, seine Waren ausschließlich bei einem bestimmten (Marken-) Hersteller zu beziehen. Neben anderen Vergünstigungen erhält er dafür das Recht, das Herstellerzeichen zu verwenden. Eine noch weitergehende Zusammenarbeit wird in einem Franchise-Vertrag vereinbart. Der Händler übernimmt nicht nur die Produkte des Herstellers, sondern auch ein umfassendes Marketing-Konzept, wofür er eine Franchise-Gebühr an den Hersteller entrichtet.

Lösung zu Aufgabe 19:

Eine Vertriebsbindung liegt dann vor, wenn sich Händler und Hersteller mittels besonderer Vertriebsbeziehungen gegenseitig binden. Hierzu gehören beispielsweise d e Bezugsbindung (ein Händler bezieht seine Waren ausschließlich bei einem bestimmten Hersteller) oder die Absatzbindung (ein Hersteller verpflichtet sich, bestimmte Absatzkanäle einzuhalten). Die Vertriebsbindungen schützen durch die „exklusive" Belieferung insbesondere den mittelständischen Handel, da dieser durch seine Geschäftsausstattung und Personalausbildung auch erheblich Vorleistungen erbringt. Darüber hinaus muss den Herstellern das Recht eingeräumt werden, ihre Absatzwege selbst zu bestimmen. Das Dilemma der Vertriebsbindung besteht in dem Gegensatz von sinnvollem Schutz der Händler und Hersteller und dem ebenso notwendigen Schutz des Wettbewerbs, da die Vertriebsbindungen auch wirksame Instrumente zur Wettbewerbsbeschränkung darstellen: Anderen Händlern bzw. Herstellern wird unter Umständen der Zugang zu bestimmten Produkten bzw. Märkten verwehrt. Die Vertriebsbindungen sind daher gesetzlich geregelt: Sie sind grundsätzlich zulässig, unterliegen aber der Missbrauchsaufsicht durch das Kartellamt (§16 GWB). Verschärfte Vorschriften gibt es für „marktbeherrschende" bzw. „unumgängliche" Unternehmen (Diskriminierungsverbot §20 GWB): Erstere müssen jeden, letztere jeden kleinen und mittleren Händler beliefern, der die Ware haben will, was auf das „Diskriminierungsverbot berühmter Marken" führt.

Lösung zu Aufgabe 20:

Ein Konsument durchlebt bei seiner Kaufentscheidung einen Zustand psychischer Spannung. Diese „kognitive Dissonanz" ist um so größer, je wichtiger die Entscheidung ist, je umfangreicher und ähnlicher die Alternativen sind, je größer die Entscheidungsfreiheit ist, je weniger Personen die Entscheidung stützen und je stärker die Entscheidung vom bisherigen Verhaltensmuster abweicht. Eine insbesondere bei Gütern des täglichen Bedarfs häufig angewandte Lösungsmöglichkeit der Dissonanz ist das „habituelle Kaufverhalten". Der Konsument umgeht das Entscheidungsproblem und kauft – gewohnheitsmäßig – immer das gleiche. Dies kann dazu führen, dass die Konsumenten auch dann immer noch „ihren" Produkten treu bleiben, wenn bereits objektiv bessere Produktalternativen am Markt sind.

Lösung zu Aufgabe 21:

Im Kaufentscheidungsprozess spielt die „kognitive Dissonanz" eine wesentliche Rolle. Es handelt sich dabei um einen psychischen Spannungszustand, der beispielsweise bei hohem finanziellen Risiko sowie umfangreichen und ähnlichen Wahlalternativen zunimmt. Eine Möglichkeit zur Reduktion der kognitiven Dissonanz ist die gezielte Informationssuche, um dann die Alternativen besser bewerten zu können. Die dabei erzielten Informationen werden jedoch vom Konsumenten subjektiv bewertet, weshalb die Wirkung der unternehmerischen Produkt- und Werbepolitik schwierig zu beurteilen ist. Die vom Konsumenten vorgenommene Informationsdeformation steigt mit zunehmendem Zeitdruck und steigenden Kosten der Informationsbeschaffung. Er neigt dazu, Informationen, die einer bereits vorher erhaltenen Information oder einer bereits gebildeten Einschätzung entgegenlaufen, unterzubewerten. Dieses Verhalten ist um so wahrscheinlicher bzw. ausgeprägter, je unzuverlässiger ihm die Informanten (z.B. Medien) erscheinen.

Lösung zu Aufgabe 22:

Bei Franchising handelt es sich um eine Weiterentwicklung des Vertragshändler-Systems: Die Zusammenarbeit zwischen Franchisegeber und Franchisenehmer bezieht sich nicht nur auf eine Bezugsbindung hinsichtlich der Produktlinie des Herstellers, sondern auch auf die Übernahme eines kompletten Marketing-Konzeptes, für das der ansonsten selbständige Händler eine Franchise-Gebühr bezahlt. Franchising bietet insbesondere für mittelständische Unternehmen die Möglichkeit der Nutzung von Marketing-Konzeptionen, die ihnen sonst nicht zugänglich wären. Sie erhalten darüber hinaus eine Alleinstellung (Gebietsschutz), was ihnen erhebliche Wettbewerbsvorteile sichert. Franchising kann daher durchaus als Instrument zur Mittelstandsförderung gesehen werden. Es gilt dabei allerdings zu bedenken, dass über die Bezugsbindung auch eine erhebliche Wettbewerbsbeschränkung für andere mittelständische Händler geschaffen wird. Der daraus entstehende Druck kann zu einer Verwässerung des Gebietsschutzes führen. Außerdem leidet unter nicht-marktgerechtem Verhalten einzelner das gesamte System, weshalb Kontrollen und Vertragsstrafen unerlässlich sind.

Lösung zu Aufgabe 23:

Der Konsument stellt an ein Produkt eine Reihe von Ansprüche. Bei diesen Produktansprüchen kann grundlegend zwischen Sachansprüchen und Anmutungsansprüchen unterschieden werden. Die Sachansprüche beziehen sich auf den Grundnutzen eines Produkts. Bei einer Brille ist dies beispielsweise ihre Funktion als Sehprothese. Hier kann davon ausgegangen werden, dass alle Brillen die qualitative Norm der jeweiligen Preisklasse erfüllen, sie sich also in ihrem Grundnutzen nicht unterscheiden. Der Anbieter muss daher versuchen, über die Produktanmutung einen erkennbaren Produktvorteil für die Konsumenten zu schaffen („Unique Selling Proposition"). Dem Produkt wird ein psychologischer Zusatznutzen mitgegeben, der sich auf solche Aspekte wie Status, Schönheit etc. bezieht. Der Grundnutzen der Brille als Sehhilfe tritt in den Hintergrund; ver- bzw. gekauft wird ein modisches Accessoire, das für den Konsumenten kleidsam und prestigeträchtig ist, ihm also einen privaten Erbauungsnutzen und/oder gesellschaftlichen Geltungsnutzen verschafft.

Lösung zu Aufgabe 24:

Idealpunkt- und Idealvektormodell dienen dazu, die Präferenzen eines Nachfragers bezüglich der Eigenschaftskombinationen eines Produktes darzustellen. Beide Modelle gehen von einem Raum subjektiver Produkteigenschaften (Produktmarktraum) aus, in dem die am Markt vorhandenen Produkte anhand deren Eigenschaftsausprägungen abgebildet werden. Der prinzipielle Unterschied der Modelle besteht in der jeweils vom Konsumenten als ideal angesehenen Eigenschaftsausprägung. Das Idealpunktmodell geht von einer bestimmten, für den Käufer idealen Eigenschaftskombination des Produktes aus. Jede Abweichung davon wird als schlechter empfunden. Auch im Idealvektormodell hat der Nachfrager eine bestimmte Vorstellung über die ideale Eigenschaftskombination. Er wünscht sich davon allerdings, in dem als ideal empfundenen Mischungsverhältnis, soviel wie möglich.

Lösung zu Aufgabe 25:

Marktein- und Marktaustrittsbarrieren können einem planmäßigen Verlauf des Produktlebenszyklus entgegenstehen. Markteintrittsbarrieren behindern den Marktzugang und hemmen so die Einführung bzw. das Wachstum des Produkts. Dazu gehören z.B. hohe anfängliche Marketingkosten, Produktwechselkosten bei den potenziellen Abnehmern, bürokratische Prüfverfahren oder auch durch langfristige Beziehungen verstopfte Vertriebskanäle. Umgekehrt können Marktaustrittsbarrieren ein Unternehmen daran hindern, in der Degenerationsphase rechtzeitig ein Produkt aufzugeben, um sich auf andere Bereiche zu konzentrieren. Dies liegt häufig am Widerstand der Mitarbeiter bzw. den hohen Sozialplankosten oder auch an einem möglichen Vertrauensverlust der Kunden, der sich dann auf die neuen Betätigungsfelder übertragen könnte. Erwartete hohe Marktaustrittsbarrieren können sich als wirkungsvolle Markteintrittsbarrieren erweisen.

Lösung zu Aufgabe 26:

Zentrale Bedingung für den Markterfolg ist ein erkennbarer Produktvorteil („Unique-Selling-Proposition"), um aus der Austauschbarkeit mit anderen

Produkten herauszukommen. Ansatzpunkt hierzu ist die Erfüllung von Verwenderansprüchen. Alternativ oder ergänzend zur Vermittlung von Grund- und Zusatznutzen versucht der Hersteller beim System-Selling, sich auf Basis der Informations- und Serviceansprüche der Kunden zu profilieren: Die Nachfrager wollen keine „nackten“ Produkte, sondern „Problemlösungen“ erwerben.

Angesichts der nicht untätigen Konkurrenz und den damit gestiegenen Verwenderansprüchen kann eine akquisitorische Wirkung des System-Sellings erst beim Angebot eines über ein bestimmtes Basisprogramm hinausgehenden Leistungs- und Begeisterungsprogramms erzielt werden. Ein solches Programm umfasst nicht nur Serviceleistungen vor dem Verkaufs, sondern auch sogenannte After-Sales-Services.

Während die Serviceleistung vor dem Verkauf vor allem in der Beratung besteht, sind nach dem Verkauf Kundendienstleistungen erwünscht, die eine volle Nutzung des erworbenen Produktes sicherstellen. Diese können sowohl vom Hersteller als auch vom Handel erbracht werden. Beispiele für typische Hersteller-Kundendienstleistungen sind nachvollziehbare Gebrauchsanweisungen, das Personal-Training oder die Gerätewartung. Demgegenüber zählen Änderungs- und Reparaturdienste oder die Warenzustellung zu den Händler-Kundendienstleistungen. Offenbar übernehmen die Hersteller mehr Serviceleistungen selbst, weil sie sich davon eine werbende Wirkung und – über die Reklamationsstatistik – mehr Informationen versprechen. Eine Kundendienstleistung, die in Zukunft das Kaufgeschehen immer mehr bestimmen wird, ist die Entsorgung. Neben der Demontage und dem Weiterverkauf wird auch die Rüknahmeverpflichtung mit Recycling an Bedeutung gewinnen.

Lösung zu Aufgabe 27:

Produkthaftung bedeutet Haftung des Herstellers oder Lieferanten für Schäden aus dem Ge- oder Verbrauch fehlerhafter Produkte. Unterschieden wird dabei zwischen folgenden Fehlerarten:

- Konstruktionsfehler (= fehlerhafter Bauplan für ein Produkt),
- Fabrikationsfehler (= fehlerhafte Herstellung des Produktes),
- Instruktionsfehler (= fehlerhafte Angaben zum sachgemäßen Ge- oder Verbrauch),
- Beobachtungsfehler (= mangelhafte Überwachung des Produktes nach Markteinführung).

Die klassische Rechtsgrundlage der Produkthaftung ist die im BGB geregelte vertragliche bzw. deliktische Haftung (§§459, 823). Das Produkthaftungsgesetz (PHG) ergänzt diese Regelungen dahingehend, dass Mangelfolgeschäden (ohne Schmerzensgeld) auch ohne Verschulden bzw. zugesicherte Eigenschaft ersetzt werden müssen (Gefährdungshaftung).

Die Haftung ist gesamtschuldnerisch und betrifft fehlerhafte bewegliche Sachen zum privaten Ge- und Verbrauch. Bei der Beurteilung der Fehlerhaftigkeit wird das Verwendungsspektrum eines durchschnittlichen Verbrauchers unterstellt. Ferner muss der Geschädigte den Zusammenhang zwischen Fehler und Mangelfolgeschaden darlegen.

Auf die erweiterte Haftung reagieren die Hersteller mit Präventivmaßnahmen (z.B. Qualitätskontrollen) bzw. Repressivmaßnahmen (z.B. Rückstellungen, Versicherungen). Daneben kann auch versucht werden, die Sicherheitsvorstellungen der Nachfrager durch die Werbung zu beeinflussen.

Lösung zu Aufgabe 28:

Angesichts der nahezu identischen Grundnutzen vieler Produkte gewinnen Zusatzleistungen in Form von Informations- und Serviceangeboten (System Selling) mehr und mehr an Bedeutung. Allerdings entfalten nur die Leistungsangebote, die über das übliche – von der Konkurrenz ebenfalls gebotene – Programm hinausgehen, Profilierungsmöglichkeiten und damit akquisitorisches Potenzial. Drei Arten von Serviceleistungen lassen sich demnach unterscheiden:

- Das selbstverständliche Basisprogramm macht noch nicht zufrieden, weil es dem Branchenstandard entspricht (hier z.B. Finanzierungsmodelle).
- Vom differenzierenden Leistungsprogramm sollte so viel wie möglich geboten werden (z.B. Zusatzleistungen zur Inspektion).
- Das unerwartete Begeisterungsprogramm führt zu angenehmen Überraschungen bei den Kunden, löst jedoch bei Nicht-Vorhandensein keine Unzufriedenheit aus (z.B. Animation und Verköstigung).

Das Profilierungspotenzial der angebotenen Leistungen muss also danach beurteilt werden, ob diese bereits zum Branchenstandard gehören oder innovativen und damit differenzierenden Charakter haben.

Lösung zu Aufgabe 29:

Die Produktpolitik – als attraktive Gestaltung des Leistungsprogramms – ist ein wichtiges Instrument, um Marktwiderstand zu beseitigen. Die produktpolitischen Gestaltungsmöglichkeiten unterliegen allerdings verschiedenen Beschränkungen in Form von

- Gesetzen (z.B. Patentrecht, Verbraucher- und Umweltschutz, Lebens- und Arzneimittelgesetz),
- verfügbarem technischen Wissen,

- ökonomischen Rahmenbedingungen (z.B. Kapazitätsbeschränkungen, finanzielle Restriktionen, Markteintrittsbarrieren) sowie
- gesellschaftspolitischen Vorgaben (z.B. Forderung nach recyclingfähigen Produkten und Verpackungen bzw. umweltschonenden Produktionsverfahren).

Vor allem in den gesellschaftspolitischen Vorgaben liegen freilich auch Chancen für neue Lösungen und damit Profilierungsmöglichkeiten am Markt.

Lösung zu Aufgabe 30:

Die Auswahl einer Alternative aus der immer unübersichtlicher werdenden Angebotsvielfalt erweist sich für den Käufer als um so schwieriger,

- je wichtiger die Entscheidung ist,
- je größer die Zahl der Alternativen ausfällt,
- je ähnlicher die Alternativen bewertet werden,
- je größer die empfundene Entscheidungsfreiheit ist,
- je weniger Personen die Entscheidung stützen und
- je stärker die Entscheidung vom bisherigen Verhaltensmuster abweicht.

Derartige Entscheidungssituationen können – sowohl vor als auch nach dem Kauf – zu kognitiver Dissonanz beim Käufer führen. Durch Informationssuche kann er versuchen, diesen Zustand psychischer Spannung zu überwinden; allerdings weist diese Informationssuche einige „Unberechenbarkeiten" auf, die als Informationsdeformation bezeichnet werden: Neue Informationen werden überschätzt, wenn sie das eigene „Vorurteil" bzw. die getroffene Kaufentscheidung unterstützen; scheinbar unverlässliche Informanten werden in Bezug auf widersprechende Informationen stärker unterschätzt als scheinbar verlässliche. Favorisiert der Käufer vor seiner Entscheidung die „falsche" Alternative, anstatt offen für alle Alternativen zu sein, benötigt er mehr Informationen, um zur „richtigen" Entscheidung zu gelangen; außerdem nimmt die Neigung zur Informationsdeformation zu, wenn die Entscheidung unter Zeitdruck steht oder die Informationsbeschaffung Kosten verursacht.

Die Käufer weichen aufgrund dieser „Unwägbarkeiten" in vielen Bereichen auf habituelles Kaufverhalten aus: Gekauft wird, was schon immer gekauft wurde. Unternehmen versuchen, kognitive Dissonanzen nach dem Kauf durch Glückwunschfloskeln in den Gebrauchsanweisungen oder großzügige Umtauschangebote bzw. Rückgaberechte zu beseitigen.

Lösung zu Aufgabe 31:

Ein Hersteller betrachtet ein Produkt bereits dann als Neuheit, wenn er bisher kein vergleichbares Produkt in seinem Programm hatte („Herstellerneuheit"); aus Kundensicht wird von einer „Anwenderneuheit" gesprochen. Als Bemessungsgrundlage für echte Neuheiten dient allerdings allein der Markt. Bei „Marktneuheiten" kann es sich um Modifikationen bereits vorhandener Produkte handeln; zu unterscheiden sind modische Neuheiten und Verbesserungen bisheriger Problemlösungen. Von einer „echten" Marktneuheit wird hingegen erst dann gesprochen, wenn statt Weiterentwicklungen völlig neue Ansätze zur Lösung von Problemen entwickelt werden.

Lösung zu Aufgabe 32:

Geographische Herkunftsangaben sind im Deutschen Markengesetz (DMG) geregelt: Sie dürfen demnach nur von Ortsansässigen benutzt werden, wie z.B. bei Aachener Printen oder Meißner Porzellan. Nicht geschützt sind hingegen Beschaffenheitsangaben, wie z.B. Wiener Schnitzel als Bezeichnung für ein Kalbfleischgericht. Die Europäische Kommission hat darüber hinaus eine Liste mit einer Vielzahl geschützter Ursprungsbezeichnungen erlassen, z.B. Parmaschinken aus Italien oder Roquefort aus Frankreich. Als Bezeichnungen für Warengattungen fallen jedoch z.B. Mozartkugeln oder Camembert nicht unter diesen Schutz.

Lösung zu Aufgabe 33:

Die optimale Entwicklungsleistung umfasst die beiden Aspekte Perfektion und Schnelligkeit: Das Angebot technisch „perfekter Lösungen", die vom Kunden weder gewünscht (z.B. zu teuer und kompliziert) noch überhaupt als solche erkannt werden, kann sich als Problem erweisen. Bei der Ermittlung des optimalen Innovationsgrades sollten deshalb stets die Vorstellungen des Kunden berücksichtigt werden, um zeitraubendes Over-Engineering zu vermeiden.

Darüber hinaus stellt sich die Frage, wie schnell der optimale Innovationsgrad umgesetzt werden soll: Um trotz der schnellen Veralterung von Produkten ständig am Markt präsent zu sein, müssen laufend neue Angebote entwickelt und somit die Entwicklungszeiten immer weiter verkürzt werden. Die parallele – statt sequentielle – Abarbeitung einzelner Entwicklungsstufen („Meilensteine") führt jedoch zu Reibungsverlusten, weil nachgelagerte Stufen mehrere mögliche Entwicklungsergebnisse vorgelagerter Stufen einkalkulieren müssen. Da durch dieses Simultaneous engineering einerseits die Kosten überproportional ansteigen, andererseits aber der Marktzugang beschleunigt wird, wird vom „Time-Cost-Tradeoff" gesprochen.

Den Kompromiss zwischen Perfektion (optimaler Innovationsgrad) und Schnelligkeit (Time-Cost-Tradeoff) bezeichnet man als optimale Entwicklungsleistung. Ein Schnittstellenmanagement kann sich hierbei als nützlich erweisen.

Lösung zu Aufgabe 34:

Bei der Produktentwicklung sollte ein Kompromiss zwischen Schnelligkeit (Time-Cost-Tradeoff bei Simultaneous engineering) und Perfektion (optimaler Innovationsgrad statt Over-Engineering) gefunden werden. Durch Schnittstellenmanagement lassen sich Reibungsverluste, die im Rahmen von Simultaneous engineering auftreten, und die Gefahr des Over-Engineering reduzieren: Integrierte Teams von Fachleuten aus Konstruktion, Produktion, Marketing und Controlling stimmen ihre Vorgehensweisen frühzeitig aufeinander ab, um Entwicklungszeit und -kosten zu senken. Die Überwindung von „Ressortegoismen“ kann sogar soweit gehen, dass Kunden und Lieferanten mit einbezogen werden.

Probleme können sich ergeben, wenn es aufgrund von „Sprachbarrieren“ und unterschiedlichen „Abteilungskulturen“ an Kooperationsbereitschaft und Disziplin mangelt. Die Beseitigung derartiger Schwachstellen ist dann Aufgabe des Top-Managements.

Lösung zu Aufgabe 35:

Die modische Gestaltung von Produkten lässt diese vor ihrem Verschleiß „psychologisch“ veralten und beschleunigt damit die Ersatzbeschaffung, was dem an Abwechslung interessierten Käufer auch entgegenkommt. Die Mode prägt dabei die Produkte gerade so stark, dass sie einerseits als modisch und aktuell erkannt werden, andererseits aber genug Spielraum für individuelle Ausdrucksmöglichkeiten innerhalb der herrschenden Moderichtung bleibt. Mittlerweile scheint das „Diktat der Mode“ aber an Wirkung verloren zu haben, da das Angebot sehr breit und saisonübergreifend geworden ist; neue Vertriebsformen, die (auch) Ware der letzten Saison anbieten (z.B. Factory-outlet-Center), scheinen diese Entwicklung zu bestätigen. Das Anliegen des Modefabrikanten ist somit verständlich, seine Durchsetzung aber zweifelhaft: Die Konsumenten dürften sich an die saisonunabhängige, zielgruppenspezifische Versorgung mit Produkten so sehr gewöhnt haben, dass der „Weg zurück“ kaum denkbar ist. Letztlich steht hinter der Aussage ein „Verkäufermarkt-Denken“: Der Anbieter „führt“ die Kunden statt zu versuchen, sie mit attraktiven – auch „zeitlosen“ – Angeboten zu „verführen“.

Lösung zu Aufgabe 36:

Angesichts „objektiv“ immer ähnlicher werdender Produkte, die durchwegs hohen Qualitätsstandards genügen, benötigen Unternehmen einen zusätzlichen, erkennbaren Produktvorteil (Unique Selling Proposition), um die „Me-too"-Austauschbarkeit zu überwinden. Als Ansatzpunkte bieten sich neben Informations- und Serviceansprüchen vor allem Produktansprüche:

Neben dem Sachanspruch – die Funktionsfähigkeit des Autos – erwarten die Kunden von „ihrem" Produkt Anmutungsansprüche wie z.B. Prestige oder Design. So vermittelt ein Rolls-Royce neben dem Grund- auch einen emotionalen Zusatznutzen in Form eines gesellschaftlichen „Geltungsnutzens", aber auch eines individuellen „Erbauungsnutzens": Das Unternehmen versucht also nicht mehr (nur) Autos, sondern (auch) „Träume" zu verkaufen, um der Austauschbarkeitsfalle zu entgehen.

Lösung zu Aufgabe 37:

Die Qualitätseigenschaften eines Produktes können nach der Schwierigkeit ihrer Beurteilung differenziert werden:

- Die Farbe eines Apfels ist eine Sucheigenschaft; sie kann bereits vor dem Kauf leicht festgestellt werden, insbesondere durch eine „ansprechende" Präsentation der Ware.
- Der Geschmack des Apfels kann dagegen erst nach dem Verzehr beurteilt werden, weshalb es sich dabei um eine Erfahrungseigenschaft handelt; Erfahrungsberichte zufriedener Kunden können hier hilfreich sein.
- Weder vor noch nach dem Verzehr lässt sich erkennen, ob der Apfel – wie behauptet – aus biologischem Anbau stammt; man spricht von Vertrauenseigenschaften, die der Konsument nicht überprüfen kann. Anbieter begegnen den damit verbundenen Glaubwürdigkeitsproblemen mit Gütesiegeln, Garantien, Aufbau von Reputation usw.

Wie der Apfel im Beispiel bestehen die meisten Produkte aus einer Mischung aller drei Eigenschaftsdimensionen; zwischen Hersteller und Verbraucher gibt es also Informationsasymmetrie.

Lösung zu Aufgabe 38:

Hersteller verfolgen in erster Linie die sortimentspolitischen Ziele der Risikostreuung, Marktsegmentierung und des Imagetransfers.

Der Risikostreuung dient vor allem die Diversifikation: Insbesondere Unternehmen „gefährdeter" Branchen, aber auch Unternehmen mit Zukunftsaussichten suchen ein „zweites Standbein" in Wachstumsbranchen. Die Ausweitung der Geschäftsfelder in unbekannte Bereiche birgt allerdings Gefahren: Häufig unterschätzt das Management die Aufgabe, breit diversifizierte Unternehmen zu führen. Eine Diversifikation sollte deshalb möglichst nahe bei den bisherigen Kernaktivitäten liegen; darüber hinaus sollten die Marktgegebenheiten durchschaubar und die organisatorische Eingliederung reibungslos zu bewältigen sein. Sind diese Kriterien nicht erfüllt, dann sollte sich das Unternehmen auf seine Kernkompetenzen konzentrieren („Back to the Roots").

Durch die Marktsegmentierung sollen verschiedene Zielgruppen mit speziell zugeschnittenen Produkten erreicht werden: Beispielsweise können über „Einstiegsmodelle" junge Käufer erreicht werden, die dem Hersteller treu bleiben und – z.B. durch sozialen Aufstieg – nacheinander mehrere Marktsegmente durchlaufen. Eine immer größere Rolle spielt auch die internationale Marktsegmentierung. Aus Kostengründen werden hierbei oft Plattform-Strategien verfolgt: Die Produktvarianten für die einzelnen Marktsegmente sind modular aufgebaut, ohne jedoch ihre Individualität zu verlieren.

Außerdem versuchen Hersteller bekannter Marken, durch Lizenzvergabe oder Zukauf von Waren ihr Image auf Produkte derselben „Produktwelt" zu übertragen. Dadurch kann einerseits das Sortiment gewinnträchtig ausgebaut werden, andererseits aber auch der Markenname vor einer „warenfernen" Verwendung durch Dritte geschützt werden. Allerdings kann durch einen solchen „Imagetransfer" die Identität der Marke zerstört bzw. das Markenimage durch die Lizenznehmer verwässert werden.

Lösung zu Aufgabe 39:

Bei Sortimentsstrukturanalysen als Grundlage der Sortimentsbereinigung handelt es sich häufig um Kennzahlenanalysen; mögliche Dimensionen und die dahinter stehenden Fragestellungen sind:

- Altersstruktur: In welcher Phase des Produktlebenszyklus befinden sich die Produkte?
- Umsatzstruktur: Wie sind die Umsatzanteile der Produkte? Welche Produkte sind A- („Renner"), welche B- (Hoffnungsträger) und welche C-Produkte („Penner")?
- Deckungsbeitragsstruktur: Wie stark übersteigen die Umsätze der Produkte deren variable Kosten?

Darüber hinaus sind auch die Beziehungen zwischen den Produkten zu beachten, weil mitunter Produktions- bzw. Nachfrageverbund besteht. Der Nachfrageverbund kann unterschieden werden in substitutive und komplementäre Beziehungen: Führt eine vermehrte Nachfrage nach Produkt A zu einer verminderten Nachfrage nach Produkt B, so handelt es sich um eine substitutive Beziehung, die auch als „Kannibalismus" bezeichnet wird (z.B. Bier und Wein). Fördert die vermehrte Nachfrage nach Produkt A hingegen die Nachfrage nach Produkt B, so liegt eine komplementäre Beziehung vor (z.B. Photoapparate und Filme). Bewusst ausgenutzt werden die „Produktbeziehungen" zwischen Saisonartikeln, indem Sortimente so zusammengestellt werden, dass es zu einem Saisonausgleich kommt (z.B. Camping- und Skiabteilung).

Lösung zu Aufgabe 40:

Kundendienst (After-Sales-Service) beginnt mit einer verständlichen Gebrauchsanweisung. Er kann grundsätzlich vom Hersteller (z.B. Personal-Training, Anlagenwartung, SOS-Hotlines) oder vom Handel (z.B. Kreditgewährung, kompetente Bedienung, Parkplätze) erbracht werden. Eine Kundendienstleistung, die in Zukunft eine immer größere Rolle spielen wird, ist die Entsorgung gebrauchter Produkte und – damit verbunden – die Rücknahmeverpflichtung mit Recycling.

Aufgrund der werbenden Wirkung übernehmen Hersteller immer häufiger Serviceaufgaben selbst; insbesondere können sie aus der Reklamationsstatistik Informationen für die F & E-Abteilung ableiten, sofern Beschwerden nicht mehr als lästige Einmischung betrachtet werden.

Grundsätzlich sind bei der Einrichtung von Kundendienstleistungen folgende Punkte zu klären: Das Unternehmen kann die Serviceleistungen entweder selbst erstellen oder von spezialisierten Service-Anbietern erbringen lassen; am Anfang steht also die Make or Buy-Entscheidung. Außerdem kann das Servicepaket entweder zusammen mit dem Produkt oder isoliert vermarktet werden. Im Zusammenhang hiermit steht die Frage, ob die Serviceleistungen kostenlos erbracht werden sollen oder nicht; dabei sind verschiedene Möglichkeiten eines „kalkulatorischen Ausgleichs" denkbar. Schließlich muss der Umfang der Serviceleistungen – d.h. die angestrebten Qualitäts- und Quantitätsniveaus sowie die relevanten Selektionsmerkmale – festgelegt werden.

Die Bedeutung des Kundendienstes liegt nicht zuletzt im persönlichen Kontakt zwischen Kunden und Mitarbeitern und der damit verbundenen Chance, Kundenbindung aufzubauen.

Lösung zu Aufgabe 41:

Bei einem Call Center handelt es sich um eine stark erweiterte Telefonzentrale mit automatischem Anrufverteiler und Zugriff der „Telefonagenten" auf unternehmensinterne Datenbanken mit Produkt- und Kundeninformationen; selbstverständlich können die Agenten Anrufe gegebenenfalls auch nur an die betreffenden Fachstellen weiterleiten.

Call Center zeichnen sich durch ein erhebliches Kostensenkungspotenzial aus: Das zeitraubende Weiterverbinden entfällt; darüber hinaus können sie ohne weiteres in strukturschwachen und damit günstigen Gebieten errichtet werden. Seit der Liberalisierung des Telekommunikationsmarktes hält sich auch das Gebührenaufkommen für die Unternehmen in Grenzen – trotz kostenloser bzw. verbilligter Hotlines. Call Center können sehr vielfältig genutzt werden, z.B. als technische Hotlines oder zur Bestellannahme, aber auch – vom Unternehmen ausgehend – für Umfragen oder Terminvereinbarungen.

Selbständige Call Center können zudem für mehrere Unternehmen arbeiten, was die Kosten für den einzelnen „Kunden" weiter senkt, insbesondere dann, wenn die „Stoßzeiten" unterschiedlich gestaffelt sind.

Lösung zu Aufgabe 42:

Während der Vertragshändler mit einem Markenartikelhersteller einen Vertrag über den ausschließlichen Bezug seiner Ware schließt, der neben anderen Vergünstigungen (z.B. Kredite) die Verwendung des Herstellerzeichens mit einschließt, geht Franchising weiter: Die vertragliche Zusammenarbeit beschränkt sich hier nicht nur auf ein Produkt bzw. eine Produktlinie. Der Franchise-Nehmer erhält vielmehr – gegen Zahlung einer einmaligen Einstiegs- sowie laufenden Franchisegebühr – ein umfassendes Marketing-Konzept, dass das Angebot eines bestimmten Sortiments unter Verwendung von Namen, Warenzeichen und Ladenausstattung beinhaltet. Darüber hinaus wird er vom Franchise-Geber durch Werbe- und Verkaufsförderungsmaßnahmen unterstützt. Zwar sind beim Franchise-System Weisungen, Kontrollen und Vertragsstrafen durchaus vorgesehen; die Vereinbarung von Preisbindungen ist jedoch – wie beim Vertragshändler – nicht erlaubt, was über „Kalkulationsrichtlinien" mitunter aber unterlaufen wird.

Lösung zu Aufgabe 43:

Als Reaktion auf die zunehmende Nachfragemacht des Handels betreuen viele Hersteller ihre Schlüsselkunden („Key Accounts") durch speziell ausgebildete Reisende mit dem Ziel, gemeinsam eine „vertikale Marketingstrategie" zu erarbeiten. Während bei der „Pull-Strategie" der Hersteller die Kunden über Werbung direkt anspricht, vertraut er im Rahmen des Key-Account-Managements darauf, dass der Handel im eigenen Interesse einen „Verkaufsdruck" erzeugt („Push-Strategie").

Die für den jeweiligen Bezirk zuständigen Absatzorgane reagierten allerdings verärgert auf das Herausbrechen der Großkunden. Zudem konnte das „Konditionendiktat" des Handels kaum entschärft werden, da oft keine überzeugenden Marketingstrategien geboten wurden. Immerhin gelang es aber, alle mit den Transaktionen verbundenen Aufgaben (z.B. Logistik, Verpackung, Finanzierung) zu professionalisieren. Die Zusammenarbeit zwischen Hersteller und Händler im Hinblick auf verbesserte Abläufe und effiziente Logistik beim Waren-Management wird als Efficient Consumer Response (ECR) bezeichnet.

Lösung zu Aufgabe 44:

Das aktive Diskriminierungsverbot (Diskriminierungsverbot berühmter Marken) ist in §§ 20,1 und 20,2 GWB geregelt: Marktbeherrschende Hersteller müssen jeden und unumgängliche Hersteller jeden kleinen und mittleren Händler beliefern, der die Ware haben will. Dadurch soll verhindert werden, dass Vertriebsbindungen zu Wettbewerbsbeschränkungen führen, indem viele Händler führende Marken gar nicht anbieten können. Ganz allgemein unterliegt die Vertriebsbindung außerdem der Missbrauchsaufsicht durch das Bundeskartellamt (§ 16 GWB).

Das passive Diskriminierungsverbot ist in § 20,2,3 GWB geregelt: Danach ist es marktbeherrschenden Handelsunternehmen generell und unumgänglichen Handelsunternehmen gegenüber ihren kleinen und mittleren Lieferanten verboten, „ohne sachlich gerechtfertigten Grund" Vorzugsbedingungen zu verlangen. Mit der 6. Kartellrechtsnovelle (1999) wurde außerdem kleinen und mittleren Herstellern die Möglichkeit eingeräumt, sich anonym – und damit ohne Furcht vor Sanktionen durch mächtige Händler – zu beschweren (§ 70 GWB). Kleine und mittlere Händler können gem. § 20,4 zusätzlich gegen marktmächtige Konkurrenten wegen „unbilliger Behinderung" (z.B. „Rabattspreizung") vorgehen; dabei darf aber nicht übersehen werden, dass manche Händler – als Mitglieder von Einkaufskooperationen – nur scheinbar „klein" oder „mittel" sind. Durch das passive Diskriminierungsverbot soll die Nachfragemacht des Handels begrenzt werden: Große Handelsunternehmen versuchen häufig, bei ihren Lieferanten besondere Konditionen, Regalmieten, „Listungsgebühren" u.ä. durchzusetzen, was nicht nur die Hersteller, sondern auch weniger mächtige Händler, die nicht in den Genuss derartiger Vergünstigungen kommen, belastet. Man sollte freilich bedenken, dass die Konzentration im Handel Zusammenschlüsse auf Herstellerseite bewirkt hat, weshalb aktives und passives Diskriminierungsverbot zusammenhängen.

Lösung zu Aufgabe 45:

Ein Produkt kann als Bündel von Eigenschaften im Hinblick auf eine erwartete Bedürfnisbefriedigung aufgefasst werden. Zur Analyse der Marktposition kann es dann in einen mehrdimensionalen Eigenschaftsraum eingefügt werden, der beispielsweise objektive, also technisch-konstruktive Eigenschaften abbilden kann. Die Wahrnehmung der Konsumenten weicht jedoch häufig von den objektiven Eigenschaften ab (z.B. „Sportlichkeit" statt kW-Leistung eines Autos), weshalb sich im Raum subjektiver Eigenschaften (Produktmarktraum) eine völlig neue Produktkonfiguration ergeben kann. Maßgeblich für den Erfolg eines Produkts sind allein die von den Kunden subjektiv wahrgenommenen Eigenschaften und damit die Position des „Eigenschaftsbündels" im Produktmarktraum. Die Überführung von Neuproduktpositionen aus dem Raum subjektiver in den Raum objektiver Eigenschaften („Transformationsproblem") spielt eine entscheidende Rolle bei der Produktpositionierung: Schließlich benötigt die Entwicklungsabteilung technische, objektiv messbare Vorgaben.

Arbeitsaufgaben und Lösungen zum 18. Kapitel Die Investitionsplanung

1. Aufgabe

Was verstehen Sie unter einer

a) Sachinvestition

b) Finanzinvestition

c) immateriellen Investition?

2. Aufgabe

Ist ein Investitionsobjekt, das aus einer Auszahlung heute (A_0=100.- DM) und einer Einzahlung in einem Jahr (e_1=110.- DM) besteht, vorteilhaft?

3. Aufgabe

Begründen Sie anhand eines Beispiels, dass sich ein Investitionsobjekt durch eine Zahlungsreihe charakterisieren lässt!

4. Aufgabe

Was verstehen Sie unter einem Kalkulationszinssatz und was unter einem internen Zinsfuß?

5. Aufgabe

Ein Investitionsobjekt besteht aus einer Auszahlung in t=0 von 100.- DM und einer Einzahlung in t=2 von 118.- DM. Ist dieses Objekt für einen Investor, der einen Kalkulationszinssatz von 10 % hat, lohnend?

6. Aufgabe

Warum sollte eine Investitionsrechnung durch eine Nutzwertanalyse ergänzt werden?

7. Aufgabe

Was versteht man unter der Amortisationsdauer?

8. Aufgabe

Ein Investor steht vor der Frage, eine alte Anlage ein weiteres Jahr zu nutzen oder gleich eine neue anzuschaffen; es gilt i=10 % sowie:

für die alte Anlage:		für die neue Anlage:	
c_{n+1}	= 50.000 GE	A_0	=100.000 GE
R_n	=40.000 GE	c	=60.000 GE
R_{n+1}	=60 % von R_n	n	=6 Jahre
		R	=0

Welche Variante ist vorteilhafter?

9. Aufgabe

Welche Voraussetzungen müssen erfüllt sein, damit sich beim Kostenvergleich zweier Maschinen überhaupt eine kritische Menge ergibt?

10. Aufgabe

Zwei Investitionsobjekte haben die folgende Zahlungsreihe

t	0	1	2
I_2:	-100		+220
I_1:	-50	+100	

Welche Fragen müssen noch zusätzlich beantwortet werden, um das vorteilhaftere Objekt ermitteln zu können?

11. Aufgabe

Wie hoch ist die Annuität, die jemand aufzubringen hat, der zum Kauf eines Hauses einen Kredit von 350.000.- DM aufnimmt, welcher bei 8 % Zinsen in 15 Jahren zurückzuzahlen ist?

12. Aufgabe

Ist das folgende Investitionsobjekt bei einem Kalkulationszinssatz von 10 % vorteilhaft?

t	0	1	2	3	4	5	6
	-1000	+200	+200	+200	+200	+200	+200

13. Aufgabe

Ein Schüler, der einen Unfall mit seinem Moped hatte, steht vor der Wahl, entweder

a) eine „ewige Rente“ von 1200.- DM jährlich oder

b) eine einmalige Abfindung von 25.000.- DM zu erhalten.

Welche Variante ist vorteilhafter, wenn er einen Kalkulationszinssatz von 6 % zugrunde legt?

14. Aufgabe

Stellen Sie einen Tilgungsplan für den Fall auf, dass ein Kredit über 10.000.- DM in fünf gleichen Jahresraten bei einer Verzinsung von 8 % rückzahlbar ist!

15. Aufgabe

Ein Investor steht der folgenden beiden Investitionsalternativen gegenüber:

	-100		+80	+60
	-60	+100		
t	0	1	2	3

Die Bank, bei der er kurzfristig Geld entleihen und anlegen kann, nimmt 7 % und gibt 5 %. Der Investor verfügt über ein Eigenkapital von 100 und möchte 3 Jahre lang investieren. Welches Investitionsobjekt ist für ihn günstiger?

16. Aufgabe

Warum können zum Vorteilhaftigkeitsvergleich mehrerer Investitionsobjekte nicht die Kapitalwerte oder die internen Zinssätze verglichen werden?

17. Aufgabe

Ein Investitionsobjekt mit einer Anschaffungsauszahlung von 10.000.- DM „verdient“ jährlich 2000.- DM.

Wie lange ist seine Amortisationsdauer nach der Praxis-Formel bzw. nach der exakten Formel (i=0.08)?

18. Aufgabe

Ein Investor steht den folgenden beiden Investitionsalternativen gegenüber:

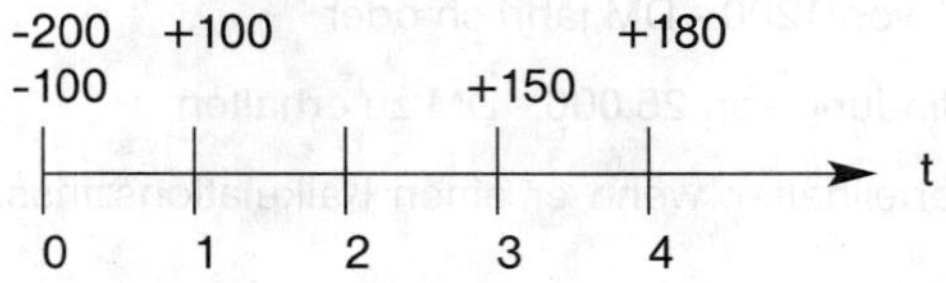

Für kurzfristig angelegtes Geld gibt ihm die Bank 5 %, für kurzfristig entliehenes Geld nimmt die Bank 9 %. Der Investor verfügt über 150 Eigenkapital und will vier Jahre lang investieren. Welches Objekt ist für ihn günstiger?

19. Aufgabe

Stellen Sie einen Tilgungsplan für den Fall auf, dass ein Kredit über 15.000 DM in acht gleichen Jahresraten bei einer Verzinsung von 8 % rückzahlbar ist!

20. Aufgabe

Was versteht man unter der Rentabilitätsrechnung und welches ist ihre Schwäche?

21. Aufgabe

Eine Investition besteht aus einer Auszahlung von 10.000.- DM in t=0 und n jährlichen Nettoeinzahlungen von 2500.- DM. Zeigen Sie beispielhaft, dass mit steigendem Kalkulationszinssatz auch die Zahl der Nutzungsjahre steigen muss.

22. Aufgabe

Ein Pizzabäcker steht vor der Frage, ob er seinen alten Ofen ein weiteres Jahr lang nutzen oder einen neuen Ofen kaufen soll. Mit dem alten Ofen lassen sich im kommenden Jahr noch 1300 GE verdienen, andererseits sinkt sein Restwert von 2000 auf 1000 GE ab. Der neue Ofen hat eine Nutzungsdauer von 6 Jahren, sein Anschaffungspreis beträgt 8000 GE. Pro Jahr lassen sich mit ihm 2000 GE verdienen. Für welche Alternative wird sich der Pizzabäcker bei einem Kalkulationszinssatz von 10 % entscheiden?

23. Aufgabe

Wodurch ist ein risikoneutraler, ein risikoscheuer und ein risikofreudiger Investor charakterisiert?

24. Aufgabe

Ein risikofreudiger Investor steht vor folgender Investitionsalternative:

Horizontalwerte	$W_1 = 0.3$	$W_2 = 0.7$
I_1	0	900
I_2	400	500

Welches Objekt sollte er vorziehen?

25. Aufgabe

Erläutern Sie das μσ-Kriterium!

Inwiefern ist es dem μ-Kriterium überlegen?

26. Aufgabe

Einem Kostenvergleich liegen folgende Daten zugrunde:

	Anlage A	Anlage B
Fixkosten	1200	800
Variable Stückkosten	1.50	2.50

Ermitteln Sie die kritische Menge $\overline{x}$.

Welche Anlage wird bei $x > \overline{x}$ eingesetzt?

Was sind die Schwächen des Kostenvergleichs?

Lösung zu Aufgabe 1:

Als Investition wird allgemein die Anlage eines – vorhandenen oder noch zu entleihenden – Geldbetrages bezeichnet. Je nach Ausrichtung bzw. Form des Investitionsobjektes können mehrere Varianten unterschieden werden:

a) Eine Sachinvestition kennzeichnet die Anlage des Geldbetrages in Form von Grundstücken, Gebäuden, Maschinen etc.

b) Finanzinvestitionen liegen vor, wenn Beteiligungen oder Rechte erworben werden; hierzu gehört z.B. die Geldanlage in Wertpapieren (Aktien, Obligationen etc.) oder Sparbüchern.

c) Eine immaterielle Investition stellen die Forschungs- und Entwicklungsausgaben, aber auch die Weiterbildung der Mitarbeiter oder der Erwerb von Lizenzen dar.

Lösung zu Aufgabe 2:

Grundlage der Investitionsplanung ist der Sachverhalt, dass ein Betrag, den man „heute" erhält, mehr wert ist als der gleiche Betrag, der „morgen" fällig wird (Zeitpräferenz). Wenn folglich heute ein Betrag von 100,– DM investiert werden soll, dann ist dies nur vorteilhaft, wenn der Rückfluss in einem Jahr über 100,– DM liegt. Ob ein Aufschlag von 10 % als ausreichend empfunden wird, liegt im Ermessen des Investors, der neben seiner Zeitpräferenz auch Risikoaspekte berücksichtigen wird: Wenn er sicher sein kann, dass er das Geld zurück bekommt, wird er mit einem niedrigeren Aufschlag zufrieden sein als im Falle eines hohen Rückzahlungsrisikos.

Lösung zu Aufgabe 3:

Als Beispiel wird das Investitionsobjekt „Taxi" gewählt. Der Investor hat hier zunächst die Anfangsauszahlung A_0 (den Kaufpreis des Wagens) zu tätigen. Darüber hinaus hat er während der n Nutzungsjahre in jedem Jahr laufende Ausgaben für Benzin, Steuer etc. (a_t). Diesen Auszahlungen stehen aber in jeder Periode Einzahlungen (e_t) aus dem Fahrgeschäft gegenüber. Schließlich kann das Taxi am Ende der Nutzungszeit noch zu seinem Restwert R, dem Verkaufspreis, abgestoßen werden. Die Zahlungsreihen können anschaulich entlang einer Zeitachse abgetragen werden, wobei aus der Sicht des Investors die Auszahlungen mit negativem und die Einzahlungen mit positivem Vorzeichen versehen sind.

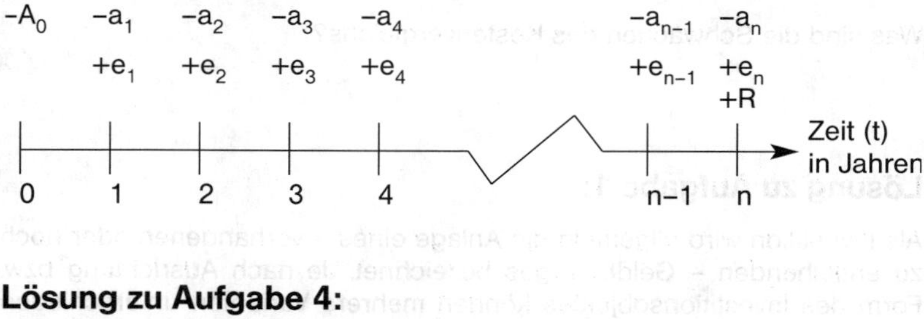

Lösung zu Aufgabe 4:

Für die Beurteilung, ob ein Investitionsobjekt für einen Investor vorteilhaft ist, benötigt dieser ein Vergleichskriterium. Der „Kalkulationszinssatz" kennzeichnet die Mindestverzinsung eines Investitionsobjektes, die ein

Investor entsprechend seinen subjektiven Vorstellungen als notwendig erachtet. Bei seiner Festlegung spielen Risikoerwägungen eine besondere Rolle. Der Kalkulationszinssatz beschreibt somit den „Zinsgewinn", den ein Investitionsobjekt mindestens erwirtschaften soll.

Der „interne Zinsfuß" dagegen stellt den tatsächlichen „Zinsgewinn" eines Investitionsobjektes dar. Er kennzeichnet die effektive Verzinsung, die in einem Investitionsobjekt steckt. Aus einem Vergleich von „internem Zinssatz" und „Kalkulationszinssatz" kann die Vorteilhaftigkeit einer Geldanlage ermittelt werden.

Lösung zu Aufgabe 5:

Eine Möglichkeit für die Beurteilung der Vorteilhaftigkeit des gegebenen Investitionsobjektes stellt die Kapitalwertmethode dar. Die Investition ist dann lohnend, wenn der Ertragswert (E) der Einzahlung (K_2), der sich unter Berücksichtigung des Kalkulationszinssatzes (i) ergibt, die Anschaffungsauszahlung (A_0) übersteigt, der Kapitalwert (K) also größer Null ist.

$$E = \frac{K_2}{(1+i)^2} = \frac{118}{(1+0.1)^2} = 97.52 \Rightarrow K = E - A_0 = 97.52 - 100 = -2.48$$

Das Investitionsobjekt ist somit für den Investor nicht vorteilhaft.

Als Alternative hierzu ist der Vergleich des internen Zinssatzes der Investition (r=effektive Verzinsung) mit dem Kalkulationszinssatz möglich. Da der interne Zinssatz den Zins darstellt, bei welchem der Kapitalwert gerade Null ist, kann er für den vorliegenden Fall wie folgt ermittelt werden:

$$(1+r)^2 \cdot A_0 = K_2 \Rightarrow (1+r)^2 \cdot 100 = 118 \Rightarrow r = 0.086278$$

Auch mit diese Methode erweist sich die Geldanlage als nicht vorteilhaft. Der interne Zinssatz ist mit r=8.63 % kleiner als der Kalkulationszinssatz i=10 %.

Lösung zu Aufgabe 6:

Ansatzpunkt der klassischen Investitionsrechnung ist die Erfassung aller Zahlungsströme, die dem Investitionsobjekt unmittelbar zugerechnet werden können. Bei dieser rein quantitativen Wertung werden aber qualitative Aspekte, die insbesondere bei der Umstellung auf neue Produktionstechnologien eine Rolle spielen, nicht berücksichtigt:

- Durch die größere Flexibilität einer neuen Anlage kann in Zukunft eine bessere Kundennähe realisiert werden. Darüber hinaus können diese Anlagen, z.B. bei einer späteren Produktionsumstellung, leichter wiederverwendet werden.

- Ein Investitionsobjekt hat in der Regel auch Ausstrahlungseffekte auf andere Unternehmensbereiche (Imagebildung) oder auf Folgeprojekte (Technologieführung).
- Oft können die Ein- und Auszahlungen nicht einzelnen Aggregaten zugerechnet werden, da mehrere von ihnen gemeinsam die Marktleistung erbringen und die Infrastruktur beanspruchen.

Die Ergänzung der Investitionsrechnung durch Nutzwertanalysen, die auch solche qualitativen Aspekte berücksichtigen, erscheint daher notwendig.

Lösung zu Aufgabe 7:

Insbesondere dann, wenn die in den späteren Perioden erfolgenden Zahlungen einer Investition nicht mehr zuverlässig zu schätzen sind, eignet sich die Betrachtung der Amortisationsdauer, um die Vorteilhaftigkeit einer Geldanlage zu beurteilen. Als Amortisationsdauer wird der Zeitraum bezeichnet, den ein Investitionsobjekt benötigt, um seine Anschaffungsauszahlung wieder zu verdienen. Eine Investition kann dann als vorteilhaft bezeichnet werden, wenn sie sich innerhalb einer „als angemessen erachteten" Zeitspanne (Soll-Amortisationsdauer) mit oder ohne Berücksichtigung der Verzinsung amortisiert.

Lösung zu Aufgabe 8:

Um einen Vorteilhaftigkeitsvergleich zwischen den beiden Alternativen anstellen zu können, muss zunächst bestimmt werden, ob die wirtschaftliche Nutzungsdauer der alten Anlage erreicht ist oder ob durch die weitere Nutzung noch ein „zeitlicher Grenzgewinn" erwirtschaftet werden kann:

$$G_{n+1} = c_{n+1} + R_{n+1} - Rn \cdot (1 + i)$$
$$\Rightarrow G_{n+1} = 50000 + (0.6 \cdot 40000) - 40000 \cdot (1 + 0.1) = 30000$$

Da der zeitliche Grenzgewinn größer als Null ausfällt, erscheint die Weiternutzung der Anlage grundsätzlich als sinnvoll. Es muss aber nun ein Vergleich mit der Alternative der sofortigen Ersatzinvestition angestellt werden. Dazu wird der „zeitliche Durchschnittsgewinn" ermittelt, den die neue Anlage pro Periode erwirtschaftet:

Kapitalwert der neuen Anlage:

$$K = c \cdot \frac{(1+i)^n - 1}{i \cdot (1+i)^n} - A0 = 60000 \cdot \frac{(1+0.1)_6 - 1}{0.1 \cdot (1+0.1)^6} - 1000000 = 161315.64$$

Kapitalwiedergewinnungsfaktor:

$$KWF = \frac{i \cdot (1+i)^n}{(1+i)^n - 1} = \frac{0.1 \cdot (1+0.1)^6}{(1+0.1)^6 - 1} = 0.22961$$

Zeitlicher Durchschnittsgewinn=
KWF · K = 0.22961 · 161315.64 = 37039.68

Da der „zeitliche Grenzgewinn" der weiteren Nutzung der alten Anlage (30000) kleiner ist als der „zeitliche Durchschnittsgewinn" der neuen Anlage (37039.68), ist es sinnvoll, die alte Anlage sofort zu liquidieren und durch die neue zu ersetzen.

Lösung zu Aufgabe 9:

Die Kostenvergleichsmethode kann für die Beurteilung der Vorteilhaftigkeit unterschiedlicher Produktionsanlagen verwendet werden. Dazu werden die Kostenverläufe der einzelnen Maschinen in Abhängigkeit von der Produktionsmenge betrachtet. Diese setzen sich zusammen aus den fixen, von der Produktionsmenge unabhängigen Kosten und den variablen Kosten, die mit zunehmender Menge ansteigen.

Die kritische Menge ($\bar{x}$) ist die Herstellmenge, bei der die Kosten beider Maschinen gleich sind. Eine kritische Menge ergibt sich jedoch nur dann, wenn die Anlagen unterschiedlich hohe Fixkosten aufweisen und die Maschine mit den niedrigeren Fixkosten (M1) die höheren variablen Stückkosten verursacht.

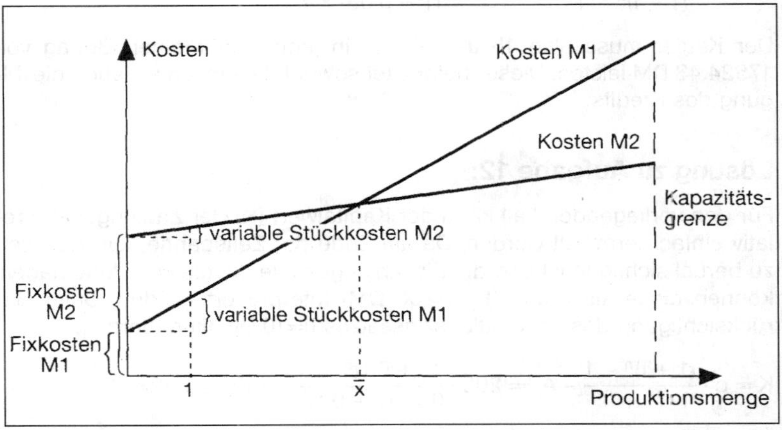

Lösung zu Aufgabe 10:

Die gegebenen Investitionsobjekte unterscheiden sich grundsätzlich sowohl in der Höhe der Anschaffungsauszahlung als auch in der Länge der Laufzeit. Um das vorteilhaftere der Objekte ermitteln zu können, müssen daher die Zahlungsströme vergleichbar gemacht werden. Die zentrale Frage hierzu ist, zu welchen Zinssätzen Geldmittel (z.B. bei einer Bank) beschafft bzw. angelegt werden können. Da sich die Soll- und Habenzinsen in der Regel unterscheiden, ist weiter wichtig, über wie viel Eigenkapital der Investor verfügt (50 oder 100) und schließlich, über welchen Zeitraum er dieses anlegen kann (ein oder zwei Perioden).

Unter Zuhilfenahme der „Bank" können die Investitionsobjekte so ergänzt werden, dass die freigesetzten Mittel angelegt bzw. die benötigten Mittel aufgenommen werden. Es lassen sich dann die Horizontwerte beider Alternativen – mit gleichen Anschaffungsauszahlungen und gleichen Laufzeiten – ermitteln und vergleichen. Ob das sich dann als vorteilhafter erweisende Investitionsobjekt für den Investor auch akzeptabel ist, kann mit Hilfe des Kapitalwerts oder des internen Zinssatzes dieses Objekts – bei Berücksichtigung der Ergänzungsinvestition – bestimmt werden.

Lösung zu Aufgabe 11:

Die Annuität $\overline{c}$ bezeichnet den durchschnittlich aufzuwendenden bzw. zu erzielenden Nettobetrag je Periode, der bei einer Verzinsung von i über eine Zeitspanne von genau n Perioden einem Anfangsbetrag von A_0 entspricht. Sie kann ermittelt werden, indem der Kapitalwert bei Anwendung des zugrunde gelegten Zinssatzes Null wird. Es ergibt sich:

$$\overline{c} = A_0 \cdot \frac{i \cdot (1+i)^n}{(1+i)^n - 1} = 150000 \cdot \frac{0.08 \cdot (1+0.08)^{15}}{(1+0.08)^{15} - 1} = 17524.43$$

Der Käufer muss also 15 Jahre lang in jedem Jahr einen Betrag von 17524.43 DM leisten. Dieser beinhaltet sowohl die Zinsen als auch die Tilgung des Kredits.

Lösung zu Aufgabe 12:

Für den vorliegenden Fall kann der Kapitalwert (K) der Zahlungsreihe relativ einfach ermittelt werden. Da am Ende der Zeitspanne kein Restwert zu berücksichtigen ist und die Einzahlungen alle die gleiche Höhe haben, können diese als Annuität (c=200 DM) interpretiert werden. Unter Berücksichtigung des Kalkulationszinssatzes (i=10 %) gilt daher:

$$K = c \cdot \frac{(1+i)^n - 1}{i \cdot (1+i)^n} - A_0 = 200 \cdot \frac{(1+0.1)^6 - 2}{0.1 \cdot (1+0.1)^6} - 1000 = -128.95$$

Das Investitionsobjekt erweist sich somit aufgrund des negativen Kapitalwerts bei dem gegebenen Kalkulationszinssatz als nicht vorteilhaft.

Lösung zu Aufgabe 13:

Die beiden Alternativen sind gleich, wenn sie den gleichen Kapitalwert bzw. internen Zinssatz besitzen. Für eine ewige Rente in Höhe von c, einen Kalkulationszinssatz von i und der Anschaffungsauszahlung von A_0 ergibt sich als Kapitalwert $K = (c / i) - A_0$.

Ein Vergleich der Varianten kann am einfachsten vorgenommen werden, indem bei gegebenem Kalkulationszinssatz der Kapitalwert gleich Null gesetzt wird. Es lässt sich daraus entweder die ewige Rente (c*), die einer Abfindung von 25000 DM gleichkommt, ermitteln oder man bezieht sich auf die Abfindung (A_0*), die einer ewigen Rente von 1200 DM entspricht:

$$c^* = i \cdot A_0 \Rightarrow c^* = 0.06 \cdot 25000 = 1500$$

bzw. $$A^*_0 = \frac{c}{i} \Rightarrow A^*_0 = \frac{1200}{0.06} = 20000$$

Dem Schüler ist folglich die Variante b) zu empfehlen. Die Abfindung kommt der höheren ewigen Rente von 1500 DM gleich, bzw. die ewige Rente von 1200 DM würde lediglich einer Abfindungssumme von 20000 DM entsprechen.

Lösung zu Aufgabe 14:

Zunächst muss die über fünf Jahre gleichbleibende Jahresrate (Annuität) ermittelt werden. Diese setzt sich zusammen aus den – auf den jeweiligen Restkreditbetrag – zu entrichtenden Zinsen und der dann verbleibenden Tilgung des Kredits.

Annuität: $$\bar{c} = A_0 \cdot \frac{i \cdot (1+i)^n}{(1+)^n - 1} = 10000 \cdot \frac{0.08 \cdot (1+0.08)^5}{(1+0.08)^5 - 1} = 2504.56$$

Der zugehörige Tilgungsplan kann daraus wie folgt erstellt werden (jeweils auf Pfennigbeträge gerundet):

Ende des Jahres	Zinsen 8 %	Tilgung	Annuität	Restkreditbetrag
0	–	–	–	10000.00
1	800.00	1704.56	2504.56	8295.44
2	663.64	1840.92	2504.56	6454.52
3	516.36	1988.20	2504.56	4466.32
4	357.31	2147.25	2504.56	2319.07
5	185.53	2319.03	2504.56	–

Lösung zu Aufgabe 15:

Für die vergleichende Beurteilung der beiden Investitionsalternativen eignet sich die Horizontwertmethode. Dazu werden die Alternativen mittels Einführung einer über die Bank getätigten Ergänzungsinvestition vergleichbar gemacht.

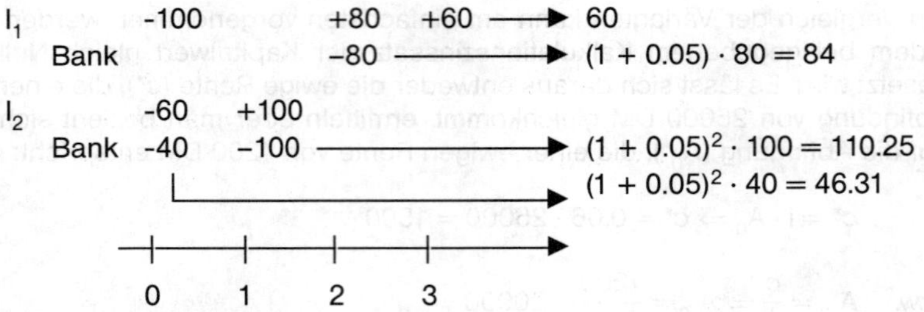

Unter Berücksichtigung der Bankzinsen ergibt sich für die Horizontwerte folglich:

$H(I_1) = 60$ DM + 84 DM = 144 DM
$H(I_2) = 110.25$ DM + 46.31 DM = 156.56 DM
Das Investitionsobjekt I_2 ist somit dem ersten Objekt vorzuziehen.

Lösung zu Aufgabe 16:

Die Verwendung des Kapitalwerts oder des internen Zinssatzes für den Vergleich mehrerer Investitionsobjekte ist sehr problematisch. Der Vergleich der Kapitalwerte ist nur dann sinnvoll, wenn die zu betrachtenden Objekte die selbe Anschaffungsauszahlung und Nutzungszeit aufweisen. Ansonsten würde der Kapitalwertvergleich bedeuten, dass Ergänzungsinvestitionen über die Bank zum gleichen Zinssatz, nämlich in Höhe des Kalkulationszinssatzes, möglich sind. Da es aber praktisch kaum denkbar ist, dass Sollzins = Habenzins = (subjektiver) Kalkulationszinssatz ist, erweist sich das Beurteilungskriterium „Kapitalwertvergleich" als ungeeignet: Es setzt einen vollkommenen Kapitalmarkt voraus, auf dem es keine Zinsunterschiede geben kann.

Ähnlich verhält es sich mit den internen Zinssätzen. Ein Vergleich der Investitionsobjekte durch ihre jeweilige interne Verzinsung unterstellt, dass die Ergänzungsinvestitionen über die Bank zu den internen Zinssätzen der Anlageobjekte möglich sind. Eine solche Annahme ist jedoch völlig unrealistisch.

Lösung zu Aufgabe 17:

Als Amortisationsdauer wird die Zeitspanne bezeichnet, die ein Investitionsobjekt benötigt, bis die Anschaffungsauszahlung wieder erwirtschaftet wird. Sie kann dann relativ einfach ermittelt werden, wenn jährlich gleichbleibende Nettoeinzahlungen (Annuitäten) zu erwarten sind. Es gilt:

1. Praxis-Formel: $\bar{\bar{c}} = \frac{A_0}{n} + \frac{A_0}{2} i \Rightarrow \bar{\bar{n}} = \frac{A_0}{c - \frac{1}{2} \cdot A_0 \cdot i} \Rightarrow \bar{\bar{n}} = \frac{10000}{2000 - \frac{1}{2} \cdot 10000 \cdot 0.08} = 6.25$

2. Exakte Formel: $\bar{c} = A_0 \cdot \frac{i \cdot (1+i)^n}{(1+i)^n - 1} = A_0 \cdot KWF \Rightarrow KWF = \frac{c}{A_0} = \frac{2000}{10000} = 0.2$

Die Kapitalwiedergewinnungsfaktoren (KWF) bei einem Zinssatz von 8 % verhalten sich wie folgt:

Jahre (n) ...	5	6		7	...
KWF (8%) ...	0.2505	0.2163	*0.2*	0.1921	...

Sowohl mit Hilfe der Praxis-Formel als auch der exakten Formel wird eine Amortisationsdauer von etwas mehr als 6 Jahren ermittelt.

Lösung zu Aufgabe 18:

Für die Auswahl des günstigeren Investitionsobjektes bietet sich die Horizontwertmethode an. Um die Vergleichbarkeit der beiden Investitionsmöglichkeiten zu gewährleisten, wird über die Bank eine Ergänzungsinvestition eingeführt.

I_1	-200	+100			+180
Bank	+50 →	$-50 \cdot 1.09$			
		-45.5	→		$+45.5 \cdot 1.05^3$
I_2	-100			+150	
Bank	-50			-150 →	$+150 \cdot 1.05$
	→				$+50 \cdot 1.05^4$
		1	2	3	4

Unter Berücksichtigung der Horizontwerte ergibt sich folglich:

$H(I_1) = 180 \text{ DM} + 45{,}5 \text{ DM} \cdot 1.05^3 = 232{,}67 \text{ DM}$ und

$H(I_2) = 150 \text{ DM} \cdot 1{,}05 + 50 \text{ DM} \cdot 1.054 = 218{,}27 \text{ DM}$. Das Investitionsobjekt I1 ist somit dem zweiten Objekt vorzuziehen.

Lösung zu Aufgabe 19:

Zu ermitteln ist die über acht Jahre gleichbleibende Jahresrate (Annuität):

$$\text{Annuität: } \bar{c} = A_0 \cdot \frac{i \cdot (1+i)^n}{(1+i)^n - 1} = 15000 \cdot \frac{0.08 \cdot (1+0.08)^8}{(1+0.08)^8 - 1} = 2610.22$$

Der zugehörige Tilgungsplan ergibt sich somit wie folgt (jeweils auf Pfennigbeträge gerundet):

Ende des Jahres	Zinsen 8 %	Tilgung	Annuität	Restkreditbetrag
0	–	–	–	15000
1	1200	1410.22	2610.22	13589.78
2	1087.18	1523.04	2610.22	12066.74
3	965.34	1644.88	2610.22	10421.86
4	833.75	1766.47	2610.22	8645.39
5	691.63	1918.59	2610.22	6726.80
6	538.14	2072.08	2610.22	4654.72
7	372.38	2237.84	2610.22	2416.88
8	193.35	2416.87	2610.22	–

Lösung zu Aufgabe 20:

Im Rahmen der Rentabilitätsrechnung werden die betrachteten Investitionsobjekte anhand von Rentabilitätskennziffern (R) verglichen. Diese ergeben sich aus:

$$R = \frac{\text{Jahresgewinn}}{\text{investiertes Kapital}}$$

Die Schwäche dieses Verfahrens liegt darin, dass der Jahresgewinn über eine vorgegebene Nutzungsdauer gleich bleiben muss. Dabei ist es in der Praxis kaum möglich, den Investitionsobjekten konkrete und gleichbleibende Jahresgewinne zuzuordnen. Insbesondere dann, wenn das investierte Kapital endgültig festgelegt wird, muss der Jahresgewinn als „ewige Rente" und R damit als interner Zinssatz interpretiert werden ($r = c/A_0$).

Lösung zu Aufgabe 21:

Ein Investitionsobjekt kann dann als vorteilhaft beurteilt werden, wenn es einen Kapitalwert von größer als Null erwirtschaftet. Der Kapitalwert kann entsprechend der Annuitätenmethode in Abhängigkeit vom Zinssatz i und der Nutzungszeit n nach der folgenden Formel ermittelt werden:

$$K = c \cdot \frac{(1+i)^n - 1}{i \cdot (1+i)^n} - A_0 = 2500 \cdot \frac{(1+i)^n - 1}{i \cdot (1+i)^n} - 10000$$

In der folgenden Tabelle sind beispielhaft einige Kapitalwerte zur vorliegenden Zahlungsreihe bei verschiedenen Kombinationen von Kalkulationszins und Nutzungszeit zusammengestellt:

Kapitalwerte (K)		Kalkulationszinssatz (i) 6 %	7 %	8 %
Nutzungs-	4	-1337.24	-1531.97	-1719.68
zeit	5	530.90	250.49	-18.25
(n Jahre)	6	2293.31	1916.35	1557.20

Es wird deutlich, dass bei zunehmendem Kalkulationszinssatz (z.B. von 7 % auf 8 %) auch die Nutzungszeit ansteigen muss (z.B. von 5 auf 6 Jahre), damit die Investition als vorteilhaft beurteilt werden kann.

Lösung zu Aufgabe 22:

Wird der alte Ofen eine Periode lang weiterbetrieben, erwirtschaftet der Pizzabäcker den „zeitlichen Grenzgewinn" G_{n+1}:

$$G_{n+1} = cn + 1 + R_{n+1} - R_n \cdot (1+i)$$

$$G_{n+1} = 1300 \text{ GE} + 1000 \text{ GE} - 2000 \text{ GE} \cdot (1 + 0.1) = 100 \text{ GE}$$

Der sofortige Kauf eines neuen Ofens (Ersatzinvestition) erbringt hingegen den „zeitlichen Durchschnittsgewinn" K · KWF.

Kapitalwert der neuen Anlage:

$$K = c \cdot \frac{(1+i)^n - 1}{i \cdot (1+i)^n} - A_0 = 2000 \text{ GE} \cdot \frac{(1+0.1)^6 - 1}{0.1 \cdot (1+0.1)^6} - 8000 \text{ GE} = 710.80 \text{ GE}$$

Kapitalwiedergewinnungsfaktor:

$$KWF = \frac{i \cdot (1+i)^n}{(1+i)^n - 1} = \frac{0.1 \cdot (1+0.1)^6}{(1+0.1)^6 - 1} = 0.2296$$

Der „zeitliche Durchschnittsgewinn" beträgt somit

$$K \cdot KWF = 710.80 \text{ GE} \cdot 0.2296 = 163.20 \text{ GE}.$$

Da der „zeitliche Grenzgewinn" der weiteren Nutzung des alten Ofens (100 GE) geringer ist als der „zeitliche Durchschnittsgewinn" des neuen Ofens (163.20 GE), sollte der Pizzabäcker sofort den alten Ofen verkaufen und durch den neuen Ofen ersetzen.

Lösung zu Aufgabe 23:

Auf die Beurteilung der Vorteilhaftigkeit mehrerer Investitionsobjekte hat die Unsicherheit der Zukunft und das daraus resultierende Risiko für den Anleger wesentlichen Einfluss. Ob ein Investor ein riskanteres Objekt mit dafür potenziell höherem Gewinn einem sicheren Objekt mit wahrscheinlich niedrigerem Gewinn vorzieht, hängt von der Risikoeinstellung des Investors ab:

- Ein Investor ist risikoneutral, wenn das Risiko auf seine Investitionsentscheidung keinen Einfluss hat. Er orientiert sich lediglich an den Gewinnerwartungswerten.
- Für einen risikofreudigen Anleger hat ein höheres Risiko bei gleichen Gewinnerwartungswerten eine nutzensteigernde Wirkung.
- Ein risikoscheuer Investor meidet das Risiko. Ein zunehmendes Risiko vermindert daher für ihn, bei gleichen Gewinnerwartungswerten, die Nutzenstiftung.

Lösung zu Aufgabe 24:

Zur Beurteilung der Investitionsalternativen unter Beachtung der Risikoeinstellung des Investors kann das ms-Kriterium herangezogen werden. Dazu müssen zunächst die Erwartungswerte (μ_1, μ_2) sowie die Streuungen (σ_1, σ_2) ermittelt werden.

$\mu_1 = 0 \cdot 0.3 + 900 \cdot 0.7 = 630$

$\mu_2 = 400 \cdot 0.3 + 500 \cdot 0.7 = 470$

$\sigma_1^2 = (0 - 630)^2 \cdot 0.3 + (900 - 630)^2 \cdot 0.7 = 170100 \Rightarrow \sigma_1 = 412.43$

$\sigma_2^2 = (400 - 470)^2 \cdot 0.3 + (500 - 470)^2 \cdot 0.7 = 2100 \Rightarrow \sigma_2 = 45.83$

Für einen risikofreudigen Investor gilt, dass ihm ein Investitionsobjekt einen um so größeren Nutzen (N) bringt, je größer der Erwartungswert ist, wobei eine zunehmende Streuung bei gegebenem Erwartungswert eine nutzensteigernde Wirkung hat.

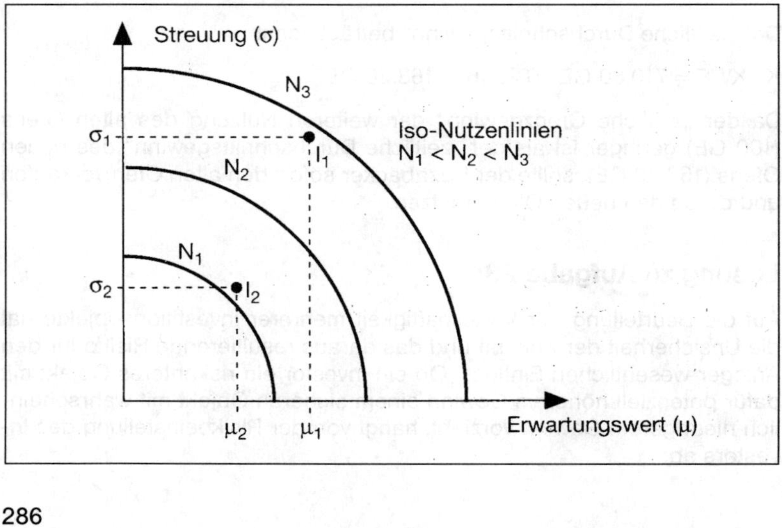

Der risikofreudige Investor wird somit die Investitionsalternative I_1 vorziehen. Diese bietet ihm – bei höherem Risiko – eine höhere Gewinnerwartung.

Lösung zu Aufgabe 25:

Bei der Beurteilung verschiedener Investitionsalternativen spielt die Unsicherheit der zukünftigen Entwicklung eine wichtige Rolle. Liegen unterschiedliche Entwicklungsprognosen jeweils belegt mit Eintrittswahrscheinlichkeiten vor, so können diese in das Entscheidungskalkül mit aufgenommen werden. Das ms-Kriterium berücksichtigt sowohl den Erwartungswert über die möglichen Horizontwerte einer Investitionsalternative (m) als auch deren Risiko, welches durch die Streuung (s) der Horizontwerte erfasst wird. Es ist dem m-Kriterium in soweit überlegen, als man bei der Beurteilung der Investitionsalternativen auch die Risikoeinstellung des Investors miteinbeziehen kann. Während das m-Kriterium nur die Erwartungswerte vergleicht, also von einem risikoneutralen Anleger ausgeht, können sich riskantere, dafür aber höhere Erwartungswerte – bei Berücksichtigung der Streuung – für einen risikoscheuen (risikofreudigen) Investor als weniger vorteilhaft (vorteilhafter) erweisen. Das μs-Kriterium versucht somit, unter Berücksichtigung der Risikoeinstellung des Investors, den Investitionsobjekten anhand deren ms-Charakteristik einen Nutzenwert zuzuordnen.

Lösung zu Aufgabe 26:

Die Kostenfunktion setzt sich zusammen aus den fixen Kosten (K_{fix}) einerseits und den mit der Produktionsmenge (x) multiplizierten variablen Stückkosten (k_{var}) andererseits. Die unterschiedlichen Kostenverläufe der beiden Anlagen können in Abhängigkeit von der Herstellmenge wie folgt dargestellt werden:

Allgemein: $K(x) = K_{fix} + k_{var} \cdot x$

Speziell: $K_A(x) = 1200 + 1.50 \cdot x \qquad K_B(x) = 800 + 2.50 \cdot x$

Die kritische Menge $\overline{x}$ ist die Menge, bei der die Kosten der beiden Anlagen gleich sind. Es ergibt sich:

$K_A(x) = K_B(x)$
$1200 + 1.50 \cdot x = 800 + 2.50 \cdot x$
$\Rightarrow \overline{x} = 400$

Ab der kritischen Menge $\overline{x} = 400$ übersteigen die Kosten der Anlage B diejenigen der Anlage A. Bei einer Menge $x > 400$ erweist sich daher die Anlage A als günstiger (z.B. $K_A[500] = 1950 < K_B[500] = 2050$).

Der Kostenvergleich ist vor allem aufgrund seiner statischen Sichtweise problematisch. Die Kostenverläufe der Anlagen können sich, ebenso wie die möglichen Absatzmengen, im Zeitablauf ändern, so dass dann die jeweils andere Anlage günstiger werden kann.

Arbeitsaufgaben und Lösungen zum 19. Kapitel Kapitalbedarfsermittlung und Innenfinanzierung

(Finanzplanung I)

1. Aufgabe

Wie entsteht ein positiver Kapitalbedarf und welche Möglichkeiten seiner Deckung kennen Sie?

2. Aufgabe

Wie lässt sich die für ein Unternehmen erforderliche Kreditlinie ermitteln?

3. Aufgabe

Was ist Aufgabe der Finanzplanung?

4. Aufgabe

Beschreiben Sie Möglichkeiten zur Verminderung des Kapitalbedarfs!

5. Aufgabe

Was verstehen Sie unter Rückfluss- und Überschussfinanzierung?

6. Aufgabe

Was versteht man unter dem Kapazitätserweiterungseffekt, und worauf ist er letztlich zurückzuführen?

7. Aufgabe

Welche Einwendungen lassen sich gegen die Nutzung des Kapazitätserweiterungseffekts vorbringen?

8. Aufgabe

Worin sehen Sie die hauptsächlichen Unterschiede zwischen einer Gewinneinbehaltung bei einem Einzelkaufmann und einer Aktiengesellschaft?

9. Aufgabe

Nehmen Sie Stellung zu der Aussage: „Selbstfinanzierung ist für ein Unternehmen unverzichtbar!"

10. Aufgabe

Ein Unternehmen verfügt über sechs neue Maschinen; jede hat einen Wert von 1500 DM und eine Nutzungsdauer von drei Jahren. Beschreiben Sie den Kapazitätserweiterungseffekt für den Fall der linearen Abschreibung; inwiefern hängt dieser Effekt

a) von der Nutzungsdauer und

b) vom Anschaffungspreis der Maschinen ab?

11. Aufgabe

Beschreiben Sie Vor- und Nachteile des Leasing.

12. Aufgabe

Was versteht man unter Wertschöpfung, und wie wird sie verwendet?

13. Aufgabe

Durch eine maßvolle Lohn- und Steuerpolitik kann die Überlebensfähigkeit der Unternehmen gestärkt werden. Nehmen Sie Stellung zu dieser Behauptung!

14. Aufgabe

Der Verlust ist ein „Betriebsunfall" in der Wertschöpfung. Nehmen Sie Stellung!

15. Aufgabe

Warum weisen Mineralölunternehmen eine relativ geringe und Automobilunternehmen eine relativ hohe Wertschöpfung auf?

16. Aufgabe

Gegeben sind 8 neue Maschinen mit einer Nutzungsdauer von 4 Jahren und einem Wert je Maschine von 800 GE. Berechnen Sie anhand dieses Maschinenparks den Kapazitätserweiterungseffekt für den Fall der linearen Abschreibung!

Lösung zu Aufgabe 1:

Ein Kapitalbedarf entsteht in einem Unternehmen dadurch, dass die Ein- und Auszahlungsströme im Zeitablauf in der Regel nicht deckungsgleich sind. Ein „positiver Kapitalbedarf" bedeutet, dass in einer Periode die Auszahlungen größer als die Einzahlungen sind. Das Unternehmen muss in diesem Fall versuchen, die fehlenden Mittel bereitzustellen, um den positiven Kapitalbedarf zu decken. Grundsätzlich stehen hierfür drei Finanzierungsmittel zur Verfügung:

- Die Eigentümer bringen Mittel aus ihrem Privatvermögen in das Unternehmen ein (Eigenkapital).
- Unternehmensfremde stellen leihweise Finanzmittel zur Verfügung (Fremdkapital).
- Ein in früheren Perioden erwirtschafteter Einzahlungsüberschuss wird zur Deckung verwendet („negativer Kapitalbedarf").

Lösung zu Aufgabe 2:

Die Wahrung des finanziellen Gleichgewichts ist für ein Unternehmen von existentieller Bedeutung. Dies ist dann gewährleistet, wenn es zu jedem Zeitpunkt die dann fälligen Zahlungsverpflichtungen erfüllen kann. Hierfür wird eine ausreichende Kreditlinie benötigt. Diese beschreibt den maximalen Umfang an Krediten (Fremdkapital), den das Unternehmen beanspruchen kann. Das Niveau der Kreditlinie muss sich folglich an der schwierigsten, im Zeitablauf abzusehenden Situation orientieren. Die Kreditlinie kann folglich ermittelt werden, indem der zukünftige Kapitalbedarf, der sich jeweils aus der Differenz von Ein- und Auszahlungen ergibt, möglichen Eigenkapitaleinlagen sowie noch verfügbaren Einzahlungsüberschüssen aus früheren Perioden gegenübergestellt wird. Da die zukünftige Entwicklung der Zahlungsströme allerdings nicht genau abzusehen ist, sollte bei Vereinbarung der Kreditlinie noch ein Sicherheitsspielraum berücksichtigt werden. Dieser verbessert die Sicherheitslage, verursacht aber auch Kosten (Bereitstellungsprovision).

Lösung zu Aufgabe 3:

Da die Einzahlungen und Auszahlungen eines Unternehmens nicht deckungsgleich erfolgen, entsteht in Perioden mit Auszahlungsüberschüssen ein positiver und in Perioden, in welchen die Einzahlungen überwiegen, ein negativer Kapitalbedarf. Die Aufgabe der Finanzplanung besteht darin, diese Schwankungen der Finanzmittel zu managen. Hierzu gehört vor allem die rechtzeitige Bereitstellung der jeweils benötigten Finanzierungsmittel, da bereits eine vorübergehende Zahlungsunfähigkeit ein Insolvenzverfahren auslösen kann. Weiter beinhaltet die Finanzplanung eine gewinnbringende Anlage überschüssiger Mittel. Da aber die Habenzinsen in der Regel niedriger ausfallen als die Schuldzinsen, sollten Eigenmittel dann wieder verfügbar sein, wenn positiver Kapitalbedarf entsteht. Angesichts der Unsicherheit zukünftiger Entwicklungen sollte zudem ein Teil der überschüssigen Finanzmittel als Sicherheitsreserve gehalten werden, was freilich einen Zinsensgang bedeutet.

Lösung zu Aufgabe 4:

Kapitalbedarf entsteht dann, wenn die Auszahlungen in einer Periode die Einzahlungen in dieser Periode übersteigen. Demzufolge lässt sich der Kapitalbedarf reduzieren, indem entweder die Auszahlungen gesenkt oder aber die Einzahlungen erhöht werden. Hierzu häufig verwendete Instrumente sind Leasing und Factoring.

- Leasing bedeutet, dass ein Unternehmen einen Teil seines Betriebsvermögens nicht kauft, sondern mietet. Anstelle der hohen Anschaffungsauszahlungen entstehen erheblich niedrigere, dafür aber langjährige Mietzahlungen.
- Beim Factoring kauft ein Factor (meist eine Bank) gegen eine Gebühr die Forderungen, die ein Unternehmen gegenüber seinen Kunden hat, auf. Der Factor zieht die Forderungen dann auf eigene Rechnung und Gefahr ein. Das Unternehmen kann hingegen die aus den Forderungen zu erwartenden Einzahlungen sofort realisieren – ohne das Risiko eines Zahlungsausfalls.

Lösung zu Aufgabe 5:

Im Rahmen der Innenfinanzierung werden die aus dem Umsatzprozess des Unternehmens entstehenden Einzahlungen als Finanzmittel verwendet.

- Rückflüsse sind vorleistungsgleiche Einzahlungen. Es handelt sich hier um „Erstattungen" für Vorleistungen, die das Unternehmen seinerseits von außen bezogen hat. Ein typisches Beispiel hierfür sind die Abschreibungsgegenwerte, die die Wertminderungen der eingekauften Anlagen erfassen. Da sie momentan nicht benötigt werden, können sie „vorübergehend" zur Finanzierung eingesetzt werden.
- Überschüsse liegen dann vor, wenn die Einzahlungen den Wert der angefallenen Vorleistungen übersteigen. Sie werden auch als Wertschöpfung oder Mehrwert bezeichnet. Für die „Selbstfinanzierung" steht freilich nur ein Teil zur Verfügung: Pensionsrückstellungen und einbehaltener Gewinn.

Lösung zu Aufgabe 6:

Der Kapazitätserweiterungseffekt (Lohmann-Ruchti-Effekt) beschreibt den Vorgang, dass mit Abschreibungsrückflüssen, die man zunächst nicht zur Ersatzbeschaffung benötigt, zusätzlich neue Anlagen beschafft werden können.

Es zeigt sich, dass die Maschinenzahl (Kapazität) zunächst stark ansteigt und sich dann auf einem „mittleren“ Niveau stabilisiert. Dieser Kapazitätserweiterungseffekt liegt letztlich darin begründet, dass sich der Altersaufbau des Anlagenparks verändert:

Aus einem Anfangsbestand neuer Anlagen entsteht ein Dauerbestand von Anlagen mit einem gleichmäßigen Altersaufbau. Hierdurch nimmt die – über die Zahl der nutzbaren Anlagen definierte – Periodenkapazität zu, nicht aber die – über den Bestand an noch verfügbaren Nutzen-(=Potenzial-)Einheiten definierte – Totalkapazität.

Lösung zu Aufgabe 7:

Werden die Abschreibungen nicht unmittelbar zur Ersatzbeschaffung benötigt, können sie zur Finanzierung neuer Anlagen verwendet werden (Rückflussfinanzierung). Auf diese Weise lässt sich die in einer Periode zur Verfügung stehende Produktionskapazität erweitern, ohne dass man zusätzlich Mittel benötigt. Gegen die Nutzung des Kapazitätserweiterungseffekts kann allerdings eine Reihe von Einwendungen erhoben werden:

- Den Abschreibungen müssen tatsächlich auch Erlöse gegenüberstehen: Die Erweiterungsinvestition kann nur dann finanziert werden, wenn diese Abschreibungen auch „verdient“ wurden.
- Es wird in der Regel nicht möglich sein, bei der Ersatzbeschaffung immer identische Anlagen und diese stets zum selben Preis zu kaufen.
- Mit der Kapazitätserweiterung sind meist noch Folgeinvestitionen (Vorräte, Arbeitskräfte etc.) verbunden. Auch diese müssen finanziert werden.
- Der Effekt lässt sich nur dann nützen, wenn mehrere gleiche Anlagen parallel betrieben werden können.
- Es ist nicht geklärt, ob die Kapazitätserweiterung die beste Anlagemöglichkeit für die Abschreibungen darstellt. Der Kapazitätserweiterungseffekt ersetzt keine Investitionsrechnung. So kann das erweiterte Angebot die am Markt erzielbaren Preise und damit die Rendite drücken.

Lösung zu Aufgabe 8:

Ein Unternehmen erzielt einen Überschuss (Mehrwert), wenn die Einzahlungen (Umsätze) einer Periode den Wert der Vorleistungen, die dieser Periode zuzurechnen sind, übersteigen. Der nach Abzug von Löhnen und Gehältern, Zinsen für Fremdkapital und den zu entrichtenden Steuern noch verbliebene Gewinn dient einesteils dazu, das eingesetzte Eigenkapital zu verzinsen (ausgeschütteter Gewinn) und zum anderen zur Selbstfinanzierung (einbehaltener Gewinn).

Für den Einzelkaufmann gibt es keine besonderen Vorschriften zur Gewinnthesaurierung. Da er mit seinem gesamten Privatvermögen für die Verbindlichkeiten des Unternehmens haftet, bleibt es ihm auch selbst überlassen, welchen Anteil am Gewinn er in sein Privatvermögen entnimmt.

Einer Aktiengesellschaft werden dagegen genaue Vorschriften auferlegt. Sie muss zunächst in vorgeschriebener Höhe gesetzliche und – gegebenenfalls – satzungsmäßige Rücklagen bilden.

Darüber hinaus können „freiwillig" in Form von freien Rücklagen weitere Gewinnanteile einer Ausschüttung an die Aktionäre (Dividenden) entzogen werden. Ausgangspunkt hierfür ist der nach Dotierung der gesetzlichen und satzungsmäßigen Rücklagen verbliebene Gewinn, über dessen Verwendung je zur Hälfte Aufsichtsrat und Vorstand sowie die Hauptversammlung entscheiden. Aufsichtsrat/Vorstand neigen zur Einbehaltung, die Hauptversammlung zur Ausschüttung.

Lösung zu Aufgabe 9:

Für die Selbstfinanzierung kommen – neben Pensionsrückstellungen – in erster Linie einbehaltene Gewinne in Betracht. Sie sind unverzichtbar, weil der erwirtschaftete Gewinn teilweise Scheingewinn ist.

Dies deshalb, weil die Rückflüsse aus dem Umsatzprozess lediglich eine nominale Ersatzbeschaffung der Vorleistungen erlauben. Steigen – wegen Inflation und technischen Fortschritts – die Preise der Vorleistungen, dann ist eine reale Ersatzbeschaffung aus den Rückflüssen ohne „Zuschuss" von Gewinn nicht möglich. So reichen z.B. die verdienten Abschreibungsgegenwerte für eine Ersatzbeschaffung in der Regel nicht aus, da deren Basis – der Anschaffungspreis – mittlerweile gestiegen sein dürfte.

Lösung zu Aufgabe 10:

In jedem der Nutzungsjahre wird von den Maschinen ein gleichbleibender Betrag von je 1500/3 = 500 DM abgeschrieben (lineare Abschreibung). Der Kapazitätserweiterungseffekt kann damit wie folgt dargestellt werden:

Jahr	Maschinen-bestand	Abschreibung (1/3)	Neu-anschaffungen	Ver-schrottung	Rest
1	6	3000	2	–	–
2	8	4000	2	–	1000
3	10	5000	4	6	–
4	8	4000	2	2	1000
5	8	4000	3	2	500
6	9	4500	3	4	500
7	8	4000	3	2	–
8	9	4500	3	3	–
9	9	4500	3	3	–
10	9	usw.			

Der Maschinenbestand steigt zunächst von 6 auf 10 und stabilisiert sich ab dem 8. Nutzungsjahr bei 9 Anlagen. Die Periodenkapazität konnte somit um $^1/_3$ erhöht werden.

- Die Verlängerung der Nutzungsdauer bewirkt eine Erhöhung der Gesamtkapazität, was auch eine Erhöhung der Periodenkapazität nach sich zieht. Es dauert zwar länger, bis sich die Zahl der Anlagen stabilisiert, dies aber auf einem höheren Niveau.
- Eine Erhöhung der Anschaffungsauszahlung hat dagegen (bei sonst unveränderten Parametern) keinen Einfluss auf den Kapazitätserweiterungseffekt. Relativ zu den Anschaffungsauszahlungen erhöhen sich auch die Abschreibungsbeträge und damit die jeweils vorhandenen Mittel zur Ersatzbeschaffung.

Lösung zu Aufgabe 11:

Leasing bedeutet, dass ein Unternehmen einen Teil seines erforderlichen Betriebsvermögens (Maschinen, Fuhrpark etc.) auf Zeit mietet, anstatt es zu kaufen. Im Gegensatz zu den ansonsten hohen Anschaffungsauszahlungen hat das Unternehmen erheblich niedrigere, dafür aber langjährige Mietzahlungen zu erbringen. Leasing bietet daher den Vorteil, die Liquidität zu „schonen". Zu bedenken ist allerdings, dass ebenfalls durch einen kreditfinanzierten Kauf der Leasing-Objekte eine ähnliche Liquiditätswirkung erzielt werden könnte. Die dann anfallenden Zins- und Tilgungsleistungen sind in der Regel sogar niedriger als die Leasingraten.

Auch das Argument, dass durch Leasing die Kreditlinie für andere Investitionen „freigehalten" wird, ist fragwürdig, da die Banken bei der Kreditwürdigkeitsprüfung die Leasingraten normalerweise berücksichtigen.

Einen wesentlichen Vorteil bietet Leasing aber – neben Steuervorteilen im gewerblichen Bereich – dadurch, dass der Leasing-Nehmer vom technischen und wirtschaftlichen Risiko eines Kaufs befreit wird. Der Leasing-Geber übernimmt in der Regel (gegen Gebühr) die Pflege, Wartung und Reparatur sowie den Wiederverkauf der gemieteten Objekte. Darüber hinaus führt die gute Produkt- und Marktkenntnis des Leasing-Gebers meist doch zu erheblichen Kosten- und Zeitvorteilen.

Lösung zu Aufgabe 12:

Als Wertschöpfung (Mehrwert) bezeichnet man den Überschuss der Einzahlungen (Umsätze) eines Unternehmens über den Wert seiner von außen bezogenen Vorleistungen:

Wertschöpfung = Umsatz – bezogene Vorleistungen.

Die Wertschöpfung ist folglich ein Maßstab für die Leistung, die im Unternehmen selbst erbracht wurde. Zunächst werden aus der Wertschöpfung die Kontrakteinkommen (Löhne, Gehälter, Sozialabgaben und gegebenenfalls Pensionen der Mitarbeiter) ausbezahlt. Weiter wird der Mehrwert dazu verwendet, den Zins- und Tilgungsverpflichtungen gegenüber den Fremdkapitalgebern nachzukommen sowie die an den Staat abzuführenden Steuern zu erbringen. Die dann von der Wertschöpfung noch verbleibende Restgröße stellt den Gewinn dar. Dieser wird sowohl zur Selbstfinanzierung (einbehaltener Gewinn), als auch zur Verzinsung des von den Eignern eingesetzten Kapitals (ausgeschütteter Gewinn) verwendet.

Lösung zu Aufgabe 13:

Die Wertschöpfung eines Unternehmens verkörpert die im Unternehmen selbst erbrachte Leistung. Sie kann aus der Differenz von Einzahlungen (Umsatz) und dem Wert der bezogenen Vorleistungen ermittelt werden. Die Wertschöpfung wird dazu verwendet, die Löhne und Gehälter sowie die anfallenden Steuern zu bezahlen und weiter die Ansprüche der Fremdkapitalgeber zu befriedigen. Die dann verbleibende Restgröße, der Gewinn, dient neben der Verzinsung des eingesetzten Eigenkapitals vor allem auch als Finanzierungsmittel. Für die Unternehmen ist diese Möglichkeit der Selbstfinanzierung über einbehaltene Gewinne von zentraler Bedeutung, da solche Mittel in der Regel einfacher und günstiger als Fremdkapital beschafft werden können. Eine maßvolle Lohn- und Steuerpolitik führt folglich dazu, dass der von der ursprünglichen Wertschöpfung verbleibende Gewinnanteil höher ausfällt. Sofern dieser dann nicht nur an die Eigner ausgeschüttet wird, sondern zu angemessenem Anteil im Unternehmen verbleibt, kann die Finanzkraft und damit die Überlebensfähigkeit des Unternehmens gestärkt werden.

Lösung zu Aufgabe 14:

Die Wertschöpfung (Mehrwert) ist Maßstab für die von einem Unternehmen selbst erbrachte Leistung. Sie kann ermittelt werden, indem man vom Umsatz einer Periode (Einzahlungen) die von außen bezogenen und der Periode direkt zurechenbaren Vorleistungen abzieht. Die Wertschöpfung dient dazu, die Löhne und Gehälter der Mitarbeiter, die Zinsen für die Fremdkapitalgeber sowie die Steuern an den Staat zu bezahlen. Die dann verbleibende Restgröße stellt den Gewinn dar. Wird dagegen ein Verlust erwirtschaftet, so kann dieser als „Betriebsunfall" in der Wertschöpfung bezeichnet werden, weil die Einzahlungen unter dem Wert der Vorleistungen zurückgeblieben sind. Die Verlustursachen können vielfältig sein: Die Umsätze waren zu niedrig und die Vorleistungen zu teuer. Aber selbst dann, wenn ein stattlicher Mehrwert als Differenz übrig bleibt, kann dieser „Kuchen" angesichts der am Verzehr Beteiligten zu klein sein: Insbesondere hohe Löhne/Gehälter und Steuern können dazu führen, dass mehr verteilt wird als zur Verfügung steht und das Unternehmen einen Verlust ausweist. Bei einer maßvollen Lohn- und Steuerpolitik haben die Unternehmen eher eine Chance, einen Teil des Mehrwerts als Gewinn für sich zu verbuchen und – teilweise – zur Selbstfinanzierung einzubehalten. Ein „Lohnverzicht“ sollte jedoch durch eine laboristische Kapitalbeteiligung ausgeglichen werden.

Lösung zu Aufgabe 15:

Die Wertschöpfung bezeichnet den Überschuss der Einzahlungen über die von außen bezogenen Vorleistungen eines Unternehmens. Sie charakterisiert damit die vom Unternehmen selbst erbrachte Leistung. Die Wertschöpfung wird um so höher ausfallen, je mehr qualifizierte Mitarbeiter im Herstellungsprozess eingesetzt werden. Die Mineralölunternehmen haben nur einen einzigen Rohstoff, den sie in einem relativ einfachen Verfahren veredeln; dementsprechend benötigen sie vergleichsweise wenig Personal. Die Eigenleistung und damit Wertschöpfung fällt in dieser Branche niedrig aus. Die komplexen und daher personalintensiven Forschungs-, Entwicklungs- und Herstellungsprozesse in der Automobilindustrie beinhalten dagegen eine umfangreiche Eigenleistung des Unternehmens. Dieser Sektor weist daher eine vergleichsweise hohe Wertschöpfung auf. Mit rückläufiger Fertigungstiefe steigt freilich der Vorleistungsanteil zu Lasten der Wertschöpfung.

Lösung zu Aufgabe 16:

In jedem Nutzungsjahr wird pro Maschine ein Betrag von 800 GE / 4 = 200 GE abgeschrieben (lineare Abschreibung). Der Kapazitätserweiterungseffekt kann somit wie folgt berechnet werde:

Jahr	Maschinenbestand	Abschreibung	Neuanschaffungen	Verschrottung	Rest
1	8	1600	2	–	–
2	10	2000	2	–	400
3	12	2400	3	–	400
4	15	3000	4	8	200
5	11	2200	3	2	–
6	12	2400	3	3	–
7	12	2400	3	4	–
8	12	2400	3	3	–
9	12	usw.			

Der Maschinenbestand erhöht sich zunächst von 8 Maschinen auf 15 Maschinen und stabilisiert sich ab dem 6. Jahr bei einem Bestand von 12 Anlagen. Die Periodenkapazität erhöht sich somit um die Hälfte.

Arbeitsaufgaben und Lösungen zum 20. Kapitel
Die Außenfinanzierung
(Finanzplanung II)

1. Aufgabe

Stellen Sie die grundsätzlichen Unterschiede zwischen Beteiligungs- und Kreditfinanzierung heraus!

2. Aufgabe

Was verstehen Sie unter einer Kapitalerhöhung gegen Einlagen, und welche Bedeutung kommt dabei dem Bezugsrecht zu?

3. Aufgabe

Erörtern Sie die Vor- und Nachteile einer Kapitalerhöhung aus Gesellschaftsmitteln für Gesellschaft und Gesellschafter!

4. Aufgabe

Beschreiben Sie kurz die Kreditsicherung durch Grundpfandrechte!

5. Aufgabe

Welche Bedeutung hat die Eigentümergrundschuld?

6. Aufgabe

Erörtern Sie kurz die Instrumente der Aktienkursprognose!

7. Aufgabe

Nehmen Sie Stellung zu folgender Aussage: „Auf Schulden reitet das Genie zum Erfolge"! Erläutern Sie diesen Sachverhalt auch formelmäßig!

8. Aufgabe

Gegeben sei ein Investitionsobjekt mit einem Investitionsvolumen von DM 300 Mio. und einer Gesamtkapitalrendite von 12 %. Dem Investor stehen DM 150 Mio. Eigenkapital und ein Kreditrahmen von DM 250 Mio. bei seiner Hausbank zur Verfügung. Der Kreditzinssatz ist variabel und beträgt zur Zeit 10 %. Er kann sich aber in den nächsten Monaten auf 15 % erhöhen.

Berechnen Sie für zwei unterschiedliche (frei wählbare) Verschuldungskoeffizienten jeweils die Eigenkapitalrendite und den Gewinn des Investors. Erläutern Sie das Risikopotenzials des Leverage-Effekts. Illustrieren Sie Ihre Überlegungen mit Hilfe des obigen Zahlenbeispiels.

9. Aufgabe

Worin sehen Sie die hauptsächlichen Unterschiede zwischen Aktie und Industrieobligation?

10. Aufgabe

Beschreiben Sie das Finanzierungsinstrument der Wandelanleihe!

11. Aufgabe

Beschreiben Sie das Finanzierungsinstrument der Optionsanleihe! Wie erklärt sich die Options-Höherbewertung?

12. Aufgabe

Wie funktioniert „Leverage buyout", und welche Rollen spielen dabei Junkbonds?

13. Aufgabe

Erläutern Sie die Vor- und Nachteile von

a) Lieferantenkredit

b) Kundenkredit

c) Kontokorrentkredit.

14. Aufgabe

Beschreiben Sie Diskont-, Akzept- und Lombardkredit!

15. Aufgabe

Was verstehen Sie unter „amtlichem Handel", „geregeltem Markt", „geregeltem Freiverkehr" und „Neuem Markt", und welches sind die prinzipiellen Zulassungsvoraussetzungen?

16. Aufgabe

An einem Börsentag habe es folgende Auftragslage bei einem bestimmten Wertpapier gegeben:

Kaufaufträge	Verkaufaufträge
100 Stück zu 173	100 Stück zu 171
600 Stück zu 172	100 Stück zu 172
100 Stück zu 171	400 Stück zu 173

Ermitteln Sie den Einheitskurs; welchen Zusatz müsste er bekommen?

17. Aufgabe

Wie verändert sich bei einer Gesamtkapitalrentabilität von 14 % die Eigenkapitalrentabilität, wenn bei einem Eigenkapital von 100

a) ein Fremdkapital von 100 eingesetzt ist, dessen Zinssatz von 8 % auf 10 % steigt,

b) bei einem Zinssatz von 8 % der Fremdkapitaleinsatz von 100 auf 200 erhöht wird?

18. Aufgabe

Eine Aktiengesellschaft erhöht ihr Grundkapital von 4 auf 6 Mio DM. Bei einem Börsenkurs von 85 soll der Bezugskurs der jungen Aktie 60 betragen.

Ermitteln Sie den rechnerischen Wert eines Bezugsrechtsscheines und zeigen Sie, inwiefern das Bezugsrecht die Aktionäre vor einer Verwässerung ihres Besitzstandes schützt!

19. Aufgabe

Erläutern Sie die Zusätze zu den amtlichen Kursnotierungen!

Woraus setzen sich die Spesen für Börsengeschäfte zusammen? Welches sind die Börsen in Deutschland? Was ist das Handelsystem „Xetra"?

20. Aufgabe

Beschreiben Sie kurz die Kreditsicherung durch

a) Sicherungsübereignung

b) Verpfändung

c) Eigentumsvorbehalt?

21. Aufgabe

Eine Industrieobligation zum Nennwert von 200 wird zu 194 emittiert; ihr Normalzins beträgt 6 %. Wie hoch ist ihre effektive Verzinsung bei fünf Jahren Laufzeit (ungefähr)?

Was verstehen Sie unter „freihändigem Rückkauf" und welche Vor- und Nachteile bietet er?

22. Aufgabe

Warum erwerben Unternehmen eigene Aktien? Inwiefern ist ihr Erwerb gesetzlich beschränkt? Warum dürfen Aktienoptionen hiermit nicht bedient werden?

23. Aufgabe

Beschreiben Sie die verschiedenen Arten von Aktien.

24. Aufgabe

Ordnen Sie die folgenden Finanzierungsinstrumente jeweils der Innenfinanzierung, der Beteiligungsfinanzierung oder der kurz- bzw. langfristigen Kreditfinanzierung zu: Einbehaltung von Gewinnen, Ausgabe von Obligationen, Kundenanzahlung, Aktienemission, Factoring, Kapitaleinlage eines Personengesellschafters, Lieferantenkredit, Pensionsrückstellungen, Wandelschuldverschreibungen.

25. Aufgabe

Der Bulle kauft Calls und der Bär erwirbt Puts. Erläutern Sie diesen Zusammenhang!

26. Aufgabe

Beschreiben Sie die Konstruktion und Aufgabenstellung der Hermesbürgschaft.

27. Aufgabe

Erörtern Sie kurz die Finanzierungsinstrumente

a) Floating Rate Notes

b) Gewinnschuldverschreibung

c) Zerobonds

d) Junkbonds

und grenzen Sie diese von der „klassischen“ Industrieobligation ab.

28. Aufgabe

Was verstehen Sie unter Termingeschäften?

29. Aufgabe

Nennen Sie Anlässe für eine bedingte Kapitalerhöhung! Was heißt hier „bedingt“?

30. Aufgabe

Die Deutsche Terminbörse wickelt Optionshandel und Termingeschäfte ab. Worin besteht der Unterschied?

Lösung zu Aufgabe 1:

Eine Beteiligungsfinanzierung liegt dann vor, wenn die von einem Anleger zur Verfügung gestellten Mittel in das Eigenkapital eines Unternehmens übergehen. Der Anleger wird folglich Miteigentümer des Unternehmens und haftet auch für die Verluste. Die Verzinsung des Beteiligungskapitals ist grundsätzlich abhängig vom Erfolg des Unternehmens. Da die Rückzahlung des Eigenkapitals, solange das Unternehmen fortgeführt wird, in der Regel ausgeschlossen ist, erfolgt die Beteiligung auf Dauer.

Im Rahmen der Kreditfinanzierung dagegen wird einem Unternehmen Fremdkapital für einen begrenzten Zeitraum zur Verfügung gestellt. Die Verzinsung ist hier ein fest vereinbartes Entgelt. Der Anleger trägt bei der Finanzierung durch Fremdkapital lediglich das Risiko, dass das Schuldnerunternehmen seinen – aus Tilgung und Verzinsung bestehenden – Zahlungsverpflichtungen nicht mehr nachkommt. Es werden daher meistens Kreditsicherungen (z.B. Grundpfandrechte, Bürgschaft etc.) verlangt.

Lösung zu Aufgabe 2:

Beschließt die Hauptversammlung einer Aktiengesellschaft eine Kapitalerhöhung gegen Einlagen, so liegt eine „ordentliche Kapitalerhöhung“ vor.

Hierzu werden neue Aktien angefertigt und den bisherigen Aktionären – in der Regel gegen Bareinlagen – angeboten. Es müssen jedoch die –

ebenfalls von der Hauptversammlung – festgelegten Bezugsbedingungen beachtet werden. Aus dem Bezugsverhältnis, welches sich aus der Relation der Nominalwerte der alten Aktien und dem Nominalwert der vorgesehenen Kapitalerhöhung ergibt, kann der Umfang des jeweiligen Bezugsrechts ermittelt werden. Dieses stellt für die bisherigen Anteilseigner ein Vorkaufsrecht auf die neuen Aktien dar. Der einzelne Anteilseigner bleibt, sofern er sein Bezugsrecht ausübt und nicht verkauft, relativ im gleichen Umfang wie bisher am Unternehmen beteiligt. Das Bezugsrecht soll somit sicherstellen, dass die Stimmrechtsverhältnisse in der Hauptversammlung und der Gewinnanteil durch die Kapitalerhöhung nicht verändert werden.

Lösung zu Aufgabe 3:

Eine Aktiengesellschaft ist verpflichtet, einen bestimmten Anteil am Gewinn einzubehalten und den gesetzlichen sowie – gegebenenfalls – satzungsmäßigen Rücklagen zuzuführen. Darüber hinaus können noch weitere – freie – Rücklagen gebildet werden. Die Hauptversammlung kann nun beschließen, eine Kapitalerhöhung in der Weise durchzuführen, dass freie Rücklagen in Grundkapital (gezeichnetes Kapital) umgewandelt werden. Es müssen dann den Aktionären – entsprechend deren Beteiligungsverhältnisse – kostenlose Zusatzaktien („Gratisaktien") zugeteilt werden. Das Unternehmen erhält durch diese Vorgehensweise zwar kein neues Kapital, da sich lediglich die Kapitalstruktur ändert, es werden aber die thesaurierten Gewinne endgültig vor einer möglichen Ausschüttung an die Aktionäre bewahrt. Die Aktionäre können ihrerseits Gewinne dadurch realisieren, dass sie ihre neuen Aktien an der Börse verkaufen, wobei jedoch die Gefahr eines Kursrückgangs besteht. Die Unternehmen nehmen in Kauf, dass auf die neuen Aktien Dividenden gezahlt werden müssen, wohingegen die Rücklagen nicht zu verzinsen waren.

Lösung zu Aufgabe 4:

Stellt ein Anleger einem Unternehmen für einen bestimmten Zeitraum einen Kredit zur Verfügung, so erhält er dafür eine fest vereinbarte Verzinsung. Der Kreditgeber trägt dabei das Risiko, dass der Kreditnehmer seinen aus Tilgung und Verzinsung bestehenden Zahlungsverpflichtungen nicht mehr nachkommt. Eine Möglichkeit der Kreditsicherung stellen Grundpfandrechte auf die Immobilien (Grundstücke, Gebäude etc.) des Kreditnehmers dar. Dies sind Grund-, Hypotheken- oder Rentenschulden, die in das amtliche Grundbuch eingetragen werden. Das so belastete Grundstück wird im Falle der Zahlungsunfähigkeit des Schuldners mit allen Bestandteilen und Zubehör zugunsten des Gläubigers zwangsversteigert. Im Gegensatz zur Hypothekenschuld, die jeweils mit der Forderung erlischt (akzessorisch), ist die Grundschuld ebenso wie die Rentenschuld abstrakt: Sie kann auch unabhängig von einer Forderung eingetragen werden.

Lösung zu Aufgabe 5:

Kredite werden in der Regel dadurch gesichert, dass man zugunsten der Gläubiger Hypotheken auf ein Grundstück einträgt. Wird der Schuldner zahlungsunfähig, kommt es zur Zwangsversteigerung des Grundstücks. Aus dem Verkaufserlös werden die Forderungen der eingetragenen Gläubiger in der Weise befriedigt, dass – im Rahmen der vorhandenen Mittel – zunächst die erste, dann die zweite usw. Hypothek bedient wird. Nachrangige Gläubiger tragen folglich ein höheres Risiko, was man über höhere Zinsen berücksichtigt.

Begleicht ein Schuldner einzelne Hypothekenforderungen, dann erlöschen sie, da die Hypothekenschuld akzessorisch ist. Damit die nachfolgenden Hypotheken nicht im Rang vorrücken, kann eine Eigentümergrundschuld als Platzhalter für eine neue vorrangige Hypothek eingeschoben werden. Dies ist möglich, weil die Grundschuld abstrakt, also nicht an das Bestehen einer Forderung geknüpft ist: Man kann gegen sich selbst keine Forderung haben.

Lösung zu Aufgabe 6:

Die Bewertung und Prognose von Aktienkursen kann mit Hilfe von Fundamental- sowie technischen Analysen vorgenommen werden. Die Fundamentalanalyse versucht den „inneren Wert“ (intrinsic value) einer Aktie zu ermitteln und diesen mit dem tatsächlichen Kurs zu vergleichen. Liegt der Kurs unter dem „inneren Wert“, so empfiehlt sich der Kauf der Aktie. Zur Bestimmung des intrinsic values werden sowohl unternehmensinterne Daten (Ertragskraft, Kapitalstruktur etc.) als auch externe Daten (z. B. die Konjunktur- und Branchenentwicklung) herangezogen. Eine Kennzahl in diesem Zusammenhang ist das Kurs-Gewinn-Verhältnis.

Die technischen Analysen verwenden den bisherigen Kursverlauf, um daraus Prognosen über die zukünftigen Entwicklungen des Aktienkurses abzuleiten (Chartanalysen). Dabei wird unterstellt, dass sich im Aktienkurs bereits alle unternehmensinternen Faktoren niederschlagen und diese damit aus den bisherigen Kursverläufen (Charts) abgelesen werden können.

Eine Verbindung von technischer und Fundamentalanalyse ermöglichen spezielle Computerprogramme, die sogenannten neuronalen Netze. Auf der Basis von Informationen über ehemalige Aktienkurse und die jeweiligen Datenreihen der technischen und Fundamentalanalyse trainiert man diese Netze zu Prognosemodellen für zukünftige Kursentwicklungen.

Die tatsächliche Kursentwicklung macht aber dennoch immer wieder, was sie will.

Lösung zu Aufgabe 7:

Die angeführte Aussage bezieht sich auf die Möglichkeit, unter bestimmten Voraussetzungen durch die zusätzliche Aufnahme von Fremdkapital die Rentabilität des eingesetzten Eigenkapitals zu erhöhen (Leverage-Effekt). Für die Gesamtkapital- (rGK) sowie Eigenkapitalrentabilität (r_{EK}) gilt:

$$r_{GK} = \frac{\text{Gewinn (G) + Fremdkapitalzinsen (Z)}}{\text{Eigenkapital (E) + Fremdkapital (F)}} \qquad r_{EK} = \frac{\text{Gewinn (G)}}{\text{Eigenkapital (E)}}$$

Unter Berücksichtigung von $G = r_{EK} \cdot E$ und $Z = i \cdot F$ (i = Kreditzins) ergibt sich:

$$r_{GK} = \frac{r_{EK} \cdot E + i \cdot F}{E + F} \qquad \text{bzw.} \qquad r_{EK} = r_{GK} + (r_{GK} - i) \cdot \frac{F}{E}$$

Es zeigt sich: Wenn die Gesamtkapitalrentabilität größer ist als der Kreditzins ($r_{GK} - i > 0$), kann die Eigenkapitalrentabilität durch zusätzliche Aufnahme von Fremdmitteln erhöht werden. Das „Genie“ verdient folglich dann an Schulden, wenn diese, im Unternehmen eingesetzt, mehr erwirtschaften als sie kosten.

Der Schuss kann freilich auch nach hinten losgehen: Steigt der Kreditzins über die Gesamtkapitalrentabilität, dann sinkt die Eigenkapitalrentabilität um so dramatischer, je höher der Verschuldungskoeffizient (F/E) ausfällt.

Lösung zu Aufgabe 8:

Die Eigenkapitalrendite berechnet sich als

$r_{EK} = r_{GK} + (r_{GK} - i) \cdot \frac{F}{E}$, wobei $\frac{F}{E}$ den Verschuldungskoeffizienten (V) darstellt.

Der Gewinn berechnet sich als $G = r_{EK} \cdot E$

1. Verschuldungskoeffizient: Maximiert der Investor den Eigenkapitalanteil bei der Finanzierung des Investitionsobjektes, so investiert er an Eigenkapital E=150 Mio. GE und an Fremdkapital ebenfalls F=150 Mio. GE. Der Verschuldungskoeffizient entspricht somit V=150/150=1. Die Eigenkapitalrendite beläuft sich auf

$$r_{Ek} = 0.12 + (0.12 - 0.10) \cdot 1 = 0.14.$$

Der Gewinn berechnet sich als G=0.14 · 150 Mio. GE=21 Mio. GE.

2. Verschuldungskoeffizient: Maximiert der Investor den Fremdkapitalanteil bei der Finanzierung des Investitionsobjektes, so investiert er an Fremdkapital F=250 Mio. GE und an Eigenkapital nur E=50 Mio. GE. Der

Verschuldungskoeffizient entspricht somit V=250/50=5. Die Eigenkapitalrendite beläuft sich auf

$r_{EK} = 0.12 + (0.12 - 0.10) \cdot 5 = 0.22.$

Der Gewinn berechnet sich als G=0.22 · 50 Mio. GE = 11 Mio. GE.

Ein Investor kann seine Eigenkapitalrendite durch einen wachsenden Verschuldungskoeffizienten, also durch einen steigenden Fremdkapitalanteil bei der Finanzierung von Investitionsobjekten, „hochhebeln". Dieser sogenannte „Leverageeffekt" setzt allerdings voraus, dass die Gesamtkapitalrendite (r_{GK}) größer als der Fremdkapitalzins (i) ist. Liegt hingegen die Gesamtkapitalrendite unter dem Fremdkapitalzins, sinkt die Eigenkapitalrentabilität mit wachsendem Verschuldungskoeffizienten. Bezogen auf das Beispiel ergibt sich bei einem Anstieg des Fremdkapitalzins von 10 % auf 15 % für den ersten Verschuldungskoeffizienten noch ein Gewinn, im zweiten Fall hingegen entsteht ein Verlust für den Investor.

1. Verschuldungskoeffizient:

$r_{EK} = 0.12 + (0.12 - 0.15) \cdot 1 = 0.09.$
G = 0.09 · 150 Mio. GE = 13.5 Mio. GE.

2. Verschuldungskoeffizient:

$r_{EK} = 0.12 + (0.12 - 0.15) \cdot 5 = -0.03.$
G = -0.03 · 50 Mio. GE =-1.5 Mio. GE.

Lösung zu Aufgabe 9:

Der Erwerber einer Aktie wird Miteigentümer eines Unternehmens. Dementsprechend wird die Aktie nicht zurückgezahlt. Die Höhe der Dividendenausschüttung hängt jeweils vom Erfolg des Unternehmens ab. Die Industrieobligation dagegen verkörpert einen langfristigen Kredit. Sie kann unter bestimmten Voraussetzungen – wie auch die Aktie – zum Börsenhandel zugelassen sein. Der Erwerber einer Industrieobligation „beteiligt" sich über Fremdkapital am emittierenden Unternehmen und erhält dafür eine feste Verzinsung. Im Gegensatz zur Aktie hat die Obligation eine feste Laufzeit, an deren Ende der Nennbetrag zurückgezahlt wird, es sei denn, sie war zum Börsenhandel zugelassen und der Eigentümer hat sie dort zum Börsenkurs verkauft. Da Obligationen häufig unter ihrem Nennwert emittiert werden (unterpari), stellt das daraus resultierende Disagio bei der Rückzahlung des Kredits eine zusätzliche Verzinsung für den Anleger dar. Aktien dürfen nicht unterpari emittiert werden.

Lösung zu Aufgabe 10:

Die Wandelanleihe ist eine Sonderform der Industrieobligation und stellt daher einen langfristigen Kredit (Fremdkapital) für das emittierende Unternehmen dar. Sie kann an der Börse gehandelt werden, hat jedoch im Gegensatz zur Aktie eine feste Laufzeit sowie Verzinsung. Der Unterschied zur Obligation besteht darin, dass der Anleger die Wahl hat, ob er am Ende der Laufzeit die Anleihe getilgt oder während der Laufzeit in Aktien umgewandelt haben will. Das Wandlungsverhältnis (Aktien je Anleihe) und – gegebenenfalls – dessen Veränderung während der Laufzeit muss bereits bei der Emission der Wandelanleihe bekannt gegeben werden. Für das emittierende Unternehmen bietet die Wandelanleihe den Vorteil, dass ein Teil des Kreditbetrages in Eigenkapital übergeht und damit nicht mehr zurückgezahlt werden muss. Der Anleger hat dafür die Chance, zu einem Kurs wandeln zu können, der unter dem Börsenkurs der Aktien liegt, was sich der Emittent durch eine vergleichsweise geringe Verzinsung honorieren lässt. Da die Anleger im Falle der Umwandlung der Anleihe zu Miteigentümern werden, müssen die bisherigen Eigner des Unternehmens – um ihren „Besitzstand" vor einer Verwässerung zu schützen – Bezugsrechte auf die Anleihe erhalten.

Lösung zu Aufgabe 11:

Die Optionsanleihe entspricht grundsätzlich der Industrieobligation. Ein meist sehr umfangreicher Kreditbetrag wird in Wertpapiere gestückelt, die dann eine bestimmte Laufzeit aufweisen, an deren Ende der Nennwert zurückgezahlt werden muss. Sie sind mit einer festen, meist jedoch relativ niedrigen Verzinsung ausgestattet. Der Unterschied der Optionsanleihe zur Obligation besteht darin, dass der Anleger die Möglichkeit (Option) hat, zu seiner Anleihe junge Aktien hinzu zu erwerben. Diese Aktien stammen aus einer eigens hierfür durchgeführten Kapitalerhöhung. Zum Schutz vor einer Verwässerung ihres „Besitzstands" müssen die bisherigen Aktienbesitzer Bezugsrechte auf die Optionsanleihen erhalten. Die Optionsbedingungen (Optionsfrist, -verhältnis und -preis) müssen bereits bei der Emission der Anleihe bekannt gegeben werden. Das Optionsrecht, Aktien zu den festgesetzten Optionsbedingungen zu erwerben, kann unabhängig von der Anleihe, in Gestalt von Optionsscheinen (Warrants), an der Börse gehandelt werden.

Eine Options-Höherbewertung bedeutet, dass der Kurs des Optionsscheins zusammen mit dem Optionspreis der jungen Aktie höher liegt als der aktuelle Börsenkurs der alten Aktien. Dies tritt insbesondere dann ein, wenn auf eine Kurssteigerung spekuliert wird. In der Höherbewertung kommt dann der Preis zum Ausdruck, der dafür gezahlt werden muss, dass man bei geringem Kapitaleinsatz mit relativ großen Aktienmengen spekulieren kann (Hebelwirkung).

Lösung zu Aufgabe 12:

Ein „Leverage buyout" macht sich den Mechanismus des Leverage-Effekts zunutze. Dieser besagt, dass die Rentabilität des eingesetzten Eigenkapitals durch zusätzliche Aufnahme von Fremdkapital dann erhöht werden kann, wenn die Gesamtkapitalrentabilität eines Projekts höher ist als die Fremdkapitalkosten. Im Falle des „Buyout" handelt es sich um ein Unternehmen, welches von einer Gruppe von Investoren gekauft werden soll. Zur Finanzierung dieses Projekts werden umfangreiche Kredite aufgenommen, die dann als „Hebel" zur Erhöhung der Rentabilität des eingesetzten Eigenkapitals wirken. Dies funktioniert allerdings nur dann, wenn die Weiterverwertung des gekauften Unternehmens bzw. seiner Teile deutlich mehr erbringt, als es ursprünglich gekostet hat, es also unterbewertet war.

Junkbonds sind festverzinsliche Wertpapiere mit hoher Rendite, aber niedriger Bonitätsbewertung. Man verdient viel – wenn der Schuldendienst nicht eingestellt wird. Junkbonds dienen zur Finanzierung von Leveraged buyouts.

Lösung zu Aufgabe 13:

a) Ein Lieferantenkredit wird in der Regel in Gestalt eines Zahlungszieles vom Lieferanten an den Kunden gewährt. Der Vorteil liegt darin, dass der Kredit aus dem Erlös der bezogenen Waren bezahlt werden kann. Nachteilig ist allerdings, dass diese Kredite sehr teuer sind.

b) Bei einem Kundenkredit wird vom Kunden eine Vorauszahlung auf die zu liefernde Ware geleistet. Er ist in der Regel nur bei Großprojekten üblich und im Konsumgüterbereich nur bei Sonderanfertigungen erlaubt. Der Hersteller mindert so sein Risiko, begibt sich andererseits jedoch in ein starkes Abhängigkeitsverhältnis vom Kunden.

c) Der Kontokorrentkredit bezeichnet die Möglichkeit, das Bankkonto bis zu einer vorher vereinbarten Kreditlinie zu überziehen. Er hat den Vorteil, dass der Kredit immer genau an die Finanzierungserfordernisse angepasst ist. Dafür beinhaltet er allerdings häufig eine hohe Zinsbelastung.

Lösung zu Aufgabe 14:

Bei einem Diskontkredit wird gegen Ausstellung von Wechseln, welche in der Regel eine Laufzeit von drei Monaten haben, ein Kredit gewährt. Die Wechsel können unmittelbar, unter Abzug der Wechselzinsen (Diskont), an eine Bank weiterverkauft werden. Der Aussteller muss bis zum Ende der vereinbarten Laufzeit den Wechsel begleichen.

Einem Akzeptkredit liegt ebenfalls ein Wechsel zugrunde. In diesem Fall ist allerdings die Bank der Bezogene. Der Kunde kann diesen Wechsel für seine Verpflichtungen in Zahlung geben, er muss die Wechselsumme jedoch noch vor dem Verfallstag seiner Bank zur Verfügung stellen.

Der Lombardkredit wird von einer Bank – gegen Verpfändung von Wertgegenständen – einem Kunden gewährt. Dieser Kredit hat eine genau festgelegte Laufzeit und einen festen Kreditbetrag.

Lösung zu Aufgabe 15:

Im „amtlichen Handel" der Börse werden die „Standardwerte" gehandelt, die ihre Zulassung nur über ein Kreditinstitut erreichen können. Der amtliche Handel stellt hinsichtlich der Bonität des Unternehmens die strengsten Zulassungsanforderungen. Es muss ein „Börsenprospekt" erstellt und veröffentlicht werden, der detaillierte Informationen über das emittierende Unternehmen enthält. Soweit ein Unternehmen den hohen Anforderungen des amtlichen Handels nicht gerecht wird (z.B. Mindestalter drei Jahre), kann die Zulassung zum „geregelten Markt" beantragt werden. Hierbei darf eine Versicherung, eine Unternehmensbeteiligungsgesellschaft oder ein Broker behilflich sein. Noch weiter vereinfacht sind die Zulassungsvoraussetzungen für den „geregelten Freiverkehr". Es entfällt für das zugelassene Unternehmen beispielsweise der Prospektzwang. Generell sind auch hier keine für das Publikum problematischen Papiere anzutreffen. Eine Sonderform dieses Marktes ist der Neue Markt, wo „Wachstumswerte" mit hoher Rendite und Risiko angeboten werden – allerdings bei verbesserter Transparenz (z.B. Quartalsberichte).

Lösung zu Aufgabe 16:

Unter der Annahme, dass die Käufer auch bereit wären, zu einem niedrigeren Kurs zu kaufen bzw. die Verkäufer bereit wären, zu einem höheren Kurs zu verkaufen, kann die Angebots- und Nachfragefunktion in Abhängigkeit vom Kurs erstellt werden:

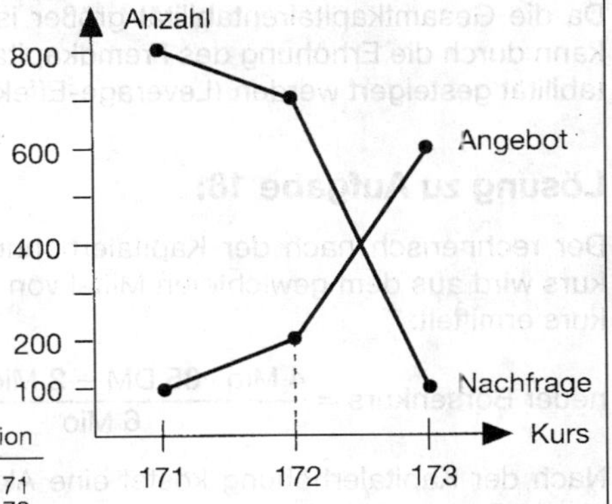

Nachfragefunktion	Angebotsfunktion
800 Stück zu 171	100 Stück zu 171
700 Stück zu 172	200 Stück zu 172
100 Stück zu 173	600 Stück zu 173

Der Einheitskurs bezeichnet den Kurs, zu dem der größte Umsatz getätigt werden kann. Dies ist hier bei 172 DM (200 Aktien) der Fall. Da alle Verkaufsaufträge zu diesem Kurs abgewickelt werden können und darüber hinaus noch ein beträchtlicher Nachfrageüberhang herrscht, erhält die Kursnotierung den Zusatz „bezahlt und Geld" (172bG).

Lösung zu Aufgabe 17:

Für die Ermittlung der Gesamtkapital- (r_{GK}) bzw. Eigenkapitalrentabilität (r_{EK}) gilt allgemein:

$$r_{GK} = \frac{r_{EK} \cdot E + i \cdot F}{E + F} \quad \text{bzw.} \quad r_{EK} = r_{GK} + (r_{GK} - i) \cdot \frac{F}{E}$$

Mit den angegebenen Werten von $r_{GK} = 0.14$ und $E = 100$ lässt sich daraus berechnen:

a) $$r_{EK}^{i=0.08} = 0.14 + (0.14 - 0.08) \cdot \frac{100}{100} = 0.20$$

$$r_{EK}^{i=0.10} = 0.14 + (0.14 - 0.10) \cdot \frac{100}{100} = 0.20$$

Die zunehmenden Fremdkapitalkosten führen somit zu einem Rückgang der Eigenkapitalrentabilität um zwei Prozentpunkte. Bei der hier gegebenen Kapitalstruktur vermindert sich die Eigenkapitalrentabilität im gleichen Umfang wie die Fremdkapitalzinsen ansteigen.

b) $$r_{EK}^{F=100} = 0.14 + (0.14 - 0.08) \cdot \frac{100}{100} = 0.20$$

$$r_{EK}^{F=200} = 0.14 + (0.14 - 0.08) \cdot \frac{200}{100} = 0.26$$

Da die Gesamtkapitalrentabilität größer ist als der Fremdkapitalzinssatz, kann durch die Erhöhung des Fremdkapitaleinsatzes die Eigenkapitalrentabilität gesteigert werden (Leverage-Effekt).

Lösung zu Aufgabe 18:

Der rechnerisch nach der Kapitalerhöhung gültige einheitliche Börsenkurs wird aus dem gewichteten Mittel von Bezugskurs und altem Börsenkurs ermittelt:

$$\text{neuer Börsenkurs} = \frac{4 \text{ Mio} \cdot 85 \text{ DM} + 2 \text{ Mio} \cdot 60 \text{ DM}}{6 \text{ Mio}} = 76.66 \text{ DM}$$

Nach der Kapitalerhöhung kostet eine Aktie folglich 76.66 DM, während sie mit Bezugsrecht für 60 DM zu erhalten ist. Das Bezugsrecht stellt folglich einen Wert von 16.66 DM dar. Das Bezugsverhältnis beträgt 4 Mio/(6

Mio – 4 Mio) also 2:1. Das bedeutet, dass für je zwei alte Aktien das Bezugsrecht für eine neue Aktie ausgegeben wird. Der Bezugsrechtsschein einer alten Aktie hat somit den rechnerischen Wert von 1/2 · 16.66=8.33 DM. Ein Aktionär, der beispielsweise zwei alte Aktien besitzt, könnte mit der ihm zustehenden (einen) neuen Aktie einen Kursgewinn von 76.66 DM – 60 DM 16.66 DM realisieren. Verzichtet er darauf, so kann er sein Bezugsrecht zu 16.66 DM an der Börse verkaufen. Er wird dadurch für den Wertverlust seiner alten Aktien entschädigt und ist somit vor einer „Verwässerung" seines Besitzstandes geschützt.

Lösung zu Aufgabe 19:

Aus den Zusätzen zu den amtlichen Kursnotierungen der Börse können Rückschlüsse über die Angebots- und Nachfrageverhältnisse am Aktienmarkt gezogen werden. Lag bei der Ermittlung des Einheitskurses ein Nachfrageüberhang vor, so erhält der Kurs den Zusatz „bezahlt und Geld" (bG). Konnten dagegen zum festgesetzten Einheitskurs nicht alle hierzu vorhandenen Verkaufsaufträge ausgeführt werden, so wird der Zusatz „bezahlt und Brief" (bB) verwendet. Der Zusatz „bezahlt" kennzeichnet, dass zumindest ein Teil der Aufträge abgewickelt werden konnte. Er entfällt, wenn der vorhandenen Nachfrage („Geld") kein Angebot bzw. dem vorhandenen Angebot („Brief") keine Nachfrage gegenübersteht. Liegen schließlich weder Kauf- noch Verkaufsaufträge vor, so wird der Kurs geschätzt. Der Zusatz lautet dann „Taxe" (T).

Die für die Börsengeschäfte abzuführenden Spesen setzen sich aus der Maklergebühr und der Bankprovision zusammen.

Die Börsen finden sich in den meisten größeren Städten Deutschlands, z.B. in Frankfurt, Düsseldorf, München, Hamburg, Stuttgart, Berlin, Bremen und Hannover. Dominierend in Deutschland ist Frankfurt, weltweit Tokio, London, New York.

Parallel zum traditionellen Börsenhandel (Parkett) hat sich das elektronische Handelssystem Xetra etabliert. Angeschlossen sind Banken und Wertpapierhäuser, derer sich private Anleger bedienen müssen, weil ihnen der direkte Zugang versperrt ist.

Lösung zu Aufgabe 20:

Der Umfang der Kredite, die ein Unternehmen für seine Finanzierungserfordernisse in Anspruch nehmen kann, hängt wesentlich davon ab, wie hoch sich jeweils das Risiko für den Kreditgeber darstellt. Eine Möglichkeit, dieses Ausfallrisiko gering zu halten, stellen die Kreditsicherungen dar:

a) Bei einer Sicherungsübereignung wird der Kreditgeber Eigentümer einer Sache (z.B. LKW), die aber weiterhin im Besitz des Schuldners verbleibt, so dass dieser damit arbeiten kann. Bei Zahlungsunfähigkeit kann der Gläubiger die übereignete Sache auf eigene Rechnung verkaufen.

b) Bei einer Verpfändung nimmt dagegen der Gläubiger die verpfändete Sache – z.B. Schmuck, Wertpapiere – an sich, um gegebenenfalls aus ihrem Verkaufserlös seine Forderung abdecken zu können.

c) Ähnlich wie bei der Sicherungsübereignung bleibt im Falle des Eigentumsvorbehalts der Lieferant bis zur vollständigen Bezahlung Eigentümer der gelieferten Ware.

Lösung zu Aufgabe 21:

Die Industrieobligation stellt einen in kleine Anteile gestückelten Kredit dar. Ihre effektive Verzinsung setzt sich aus dem Normalzins (i) und der Differenz zwischen Emissionskurs (K) und dem Nennwert (N) bzw. Rückzahlungsbetrag der Obligation – dem Disagio – zusammen. Für eine Laufzeit von t=5 Jahren ergibt sich nach der Faustformel:

$$r = \frac{i \cdot N + \frac{N-K}{t}}{K} = \frac{0.06 \cdot 200 + \frac{200-194}{5}}{194} = 0.068$$

Die Obligation beinhaltet somit eine effektive Verzinsung von etwa 6,8 %. Liegt der Börsenkurs der Obligation unter ihrem Nominalwert, nutzen dies die Emittenten oft zum „freihändigen Rückkauf" der Anleihen. Dies bietet den Vorteil, einerseits günstig seine Verbindlichkeiten zu verringern und andererseits den Börsenkurs zu stabilisieren. Fraglich ist allerdings, ob eine neue Anleihe wieder so zinsgünstig wie die alte untergebracht werden kann, da der Kurs der Anleihe in der Regel nur dann fällt, wenn das allgemeine Zinsniveau steigt.

Lösung zu Aufgabe 22:

Ein Unternehmen kann eigene Aktien an der Börse erwerben, um

- den Börsenkurs durch Verknappung des Angebots zu verbessern bzw. zu stabilisieren („Kurspflege"),
- eine feindliche Übernahme durch Verteuerung der Aktien zu erschweren,
- über Aktientausch Verbindungen zu anderen Unternehmen einzugehen oder
- sie an Mitarbeiter als Belegschaftsaktien auszugeben.

Der Aktienrückkauf muss öffentlich bekannt gemacht werden und bedarf der Zustimmung der Hauptversammlung, die die Ermächtigung an

Zweckvorgaben binden kann. Die Zustimmung verfällt nach 18 Monaten. Der Bestand an eigenen Aktien darf zehn Prozent des gezeichneten Kapitals nicht überschreiten (§71 AktG), da das Unternehmen sonst in Krisenzeiten seine Aktionäre aus der Haftung entlassen könnte: Sie hätten sich schadlos gehalten, während die Gläubiger allein vor den leeren Kassen stehen. Aktienoptionen von Führungskräften dürfen aus den rückgekauften Aktien nicht bedient werden: Durch den Rückkauf könnten Kurssteigerungen herbeigeführt werden, die eine Einlösung der Option erst sinnvoll macht („die Option geht ins Geld").

Lösung zu Aufgabe 23:

Eine Aktie stellt eine Beteiligung an einem Unternehmen dar. Die folgenden Arten von Aktien können hauptsächlich unterschieden werden:

- Stammaktie: ist der „Normaltyp" einer Aktie, wobei alle Stammaktien mit gleichem Nennwert (mind. 1 EURO) auch gleiches Stimmrecht, Dividendenanspruch sowie Anspruch auf Liquidationserlös beinhalten.
- Stückaktie: Sie ersetzt im Zuge der EURO-Umstellung die auf Nennwert lautenden Aktien. Ihr rechnerischer Wert muss mindestens 1 EURO betragen.
- Vorzugsaktie: besitzt einen im Vergleich zur Stammaktie höheren Dividendenansprach. Der Eigner hat dafür aber kein Stimmrecht.
- Inhaberaktie: Der Inhaber der Aktie gilt gleichzeitig auch als Eigentümer. DieAktie ist daher sehr beweglich: Sie kann durch Einigung und Übergabe veräußert werden.
- Namensaktie: wird auf den Namen des Inhabers ausgestellt. Für die Veräußerung bedarf es daher zusätzlich einer schriftlichen Erklärung (Indossament). Bei „vinkulierten" Namensaktien ist darüber hinaus noch die Zustimmung der Gesellschaft notwendig. Namensaktien werden im Aktienbuch der Gesellschaft „mitgeführt". Sie gewinnen an Bedeutung, weil die Vorstände so ihre Aktionäre kennen und damit gezielt ansprechen können. Außerdem werden sie rechtzeitig vor feindlichen Übernahmeversuchen über die Börse gewarnt.
- Junge Aktie: ist eine bei einer Kapitalerhöhung der Gesellschaft neu ausgegebene Aktie.
- Eigene Aktie: ist eine vom Unternehmen selbst an der Börse zurück gekaufte Aktie. Ihr Bestand darf zehn Prozent des gezeichneten Kapitals nicht übersteigen, die Zustimmung

der Hauptversammlung ist Voraussetzung für den Erwerb.

- Vorratsaktie: ist eine Aktie, die auf Rechnung des emittierenden Unternehmens von der Bank „übernommen“ wird. Sie kann später abgerufen und verwertet werden.
- Gratisaktie: Bei einer Umwandlung von einbehaltenen und in Rücklagen gesammelten Gewinnen in gezeichnetes Kapital erhalten die Aktionäre in entsprechendem nominellen Umfang Gratisaktien im Verhältnis zu ihrem jeweils bereits vorhandenen Aktienbesitz.

Lösung zu Aufgabe 24:

Zur Innenfinanzierung gehören die Einbehaltung von Gewinnen und die Pensionsrückstellungen. Zur Beteiligungsfinanzierung zählen die Emission von Aktien sowie die Kapitaleinlagen von Personengesellschaftern. Instrumente der langfristigen Kreditfinanzierung sind die Ausgabe von Obligationen und Wandelschuldverschreibungen. Zur kurzfristigen Kreditfinanzierung zählen die Kundenanzahlung, das Factoring und der Lieferantenkredit.

Lösung zu Aufgabe 25:

Die „Option“ repräsentiert das Recht, eine bestimmte Anzahl von Aktien innerhalb eines festgelegten Zeitraums bzw. an einem bestimmten Zeitpunkt, zu einem festgesetzten Preis entweder zu kaufen (Call-Option) oder zu verkaufen (Put-Option). Ausschlaggebend für den Optionskäufer ist die Kursentwicklung der zugehörigen Aktie. Der Besitzer von Kaufoptionen spekuliert auf steigende Aktienkurse (Bull-Strategie). In diesem Fall kann er zum günstigen Basispreis der Option die Aktien erwerben und zum hohen Börsenpreis sofort wieder abstoßen („der Bulle erwirbt Calls“). Wird dagegen ein Absinken der Kurse erwartet, so werden Verkaufsoptionen erworben (Bear-Strategie). Der Optionsbesitzer kann dann zum günstigen Börsenkurs die Aktien kaufen und diese unmittelbar zum hohen Basispreis der Option wieder verkaufen („der Bär erwirbt Puts“).

Lösung zu Aufgabe 26:

Da ein Großteil der Exporte über Kredite finanziert wird, sind die Exporteure bestrebt, diese Kredite abzusichern. Eine Möglichkeit bilden die Hermes-Exportbürgschaften. Hierbei übernimmt die Bundesrepublik Deutschland, vertreten durch die Hermes Kreditversicherungs AG, gegen eine Prämie eine Bürgschaft gegenüber den Forderungen aus einem Exportgeschäft, wobei jedoch ein Selbstbehalt beim Exporteur verbleibt. Die Bürgschaftsprämie richtet sich nach dem jeweiligen „Länderrisiko“ des

Exportlandes sowie nach Zahlungsbedingungen und Laufzeit. Allerdings werden in der Regel für Exporte in solche Länder, die bereits in Zahlungsverzug geraten sind, keine Bürgschaften mehr übernommen. Versicherungsfähig sind prinzipiell alle Exportwaren und -leistungen; die Risiken betreffen neben wirtschaftlichem und Wechselkursrisiko vor allem politische Risiken. Die Exporte müssen jedoch eine Versicherungswürdigkeitsprüfung durch den „Interministeriellen Ausschuss (IMA)“ bestehen.

Lösung zu Aufgabe 27:

a) Bei „Floating Rate Notes“ handelt es sich um Anleihen (Obligationen) mit sehrflexiblen Gestaltungsmöglichkeiten. Im Gegensatz zur „klassischen Industrieobligation“, die eine feste Verzinsung bietet, wird der Zinssatz der Floating Rate Notes als eine Marge über einem Referenzzins definiert. Für den Anleger entfällt daher das Kurs- bzw. Zinsrisiko.

b) Die Gewinnschuldverschreibung stellt eine Mischung aus Aktie und Anleihe dar. Während die „klassische Industrieobligation“ feste Zinszahlungen zusichert, wird hier die Verzinsung teilweise oder auch vollständig vom Gewinn abhängig gemacht. Der Anleger geht diesbezüglich ein Risiko ein.

c) Zerobonds sind Obligationen, die während ihrer Laufzeit keine Zinszahlungen beinhalten. Die Verzinsung geht unter Berücksichtigung von Zinseszinsen in vollem Umfang in den Abschlag vom Rückzahlungskurs (=Ausgabekurs) ein. Der Anleger realisiert seinen Zinsertrag – im Gegensatz zur Industrieobligation – erst am Ende der Laufzeit des Zerobonds.

d) Junkbonds sind hochrentierliche Wertpapiere, die von Emittenten mit niedriger Bonitätsbewertung herausgegeben werden. Sie dienen in erster Linie zur (Fremd-) Finanzierung von Leveraged buyouts.

Lösung zu Aufgabe 28:

Bei Termingeschäften (Futures) verpflichten sich zwei Geschäftspartner bindend, eine bestimmte Menge (z.B. Wertpapiere, Devisen oder Rohstoffe) zu einem festen Preis und festen Zeitpunkt zu kaufen bzw. zu verkaufen. In der Regel steht zwischen den beiden Partnern ein Clearing House, das die Geschäftsabwicklung überwacht und bei dem ein gewisser Vorschuss (Margin) als Sicherheit zu hinterlegen ist. Die Höhe dieser Margin hängt vom Kontraktvolumen, der Bonität des Kunden und der Volatilität der gehandelten Ware, d.h. der Schwankungsbreite des Warenkurses ab. Das Clearing House zieht regelmäßig einen Vergleich zwischen dem vereinbarten Kaufkurs der Ware und dem aktuellen Marktkurs: Gewinne werden dem Konto der Margin gutgeschrieben, Verluste sofort gedeckt. Sinkt die Margin durch Verluste unter eine bestimmte Mindestquote, muss der Kunde „nachschießen". Im Gegensatz zum Optionsgeschäft ist somit die Verlustmöglichkeit für beide Geschäftspartner unbegrenzt. Termingeschäfte dienen sowohl der Spekulation als auch der Kurssicherung: Offene Positionen auf dem Kassamarkt können durch den Aufbau einer gleichwertigen, aber gegensätzlichen Position auf dem Terminmarkt abgesichert werden.

Lösung zu Aufgabe 29:

Anlässe für eine bedingte Kapitalerhöhung sind z.B. Wandel- und Optionsanleihen, Zusammenschlussvorhaben sowie die Bedienung von Aktienoptionen von Führungskräften und das Angebot von Belegschaftsaktien. Bei ihr kommt es nur zur Kapitalerhöhung, soweit die Inhaber von Umtausch-, Bezugs- oder sonstigen Rechten hiervon Gebrauch zu machen und neue Aktien beziehen.

Lösung zu Aufgabe 30:

Optionen berechtigen den Käufer eine bestimmte Anzahl von Aktien (mindestens 50) innerhalb einer bestimmten Frist (amerikanische Option) oder zu einem bestimmten Zeitpunkt (europäische Option) zu einem festgelegten Preis vom Optionsverkäufer zu erwerben (Call-Option) oder an ihn zu verkaufen (Put-Option). Der Optionskäufer kann dieses Recht – bei ungünstiger Kursentwicklung – auch verfallen lassen oder es an der Börse veräußern. Der Optionsverkäufer muss hingegen seiner Verpflichtung stets nachkommen. Im Unterschied dazu gehen bei Termingeschäften beide Partner die bindende Verpflichtung ein, eine festgelegte Menge an Wertpapieren, Devisen oder Rohstoffen zu einem festen Preis zu einem vereinbarten Zeitpunkt zu kaufen bzw. zu verkaufen. Es ist keine Prämie zu zahlen, sondern ein gewisser Vorschuss als Sicherheit zu leisten; seine Höhe hängt vom Kontraktvolumen, der Bonität des Kunden und Volatilität der gehandelten Waren ab. Termingeschäfte sind stets „Nullsummenspiele".

Arbeitsaufgaben und Lösungen zum 21. Kapitel Grundlagen von Rechnungswesen und Kostentheorie

1. Aufgabe

Welches sind die Aufgaben des betrieblichen Rechnungswesens?

2. Aufgabe

Erläutern Sie den Unterschied zwischen Aufwand und Kosten!

3. Aufgabe

Warum wird der Gesamterfolg in betrieblichen Erfolg und neutralen Erfolg gespalten?

4. Aufgabe

Nennen Sie Beispiele für die verschiedenen Varianten von neutralem Aufwand und neutralem Ertrag!

5. Aufgabe

Worin besteht der wesentliche Unterschied zwischen oszillativen und stetigen bzw. mutativen Veränderungen der Produktionsbedingungen?

6. Aufgabe

Was verstehen Sie unter „Kosten"; beschreiben Sie kurz die Haupt-Kosteneinflussgrößen!

7. Aufgabe

Was ist Kostenremanenz und worauf basiert sie?

8. Aufgabe

Stellen Sie graphisch einen Gesamtkostenverlauf bei Sprungkosten dar; zeigen Sie anhand eines einfachen Rechenbeispiels, welchen Verlauf die Gesamtkosten pro Stück nehmen!

9. Aufgabe

Was verstehen Sie unter

a) quantitativer Anpassung

b) intensitätsmäßiger Anpassung

c) zeitlicher Anpassung?

Welchen Verlauf nehmen die Gesamtkosten bei zeitlicher Anpassung?

10. Aufgabe

Was ist eine Betriebsgrößenvariation und inwiefern ist sie eine zweischneidige Sache?

11. Aufgabe

Was verstehen Sie unter „Reinvermögen“? Jede Änderung des Reinvermögens ist entweder Aufwand oder Ertrag. Nehmen Sie Stellung!

12. Aufgabe

Erläutern Sie die Bedeutung der Anders- und Zusatzkosten für das Rechnungswesen.

13. Aufgabe

Welche Möglichkeiten haben Unternehmen, auf Änderungen der Faktorpreise zu reagieren?

14. Aufgabe

Die Rohstoff-Länder sind immer wieder „Opfer“ des Wettbewerbs geworden. Nehmen Sie Stellung anhand eines konkreten Beispiels!

15. Aufgabe

Was versteht man unter Kostendegression, und wozu führt sie im Bereich der Stückkosten?

16. Aufgabe

Inwiefern ist die intensitätsmäßige Anpassung kostenwirksam?

17. Aufgabe

Erläutern Sie den Unterschied zwischen einer limitationalen und einer substitutionalen Produktionsfunktion!

18. Aufgabe

Was versteht man unter einer linearhomogenen Produktionsfunktion? Geben Sie ein Beispiel dazu!

19. Aufgabe

Zeigen Sie, dass sich die Gutenberg-Produktionsfunktion in eine lineare Kostenfunktion überführen lässt! Wovon hängt die Steigung dieser Kostenfunktion ab?

20. Aufgabe

Die Versorgungslage bei mineralischen Rohstoffen ist durch ein Paradoxon gekennzeichnet: Immer dann, wenn der Weltverbrauch dieser Rohstoffe zunahm, erhöhten sich sichtbar deren Weltreserven – warum?

21. Aufgabe

Ein Monopolist sieht sich der Preis-Absatz-Funktion

$$p = 5 - \frac{1}{4}x$$

und der Gesamtkostenfunktion

$$K = 2 + \frac{1}{2}x$$

gegenüber. Bestimmen Sie die gewinnmaximale Preis-Mengen-Kombination!

Wie ändert sich die gewinnmaximale Absatzmenge, wenn

- nur Fixkosten anfallen
- sich Fixkosten erhöhen
- sich die variablen Stückkosten erhöhen
- keine Kosten anfallen?

22. Aufgabe

An Baustellen findet man gelegentlich ein Schild mit der Aufschrift: „Hier errichtet...mit einem Kostenaufwand von...“. Legen Sie die tatsächlichen Verhältnisse genau dar!

Lösung zu Aufgabe 1:

Das betriebliche Rechnungswesen hat die Aufgabe, das betriebliche Geschehen zu dokumentieren. Hierzu werden die im Unternehmen anfallenden Daten fortlaufend und lückenlos erfasst und ausgewertet. Im Einzelnen setzt sich das Rechnungswesen aus den folgenden Bestandteilen zusammen:

- Geschäftsbuchhaltung: Erfassung und Analyse der Vermögens- und Ertragslage.
- Betriebsbuchhaltung: Aufzeichnung und möglichst verursachungsgerechte Zuordnung der Kosten zu den Kostenstellen bzw. Kostenträgern.
- Statistik: Aufbereitung der Daten in tabellarischer oder graphischer Form sowie deren Verdichtung zu Kennzahlen.
- Planungsrechnung: Bereitstellung von prognostizierten Werten als Grundlage der betrieblichen Planung.

Lösung zu Aufgabe 2:

Als Aufwand wird der gesamte – in Geldeinheiten ausgedrückte – Werteverbrauch eines Jahres bezeichnet, soweit dieser zu einer Verringerung des Reinvermögens führt (Ausnahme: Privatentnahme). Als Reinvermögen wird dabei das Vermögen abzüglich der Schulden verstanden. Wie der Aufwand beziehen sich auch die Kosten auf einen das Reinvermögen mindernden Werteverbrauch. Die wesentliche Einschränkung des Kostenbegriffes besteht aber darin, dass Kosten nur „sachzielbezogenen“, also den im Rahmen des betrieblichen Leistungsprozesses anfallenden Werteverzehr kennzeichnen und diesen auch nur soweit, als er „ordentlich“ (im Rahmen der normalen Betriebsgeschehens) und „periodenbezogen“ (in der Abrechnungsperiode) anfällt.

Als neutraler Aufwand wird Aufwand bezeichnet, dem keine Kosten gegenüberstehen. Dies kann folglich ein das Reinvermögen mindernder Werteverbrauch sein, der als „außerordentlich“ (z.B. Totalschaden eines nicht versicherten LKW's), „betriebsfremd“ (z.B. Spende an das Rote Kreuz) oder „periodenfremd“ (z.B. Gewerbesteuernachzahlung) einzuordnen ist. Umgekehrt gibt es aber auch Kosten, denen entweder kein

Aufwand (Zusatzkosten) oder Aufwand in anderer Höhe (Anderskosten) gegenübersteht. Beispiele für Zusatzkosten sind der kalkulatorische Unternehmerlohn oder die kalkulatorische Miete für eigene Räume. Anderskosten sind z.B. Abschreibungen, die aufgrund steuerlicher Vorschriften in der Aufwandsrechnung anders als in der Kostenrechnung bewertet werden.

Lösung zu Aufgabe 3:

Der Betriebserfolg ergibt sich als Saldo von Betriebsertrag und Betriebsaufwand. Er bezieht sich folglich auf jene Vorgänge, die der betreffenden Periode zuzurechnen sind und die im Rahmen des eigentlichen Betriebsprozesses „normalerweise" anfallen.

Der neutrale Erfolg kann aus der Gegenüberstellung von neutralem Ertrag und neutralem Aufwand ermittelt werden. Er erfasst folglich solche Größen, die nicht dem eigentlichen Betriebsprozess zuzuordnen sind, aus anderen Perioden stammen, oder einen „außerordentlichen" (einmaligen) Vorgang kennzeichnen.

Die Aufspaltung des Gesamterfolgs eines Unternehmens in neutralen Erfolg und Betriebserfolg ermöglicht eine differenzierte Beurteilung der Betriebstätigkeiten. Es wird deutlich, ob der Gesamterfolg vorwiegend aus dem eigentlichen Betriebsprozess oder aus den „Nebentätigkeiten" herrührt. Zu beachten ist hier jedoch, dass Zusatz- und Andersleistungen sowie Zusatz- und Anderskosten nicht einbezogen sind. Der Betriebserfolg des externen Rechnungswesens unterscheidet sich deshalb vom – internen – Betriebsergebnis (als Saldo aus Leistungen und Kosten).

Lösung zu Aufgabe 4:

Als „Aufwand" wird der gesamte – in Geld ausgedrückte – Werteverzehr einer Periode bezeichnet, der das Reinvermögen (Vermögen abzüglich Schulden) verringert (Ausnahme: Privatentnahme). Ein „neutraler Aufwand" liegt dann vor, wenn der Aufwand keine Kostengröße darstellt. Hierfür sind grundsätzlich drei Varianten möglich:

- betriebsfremder neutraler Aufwand (z.B. Spende an das Rote Kreuz),
- außerordentlicher neutraler Aufwand (z.B. Totalschaden eines nicht versicherten PKW),
- periodenfremder neutraler Aufwand (z.B. Gewerbesteuernachzahlung).

Die gleiche Systematik kommt bei der Betrachtung des Ertrags zum Zuge. Als „Ertrag" wird der gesamte – in Geld ausgedrückte – Wertezugang einer Periode bezeichnet, soweit er das Reinvermögen vergrößert (Ausnahme: Privateinlage). Entsprechend liegt ein „neutraler Ertrag" dann vor, wenn er keine Leistung darstellt. Analog zum neutralen Aufwand werden die folgenden drei Varianten unterschieden:

- betriebsfremder neutraler Ertrag (z.B. Pachteinnahmen für ein nicht genutztes Reservegrundstück),
- außerordentlicher neutraler Ertrag (z.B. unerwartet hoher Ertrag aus dem Verkauf ausgesonderter Produktionsanlagen),
- periodenfremder neutraler Ertrag (z.B. nicht mehr erwartete Erlöse aus früheren Verkäufen).

Lösung zu Aufgabe 5:

Eine wesentliche Einflussgröße auf das Kostenniveau eines Betriebes sind die technischen und organisatorischen Produktionsbedingungen. Diese unterliegen jedoch einer ständigen Veränderung. Eine oszillative Veränderung liegt dann vor, wenn sich die Änderungen langfristig im Mittel immer wieder ausgleichen. Meist liegt der Veränderung jedoch ein Trend zugrunde. Erfolgt die Anpassung an diesen Trend fortlaufend in gleichbleibender Weise, so kennzeichnet dies eine „stetige Veränderung". Erfolgt die Anpassung dagegen in Gestalt von Sprüngen (z.B. Ersatz kompletter Produktionsanlagen), so wird dies als eine „mutative Veränderung" der Produktionsbedingungen bezeichnet. Trends haben die Eigenschaft, bisher eingesetzte Produktionsfaktoren ganz oder teilweise zu ersetzen (z.B. Ersatz von wenig qualifizierten Mitarbeitern durch Automaten).

Lösung zu Aufgabe 6:

Der Begriff „Kosten" umschreibt den sachzielbezogenen, in Geld ausgedrückten Werteverbrauch einer Periode, welcher im Rahmen der ordentlichen (normalen) Geschäftstätigkeit des Unternehmens anfällt. Die wichtigsten Einflussgrößen, die das Kostenniveau eines Betriebes bestimmen sind:

- die technisch-organisatorischen Produktionsbedingungen (z.B. die fertigungstechnische Ausstattung, die Qualifikation und Altersstruktur der Mitarbeiter, die verwendeten Werkstoffe etc.),
- die Faktorpreise (z.B. Lohnkosten, Rohstoffpreise oder Zinsniveau),
- der Beschäftigungsgrad (Der Betrieb kann je nach Ausnutzung der Produktionskapazität auf unterschiedlichem Beschäftigungsniveau arbeiten. Da die Fixkosten unabhängig vom Beschäftigungsgrad sind, bewirken sie bei zunehmender Ausbringungsmenge einen Rückgang der Stückkosten),

- die Betriebsgröße (So führt eine langfristige Betriebsvergrößerung zu abnehmenden Stückkosten, die jedoch später wieder ansteigen können),
- das Fertigungsprogramm (So kann die Einführung eines Fertigungsprogramms nach Plattform-Prinzipien bei flexiblen Fertigungssystemen die [variablen] Produktionskosten erheblich senken – bei mehr Marktnähe).

Lösung zu Aufgabe 7:

Ein Unternehmen kann sich an eine Beschäftigungsvariation dadurch anpassen, dass – je nach Bedarf – produktive Einheiten (z.B. Montagebänder) zugeschaltet bzw. stillgelegt werden. Eine solche „quantitative Anpassung" führt dazu, dass erst bei Überschreiten einer bestimmten Ausbringungsmenge und Zuschalten einer weiteren produktiven Einheit die Fixkosten zunehmen (Sprungkosten). Bei der Inanspruchnahme der letzten produktiven Einheit werden die vollen Fixkosten wirksam.

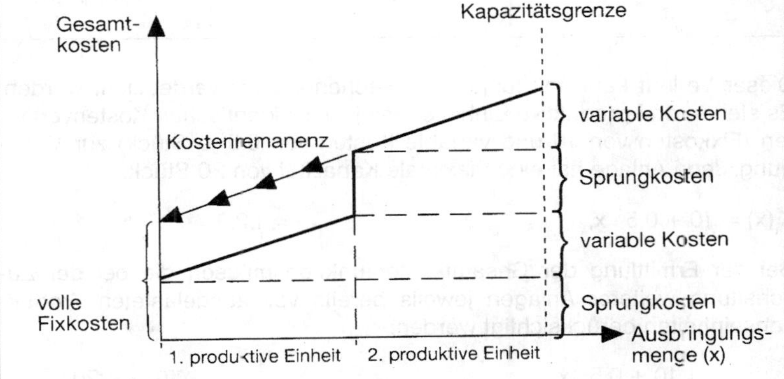

Die quantitative Anpassung funktioniert jedoch häufig nur bei einer Erhöhung des Beschäftigungsgrades. Bei einer Reduzierung der Ausbringungsmenge können die dann überzähligen produktiven Einheiten nicht mehr problemlos abgebaut werden (z.B. wegen Kündigungsfristen). Das bedeutet, dass die zusätzlichen Fixkosten (Sprungkosten) erhalten bleiben. Dieser Sachverhalt wird als Kostenremanenz bezeichnet.

Lösung zu Aufgabe 8:

Sprungkosten liegen dann vor, wenn ein Unternehmen auf eine Beschäftigungsvariation mit einer Zuschaltung bzw. Stillegung produktiver Einheiten reagieren kann. Je nach Anzahl der Einheiten erhöhen (senken) sich die Fixkosten mutativ. Die Gesamtkosten nehmen daher einen grundsätzlich linearen Verlauf an, der an den jeweiligen individuellen Kapazitätsgrenzen der produktiven Einheiten Sprungstellen aufweist.

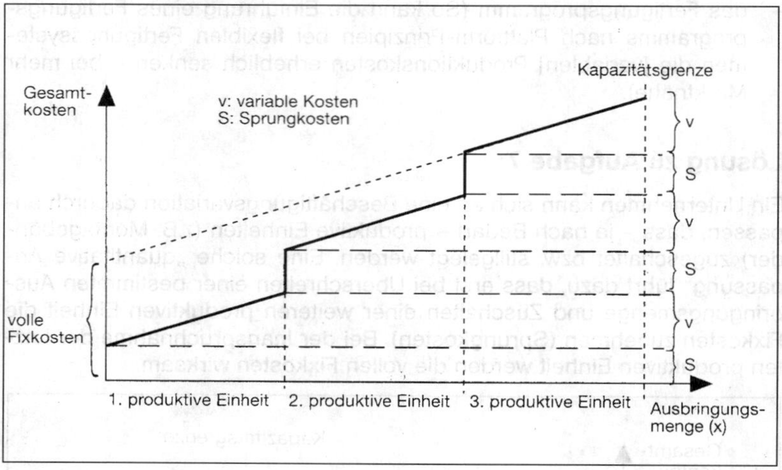

Dieser Verlauf kann mit folgendem Rechenbeispiel verdeutlicht werden: Es stehen drei produktive Einheiten mit jeweils identischen Kostenverläufen (Fixkosten von 10 und variable Kosten von 0.5 je Stück) zur Verfügung. Jede Anlage hat eine maximale Kapazität von 20 Stück.

$$K_i(x) = 10 + 0.5 \cdot x, \qquad i = 1,2,3$$

Bei der Ermittlung der Gesamtkostenfunktion müssen die bei der Zuschaltung weiterer Anlagen jeweils bereits voll ausgelasteten Produktionseinheiten berücksichtigt werden:

$$K(x) = \begin{cases} 10 + 0.5 \cdot x & \text{für } x \leq 20 \\ (10 + 0.5 \cdot 20) + 10 + 0.5 \cdot x = 30 + 0.5 \cdot x & \text{für } 20 < x \leq 40 \\ (30 + 0.5 \cdot 40) + 10 + 0.5 \cdot x = 60 + 0.5 \cdot x & \text{für } 40 < x \leq 60 \end{cases}$$

Damit ergibt sich für die Gesamtkosten pro Stück:

$$\frac{K}{x} = \begin{cases} \frac{10}{x} + 0{,}5 & \text{für } x \leq 20 \\ \frac{30}{x} + 0{,}5 & \text{für } 20 < x \leq 40 \\ \frac{60}{x} + 0{,}5 & \text{für } 40 < x \leq 60 \end{cases}$$

Lösung zu Aufgabe 9:

Einem Betrieb stehen für die Anpassung an Beschäftigungsschwankungen die folgenden Möglichkeiten zur Verfügung:

a) Eine quantitative Anpassung liegt dann vor, wenn der Betrieb in Abhängigkeit vom gewünschten Beschäftigungsniveau produktive Einheiten (z.B. Montagebänder) zu- bzw. abschalten kann.

b) Die intensitätsmäßige Anpassung beschreibt den Vorgang, dass ein Betrieb die Beschäftigungsschwankungen durch eine Variation der Produktionsintensität der vorhandenen Anlagen ausgleicht (z.B. Änderung der Bandgeschwindigkeit). Eine Abweichung von der kostenoptimalen Intensität wird dabei in Kauf genommen.

c) Zeitliche Anpassung bedeutet, dass die Beschäftigungsschwankungen durch eine Ausdehnung (Überstunden) bzw. Einschränkung (Kurzarbeit) der Betriebszeit aufgefangen werden. Bei der zeitlichen Anpassung werden die Produktionsanlagen grundsätzlich mit einer gleichbleibenden (kostenoptimalen) Intensität betrieben. Die Gesamtkosten steigen daher prinzipiell in gleichem Umfang wie die Ausbringungsmenge an. Da die Überschreitung der Kapazitätsgrenze bei Normalarbeitszeit jedoch zusätzliche Kosten (z.B. Überstundenzuschläge) verursacht, werden die Gesamtkosten von diesem Punkt an überproportional zunehmen.

Denkbar ist allerdings auch, dass große und kleine Unternehmen besonders effizient arbeiten: Die Großen wegen ihrer Kostenvorteile und Marktmacht, die Kleinen wegen ihrer Flexibilität.

Lösung zu Aufgabe 10:

Die Betriebsgröße kann anhand der Kapazitätsgrenze bestimmt werden. Eine Betriebsvergrößerung (-verkleinerung) liegt dann vor, wenn die Kapazitätsgrenze langfristig hinausgeschoben (zurückgenommen) wird. Aufgrund des bei einer Betriebsvergrößerung möglichen Einsatzes von effizienteren Großanlagen dürften sich die Stückkosten zunächst verringern Mit zunehmender Vergrößerung können die Stückkosten jedoch wieder ansteigen, da z.B. die Kapitalbeschaffung schwieriger wird oder die Vertriebskosten aufgrund eines zunehmenden Marktwiderstandes überproportional ansteigen. Zudem steigen die Kosten der Organisation und Steuerung, da sich mit wachsender Mitarbeiterzahl Kontrolle und Kommunikation schwieriger gestalten.

Bei kurzfristigen Beschäftigungsschwankungen wird man sich zeitlich oder intensitätsmäßig anpassen; erst bei langfristigen Beschäftigungsänderungen sind – wegen der Kostenremanenz – quantitative Anpassungen angezeigt. Denkbar ist auch eine Kombination aus zeitlicher und intensitätsmäßiger Anpassung: Bei Unterbeschäftigung Kurzarbeit bei optimaler

Intensität, bei Überbeschäftigung Steigerung der Intensität bei wenig Überstunden.

Lösung zu Aufgabe 11:

Das Reinvermögen ergibt sich aus dem Saldo von Vermögenspositionen (z.B. Grundstücke, Maschinen, Vorräte, Forderungen, Kasse und Bankguthaben) und den Schulden eines Unternehmens. Das Reinvermögen repräsentiert folglich das im Unternehmen investierte Eigenkapital. Aufwand bzw. Ertrag sind definiert als der gesamte – in Geld ausgedrückte – Werteverbrauch bzw. Wertezugang einer Periode, soweit dieser das Reinvermögen verringert bzw. erhöht. Folglich stellt jeder Aufwand oder Ertrag eine Änderung des Reinvermögens dar. Umgekehrt ist aber nicht jede Reinvermögensänderung gleichzeitig Aufwand oder Ertrag. Eine Privatentnahme (bzw. Einlage) des Eigentümers vermindert (bzw. erhöht) das Eigenkapital, wird aber nicht als Aufwandsgröße (bzw. Ertragsgröße) erfasst.

Lösung zu Aufgabe 12:

Aufwands- und Kostenbegriff sind nicht deckungsgleich. So gibt es einerseits Aufwendungen, die nicht gleichzeitig auch Kosten darstellen (neutraler Aufwand), und andererseits werden Kosten verrechnet, die keine Aufwendungen sind. Anderskosten ergeben sich aus Bewertungsunterschieden zwischen der („freien") Kosten- und der (gesetzlich geregelten) Aufwandsrechnung. Den Kosten steht nur in geringerem Umfang Aufwand gegenüber. Als Zusatzkosten werden solche Kostenpositionen bezeichnet, denen generell kein Aufwand entspricht (z.B. kalkulatorische Miete). Im Rechnungswesen spielen diese Kostenpositionen eine wichtige Rolle. Sie sind ein Grund dafür, dass die Aufwands- und Ertragsrechnung der Geschäftsbuchhaltung und die Kosten- und Leistungsrechnung der Betriebsbuchhaltung stets streng getrennt werden müssen.

Lösung zu Aufgabe 13:

Kurzfristig hat der Betrieb keine Möglichkeit, auf die Preise der eingesetzten Produktionsfaktoren einzuwirken. Er kann lediglich versuchen, z.B. über Mengenrabatte, eine günstige Einkaufsposition zu erlangen. Langfristig kann sich der Betrieb jedoch der Änderung der Faktorpreise anpassen. Dies ist insbesondere in solchen Fällen möglich, in denen sich die Preisrelationen unterschiedlicher Produktionsfaktoren verändert haben. Der Betrieb wird dann versuchen, den relativ teureren Faktor durch den vergleichsweise günstigeren Faktor zu substituieren. Im Extremfall werden einzelne Faktoren durch Neuentwicklungen (Innovationen) vollständig ersetzt (z.B. Kupfer durch Glasfaser). Hohe Preise können zudem die Rohstoffexploration intensivieren.

Lösung zu Aufgabe 14:

Als Beispiel für die Anpassungsfähigkeit der unter dem starken Wettbewerbsdruck einer marktwirtschaftlichen Wirtschaftsordnung stehenden Betriebe kann die „Ölkrise" der 70er Jahre angeführt werden. Die vermeintliche Verknappung des Rohstoffes Erdöl veranlasste die Rohstoffländer dazu, den Ölpreis entsprechend anzuheben. Der gestiegene Preis hatte allerdings zwei Effekte. Einerseits wurde es rentabel, nach neuen Rohstoffquellen zu forschen, weshalb die (bekannten) Ölreserven wieder zunahmen. Andererseits passten sich die Unternehmen zunehmend an den gestiegenen Preis an, indem sie versuchten, den teueren Produktionsfaktor „Öl" durch andere Faktoren (z.B. Erdgas) zu ersetzen. Durch die Ausweitung des Angebots und den gleichzeitigen Rückgang der Nachfrage konnte der hohe Ölpreis nicht mehr gehalten werden. In den Bereichen, in welchen das Öl substituiert wurde, hatten die Rohstoffländer ihre Abnehmer sogar endgültig verloren.

Lösung zu Aufgabe 15:

Die Kostendegression bezeichnet den Sachverhalt, dass die Fixkosten je Stück mit zunehmendem Beschäftigungsgrad sinken. Da die Fixkosten unabhängig von der Produktionsmenge anfallen, verteilen sich diese umso besser auf die produzierten Einheiten, je größer die Ausbringungsmenge ausfällt. Unter der Voraussetzung, dass sich die variablen Kosten proportional zur Herstellmenge entwickeln, gilt diese Kostendegression auch für die gesamten Stückkosten.

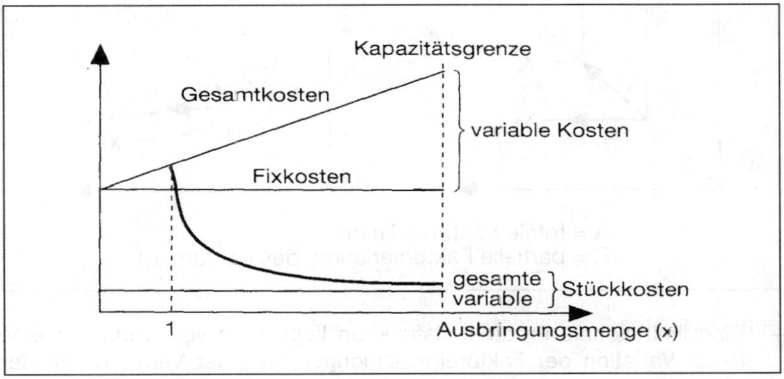

Bei großer Produktionsmenge nähern sich die gesamten Stückkosten den variablen Stückkosten an, da die fixen Stückkosten kaum mehr ins Gewicht fallen.

Lösung zu Aufgabe 16:

Reagiert ein Betrieb auf die Schwankung des Beschäftigungsgrades mit einer Variation der Produktionsintensität seiner Anlagen, so nimmt er eine intensitätsmäßige Anpassung vor. Da der Betrieb in diesem Fall von der kostenoptimalen Intensität abweicht, entstehen höhere Stückverbrauchskosten und damit auch höhere Gesamtkosten. Die Verbrauchskosten stellen grundsätzlich eine variable Kostenart dar. Die intensitätsmäßige Anpassung erhöht folglich die variablen Kosten. Dabei führt sowohl eine Drosselung als auch eine Steigerung der Intensität zu einer „Linksdrehung" der variablen Kostenfunktion. Bei vorgegebener Betriebszeit fallen allerdings die Verläufe der variablen Kosten unterschiedlich „lang" aus: Bei hoher Intensität ist auch ein hoher Output erreichbar (Iso-Betriebs-Zeitkurve).

Lösung zu Aufgabe 17:

Die Produktionsfunktion stellt eine Beziehung zwischen den eingesetzten Mengen der Produktionsfaktoren (v_1, v_2, ...) und der Ausbringungsmenge (x) her. Die limitationale und die substitutionale Produktionsfunktion unterscheiden sich darin, wie eine Variation der Faktoreinsatzmengen jeweils beschaffen sein muss, damit sie eine Veränderung der Ausbringungsmenge (von x_1 nach x_2) bewirken.

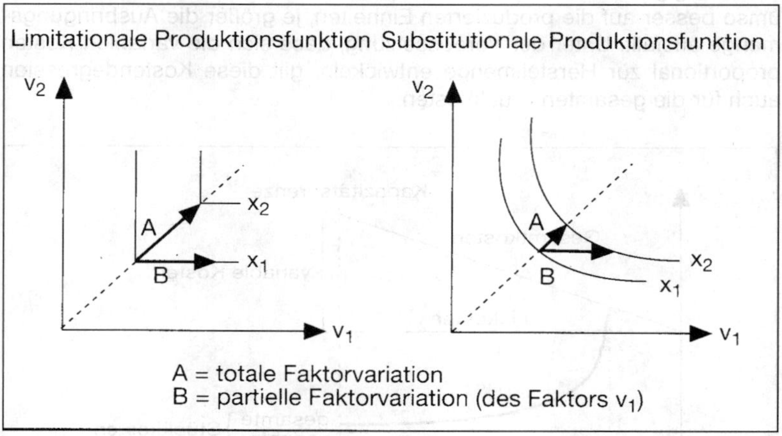

- Eine limitationale Produktionsfunktion liegt dann vor, wenn nur eine totale Variation der Faktoreinsatzmengen zu einer Veränderung der Ausbringungsmenge führt.
- Die substitutionale Produktionsfunktion kennzeichnet einen Herstellungsprozess, bei dem bereits die partielle Variation einer Faktoreinsatzmenge die Ausbringungsmenge beeinflusst.

Lösung zu Aufgabe 18:

Die Produktionsfunktion kennzeichnet die Beziehung zwischen den Faktoreinsatzmengen (v_1, v_2, ...) und der Ausbringungsmenge (x). Eine Produktionsfunktion wird als homogen vom Grade α bezeichnet, wenn bei einer Änderung des totalen Faktoreinsatzniveaus um das λ-fache sich die Ausbringungsmenge um das λ^{α}-fache verändert.

Verändert sich die Produktionsmenge relativ im selben Umfang wie der Faktoreinsatz, so liegt eine linearhomogene Produktionsfunktion ($\alpha = 1$) zugrunde.

Als Beispiel für eine linearhomogene (substitutionale) Produktionsfunktion kann die Cobb-Douglas-Produktionsfunktion herangezogen werden. Für sie gilt allgemein:

$$x = c \cdot v_1^{\gamma} \cdot v_2^{1-\gamma}$$

Bei einer Faktorvariation um das λ-fache ergibt sich ($\overline{x}$, $\overline{v}$, $\overline{v}$= Ausgangsniveau):

$$x = c \cdot v_1^{\gamma} \cdot v_2^{1-\gamma} = c \cdot (\lambda \cdot \overline{v}_1)^{\gamma} \cdot (\lambda \cdot \overline{v}_2)^{1-\lambda} = c \cdot \lambda^{\gamma} \cdot \overline{v}_1^{\gamma} \cdot \lambda^{1-\gamma} \cdot \overline{v}_2^{1-\gamma}$$

$$= c \cdot \lambda \cdot \overline{v}_1^{\gamma} \cdot \overline{v}_2^{1-\gamma} = \gamma \cdot \overline{x}$$

$$\Rightarrow \alpha = 1$$

Lösung zu Aufgabe 19:

Mit Hilfe der Produktionsfunktion werden die Beziehungen zwischen Faktoreinsatz- (v_1, v_2, ...) und Ausbringungsmenge (x) beschrieben. Eine limitationale Produktionsfunktion wird dadurch gekennzeichnet, dass nur eine totale Variation der Faktoreinsatzmengen zu einer Veränderung des Produktionsniveaus führt. Die Gutenberg-Produktionsfunktion ist eine limitationale Produktionsfunktion, deren Produktionskoeffizienten (a_1, a_2, ...) jeweils von der Produktionsintensität (x/t) abhängen:

$$v_i = a_i \cdot x \text{ und } a_i = a_i\left(\frac{x}{t}\right) \qquad \text{mit: } i = 1, 2, \ldots, n$$

Mit q_i = Preis des i-ten Produktionsfaktors kann daraus die Kostenfunktion hergeleitet werden Für den i-ten Faktor ergibt sich:

Faktoreinsatzmenge i-ter Faktor: $= vi = a_i\left(\frac{x}{t}\right) \cdot x$

$\Rightarrow$ Kosten des i-ten Faktors: $K_i = v_i \cdot q_i = q_i \cdot a_i\left(\frac{x}{t}\right) \cdot x$

mit $b_i = q_i \cdot a_i\left(\frac{x}{t}\right)$ erhält man: $K_i = b_i \cdot x$

bzw. für die Gesamtkosten: $K = \sum_{i=1}^{n} K_i = x \cdot \sum_{i=1}^{n} b_i = b \cdot x$

Demnach kann aus einer Gutenberg-Produktionsfunktion ein linearer Kostenverlauf ($K = b \cdot x$) hergeleitet werden. Die Steigung (b) ist allerdings von den Faktorpreisen (q_i) und der Produktionsintensität (x/t) abhängig.

Lösung zu Aufgabe 20:

Den Umstand, dass ein Abbau der Reserven deren Bestand nicht verringert, nennt man Rohstoff-Paradoxon. Ein steigender Weltverbrauch an Rohstoffen zieht einen Anstieg der Rohstoffpreise nach sich. Die hiermit verknüpfte Aussicht auf höhere Gewinne lässt es für die Unternehmen vorteilhaft erscheinen, mehr Geld in die Rohstoffexploration zu investieren: Die hohen Preise bewirken damit eine Vergrößerung des verfügbaren Angebots. Sobald die Versorgung wieder zu „akzeptablen Preisen" für einen wirtschaftlich annehmbaren Zeitraum sichergestellt ist, wird die Suche eingestellt bis sich der nächste Engpass durch steigende Preise abzeichnet.

Lösung zu Aufgabe 21:

$$G = p \cdot x - K = 5 \cdot x - \frac{1}{4} \cdot x^2 - 2 - \frac{1}{2} \cdot x$$

$$\frac{dG}{dx} = 5 - \frac{1}{2} \cdot x - \frac{1}{2} = 0$$

$$4{,}5 = \frac{1}{2} \cdot x \qquad x = 9 \qquad p = 2{,}75$$

- Nur Fixkosten: Die variablen Kosten in Höhe von 0,5 x fallen weg.

$$G = p \cdot x - K = 5 \cdot x - \frac{1}{4} \cdot x^2 - 2$$

$$\frac{dG}{dx} = 5 - \frac{1}{2} \cdot x = 0$$

$$5 = \frac{1}{2} \cdot x \qquad x = 10 \qquad p = 2{,}5$$

Die Absatzmenge steigt, der Preis sinkt.

- Die Fixkosten erhöhen sich: Eine Erhöhung der Fixkosten hat keinen Einfluss auf die gewinnmaximale Preis-Mengen-Kombination: $x = 9$, $p = 2{,}25$

- Die variablen Stückkosten erhöhen sich: Eine Erhöhung der variablen Stückkosten führt zu einer Verringerung der gewinnmaximalen Absatzmenge und damit zu einer Erhöhung des Preises.
- Es fallen keine Kosten an: Entspricht der Variante ohne variable Kosten, nur Fixkosten.

Lösung zu Aufgabe 22:

Aufwand ist der gesamte Werteverbrauch eines Jahres, soweit er zu einer Verringerung des Reinvermögens (Vermögen nach Abzug der Schulden) führt (Ausnahme: Privatentnahme). Als Kosten bezeichnet man den sachzielbezogenen Werteverbrauch im Rahmen der ordentlichen Geschäftstätigkeit in einer Periode. Obwohl sich beide Größen auf den Werteverbrauch beziehen, führen Kosten nicht zwangsläufig zu einem Aufwand (und umgekehrt). Ein Aufwand, aber keine Kosten liegt vor, wenn zwar das Reinvermögen vermindert wird, aber der Aufwand nicht mit dem Sachziel des Unternehmens (z.B. Spende, „neutraler Aufwand"), nicht mit der normalen Leistungserstellung (z.B. Instandsetzung eines Totalschadens, „betriebsfremder neutraler Aufwand") oder nicht mit der aktuellen Periode (z.B. Gewerbesteuernachzahlung, „außerordentlicher neutraler Aufwand") in Verbindung steht. Kosten, aber kein Aufwand liegen vor, wenn es sich um kalkulatorische Kosten („Zusatzkosten") oder um Bewertungsunterschiede („Anderskosten") handelt. Die Bezeichnung „Kostenaufwand" bedeutet strenggenommen, dass mit der Baustelle weder neutraler Aufwand noch Zusatz- oder Anderskosten verbunden sind. Da letztere aber auf jeden Fall verrechnet werden und das Unternehmen zudem einen Gewinnzuschlag berücksichtigen dürfte, müsste es schlicht „Preis" (= Kosten + Gewinnzuschlag) heißen.

Arbeitsaufgaben und Lösungen zum 22. Kapitel Grundlagen und Aufbau der Geschäftsbuchhaltung

(Geschäftsbuchhaltung I)

1. Aufgabe

Welcher Zusammenhang besteht zwischen Bilanz und Gewinn- und Verlustrechnung?

2. Aufgabe

Was sind erfolgswirksame, was erfolgsneutrale Vorgänge?

3. Aufgabe

Welche Unternehmen müssen in welcher Form einen Jahresabschluss vorlegen?

4. Aufgabe

Welche Inventurverfahren kennen Sie?

5. Aufgabe

Was versteht man unter einer Anlagekartei, und was erfasst sie?

6. Aufgabe

Beschreiben Sie kurz den Ablauf der Rechnungslegung in einer großen Aktiengesellschaft!

7. Aufgabe

Was besagen die elementaren Grundsätze ordnungsmäßiger Buchführung und Bilanzierung?

8. Aufgabe

Wann muss – im Sinne des Grundsatzes der Bilanzwahrheit – ein Posten auf der Aktiv- bzw. Passivseite vermerkt werden?

9. Aufgabe

Was versteht man unter dem wirtschaftlichen Eigentum?

10. Aufgabe

Was bedeutet „Zweischneidigkeit der Bilanz“?

11. Aufgabe

Dem Prinzip der Vorsicht liegt die Vorstellung eines vorsichtigen Kaufmanns zugrunde; oft wird es in der Praxis aber zu bilanzpolitischen Maßnahmen missbraucht. Nehmen Sie dazu Stellung!

12. Aufgabe

Inwiefern modifizieren die modifizierenden Grundsätze die elementaren Grundsätze ordnungsmäßiger Buchführung und Bilanzierung?

13. Aufgabe

Was verstehen Sie unter einem originären und einem derivativen Firmenwert; inwiefern besteht ein Aktivierungsrecht, und wie wird es begründet?

14. Aufgabe

Vergleicht man die Bilanzen von Produktions- und Dienstleistungsunternehmen, so stellt man immer wieder fest, dass zwischen Anlage- und Umlaufvermögen sehr unterschiedliche Relationen bestehen: Produktionsunternehmen weisen relativ viel Umlaufvermögen, Dienstleistungsunternehmen relativ viel Anlagevermögen auf. Woran könnte das liegen?

15. Aufgabe

Worin besteht der Vorteil des Anlagegitters?

16. Aufgabe

Was sind latente Steuern, und wie werden sie in der Bilanz berücksichtigt?

17. Aufgabe

Aus welchen Teilen setzt sich das Eigenkapital einer Aktiengesellschaft zusammen?

18. Aufgabe

Nennen Sie Vorgänge, die zur Bildung von Rückstellungen führen! Inwieweit besteht Passivierungspflicht, wann gibt es ein Wahlrecht?

19. Aufgabe

„Rückstellungen sind bedingtes Fremdkapital." Begründen Sie diese Aussage!

20. Aufgabe

Was sind Rechnungsabgrenzungsposten; nennen Sie Beispiele!

21. Aufgabe

Was besagt der Jahresüberschuss, und in welcher Beziehung steht er zum Bilanzgewinn?

22. Aufgabe

„Der Bilanzgewinn bezeichnet den Teil des Jahresgewinns, den man den Aktionären zukommen lassen will." Nehmen Sie Stellung zu dieser Aussage!

23. Aufgabe

Welchen Umfang dürfen die „ausstehenden Einlagen auf das gezeichnete Kapital" bei einer Überpari-Emission höchstens annehmen?

24. Aufgabe

Erklären Sie die Aufgabe des Sonderpostens mit Rücklagenanteil!

25. Aufgabe

Erörtern Sie kurz den Unterschied zwischen Umsatz- und Gesamtkostenverfahren! Warum führen beide zum gleichen Ergebnis?

26. Aufgabe

Welche Unternehmen haben einen Abhängigkeitsbericht anzufertigen, und was ist sein Inhalt?

27. Aufgabe

Welche Aufgaben haben Anhang und Lagebericht? Nennen Sie beispielhaft einige Angaben!

28. Aufgabe

In anderen Ländern dürfen Rückstellungen nicht so großzügig dotiert werden wie in Deutschland; hier „kollidieren" zwei Bilanzauffassungen. Erläutern Sie diese Aussage!

29. Aufgabe

Nehmen Sie Stellung zu folgender Aussage: „Die Gewinn- und Verlustrechnung zeigt die Struktur des Erfolges!"

30. Aufgabe

Jede Reinvermögensänderung ist entweder Aufwand oder Ertrag. Nehmen Sie Stellung!

31. Aufgabe

Patente gehören in die Bilanz, denn es gibt nichts Wichtigeres für ein Unternehmen. Nehmen Sie Stellung und begründen Sie die herrschende Regelung!

32. Aufgabe

Die Pleite AG begibt eine Anleihe (Nominalwert 20 Mio. DM) zum Ausgabekurs von 98 %. Die Anleihe wird in zehn Jahren zu einem Rückzahlungskurs von 103 % fällig. Wie ist sie zu bilanzieren?

33. Aufgabe

Die Langnase AG hat die gesamte Werbefläche auf dem Sportplatz des 1960 München gemietet. Der Mietvertrag läuft vom 1.7.1999 bis 30.6.2002; Mietvorauszahlungen für drei Jahre 270 000 DM. Wie ist der Vorgang in der Langnase-Bilanz zum 31.12.1999 zu berücksichtigen?

Lösung zu Aufgabe 1:

Eine Bilanz stellt eine Gegenüberstellung von Vermögen (Aktiva) sowie Eigen- und Fremdkapital eines Unternehmens (Passiva) dar. Die Aktiva umfassen alle dem Unternehmen zurechenbaren Wirtschaftsgüter und Geldmittel. Sie zeigen folglich die „Verwendung" der im Unternehmen vorhandenen Mittel. Die Passiva dagegen charakterisieren alle Verpflichtungen, die das Unternehmen gegenüber den Eigentümern und den Gläubigern aufweist. Sie beschreiben somit die Herkunft der Unternehmensmittel. Aus der Differenz von Vermögen und Schulden (Fremdkapital) kann das Reinvermögen (Eigenkapital) ermittelt werden. Alle Vorgänge, die dieses Reinvermögen und damit den Eigenkapitalausweis verändern, werden als erfolgswirksame Vorgänge bezeichnet (Ausnahme: Privateinlagen und -entnahmen). In der Gewinn- und Verlustrechnung werden alle diese Vorgänge aufgezeichnet, wobei jeweils gleichartige Vorgänge zusammengefasst werden. Die Gewinn-und Verlustrechnung stellt folglich die Aufwendungen (Eigenkapitalminderungen) den Erträgen (Eigenkapitalmehrungen) einer Periode gegenüber und leitet aus deren Saldo den Erfolg des Unternehmens (Jahresüberschuss bzw. -fehlbetrag) ab.

Lösung zu Aufgabe 2:

Das Reinvermögen eines Unternehmens kann aus der Differenz von Vermögen und Schulden ermittelt werden. Es entspricht somit dem Eigenkapitalausweis in der Bilanz. Alle Vorgänge, die das Reinvermögen und damit das Eigenkapital verändern, werden als erfolgswirksame Vorgänge bezeichnet (Ausnahme: Privateinlagen und -entnahmen). Es sind dies die in der Gewinn- und Verlustrechnung aufgeführten Aufwendungen und Erträge.

Erfolgsneutrale Vorgänge sind dagegen solche betrieblichen Vorgänge, die keine Eigenkapitalveränderungen bewirken. Sie kennzeichnen entweder den Austausch zweier Positionen einer Bilanzseite (Aktiv- bzw. Passivtausch) oder aber eine erfolgsneutrale Bilanzverlängerung (Zugang der Aktiva und Passiva in gleicher Höhe) bzw. Bilanzverkürzung (Abgang auf beiden Seiten im selben Umfang).

Lösung zu Aufgabe 3:

Grundsätzlich sind alle Unternehmen zur Rechnungslegung und damit zum Anfertigen eines Jahresabschlusses verpflichtet. Je nach Rechtsform bzw. Größe des Unternehmens wird unterschieden:

- Einzelkaufleute und Personengesellschaften müssen einen Jahresabschluss in Gestalt von Bilanz und Gewinn- und Verlustrechnung anfertigen. Die Prüfungs- und Offenlegungspflichten richten sich nach der Größe des Unternehmens. Im Gegensatz zu den „kleinen" Unternehmen, die hierzu nicht verpflichtet sind, müssen die „großen" Unternehmen ihren Abschluss prüfen lassen und ihn anschließend veröffentlichen. Allerdings braucht die Gewinn- und Verlustrechnung nicht offengelegt zu werden, wenn man spezielle Ersatzangaben macht. Hierdurch lässt sich der Gewinn verstecken.

- Kapitalgesellschaften müssen neben Bilanz und Gewinn- und Verlustrechnung noch einen Anhang und einen Lagebericht aufstellen. Für sie gilt grundsätzlich eine in Abhängigkeit von der Unternehmensgröße mehr oder weniger umfangreiche Offenlegungspflicht sowie – mit Ausnahme der „kleinen“ Unternehmen – eine Prüfungspflicht.

- Die Muttergesellschaft eines Konzerns unterliegt ab einer bestimmten Größe ebenfalls der Pflicht, einen Konzern-Jahresabschluss aufzustellen, wenn entweder die Tochterunternehmen unter ihrer einheitlichen Leitung stehen („Konzept der einheitlichen Leitung“) oder es die Mehrheit an seinen Töchtern hält bzw. die Mehrheit der Verwaltungs-, Leitungs- oder Aufsichtsorgane bestellt bzw. ein Beherrschungsvertrag existiert („Control-Konzept“). Für Personengesellschaften gilt nur das Leitungs-Konzept.

Einen Sonderfall stellt die GmbH & Co. KG dar, da die KG den Rechnungslegungsvorschriften für Personengesellschaften und die GmbH den ergänzenden Vorschriften für Kapitalgesellschaften unterliegt. Nach der GmbH & Co. KG-Richtlinie gilt in Zukunft die ganze Gesellschaft als Kapitalgesellschaft.

Lösung zu Aufgabe 4:

Ausgangspunkt des Jahresabschlusses bildet die Inventur. Sie verkörpert die jährliche Bestandsaufnahme aller Schulden und Vermögensteile. Die Inventur wird in der Regel zum Bilanzstichtag in vollständigem Umfang durchgeführt. Daneben ist aber auch eine Stichprobeninventur möglich, bei welcher die Abweichungen von Buch- und Istbestand auf der Grundlage von Stichproben und Hochrechnungen ermittelt werden. Hinsichtlich des Inventurzeitpunktes sind neben der klassischen Stichtagsinventur die folgenden Varianten möglich:

- Wird der Zeitraum auf zehn Tage vor und nach dem Bilanzstichtag ausgedehnt, so wird dies als „ausgeweitete Stichtagsinventur“ bezeichnet.

- Die „vor- oder nachgelagerte Inventur“ erweitert den Zeitraum der Bestandsaufnahme auf drei Monate vor bzw. nach dem Stichtag.

- Eine „permanente Inventur“ verteilt die Bestandsaufnahme über das gesamte Geschäftsjahr. Die Stichtagsbestände können dann aus einer Lagerkartei abgelesen werden.

Durch ergänzende Dokumentationen müssen freilich die Stichtagsbestände nachvollziehbar bleiben.

Lösung zu Aufgabe 5:

Im Rahmen der Inventur werden alle körperlichen Vermögensgegenstände eines Unternehmens einzeln erfasst und in das Inventar aufgenommen. Die Anlagegegenstände des Unternehmens sind in der Anlagekartei detailliert aufgeführt, von wo aus sie in das Inventar übernommen werden. Die Anlagenkartei enthält im Einzelnen:

- die Bezeichnung des Gegenstandes,
- das Datum des Zugangs,
- die Anschaffungs- bzw. Herstellungskosten,
- den jährlichen Abschreibungsbetrag sowie
- den Buchwert des Gegenstands am Bilanzstichtag.

Im Abstand einiger Jahre ist eine körperliche Inventur erforderlich.

Lösung zu Aufgabe 6:

Grundlage der Rechnungslegung bildet die Inventur, mit deren Hilfe der aktuelle Vermögens- und Schuldenbestand des Unternehmens ermittelt wird sowie die in der Buchhaltung erfassten Geschäftsvorfälle. Darauf aufbauend gestaltet sich der Ablauf der Rechnungslegung in einer großen Aktiengesellschaft wie folgt:

Der Vorstand erstellt in den ersten drei Monaten des neuen Geschäftsjahres den Jahresabschluss mit Anhang und Lagebericht.

- Ein von der Hauptversammlung gewählter und dann vom Aufsichtsrat beauftragter Abschlussprüfer prüft diese Unterlagen, insbesondere hinsichtlich der Einhaltung der gesetzlichen Vorschriften und der Bestimmungen des Gesellschaftsvertrages. Der Vorstand ist auskunftspflichtig. Sein Prüfungsbericht geht dem Aufsichtsrat zu und enthält, soweit es keine Beanstandungen gab, einen „Bestätigungsvermerk".
- Gegenstand der Bilanzsitzung des Aufsichtsrats sind – bei Anwesenheit des Abschlußprüfers – Jahresabschluss, Anhang, Lage- und Prüfungsbericht. Er erstellt einen schriftlichen Bericht an die Hauptversammlung. Der Jahresabschluss und Anhang gilt dann als „festgestellt", wenn er vom Aufsichtsrat gebilligt wird.
- Jahresabschluss mit Anhang und Lagebericht wird dann von der Hauptversammlung entgegengenommen, die anschließend über die Verwendung des Bilanzgewinns entscheidet. Dies hat in den ersten acht Monaten des neuen Geschäftsjahres zu geschehen.
- Daraufhin werden die gesamten Unterlagen mit dem Bericht des Aufsichtsrates und dem Beschluss über die Gewinnverwendung in Bun-

desanzeiger und Handelsregister offengelegt. Vom Registergericht werden die Unterlagen schließlich auf Vollständigkeit überprüft.

Lösung zu Aufgabe 7:

Die Grundsätze ordnungsmäßiger Buchführung und Bilanzierung (GoB) stellen die grundlegenden Ordnungsvorschriften dar, die bei der Rechnungslegung zu beachten sind. Zu den elementaren Grundsätzen werden die folgenden gerechnet:

1. Grundsatz der Bilanzwahrheit.
   Dieser besagt, dass der Jahresabschluss vollständig und richtig zu erstellen ist. Insbesondere im Zusammenhang mit der Bewertung der Bilanzpositionen ergibt sich daraus der Grundsatz der Einzelbewertung sowie das Prinzip der Unternehmensfortführung. Bilanziert wird beim wirtschaftlichen Eigentümer.
2. Grundsatz der Bilanzklarheit.
   Der Jahresabschluss muss in seinem formalen Aufbau klar und übersichtlich angelegt sein. Die Zusammenfassung von ähnlichen Positionen ist damit ebenso unzulässig wie die Saldierung gegensätzlicher Posten.
3. Der Grundsatz der Bilanzverknüpfung (Stetigkeit).
   Der Abschluss eines Jahres soll auf den Werten des Vorjahres aufbauen (Bilanzidentität). Ferner sollen die gewählten Bilanzgliederungen, Postenbezeichnungen sowie Bewertungsmethoden gleich bleiben (Bilanzkontinuität).

Lösung zu Aufgabe 8:

Der Grundsatz der Bilanzwahrheit besagt, dass der Jahresabschluss vollständig und richtig sein muss. Die Vollständigkeit verlangt, dass keine tatsächlichen Posten weggelassen und keine fingierten Poster eingefügt wurden. Grundsätzlich erscheinen daher auf der Aktivseite alle selbständig verkehrsfähigen und bewertbaren Vermögensgegenstände. Die Passivseite enthält dagegen alle künftigen Belastungen, soweit diese mit ausreichender Sicherheit zu erwarten sind. Es ist dabei insbesondere zu prüfen, ob es sich um Betriebsvermögen handelt, ob wirtschaftliches Eigentum vorliegt und ob das Wirtschaftsgut unentgeltlich erworben wurde bzw. spezielle Bilanzierungsverbote vorliegen.

Lösung zu Aufgabe 9:

Gemäß dem Grundsatz der Bilanzwahrheit wird ein Vermögensgegenstand bei demjenigen bilanziert, der wirtschaftlicher Eigentümer der Sache ist. Das wirtschaftliche Eigentum wird dadurch gekennzeichnet, dass das Nutzungsrecht über die Sache ausgeübt und für den Verlust des

Gegenstandes gehaftet wird. Es ist somit nicht erforderlich, dass der Besitzer auch juristischer Eigentümer der Sache ist. So ist beispielsweise der Besitzer einer sicherungsübereigneten bzw. unter Eigentumsvorbehalt stehenden Sache deren wirtschaftlicher Eigentümer. Schwieriger – da von der jeweiligen Vertragsgestaltung abhängig – gestaltet sich die Zuordnung beim Leasing.

Lösung zu Aufgabe 10:

Die „Zweischneidigkeit der Bilanz" resultiert aus der Forderung nach Bilanzidentität, die sich aus dem Grundsatz der Bilanzverknüpfung ergibt. Beispielsweise werden, um den Gewinnausweis möglichst niedrig zu halten, die in den Lagerbestand eingestellten Fertigfabrikate möglichst niedrig bewertet. Dies wirkt sich aber in der nächsten Periode genau entgegengesetzt aus, nämlich in der Weise, dass der aus der Differenz zum Verkaufserlös der Produkte resultierende Gewinn entsprechend höher ausfällt. Die Zielsetzung eines möglichst geringen Gewinnausweises durch die Nutzung von Bewertungsspielräumen in einem Jahr geht folglich „zu Lasten" des in den folgenden Perioden zu versteuernden Gewinns.

Lösung zu Aufgabe 11:

Da die Vermögens- und Kapitalpositionen in der Bilanz ausschließlich in Geldeinheiten angesetzt werden, eine eindeutige Wertermittlung meist jedoch nicht möglich ist, ergeben sich häufig Bewertungsspielräume. Das Prinzip der Vorsicht schwächt den Grundsatz der Bilanzwahrheit dahingehend ab, dass die Bewertung im Zweifel „vorsichtig" zu erfolgen hat. Das bedeutet, dass die Vermögensgegenstände eher zu niedrig und die Schulden eher zu hoch anzusetzen sind. Es soll dadurch eine „übermäßige" Gewinnausschüttung verhindert werden, wodurch dem Betrieb eine höhere (Haftungs-) Substanz erhalten bleibt, was dem Gläubigerschutz dient.

Das Vorsichtsprinzip kann jedoch auch dazu führen, dass durch eine gezielte Vermögensunter- bzw. Schuldenüberbewertung stille Reserven gebildet, also gezielt Geldmittel dem „Zugriff" der Gesellschafter und (als Steuern) dem Staat entzogen werden. Eine solche Bilanzpolitik stellt für das Unternehmen eine Möglichkeit zur „kostenlosen" Selbstfinanzierung dar. Mit den ursprünglichen Zielen des Wahrheitsgrundsatzes bzw. Vorsichtsprinzips hat dies allerdings nichts mehr zu tun.

Lösung zu Aufgabe 12:

Die elementaren Grundsätze der ordnungsmäßigen Buchführung und Bilanzierung schreiben eine möglichst genaue und vollständige Darstellung der betrieblichen Vermögens- und Ertragslage vor. Da diese Zielsetzung nicht immer sinnvoll erscheint, werden die elementaren GoB durch die modifizierenden Grundsätze abgeschwächt:

- Das Prinzip der Vorsicht relativiert den Grundsatz der Bilanzwahrheit aus dem Gläubigerschutz-Interesse, so dass im Zweifel die Vermögensgegenstände zu niedrig und die Schulden zu hoch bewertet werden.
- Das Prinzip der Geheimhaltung stellt sicher, dass der Grundsatz der Bilanzklarheit dort seine Grenzen findet, wo ein Unternehmen ein berechtigtes Interesse daran hat, die Vermögens- bzw. Ertragslage, vor allem gegenüber der Konkurrenz, nicht zu weit aufzudecken (Beispiel: Ersatzangaben großer Personengesellschaften zur Gewinnverschleierung).

Lösung zu Aufgabe 13:

Für die immateriellen Anlagegüter gilt grundsätzlich, dass sie nur dann bilanziert werden dürfen, wenn sie entgeltlich erworben wurden (§248,2 HGB). Der originäre Firmenwert ist ein solcher immaterieller Vermögensgegenstand, der erst im Laufe der Zeit entsteht. Er setzt sich beispielsweise zusammen aus einem umfangreichen Kundenstamm, dem guten Standort, den qualifizierten Mitarbeitern und einer fähigen Unternehmensleitung. Er repräsentiert damit den „guten Ruf" des Unternehmens. Dieser originäre Firmenwert darf in der Bilanz nicht aktiviert werden.

Im Falle eines Verkaufs des Unternehmens kann jedoch der derivative (aus dem Kaufpreis abgeleitete) Firmenwert bestimmt werden. Dieser darf in der Bilanz angesetzt werden, ist dann aber innerhalb von vier Jahren abzuschreiben.

Die Diskrepanz hinsichtlich der Aktivierung von originärem und derivativem Firmenwert kann dadurch begründet werden, dass sich für den originären Wert keine zuverlässigen Wertansätze finden lassen, während der derivative Firmenwert über den Kaufpreis genau bestimmbar ist.

Lösung zu Aufgabe 14:

Die Aktivseite einer Bilanz wird im wesentlichen durch die Unterscheidung von Anlage- und Umlaufvermögen gekennzeichnet. Zum Anlagevermögen zählen die Gegenstände, die auf Dauer dem Geschäftsbetrieb dienen sollen. Hierzu gehören Sachanlagen, Finanzanlagen sowie immaterielle Vermögensgegenstände. Dem Umlaufvermögen werden dann die Gegenstände zugerechnet, die nicht auf Dauer dem Geschäftsbetrieb dienen sollen. Das Umlaufvermögen wird vielmehr dadurch gekennzeichnet, dass es Vermögensgegenstände beinhaltet, die be- oder verarbeitet, veräußert, vereinnahmt oder verausgabt werden. Dementsprechend findet sich hier die Aufteilung in Vorräte, Forderungen und sonstige Vermögensgegenstände sowie Wertpapiere.

Da bei den Produktionsunternehmen davon auszugehen ist, dass ein wesentlicher Bestandteil ihres Vermögens in den für den Herstellungsprozess notwendigen Roh-, Hilfs- und Betriebsstoffen sowie unfertigen und fertigen Erzeugnissen angelegt ist, wird hier das Umlaufvermögen einen relativ hohen Anteil einnehmen. Ein Dienstleistungsunternehmen benötigt dagegen keine Werkstoffe (als Bestandteile des „Endprodukts“). Hier dominiert das Anlagevermögen. Neben den Sachanlagen sind dabei immaterielle Vermögensgegenstände, wie Konzessionen, Lizenzen oder Rechte, von Bedeutung.

Lösung zu Aufgabe 15:

Die Entwicklung der einzelnen Posten des Anlagevermögens ist in einem Anlagegitter zu erfassen (§268,2 HGB). Es weist separat sowohl für die Bruttowerte des erfassten Anlagevermögens als auch für die Abschreibungen den Jahresanfangsbestand, Zugänge, Abgänge und Umbuchungen aus. Die Differenz aus beidem stellt den Nettowert dar. Diese Auffächerung soll die Struktur des Anlagevermögens verdeutlichen. So könnte sich hinter einem Buchwert (Nettowert) von „1DM“ eine zwar abgeschriebene, aber dennoch voll funktionsfähige Anlage verbergen, was nur über Bruttowerte ersichtlich ist. Ferner wird erkennbar, ob die Abschreibungsgegenwerte reinvestiert wurden und wie stark abgeschrieben die veräußerten Anlagengegenstände waren.

Lösung zu Aufgabe 16:

Ursache der latenten Steuern ist der Umstand, dass es zwischen der nach dem Steuerrecht aufgestellten Steuerbilanz und der nach dem Handelsrecht gebildeten Handelsbilanz zu Gewinnverwerfungen kommen kann, die sich aber im Zeitablauf meist wieder ausgleichen. Das Problem liegt dann darin, dass in der Handelsbilanz ein „Kassenabfluss“ an das Finanzamt ausgewiesen wird, der nichts mit dem Gewinnausweis in der Handelsbilanz (wohl aber mit dem in der Steuerbilanz) zu tun hat. Der Steueraufwand in der Handelsbilanz wird deshalb durch kompensatorische Postenbildung („latente Steuern“) korrigiert.

Liegt in einem Rechnungsjahr der Steuerbilanzgewinn über dem der Handelsbilanz, so fällt die Steuerzahlung „zu hoch“ aus. Diese Steuerdivergenzen können als aktive latente Steuern in einem (aktiven) Rechnungsabgrenzungsposten bilanziell erfasst werden. Liegt dafür in einem späteren Jahr der Handelsbilanzgewinn über dem der Steuerbilanz, so wird dieser Rechungsabgrenzungsposten aufwandswirksam aufgelöst.

Umgekehrt müssen passive latente Steuern dann gebildet werden, wenn der Steuerbilanzgewinn den Handelsbilanzgewinn unterschreitet, wenn also „zu wenig" Steuern gezahlt werden. Für diese Steuerrückstellungen besteht im Einklang mit dem Prinzip der Vorsicht eine Passivierungspflicht. Sie werden dann wieder – gewinnerhöhend – aufgelöst, wenn der Gewinn in der Steuerbilanz den der Handelsbilanz übersteigt.

Lösung zu Aufgabe 17:

Bei einer Aktiengesellschaft setzt sich die Bilanzposition „Eigenkapital" im wesentlichen aus zwei Bestandteilen zusammen.

- Das „gezeichnete Kapital" umfasst das Grundkapital der Gesellschaft
- entsprechend dem Nennwert der umlaufenden Aktien.
- Die „Rücklagen" beinhalten Kapital- und Gewinnrücklagen.
    - In die Kapitalrücklagen werden ein eventuelles Agio aus einer Aktienemission, entsprechende Erträge aus Wandel- und Optionsanleihen sowie etwaige Zuzahlungen von Gesellschaftern eingestellt.
    - Die Gewinnrücklagen beinhalten die thesaurierten Gewinne. Diese setzen sich aus den gesetzlichen Rücklagen (5 % des jeweiligen Jahresüberschusses bis die gesetzliche Rücklage zusammen mit der Kapitalrücklage 10 % des Grundkapitals ausmacht) sowie den satzungsmäßigen und den freien Rücklagen zusammen.

Lösung zu Aufgabe 18:

Rückstellungen werden – aufwandswirksam – gebildet für Verpflichtungen, die sich am Bilanzstichtag mit ausreichend hoher Sicherheit abzeichnen. Die Notwendigkeit der Bildung von Rückstellungen ergibt sich aus dem Prinzip der vorsichtigen Bewertung. Rückstellungen müssen beispielsweise gebildet werden für (Passivierungspflicht):

- ungewisse Verbindlichkeiten und drohende Verluste aus einem schwebenden Geschäft,
- unterlassene Instandhaltungsmaßnahmen, die in den ersten drei Monaten des folgenden Geschäftsjahres nachgeholt werden,
- bisher unterlassene Maßnahmen der Abraumbeseitigung, die im folgenden Geschäftsjahr nachgeholt werden,
- Pensionszusagen von Kapitalgesellschaften, sofern sie „echt" (also z. B. keine Zusagen im Rahmen der Vorruhestandsregelung) sind, unmittelbare Verpflichtungen darstellen (also z. B. nicht über eine Unterstützungskasse abgewickelt werden) und soweit sie nach dem 31.12.1986 entstanden sind,
- passivische latente Steuern.

Ein Wahlrecht für die Bildung von Rückstellungen besteht dagegen bei:

- dem aktuellen oder einem früheren Geschäftsjahr zuzuordnenden Aufwendungen, die am Bilanzstichtag wahrscheinlich oder sicher sind, deren Höhe oder Eintrittszeitpunkt aber noch nicht bekannt ist,
- den Pensionszusagen ähnliche Verpflichtungen, die mittelbar (z. B. über eine Pensionskasse) abgewickelt werden und „unecht“ bzw. vor dem 1.1.1987 entstanden sind,
- Aufwendungen für im Geschäftsjahr unterlassene Instandhaltungen, die im folgenden Geschäftsjahr nach Ablauf von drei Monaten nachgeholt werden.

Die in Deutschland weitgefasste Möglichkeit, Rückstellungen zu bilden, ist international unüblich und so in GAAP und IAS nicht vorgesehen.

Lösung zu Aufgabe 19:

Rückstellungen werden nach dem Grundsatz der vorsichtigen Bewertung gebildet, wenn sich Verpflichtungen mit ausreichend hoher Wahrscheinlichkeit abzeichnen. Sie unterscheiden sich folglich vom Fremdkapital in zweierlei Hinsicht. Im Gegensatz zum Fremdkapital ist hier nicht sicher, ob die Verpflichtung tatsächlich besteht. Darüber hinaus ist ungewiss, wie groß die Verpflichtung ausfällt. Da die Rückstellungen erst dann als „Fremdkapital“ gewertet werden können, wenn die Schulden „konkretisiert“ sind, kann man sie als „bedingtes Fremdkapital“ bezeichnen. Stellen sich die Verpflichtungen hingegen als gegenstandslos heraus, werden sie gewinnerhöhend aufgelöst.

Lösung zu Aufgabe 20:

Die Rechnungsabgrenzungsposten in der Bilanz haben die Funktion, Auszahlungen bzw. Einnahmen, die im Rechnungsjahr erfolgen, sich aber auf Vorgänge in späteren Perioden beziehen, bis dahin „abzugrenzen“. Die Vorgänge bleiben daher bis zur Auflösung des Rechnungsabgrenzungspostens erfolgsneutral. Beispiele hierfür sind:

- passivische Rechnungsabgrenzungsposten:
  - erhaltene Mietvorauszahlung für das nächste Rechnungsjahr (Bilanzverlängerung);
- aktivische Rechnungsabgrenzungsposten:
  - gezahlte Mietvorauszahlung für das nächste Rechnungsjahr (Aktivtausch),
  - aktive latente Steuern (Aktivtausch),

- Disagio aus einer Unterpari-Anleihenemission (Bilanzverlängerung).

Lösung zu Aufgabe 21:

Der Jahresüberschuss (bzw. Jahresfehlbetrag) ergibt sich als Saldo aus allen Erträgen und Aufwendungen des Rechnungsjahres. Er wird in der Gewinn- und Verlustrechnung ermittelt und stellt ein Erfolgsmaß für das Unternehmen dar. Der Bilanzgewinn knüpft an den Jahresüberschuss an. Er ist jedoch korrigiert um die je nach Beschluss des Vorstands und Aufsichtsrats vorgenommenen Einstellungen in oder Entnahmen aus den Gewinnrücklagen. Der Bilanzgewinn gibt folglich darüber Auskunft, welches Ausschüttungspotenzial der Hauptversammlung in der Rechnungsperiode zur Verfügung steht. Der Vorstand/Aufsichtsrat darf allerdings nur über die Hälfte des Jahresüberschusses verfügen.

Jahresüberschuss

– Rücklageneinstellung

(+ Rücklagenentnahme)

= Bilanzgewinn

Lösung zu Aufgabe 22:

Der Bilanzgewinn ergibt sich aus dem Jahresüberschuss bzw. Jahresfehlbetrag (Saldo der Aufwendungen und Erträge) und den Entnahmen bzw. den Einstellungen in die Gewinnrücklagen. Der Umfang, in welchem die Gewinnrücklagen aufgelöst oder erhöht werden sollen, beeinflusst folglich den Bilanzgewinn in erheblichem Maße. Der Bilanzgewinn kann daher als der Anteil des Jahresüberschusses, der von Vorstand und Aufsichtsrat unter Berücksichtigung der gesetzlichen Vorschriften (mindestens die Hälfte) für die Ausschüttung an die Aktionäre vorgesehen ist, bezeichnet werden. Aus diesem Grund finden sich auch Regelungen (§152,3 und §158,1 AktG), die sicherstellen, dass die Bewegungen in der Bilanzposition Gewinnrücklagen bzw. die Entstehung des Bilanzgewinns genau aufgeschlüsselt werden.

Lösung zu Aufgabe 23:

Die Bilanzposition „ausstehende Einlagen auf das gezeichnete Kapital" kann bei Bedarf als Korrekturposten auf der Aktivseite ausgewiesen oder offen vom gezeichneten Kapital auf der Passivseite abgezogen werden. Die „ausstehenden Einlagen" entstehen im Zuge einer Aktienemission, bei welcher nicht der volle Emissionskurs eingezahlt, sondern nur ein Mindestbetrag gefordert wird. Dieser umfasst nach §36a AktG ein Viertel des Nennbetrags und das Agio (bei Überpari-Emission) der Aktien. Die

„ausstehenden Einlagen" können somit maximal einen Umfang von 75 % des Nennbetrages der Überpari-Emission annehmen.

Lösung zu Aufgabe 24:

Der auf der Passivseite der Handelbilanz aufzuführende Sonderposten mit Rücklagenanteil stellt eine vom Steuerrecht eingeräumte Vergünstigung in Gestalt von (momentan) nicht zu versteuernden Rücklagen dar. Seine Aufgabe besteht im wesentlichen darin, den bei einem Verkauf von Teilen des Betriebsvermögens entstehenden Veräußerungsgewinn aufzunehmen und damit der Besteuerung (vorübergehend) zu entziehen. Der Sonderposten mit Rücklagenanteil wird bei einer Wiederanlage der Mittel mit den entsprechenden Vermögensteilen saldiert. Da bei der – um den Sonderposten reduzierten – Neuanlage später Abschreibungen „fehlen", führt der Sonderposten lediglich zu einer Steuerstundung, es sei denn er wird auf Wirtschaftsgüter übertragen, die nicht abgeschrieben werden. Die zulässigen Übertragungsmöglichkeiten sind allerdings genau geregelt.

Lösung zu Aufgabe 25:

Umsatz- und Gesamtkostenverfahren sind unterschiedliche Systematiken, nach welchen die Gewinn- und Verlustrechnung aufgestellt werden kann.

Im Umsatzkostenverfahren wird der Jahresüberschuss dadurch ermittelt, dass dem Umsatz eines Rechnungsjahres die gesamten darin enthaltenen Herstellungskosten gegenübergestellt werden.

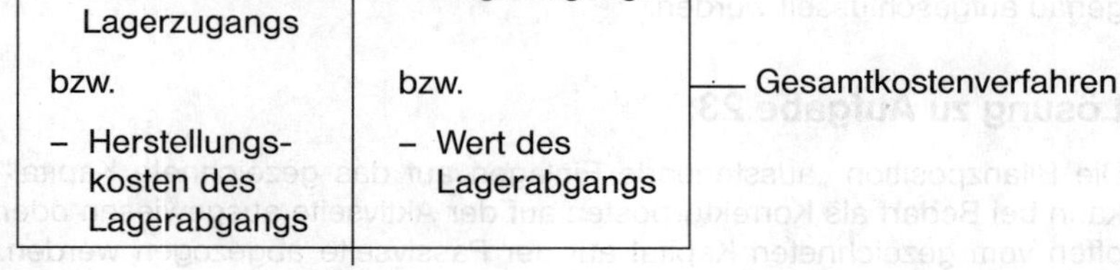

Das Gesamtkostenverfahren geht von den gesamten Herstellungskosten eines Jahres aus und vergleicht diese mit den daraus hervorgegangenen Leistungen.

Die beiden Systematiken unterscheiden sich folglich lediglich in der Berücksichtigung der Lagerveränderungen. Da aber auch die Lagerbestände zu Herstellungskosten bewertet werden, führen das Umsatzkosten- und das Herstellkostenverfahren jeweils zum selben Ergebnis.

Lösung zu Aufgabe 26:

Ein Abhängigkeitsbericht ist von verbundenen Unternehmen anzufertigen. Der Vorstand des abhängigen Unternehmens muss in seinem jährlichen Bericht die Beziehungen zur Obergesellschaft und zu anderen mit ihr verbundenen Unternehmen offen legen. Der Abhängigkeitsbericht enthält weitere Informationen über Kompensationsleistungen, die die Obergesellschaft als Ausgleich für nachteilige Weisungen gewährt oder in Aussicht gestellt hat; hierauf besteht Rechtsanspruch. Am Ende des Berichts muss vom Vorstand eine Erklärung über die „Vor- und Nachteilssituation" in der Beziehung zur Obergesellschaft abgegeben werden. Der Wirtschaftsprüfer prüft allerdings nur die tatsächlichen Angaben, nicht hingegen, ob etwas verschwiegen wurde.

Lösung zu Aufgabe 27:

Kapitalgesellschaften unterliegen einer erweiterten Rechnungslegungsverpflichtung. Sie müssen neben der Bilanz und Gewinn- und Verlustrechnung noch einen Anhang sowie einen Lagebericht anfertigen.

Aufgabe des Anhangs ist es, Zusatzinformationen zur Bilanz und Gewinn- und Verlustrechnung bereitzustellen, die deren Interpretationsfähigkeit und Übersichtlichkeit verbessern. Der Anhang enthält beispielsweise allgemeine Angaben über die Gliederungsschemata, die verwendeten Bewertungsmethoden oder Fremdwährungsumrechnungen sowie spezielle Angaben zur Bilanz, wie zum Beispiel, welche Posten aufeinanderfolgender Abschlüsse nicht vergleichbar sind, Erläuterungen zu latenten Steuern, die Angabe der Vorschriften, nach welchen ein Sonderposten mit Rücklagenanteil gebildet wurde und die Zusammensetzung der sonstigen Rückstellungen. Dazu kommen weitere spezielle Angaben zur Gewinn- und Verlustrechnung sowie ergänzende Angaben, wie z.B. Informationen über die Strukturen von verbundenen Unternehmen.

Die Aufgabe des Lageberichtes besteht darin, Aufschluss über die gegenwärtige und voraussichtlich zukünftige wirtschaftliche Lage des Unternehmens sowie Risiken der Entwicklung zu geben. Dabei soll insbesondere auch der Forschungs- und Entwicklungsbereich berücksichtigt werden. Der Lagebericht enthält z.B. Angaben über den Geschäftsverlauf oder Vorgänge von besonderer Bedeutung seit Ende des Rechnungsjahres. Bei börsennotierten Aktiengesellschaften hat der Abschlussprüfer eine erweiterte Prüfungspflicht; insbesondere die Beurteilung der Marktrisiken dürfte ihn vor erhebliche Beurteilungsprobleme stellen.

Lösung zu Aufgabe 28:

Der Jahresabschluss in Deutschland ist geprägt von Vorsichtsprinzip und Gläubigerschutz. Deswegen werden Rückstellungen bereits dann erfolgsmindernd gebildet, wenn sie sich mit genügend großer Wahrscheinlichkeit abzeichnen (z.B. für ungewisse Verbindlichkeiten, drohende Verluste, Instandhaltung). Sollte der vorhergesehene Umstand wider Erwarten nicht eintreten, werden die Rückstellungen gewinnerhöhend aufgelöst. Gelegentlich muss das Vorsichtsprinzip auch für die Bildung stiller Rücklagen herhalten. In den USA hingegen dürfen Rückstellungen nach US-GAAP nur gebildet werden, wenn tatsächliche Verpflichtungen gegenüber Dritten vorliegen; Aufwandsrückstellungen sind nicht zulässig. Hier steht die Entscheidungsrelevanz der Jahresabschlussinformationen für Aktionäre und damit die Ermittlung eines aussagekräftigen Erfolges im Mittelpunkt (Shareholder-value).

Lösung zu Aufgabe 29:

Die Gewinn- und Verlustrechnung zeichnet alle erfolgswirksamen Vorgänge eines Jahres detailliert auf, wobei gleichartige Vorgänge zusammengefasst werden. Sie ist damit Gegenüberstellung aller Aufwendungen und Erträge. Der Saldo zeigt den Erfolg des Unternehmens: Ein Gewinn (Eigenkapitalmehrung) zeigt sich als Überschuss der Erträge über die Aufwendungen und ein Verlust (Eigenkapitalminderung) als Überschuss der Aufwendungen über die Erträge. Anhand der Aufwands- und Ertragspositionen und deren Saldo kann die „Erfolgs- bzw. Misserfolgsstruktur“ des Unternehmens abgelesen werden. Dies ist ein Vorteil gegenüber der Jahresbilanz, die „per Saldo“ nur Eigenkapitalveränderungen ausweist, in der (bei Personengesellschaften) auch Einlagen oder Entnahmen enthalten sein können.

Die Erfolgsdefinition der G&V weicht freilich von der des internen Rechnungswesens (Leistung minus Kosten) ab. Es lässt sich zwar das neutrale Ergebnis – einigermaßen gut – herausrechnen (Finanzergebnis, außerordentliches Ergebnis), im betrieblichen Ergebnis fehlen dann aber Zusatz- und Anderskosten und –leistungen.

Lösung zu Aufgabe 30:

Reinvermögen ist das Vermögen eines Unternehmens nach Abzug der Schulden. Alle Transaktionen, die das Vermögen bei gegebenem Fremdkapital (oder umgekehrt) verändern, führen damit auch zu einer Änderung des Reinvermögens; Man nennt sie deswegen erfolgswirksame Vorgänge. Dabei handelt es sich entweder um Erträge (Eigenkapitalmehrung) oder Aufwendungen (Eigenkapitalminderungen). Lediglich Eigenkapitaleinlagen bzw. Eigenkapitalentnahmen durch die Gesellschafter sind keine erfolgswirksamen Vorgänge und damit Reinvermögensänderungen, die weder Aufwand noch Ertrag sind.

Lösung zu Aufgabe 31:

Bei Patenten handelt es sich um immaterielle Vermögensgegenstände. Diese dürfen nur aktiviert werden, wenn sie entgeltlich erworben wurden (§248, 2 HGB). Grund für dieses Aktivierungsverbot ist die Unmöglichkeit, zuverlässige Wertansätze für diese z.T. sehr wertvollen Vermögensgegenstände festzulegen. Nur, wenn das Unternehmen ein Patent käuflich erworben hat, darf es den derivativen (aus dem Kaufpreis abgeleiteten) Wert aktivieren, wobei er aber in den ersten vier Jahren abgeschrieben werden muss (§255,4 HGB).

Lösung zu Aufgabe 32:

Rechnungsabgrenzungsposten haben die Funktion, Aufwandsvorgänge bis zu einem späteren Zeitpunkt „auf Eis" zu legen. Ein Disago aus Unterpari-Anleiheemissionen darf unter den Rechnungsabgrenzungsposten ausgewiesen werden, wobei es über die Anleihelaufzeit (hier: 10 Jahre) abzuschreiben ist. Der Aufwandsvorgang wird damit über auf die ganze Laufzeit verteilt. Im vorliegenden Fall erscheinen auf der Passivseite 20,6 Mio. Verbindlichkeiten, denen auf Aktivseite 19,6 Mio. (98 % von 20 Mio.) als Umlaufvermögen (Kasse) und 1 Mio. (5 % von 20 Mio.) als Rechnungsabgrenzungsposten für das Disago gegenüberstehen. Erst mit der Abschreibung entsteht eine aufwandswirksame Bilanzverkürzung.

Lösung zu Aufgabe 33:

Aktivische Rechnungsabgrenzungsposten ermöglichen, dass Ausgaben erst im relevanten Rechnungsjahr zu Aufwand werden: Eine Bilanzverkürzung zu Lasten des Eigenkapitals (Aufwand) wird zunächst vermieden. Im Falle der Werbeflächen müsste die Langnase AG für das Jahr 1999 auf der Passivseite ihrer Bilanz einen Abgang von Eigenkapital (Aufwand) in Höhe von 45.000 DM (die Miete für 1999) verbuchen. Demgegenüber steht auf der Aktivseite ein Abgang von 270.000 DM aus der Kasse und ein positiver aktivischer Rechnungsabgrenzungsposten von 225.000 DM. Der Rechnungsabgrenzungsposten wird in den folgenden Jahren um die Miete verringert (Eigenkapitalabgang auf der Passivseite), bis er 2002 auf Null ist; Dies dient dem periodengerechten Erfolgsausweis.

Arbeitsaufgaben und Lösungen zum 23. Kapitel Bewertung und Bilanzkritik (Geschäftsbuchhaltung II)

1. Aufgabe

Inwiefern gibt es bei der Festlegung der Herstellungskosten einen Bewertungsspielraum?

2. Aufgabe

Warum dürfen Vertriebskosten nicht in die Herstellungskosten eingerechnet werden?

3. Aufgabe

Welches sind die Bestandteile der Anschaffungskosten? Geben Sie Beispiele!

4. Aufgabe

Was besagt das gemilderte bzw. das strenge Niederstwertprinzip?

5. Aufgabe

Welche Aufgaben haben stille Rücklagen, und wie werden sie gebildet?

6. Aufgabe

Was besagt das Beibehaltungswahlrecht?

7. Aufgabe

Erläutern Sie kurz Zweck und Verfahren der Sammelbewertung! Inwiefern ist die Verfahrenswahl für den Bilanzansatz erheblich?

8. Aufgabe

Die Pleite AG, die am 26.10.1988 aus spekulativen Gründen 100 Aktien der Schrott AG zum Preis von 350,- DM je Stück gekauft hatte, fand an den folgenden Bilanzstichtagen diese Kursnotierungen vor:

31.12.1988:	420,-
31.12.1989:	290,-
31.12.1990:	310,-
31.12.1991:	400,-

Welche Wertansätze können an den jeweiligen Bilanzstichtagen von der Pleite AG gewählt werden?

9. Aufgabe

Ermitteln Sie für die jeweiligen Rohstoffvorräte die Bilanzansätze der Jahre 1991 und 1992. Folgende Rohstoffbewegungen und -preise seien gegeben:

Anfangsbestand1991:	20 ME à 50,- DM/ME
1. Zugang 1991:	30 ME à 60,- DM/ME
2. Zugang 1991:	20 ME à 70,- DM/ME
Abgang 1991:	40ME
1. Zugang 1992:	20 ME à 50,- DM/ME
2. Zugang 1992:	10 ME à 40,- DM/ME
Abgang 1992:	35ME

Wiederbeschaffungspreise:

am Bilanzstichtag 1991:	68,- DM/ME
am Bilanzstichtag 1992:	44,- DM/ME

Es wird eine Sammelbewertung nach dem FIFO-Verfahren durchgeführt.

10. Aufgabe

Was verstehen Sie unter Realisations- und Imparitätsprinzip; inwiefern sind beide Ausfluss des Prinzips der Vorsicht?

11. Aufgabe

Was besagt das Maßgeblichkeitsprinzip der Handelsbilanz für die Steuerbilanz; ist es voll gültig?

12. Aufgabe

Kann der im Jahresabschluss des externen Rechnungswesens ausgewiesene Gewinn Erfolgsmaß für einen Betrieb sein?

13. Aufgabe

Welches sind die Bestandteile der Herstellungskosten? Erörtern Sie den möglichen Bewertungsspielraum!

14. Aufgabe

Welche Bedeutung hat der „Tageswert" im Rahmen der Bewertung, und wie wird er ermittelt?

15. Aufgabe

Ein Unternehmen erwirbt in t=0 aus spekulativen Gründen Aktien eines Unternehmens B zum Kurs K_0.

Wie ist in den nächsten zwölf Jahresabschlüssen zu bilanzieren? Könnte es je nach Rechtsform des Unternehmens A verschiedene Bilanzansätze geben?

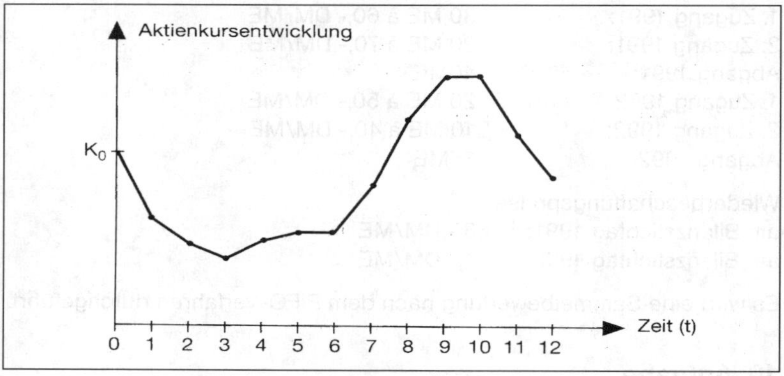

Begründen Sie Ihre Aussage!

16. Aufgabe

Warum bevorzugen Bilanzanalysten das DVFA-Ergebnis?

17. Aufgabe

Realisations- und Imparitätsprinzip werden in der Praxis oft zu bilanzpolitischen Maßnahmen missbraucht. Erläutern Sie diesen Sachverhalt!

18. Aufgabe

Erörtern Sie die bilanziellen Möglichkeiten zur Bewertung von abnutzbaren Gegenständen des Anlagevermögens!

19. Aufgabe

Worin liegen die hauptsächlichen Unterschiede zwischen der deutschen Bilanzierung und der Bilanzierung nach US-GAAP? Gehen Sie auch auf die unterschiedlichen Bilanzierungsprinzipien ein!

Lösung zu Aufgabe 1:

Die selbsterstellten Betriebsmittel (Anlagevermögen) sowie die unfertigen und fertigen Erzeugnisse (Umlaufvermögen) sind grundsätzlich mit den Herstellungskosten zu bewerten. Für die Festlegung, welche Kosten in die bilanziellen Herstellungskosten miteinbezogen werden können, lässt der § 255,2 und 3 HGB einen beträchtlichen Bewertungsspielraum. Die Untergrenze der Bewertung bilden dabei die tatsächlich angefallenen und dem Vermögensgegenstand direkt zurechenbaren (Material- und Fertigungs-) Einzelkosten. Diese Untergrenze wird steuerlich nicht anerkannt und ist auch international unüblich. Darüber hinaus „dürfen“ in die Herstellungskosten miteingerechnet werden:

- Material- und Fertigungsgemeinkosten, allerdings nur in einem angemessenen Umfang (also ohne neutrale Aufwendungen, Anders- und Zusatzkosten),
- Abschreibungen auf das Anlagevermögen.

Allgemeine Verwaltungskosten sowie Kosten für soziale Einrichtungen, freiwillige soziale Leistungen und Altersversorgung „brauchen nicht“ eingerechnet zu werden.

Da die in der Bilanz aufgeführten Vermögensgegenstände (noch) nicht verkauft worden sind, dürfen Vertriebskosten ausdrücklich nicht in die Herstellungskosten miteinbezogen werden. Zudem ist bei der Ermittlung der aufwandsgleichen Kosten (kein neutraler Aufwand, keine Zusatz- und Anderskosten) grundsätzlich von einem normalen Beschäftigungsgrad auszugehen.

Lösung zu Aufgabe 2:

Für die Ermittlung der in der Bilanz anzusetzenden Herstellungskosten von selbsterstellten Vermögensgegenständen sowie unfertigen und fertigen Erzeugnissen besteht ein beträchtlicher Bewertungsspielraum. Dieser bezieht sich insbesondere auf die Berücksichtigung der Material- und Fertigungsgemein- sowie der Verwaltungskosten. Im § 255,2 BGB wird jedoch ausdrücklich geregelt, dass die Vertriebskosten nicht in die Herstellungskosten miteingerechnet werden dürfen. Dies wird damit begründet, dass die in der Bilanz aufgeführten Vermögensgegenstände grundsätzlich (noch) nicht zum Verkauf gelangt seien. Die Vertriebskosten können daher diesen Positionen nicht angelastet werden. Diese Vorgehensweise ist allerdings nicht unumstritten, da auch z.B. für Halbfertigfabrikate bereits Vertriebskosten (etwa in Form einer vorbereitenden Werbekampagne) angefallen sein können.

Lösung zu Aufgabe 3:

Grundlage der bilanziellen Bewertung von Vermögensgegenständen, die von außerhalb des Betriebes beschafft wurden, sind die Anschaffungskosten. Gemäß § 255,1 HGB zählen hierzu alle Kosten, die im Zusammenhang mit dem Erwerb des Gegenstandes und seiner Versetzung in einen betriebsbereiten Zustand angefallen sind, wobei etwaige Anschaffungspreisminderungen (z.B. Rabatte, Subventionen oder Zuschüsse) zu berücksichtigen sind. Die Anschaffungskosten setzen sich damit aus dem Anschaffungspreis (ohne die Mehrwertsteuer) und den Anschaffungsnebenkosten (z.B. Kosten der Anlieferung und Aufstellung) zusammen. Nicht miteinzubeziehen sind allerdings die bei einer Kreditfinanzierung eines Vermögensgegenstandes anfallenden Zinskosten. Anschaffungskosten können auch später noch anfallen – z.B. im Zuge einer Nutzungsänderung.

Lösung zu Aufgabe 4:

Im Verlauf der (begrenzten) Nutzungszeit von Gegenständen des Anlagevermögens werden planmäßige Abschreibungen durchgeführt. Daneben können zusätzlich außerplanmäßige Abschreibungen vorgenommen werden, wenn beispielsweise der (am Markt erzielbare) Tageswert, der steuerlich zulässige Wert oder – bei Personengesellschaften – ein nach „vernünftiger kaufmännischer Beurteilung" angemessener Wert des Gegenstandes unter die um die planmäßigen Abschreibungen verringerten Anschaffungs- bzw. Herstellungskosten sinkt. Die außerplanmäßigen Abschreibungen werden unter den genannten Bedingungen auch für solche Gegenstände vorgenommen, die aufgrund zeitlich unbegrenzter Nutzung nicht planmäßig abgeschrieben werden. Für beide Bereiche gilt das „gemilderte Niederstwertprinzip". Es besagt, dass die außerplanmäßigen Abschreibungen nur dann vorgenommen werden „müssen", wenn die Wertminderung von Dauer ist. Bei einer vorübergehenden Wertminderung „können" sie vorgenommen werden (ausgenommen Kapitalgesellschaften: „dürfen nicht"). Sollten die Gründe der Wertminderung wegfallen, besteht hinsichtlich der Beibehaltung des niedrigeren Wertansatzes ein Wahlrecht (ausgenommen Kapitalgesellschaften: Wertaufholungsgebot).

Das „strenge Niederstwertprinzip" gilt für Gegenstände des Umlaufvermögens. Es besagt, dass, falls der Tageswert unter die Anschaffungsbzw. Herstellungskosten des Gegenstandes sinkt, auf diesen niedrigeren Tageswert abgeschrieben werden „muss". Ist er dagegen höher, so bilden die Anschaffungs- bzw. Herstellungskosten den maximal zulässigen Wertansatz. Auch hier besteht ein Beibehaltungswahlrecht (Kapitalgesellschaften: Wertaufholungsgebot).

Lösung zu Aufgabe 5:

Nach dem Prinzip der Vorsicht ergibt sich, dass noch nicht realisierte Gewinne in der Bilanz nicht ausgewiesen werden dürfen (Realisationsprinzip), während in der Zukunft liegende, noch nicht eingetretene Verluste angesetzt werden müssen (Imparitätsprinzip). Beide Verfahren führen dazu, dass der Gewinnausweis und damit das potenzielle Ausschüttungsvolumen reduziert wird. Im Unternehmen werden somit stille (da nicht explizit ausgewiesene) Rücklagen gebildet. Da die stillen Rücklagen solche Gewinne beinhalten, die den Gesellschaftern und dem Finanzamt entzogen wurden, verbreitern sie die Haftungsbasis zugunsten der Gläubiger. Beispiel für die Bildung stiller Rücklagen sind:

- Unterbewertung der Aktiva (z.B. überhöhte Abschreibungen, Beibehaltungswahlrecht bzw. Niederstwertprinzip, Anschaffungswertprinzip),
- Unterlassung der Aktivierung (z.B. Schenkungen, originärer Firmenwert oder eigene Patente),
- Überbewertung der Passiva (insbesondere der Rückstellungen).

Lösung zu Aufgabe 6:

Das Beibehaltungswahlrecht steht im Zusammenhang mit dem Niederstwertprinzip. Wurden beispielsweise aufgrund des Niederstwertprinzips außerplanmäßige Abschreibungen vorgenommen und fallen die Gründe der ursprünglich dafür verantwortlichen Wertminderung weg, so kann abgewogen werden, ob der niedrigere Wertansatz beibehalten werden soll, oder ob man ihn wieder erhöht (Wertaufholung). Dieses Wahlrecht der Beibehaltung eines niedrigeren Wertes gilt jedoch grundsätzlich nicht für Kapitalgesellschaften. Sie unterliegen einem Wertaufholungsgebot, jedoch höchstens auf die (um planmäßige Abschreibungen verminderten) Anschaffungs- oder Herstellungskosten. Allerdings kann diese Wertaufholung dann unterbleiben, wenn der niedrigere Wert in der Steuerbilanz beibehalten werden kann, wofür die Beibehaltung in der Handelsbilanz wiederum Voraussetzung ist.

Lösung zu Aufgabe 7:

Ausgangspunkt für die Bewertung der Gegenstände des Umlaufvermögens sind die Anschaffungs- bzw. Herstellungskosten. Dabei ist jedoch eine Einzelbewertung häufig nicht durchführbar, weil sich neu beschaffte Mengen mit Restbeständen vermischen. In diesem Falle darf eine Sammelbewertung vorgenommen werden. Die gängigsten Verfahren hierzu sind:

- das Durchschnittsverfahren, wonach die gesamten Anschaffungskosten auf den Gesamtbestand aufgeteilt werden,
- das FIFO-Verfahren (first-in-first-out), welches unterstellt, dass sich im Endbestand nur die zuletzt gekauften Mengen befinden,
- das LIFO-Verfahren (last-in-first-out), das den Endbestand als einen Rest der anfänglichen Lieferungen sieht und
- das HIFO-Verfahren (highest-in-first-out), wonach immer die teuersten Teile zuerst verbraucht werden.

Da die unterschiedlichen Bewertungsverfahren in Abhängigkeit von der Preisentwicklung der hinzugekauften Mengen zu wesentlich unterschiedlichen Werten kommen können, sind sie für den Bilanzansatz von Bedeutung. Eine Bewertung nach LIFO führt beispielsweise bei steigenden Preisen zu relativ niedrigen Werten der Vorräte, während die erzeugten Halb- bzw. Fertigerzeugnisse relativ hohe Werte erhalten.

Das Problem relativiert sich jedoch dadurch, dass die – wie auch immer ermittelten – Anschaffungs- bzw. Herstellungskosten dem Tageswert nach dem strengen Niederstwertprinzip gegenüber gestellt werden müssen.

Lösung zu Aufgabe 8:

Um die möglichen Wertansätze ermitteln zu können, muss zunächst geklärt werden:

1. Wertpapiere, die aus spekulativen Gründen (nicht auf Dauer) gehalten werden, gelten als Umlaufvermögen. Es wird daher das strenge Niederstwertprinzip angewendet.
2. Es handelt sich um eine Kapitalgesellschaft. Entsprechend dem Wertaufholungsgebot muss daher zugeschrieben werden, falls die Gründe der außerplanmäßigen Abschreibung wegfallen.
3. Die Anschaffungskosten bilden grundsätzlich die absolute Bewertungsobergrenze.

Damit können die zu bilanzierenden Werte folgendermaßen festgelegt werden:

Anschaffung	Bilanz	Bilanz	Bilanz	Bilanz
26.10.88	31.12.88	31.12.89	31.12.90	31.12.91
(350,- DM)	(420,- DM)	(290,- DM)	(310,- DM)	(400,- DM)
35 000,- DM	35 000,- DM	29 000,- DM	31 000,- DM	35 000,- DM
	3.	1.	2.	2. 3.

Lösung zu Aufgabe 9:

Auf der Grundlage des FIFO-Verfahrens werden zunächst die Endbestände ermittelt. Dabei wird so vorgegangen, dass die Abgänge aus den jeweils „ältesten" Beständen entnommen werden.

1991	Anfangsbestand	20 à 50 DM=1000 DM
	1. Zugang	30 à 60 DM=1800 DM
	2. Zugang :	20 à 70 DM=1400 DM
	Abgänge :	20 à 50 DM=1000 DM
		20 à 60 DM=1200 DM (insgesamt Abgang 40)
	Endbestand :	10 à 60 DM= 600 DM
		20 à 70 DM=1400 DM bzw. 20 à 68 DM=1360 DM

Für den Bilanzansatz des Umlaufvermögens gilt das strenge Niederstwertprinzip. Demzufolge muss der zu 70 DM angeschaffte Bestand auf den niedrigeren Tageswert von 68 DM abgeschrieben werden. In die Bilanz geht damit für 1991 ein Wert von 1960 DM (600 DM + 1360 DM) für die Rohstoffe ein.

1992	1. Zugang :	20 à 50 DM=1000 DM
	2. Zugang :	10 à 40 DM= 400 DM
	Abgänge :	10 à 60 DM= 600 DM
		20 à 70 DM=1360 DM
		5 à 50 DM= 250 DM (insgesamt Abgang=35)
	Endbestand :	15 à 60 DM= 900 DM bzw. 15 à 44 DM=660 DM
		10 à 40 DM= 400 DM

Analog zu 1991 muss auch im Jahr 1992 der Bestand mit Anschaffungskosten von 60 DM auf den niedrigeren Tageskurs von 44 DM abgeschrieben werden. In der Bilanz erscheinen die Rohstoffe folglich mit einem Wert von 1060 DM (660 DM + 400 DM).

Lösung zu Aufgabe 10:

Das Realisations- bzw. Imparitätsprinzip regelt den Bilanzansatz von Gewinnen bzw. Verlusten. Nach dem Realisationsprinzip dürfen Gewinne erst dann in der Bilanz ausgewiesen werden, wenn diese realisiert sind. Umgekehrt müssen nach dem Imparitätsprinzip die in der Zukunft liegenden, noch nicht realisierten Verluste sofort angesetzt werden. Diese Ansatzvorschriften führen dazu, dass der Gewinn im Jahresabschluss tendenziell zu niedrig ausgewiesen wird. Dies fördert die Verbreiterung der Haftungsbasis zugunsten der Gläubiger, aber auch die Bildung stiller Reserven. Realisations- bzw. Imparitätsprinzip können folglich als Konkretisierung des Prinzips der Vorsicht gesehen werden, wonach Vermögensgegenstände eher zu niedrig und Schulden eher zu hoch angesetzt werden sollen. Die US-amerikanischen Bewertungsvorschriften erlauben nicht in diesem Umfang die Legung stiller Reserven: Statt des Gläubigerschutz-Prinzips dominiert dort das Shareholder-value-Prinzip.

Lösung zu Aufgabe 11:

Nach dem Maßgeblichkeitsprinzip ist in der für die Ermittlung des zu versteuernden Gewinns relevanten Steuerbilanz das Betriebsvermögen (Reinvermögen) so anzusetzen, wie es nach den handelsrechtlichen Grundsätzen ordnungsmäßiger Buchführung ermittelt wurde. Die Ansätze der Handelsbilanz sind somit maßgeblich für die Steuerbilanz. Das Maßgeblichkeitsprinzip ist in dieser Form jedoch nicht immer voll gültig. Auch in der umgekehrten Richtung kann die Maßgeblichkeit gehandhabt werden. Da im HGB ausdrücklich geregelt wurde, dass die steuerlich zulässigen Werte auch in die Handelsbilanz übernommen werden dürfen, kann es dann, wenn das Steuerrecht beispielsweise besondere Bewertungs- oder Abschreibungsvorschriften beinhaltet, zur umgekehrten Maßgeblichkeit der Steuerbilanz für die Handelsbilanz kommen. Formal bleibt freilich die Maßgeblichkeit der Handelsbilanz bestehen: Steuerliche Vorteile können nur dann in Ansprach genommen werden, wenn sie auch in die Handelsbilanz aufgenommen wurden.

Lösung zu Aufgabe 12:

Die Beurteilung des Erfolgs eines Unternehmens auf der Grundlage des im Jahresabschluss ausgewiesenen Gewinns ist sehr problematisch. Im Gegensatz zum Jahresüberschuss ist der Bilanzgewinn um die Rücklagenauflösungen vermehrt bzw. um die Rücklagenzuführungen gekürzt. Diese können aber nicht dem „Erfolg“ der Rechnungsperiode zugeordnet bzw. von ihm abgezogen werden. Darüber hinaus muss eine im Gewinn zum Ausdruck kommende, nominelle Reinvermögenszunahme nicht gleichzeitig auch eine substantielle Reinvermögenserhöhung darstellen. Müssen beispielsweise die „guten“ Verkaufserlöse einer Periode für inflationsbedingt stark verteuerte Ersatzbeschaffungen verwendet werden, so stellt der Gewinnausweis lediglich einen Erfolg vortäuschenden Scheingewinn dar. Hinzu kommt, dass der Gewinnausweis durch eine geschickte Ausschöpfung der Bewertungsspielräume in erheblichem Umfang manipuliert werden kann. Sowohl Realisations- als auch Imparitätsprinzip leiten sich aus dem Prinzip der Vorsicht ab. Sie sorgen dafür, dass der Gewinn im Jahresabschluss tendenziell zu niedrig ausgewiesen wird.

Ferner umfasst der Jahresüberschuss auch das neutrale Ergebnis, das zur Berechnung des betrieblichen Ergebnisses herausgerechnet werden müsste. Noch aussagekräftiger wäre allerdings das Betriebsergebnis, das neben den aufwandsgleichen Kosten und ertragsgleichen Leistungen noch die Zusatz- und Anderskosten bzw. -leistungen berücksichtigt.

Lösung zu Aufgabe 13:

Die Herstellungskosten bilden den Ausgangspunkt für die Bewertung von selbsterstellten Vermögensgegenständen. Die Festlegung der bilanziellen Herstellungskosten beinhaltet jedoch einen beträchtlichen Bewertungsspielraum. Die Untergrenze dieses Spielraums wird durch die bei der Herstellung des Vermögensgegenstandes tatsächlich angefallenen und direkt zurechenbaren Einzelkosten festgelegt. Darüber hinaus können dem Gegenstand über eine entsprechende Schlüsselung die Material- und Fertigungsgemeinkosten anteilig zugerechnet werden. Weiter dürfen in die Herstellungskosten Abschreibungen auf das Anlagevermögen, Kosten der allgemeinen Verwaltung sowie Kosten für soziale Einrichtungen, freiwillige soziale Leistungen und die Altersversorgung miteinbezogen werden. Der Bewertungsspielraum wird jedoch insoweit begrenzt, als die Vertriebskosten ausdrücklich nicht den Herstellkosten zugeordnet werden dürfen und auch die Gemeinkosten nur in einem „angemessenen Umfang" miteingehen. Das bedeutet, dass keine neutralen Aufwendungen und keine Anders- und Zusatzkosten berücksichtigt werden dürfen und bei der Ermittlung der aufwandsgleichen Gemeinkosten von einem „normalen" Beschäftigungsgrad ausgegangen werden muss.

Lösung zu Aufgabe 14:

Der „Tageswert" von Vermögensgegenständen bzw. Verbindlichkeiten spielt im Rahmen der bilanziellen Wertermittlung ein große Rolle. Liegt er unter den Anschaffungs- bzw. Herstellungskosten des Vermögensgegenstandes, muss bzw. kann auf den Tageswert „außerordentlich" abgeschrieben werden (Niederstwertprinzip). Entscheidend ist dabei, um welche Art von Vermögen bzw. um welche Rechtsform es sich beim Unternehmen handelt. Analog findet bei der Bewertung der Passiva ein höherer „Tageswert" einer Verbindlichkeit Berücksichtigung (Höchstwertprinzip). Grundsätzlich wird bei der Ermittlung des Tageswertes vom (auf einer amtlichen Börse festgestellten) Börsen- oder (für die Waren der entsprechenden Gattung bei durchschnittlicher Qualität üblichen) Marktpreis ausgegangen, wobei Zu- oder Abschläge eventuell noch zu berücksichtigen sind. Kann kein Börsen- oder Marktpreis ermittelt werden, so ist als Tageswert (beizulegender Wert) der niedrigere Wert von „Tagesreproduktionswert" (Kosten der Wiederbeschaffung bei den herrschenden Preisen) und „Erlöswert" (vermutlicher Verkaufserlös abzüglich noch anfallender Belastungen und kalkulierter Gewinnzuschläge) anzusetzen.

Lösung zu Aufgabe 15:

Zur Beurteilung der möglichen Bilanzansätze muss zunächst festgestellt werden:

1. Die Aktien des Unternehmens A werden aus spekulativen Gründen (nicht auf Dauer) erworben. Es handelt sich folglich um Umlaufvermögen, so dass das strenge Niederstwertprinzip zur Anwendung kommt.

2. Die Anschaffungskosten K_0 bilden grundsätzlich die absolute Bewertungsobergrenze

3. Je nach Wahl der Rechtsform kann es zu unterschiedlichen Wertansätzen kommen. Für Kapitalgesellschaften gilt das Wertaufholungsgebot, während die Personengesellschaften über ein Beibehaltungswahlrecht verfügen.

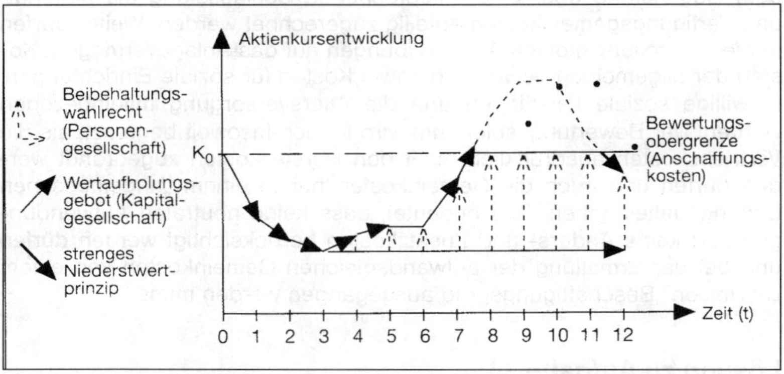

In den ersten drei Jahren muss jeweils auf den niedrigeren Wert abgeschrieben werden. In den Jahren 4 bis 7 muss die Kapitalgesellschaft jeweils auf den neuen gestiegenen Kurs zuschreiben, die Personengesellschaft kann den niedrigeren Wert jeweils beibehalten. Da in den Jahren 8 bis 11 der Aktienkurs über dem Anschaffungskurs liegt, muss/darf die Kapitalgesellschaft/Personengesellschaft nur bis K_0 zuschreiben. Falls sie nicht einen bereits niedrigeren Wert beibehalten hatte, muss die Personengesellschaft ebenso wie die Kapitalgesellschaft auf den niedrigeren Wert in Periode 12 abschreiben.

Lösung zu Aufgabe 16:

Das Ergebnis nach DVFA wurde von der Deutschen Vereinigung für Finanzanalyse und Anlageberatung e.V. entwickelt, mit dem Ziel, mehr Transparenz in den deutschen Kapitalmarkt zu bringen. Es knüpft an dem Sachverhalt an, dass der ausgewiesene Jahresüberschuss nicht nur von der gewöhnlichen Geschäftstätigkeit beeinflusst wird, sondern auch von außerordentlichen und periodenfremden Vorgängen sowie der Ausübung von Bilanzierungs- und Bewertungswahlrechten. Um zeitlich und zwischenbetrieblich vergleichbare Unternehmensergebnisse zu erhalten, muss deshalb der Jahresabschluss um solche Sondereinflüsse bereinigt werden; dazu werden außerordentliche und periodenfremde Positionen, Aktivierungswahlrechte (z.B. Disago), Bereinigungspositionen im Anlage- und Umlaufvermögen sowie bei Rückstellungen (z.B. steuerliche Sonderabschreibungen) herausgenommen. Die aus diesem Vorgehen resultierende Vergleichbarkeit wird von Bilanzanalysten besonders geschätzt.

Lösung zu Aufgabe 17:

Das Realisationsprinzip besagt, dass in der Zukunft liegende, noch nicht realisierte Gewinne in der Bilanz nicht ausgewiesen werden dürfen. Andererseits müssen – nach dem Imparitätsprinzip – in der Zukunft liegende, noch nicht realisierte Verluste sofort ausgewiesen werden. Diese Ansatzvorschriften führen – dem Prinzip der Vorsicht gehorchend – dazu, dass der Gewinn tendenziell zu niedrig ausgewiesen wird, was die Haftungsbasis des Unternehmens verbreitern und damit dem Gläubigerschutz dienen soll. Allerdings können Unternehmen „im Schatten" dieser Vorschriften durch (Unter-)Überbewertung der (Aktiva) Passiva stille Rücklagen bilden. Diese beinhalten Gewinne, die (zunächst) den Gesellschaftern und dem Finanzamt entzogen sind.

Lösung zu Aufgabe 18:

Ausgangspunkt für die Bewertung abnutzbarer Gegenstände, wie z.B. Maschinen oder Geschäftsausstattung, sind die Anschaffungs- bzw. Herstellungskosten. Eine Möglichkeit ihrer bilanziellen Bewertung ist die planmäßige Abschreibung (mit freier Wahl der Abschreibungsmethode), wodurch die nutzungs- und (bei befristeten Rechten) zeitablaufbedingte Wertminderung der Gegenstände erfasst wird. Darüber hinaus ist auch eine außerplanmäßige Abschreibung möglich, wenn in einem Jahr

- der (am Markt erzielbare) Tageswert,
- der steuerlich zulässige Wert (§254 HGB) oder
- der nach „vernünftiger kaufmännischer Beurteilung" angemessene Wert (§ 253,4 HGB)

des Gegenstands kleiner ist als der Wert, der durch Anschaffungs- bzw. Herstellungskosten und planmäßige Abschreibung erreicht wurde.

Außerplanmäßige Abschreibungen müssen vorgenommen werden, wenn die Wertminderung von Dauer ist; bei vorübergehender Wertminderung dürfen sie vorgenommen werden (gemildertes Niederstwertprinzip). Die außerplanmäßigen Abschreibungen dürfen rückgängig gemacht werden – müssen aber nicht – sobald die Gründe der Wertminderung nicht mehr bestehen (Beibehaltungswahlrecht). Bei Beibehaltung des Niederstwertes wird von diesem weiter abgeschrieben.

Die absolute Bewertungsobergrenze, die niemals überschritten werden darf, sind die Anschaffungs- bzw. Herstellungskosten nach Abzug der jeweils erreichten planmäßigen Abschreibungen.

Für Kapitalgesellschaften gelten Sonderregelungen: keine außerplanmäßigen Abschreibungen im Rahmen vernünftiger kaufmännischer Beurteilung, sowie bei vorübergehender Wertminderung (Ausnahme: Finanzanlagen) und kein Beibehaltungswahlrecht (Ausnahme: steuerliche Gründe).

Lösung zu Aufgabe 19:

Während der Jahresabschluss in der deutschen Bilanzierung vom Prinzip der Vorsicht und dem Gläubigerschutz dominiert ist, steht in den USA die Ermittlung eines aussagekräftigen Erfolges für die Aktionäre (Shareholder Value) im Mittelpunkt: So dürfen beispielsweise in Deutschland – im Sinne einer Verbreiterung der Haftungsbasis – stille Reserven gebildet werden, was mit US-GAAP, das eine periodengerechte Gewinnermittlung fordert, unvereinbar ist. Des weiteren dürfen nach US-GAAP nur Rückstellungen gebildet werden, wenn tatsächliche Verpflichtungen gegen Dritte vorliegen; Aufwandsrückstellungen sind gar nicht zulässig. In der deutschen Bilanzierung dürfen Rückstellungen bereits gebildet werden, wenn sich Verluste mit genügend großer Wahrscheinlichkeit abzeichnen. Ein weiteres Beispiel ist die Bilanzierung langfristiger Fertigungsauftrage: Da der (sehr sichere) Gewinn nicht realisiert ist, darf er nach der deutschen Rechnungslegung (Realisationsprinzip) nicht in der Bilanz erscheinen. Nach US-GAAP darf der Gewinn nach der „Percentage of completion method“ anteilig über mehrere Jahre ausgewiesen werden. Zudem sind in den USA die steuerlichen Einflüsse auf den Jahresabschluss geringer, da es kein Maßgeblichkeitsprinzip gibt.

Arbeitsaufgaben und Lösungen zum 24. Kapitel
Die Bilanzanalyse
(Geschäftsbuchhaltung III)

1. Aufgabe

Erläutern Sie kurz Zusammensetzung und Aussage folgender Kennzahlen:

- Eigenkapitalrentabilität
- Fremdkapitalrentabilität
- Gesamtkapitalrentabilität
- Umsatzrentabilität!

2. Aufgabe

Was verstehen Sie unter einer Bewegungsbilanz; welche zusätzlichen Informationen könnten Sie aus deren Aufstellung für die Analyse gewinnen?

3. Aufgabe

Was versteht man unter dem Kurs/Cashflow-Verhältnis?

Ein Unternehmen, das über ein gezeichnetes Kapital von 500 Mio. DM verfügt, weist einen Börsenkurs von 180,- DM und einen Cashflow von 300 Mio. DM auf.

Wie hoch ist das Kurs/Cashflow-Verhältnis?

4. Aufgabe

Warum ist der in der Steuerbilanz ausgewiesene Gewinn von besonderem Interesse?

Wie sollte eine Bilanzanalyse bei seiner Ermittlung vorgehen?

5. Aufgabe

Welche Aussage erhofft man sich von der Berechnung des Cashflow? Welche Vorteile bietet der Cashflow gegenüber dem Jahresüberschuss als Erfolgsgröße?

Welche Positionen des Jahresabschlusses würden Sie für die Berechnung des Cashflow verwenden?

6. Aufgabe

Was verstehen Sie unter der Eigenkapitalquote, und warum erfreut sich diese Kennzahl eines besonderen Interesses?

7. Aufgabe

Ein Unternehmen, das keinen Gewinn ausgeschüttet hatte, musste Körperschaft- und Gewerbeertragsteuer (Hebesatz 300 %) in Höhe von zusammen 40 Millionen DM bezahlen. Wie hoch war – ungefähr – sein Steuerbilanz-Gewinn vor und nach der Steuer?

8. Aufgabe

Erläutern Sie kurz, worin sich Bewegungsbilanz und Kapitalflussrechnung unterscheiden!

9. Aufgabe

Nennen Sie Möglichkeiten und Grenzen der Bilanzanalyse!

10. Aufgabe

Welche horizontalen Finanzierungskennzahlen kennen Sie?

11. Aufgabe

Gegeben sei ein Unternehmen mit einem Anlagevermögen in Höhe von 20 Mio. DM und einem Umlaufvermögen in Höhe von 80 Mio. DM. Über wie viel Eigenkapital sollte nach der horizontalen bzw. der vertikalen Finanzierungsregel das Unternehmen verfügen? Unter welchen Voraussetzungen widersprechen diese Finanzierungsempfehlungen dem Unternehmensziel der Maximierung der Eigenkapitalrendite?

Lösung zu Aufgabe 1:

Die Bildung von Kennzahlen und deren Untersuchung ist ein zentrales Instrument der systematischen Bilanzanalyse. Die folgenden Kennzahlen werden hierbei häufig verwendet.

- Die Eigenkapitalrentabilität (r_{EK}) gibt an, wie hoch sich das eingesetzte Kapital im Betrachtungszeitraum verzinst hat. Sie ist damit ein Erfolgskriterium für die Anteilseigner.
- Die Fremdkapitalrentabilität (r_{FK}) beschreibt die Höhe des durchschnittlichen Finanzierungsaufwandes, den das Unternehmen zu tragen hat.
- Die Gesamtkapitalrentabilität (r_{GK}) bezeichnet die Verzinsung des insgesamt im Unternehmen eingesetzten Kapitals.
- Die Umsatzrentabilität (r_U) gibt den durchschnittlichen Anteil des Gewinns am Verkaufspreis an.

$$r_{EK} = \frac{\text{Jahresüberschuss}}{\text{Eigenkapitel}} \cdot 100 \qquad r_{FK} = \frac{\text{Zinsen}}{\text{Fremdkapitel}} \cdot 100$$

$$r_{GK} = \frac{\text{Jahresüberschuss + Zinsen}}{\text{Eigen- und Fremdkapitel}} \cdot 100 \qquad r_U = \frac{\text{Jahresüberschuss}}{\text{Umsatzerlöse}} \cdot 100$$

Lösung zu Aufgabe 2:

Im Rahmen der Kapitalflussrechnung bildet die Bewegungsbilanz den zentralen Ansatzpunkt. Sie erfasst alle bilanziellen Veränderungen („Bewegungen") zweier aufeinanderfolgender Bilanzstichtage. Durch die Gegenüberstellung der Zu- und Abnahmen der Aktiv- und Passivpositionen verdeutlicht die Bewegungsbilanz Mittelherkunft und Mittelverwendung im Unternehmen: Die Mittelherkunft zeigen die Aktivpostenabnahmen und die Passivpostenzunahmen; die Mittelverwendung erkennt man aus den Aktivpostenzunahmen und den Passivpostenabnahmen. Da alle verwendeten Mittel eine Herkunft haben müssen, ist eine Bewegungsbilanz stets ausgeglichen. Insbesondere wenn sie noch um die Mittelverwendungsposition „Aufwand" und die Mittelherkunftsposition „Ertrag" zur Kapitalflussrechung erweitert wird, stellt sie für die Analyse zusätzliche Informationen über die Werteströme bzw. Finanzbewegungen im Unternehmen dar.

Lösung zu Aufgabe 3:

Das Kurs/Cashflow-Verhältnis gibt darüber Auskunft, wie die Ertragslage eines Unternehmens „von der Börse" beurteilt wird. Es ergibt sich aus dem Quotienten von Börsenkurs und Cashflow je Aktie. Dabei werden die einzelnen Positionen jeweils auf einen einheitlichen Aktien-Nennwert bezogen. Ein relativ hoher Wert des Kurs/Cashflow-Verhältnisses drückt eine an der Börse positive Beurteilung des Unternehmens aus; bei einem niedrigen Wert gilt die Aktie als unterbewertet. Im angegebenen Beispiel gilt:

	gezeichnetes Kapital	:	500 Mio DM
	Cashflow	:	300 Mio DM
	Börsenkurs	:	180 DM
⇒	Aktienzahl (50-DM-Aktien)	:	10 Mio Stück
	Cashflow je 50-DM-Aktie	:	30 DM

$$\frac{\text{Börsenkurs}}{\text{Cashflow je Aktie}} = \frac{180}{30} = 6$$

Der Cashflow ist somit 6mal im Börsenkurs enthalten.

Lösung zu Aufgabe 4:

Grundlage für die Steuerbilanz bilden die steuerrechtlichen Bewertungsvorschriften, die in der Regel straffer als die entsprechenden handelsrechtlichen Vorschriften gefasst sind. Dementsprechend wird der steuerliche Gewinn auch als zuverlässigere Größe zur Beurteilung des Unternehmenserfolges angesehen. Da aber die Steuerbilanz nicht veröffentlicht wird, muss versucht werden, den steuerlichen Gewinn aus der Handelsbilanz zu schätzen. Den Ansatzpunkt hierfür bilden die „Steuerpositionen" in der Gewinn- und Verlustrechnung („Steuern vom Einkommen und vom Ertrag" und „sonstige Steuern"). Es wird davon ausgegangen, dass ein höherer Gewinn auch zu einer höheren Körperschaft- und Gewerbeertragsteuerbelastung führt. Unter Berücksichtigung der in den Steuergesetzen angeführten Steuersätze kann dann versucht werden, von der Steuerschuld auf die Höhe des ursprünglichen Steuerbilanzgewinns zurückzurechnen.

Lösung zu Aufgabe 5:

Durch die Bestimmung des Cashflows wird versucht, eine Aussage über die tatsächlichen Innenfinanzierungsmöglichkeiten eines Unternehmens abzuleiten. Er kann berechnet werden, indem zum Jahresüberschuss (abzüglich geplanter Dividendenzahlungen) die Positionen „Abschreibungen" und „Zuführungen zu den Pensionsrückstellungen" hinzugezählt werden. Diese Positionen stellen Aufwendungen dar, die zwar den Jahresüberschuss mindern, denen jedoch direkt keine Geldabflüsse gegenüberstehen. Im Vergleich zum Jahresüberschuss beinhaltet der Cashflow daher den Vorteil, dass er den tatsächlichen Umfang der in der Abrechnungsperiode vom Unternehmen selbst erwirtschafteten Mittel darstellt („innere Ertragskraft"). Insbesondere dann, wenn der Cashflow auf andere Unternehmensgrößen (Umsatz, Gesamtverschuldung etc.) bezogen wird, bildet er ein aussagekräftiges Instrument zur Beurteilung des Unternehmenserfolges.

Auch im internationalen Vergleich wird der Cashflow dem Jahresüberschuss vorgezogen: Letzterer erscheint durch die relativ großzügige Behandlung von Abschreibungen und Rückstellungen verfälscht.

Lösung zu Aufgabe 6:

Die Eigenkapitalquote kennzeichnet die vertikale Finanzierungsstruktur des Unternehmens. Sie beschreibt den Anteil der im Unternehmen eingesetzten Eigenmittel am Gesamtkapital.

$$EK_q = \frac{\text{Eigenkapital}}{\text{Eigen- und Fremdkapital}} \cdot 100$$

Die Eigenkapitalquote ist insbesondere im Bankensektor eine häufig geprüfte Kennzahl. Aus ihr kann der Verschuldungsgrad und damit die Bonität bzw. die Anfälligkeit des Unternehmens gegenüber Zinssteigerungen abgelesen werden. Dem Gläubiger zeigt die Eigenkapitalquote den relativen Umfang der Haftungsmittel im Unternehmen an. Als ideale Größe gilt: $EK_q = 50\ \%$.

Lösung zu Aufgabe 7:

Für die Schätzung des ursprünglichen Steuerbilanz-Gewinns (G) muss ausgehend von der Ermittlung der Körperschaftssteuer (40 %) und der Gewerbeertragsteuer (5 % und Hebesatz von 300 %) auf die gesamte Steuerschuld (KSt + GewESt) zurückgerechnet werden. Es gilt:

I. $\text{KSt} = 0.40\ (\text{G} - \text{GewESt})$

II. $\text{GewESt} = 0.05 \cdot (\text{G} - \text{GewESt}) \cdot 3 = 0.15 \cdot (\text{G} - \text{GewESt})$

aus I.+ II.: $(\text{KSt} + \text{GewESt}) = 0.55 \cdot (\text{G} - \text{GewESt})$

$(1/0.55) \cdot (\text{KSt} + \text{GewESt}) = \text{G} - \text{GewESt}$

aus II.: $\text{GewESt} = (0.15/1.15) \cdot \text{G}$

in I.+ II.: $(1/0.55) \cdot (\text{KSt} + \text{GewESt}) = \text{G} - (0.15/1.15) \cdot \text{G}$

$(1.15/0.55) \cdot (\text{KSt} + \text{GewESt}) = \text{G}$

$$\boxed{\text{G} = 2{,}09 \cdot (\text{KSt} + \text{GewESt})}$$

Bei einer gesamten Steuerschuld in Höhe von 40 Millionen DM ergibt sich somit ein Steuerbilanz-Gewinn von ungefähr (2,09 · 40 Mio =) 83,6 Millionen DM (vor Steuern) bzw. 43,6 Millionen DM (nach Steuern).

Lösung zu Aufgabe 8:

Die Bewegungsbilanz ist eine Aufstellung der Veränderungen zweier aufeinanderfolgender Bilanzen. Sie ergibt sich aus der Gegenüberstellung der Zu- bzw. Abnahmen aller Aktiv- und Passivpositionen eines Wirtschaftsjahres. Die Bewegungsbilanz bildet den Ausgangspunkt der Kapitalflussrechnung. Hierzu muss die in der Bewegungsbilanz ausgewiesene Änderung des Bilanzgewinns weiter aufgeschlüsselt werden. Eine Zunahme des Bilanzgewinns kann beispielsweise in die Positionen Ertrag, Aufwand sowie Rücklagenzuführung zerlegt werden. Die Kapitalflussrechnung ist somit eine im wesentlichen um die Mittelverwendungsposition „Aufwand" und die Mittelherkunftsposition „Ertrag" erweiterte Bewegungsbilanz.

In der Praxis wählt man für die Kapitalflussrechnung die Staffelform und erweitert sie um bestimmte – aus Bilanz und Gewinn- und Verlustrechnung nicht ersichtliche – Kontenumsätze:

1. Mittelzufluss (-abfluss) aus laufender Geschäftstätigkeit
2. Mittelzufluss (-abfluss) aus Investitionstätigkeit
3. Mittelzufluss (-abfluss) aus Finanzierungstätigkeit

\+ Finanzmittelbestand am Anfang
= Finanzmittelbestand am Ende

Lösung zu Aufgabe 9:

Zielsetzung der systematischen Bilanzanalyse ist es, einen tieferen Einblick in die Vermögens- und Ertragslage eines Unternehmens zu erhalten: durch die Bildung von Aggregatzahlen und – darauf aufbauend – Kennzahlen sowie die Erfassung der Werteströme mittels der Kapitalflussrechnung. Die Ergebnisse werden dann mit früheren Jahren und anderen Unternehmen verglichen. Die Möglichkeiten der Bilanzanalyse, die tatsächliche Vermögens- und Ertragslage des Unternehmens besser einzuschätzen, sind jedoch begrenzt. Da sie sich auf einen bereits abgelaufenen Zeitraum bezieht, ist sie lediglich vergangenheitsorientiert und daher nur bedingt für Prognosen tauglich. Darüber hinaus muss berücksichtigt werden, dass die Angaben im Jahresabschluss in der Regel unvollständig und aufgrund der Bewertungsspielräume „manipuliert" sind. Da jedoch alle Unternehmen bei der Aufstellung des Jahresabschlusses ähnlich vorgehen, sind Vergleiche zwischen ihnen durchaus möglich.

Lösung zu Aufgabe 10:

Die horizontalen Finanzierungskennzahlen setzen jeweils Bilanzpositionen der Aktivseite zu Positionen der Passivseite in Beziehung.

- Die Anlagendeckung ist eine horizontale Finanzierungskennzahl, die ausdrückt, inwieweit das langfristig im Unternehmen gebundene Vermögen durch Eigenkapital (AD_I) bzw. durch Eigen- und langfristiges Fremdkapital (AD_{II}) „abgedeckt" ist.

$$AD_I = \frac{\text{Eigenkapital}}{\text{Anlagevermögen}} \cdot 100$$

$$AD_{II} = \frac{\text{Eigen- und langfristiges Fremdkapital}}{\text{Anlagevermögen}} \cdot 100$$

- Die Liquiditätsgrade beschreiben die horizontale Finanzierungsstruktur des Unternehmens im „kurzfristigen Bereich“. Sie geben darüber Auskunft inwieweit durch das (monetäre) Umlaufvermögen die kurz- und mittelfristigen Fremdmittel „abgedeckt“ sind.

$$\text{Liquidität}_{1.\text{ Grades}} = \frac{\text{monetäres Umlaufvermögen}}{\text{kurz- und mittelfristige Fremdmittel}} \cdot 100$$

$$\text{Liquidität}_{2.\text{ Grades}} = \frac{\text{Umlaufvermögen}}{\text{kurz- und mittelfristige Fremdmittel}} \cdot 100$$

Lösung zu Aufgabe 11:

Nach der vertikalen Finanzierungsregel sollte die Eigenkapitalquote 50 % betragen und somit das Eigenkapital der Hälfte der Bilanzsumme (hier: 50 Mio. DM) entsprechen. Die horizontale Finanzierungsregel empfiehlt hingegen ein Eigenkapitalvolumen in Höhe des Anlagevermögens (hier: 20 Mio. DM). Die beiden Finanzierungsregeln gelangen somit zu widersprüchlichen Ergebnissen.

Nach dem „Leverage-Effekt“ kann ein Unternehmen die Rentabilität des Eigenkapitals durch eine wachsende Fremdkapitalquote „hochhebeln“. Voraussetzung für diesen Effekt ist, dass die Zinsen, die ein Unternehmen für Fremdkapital zu zahlen hat, unabhängig vom Volumen des Fremdkapitals sind und sie unter der Gesamtkapitalrendite, die das Unternehmen erwirtschaftet, liegen. Sind diese Voraussetzungen erfüllt, empfiehlt der „Leverage-Effekt“ vor dem Hintergrund der Maximierung der Eigenkapitalrendite einen möglichst großen Anteil des Fremdkapitals an der Bilanzsumme und steht damit in direktem Widerspruch zur horizontalen bzw. vertikalen Finanzierungsregel. Da sich jedoch bei steigenden Zinsen der Hebel umkehren kann, trägt eine wachsende Verschuldung auch erhebliche Risiken.

Arbeitsaufgaben und Lösungen zum 25. Kapitel Die Betriebsbuchhaltung

1. Aufgabe

Was sind Zusatzkosten und warum werden sie verrechnet? Nennen Sie Beispiele!

2. Aufgabe

Beschreiben und vergleichen Sie

a) sekundäre und primäre Kosten

b) Einzel- und Gemeinkosten!

3. Aufgabe

Durch eine Kostenstellenrechnung werden Wirtschaftlichkeitskontrolle und Gemeinkostenzurechnung möglich. Begründen Sie kurz diese Aussage!

4. Aufgabe

Beschreiben und vergleichen Sie

a) Hilfs- und Hauptkostenstellen

b) Kostenstelleneinzel- und Kostenstellengemeinkosten!

5. Aufgabe

Inwiefern stellt der gegenseitige Leistungsaustausch zwischen Kostenstellen ein besonderes Problem dar?

6. Aufgabe

Wozu dient ein Betriebsabrechnungsbogen?

7. Aufgabe

Skizzieren Sie das Grundprinzip der Zuschlagskalkulation! Welche Bedeutung hat die Kostenstellenrechnung für die Zuschlagskalkulation?

8. Aufgabe

Wodurch unterscheiden sich

a) differenzierende und summarische Zuschlagskalkulation,

b) Zuschlags- und Divisionskalkulation?

9. Aufgabe

Erläutern Sie Voraussetzungen und Methode der mehrstufigen Divisionskalkulation!

10. Aufgabe

Ein Betrieb erzeugt zwei Produktarten A und B; mit der Produktart A erzielt er einen Gewinn von 100, mit der Produktart B einen Verlust von 20. Muss die B-Produktion eingestellt werden, wenn die Fixkosten 30 und ihr Erlös 40 betragen?

Erläutern Sie anhand des Beispiels den Begriff des Deckungsbeitrags; macht es einen Unterschied, ob der Verlust vorübergehend eintritt oder auf Dauer erwartet wird?

11. Aufgabe

Was sind Kuppelprodukte, und nach welchen Verfahren werden sie kalkuliert?

12. Aufgabe

Beschreiben Sie kurz die Aufgaben der Kostenarten-, Kostenstellen- und Kostenträgerrechnung!

13. Aufgabe

Was ist eine Beschäftigungsabweichung, und wer hat sie zu vertreten?

14. Aufgabe

Was ist eine Verbrauchsabweichung, und wer hat sie zu vertreten?

15. Aufgabe

Inwiefern können Preisänderungen die Verbrauchsabweichung beeinflussen, und was lässt sich dagegen tun?

16. Aufgabe

Was ist die Besonderheit der Teilkostenrechnung, und welche Einsichten gewährt sie im Gegensatz zur Vollkostenrechnung?

17. Aufgabe

Eine Limonadenfabrik stellt vier Getränkesorten her:
Sorte 1: 15 000 Flaschen
Sorte 2: 20 000 Flaschen
Sorte 3: 18 000 Flaschen
Sorte 4: 12 000 Flaschen

Die Äquivalenzziffern der Sorten sind:
Sorte 1: 0,6
Sorte 2: 1,0 (Richtsorte)
Sorte 3: 1,5
Sorte 4: 2,0

Die Gesamtkosten betragen 40 000 DM. Berechnen Sie die Selbstkosten je Flasche für alle Sorten!

18. Aufgabe

Ein Produkt beansprucht lediglich eine Kostenstelle; es gilt:

Stellengemeinkosten		
	– fix	20 000 DM
	– variabel	30 000 DM
Maschinenstunden (gesamt)		500
Maschinenstunden (Produktgruppe A)		100
A-Stückzahl	5	

Die Einzelkosten betragen 1000 DM und der Verkaufspreis 3500 DM je A-Stück.

Ermitteln Sie den A-Deckungsbeitrag!

Wie ist seine Höhe zu beurteilen?

19. Aufgabe

Was versteht man unter Kostenstellengemeinkosten?

20. Aufgabe

Wo sehen Sie das Einsatzfeld der Prozesskostenrechnung? Wieso ist sie dort dem „konventionellen“ Vorgehen überlegen?

21. Aufgabe

Erläutern Sie das Vorgehen der Prozesskostenrechnung; gehen Sie dabei auf die verschiedenen Prozesstypen ein!

Lösung zu Aufgabe 1:

Im Rahmen der Betriebsbuchhaltung finden neben den aufwandsgleichen Kosten auch die Anders- und Zusatzkosten Berücksichtigung. Es handelt sich dabei um Kosten, die nicht oder nicht in gleicher Höhe Aufwand darstellen. Ihre Verrechnung im internen Rechnungswesen dient einer vollständigen und genauen Selbstkostenermittlung. Beispiele für Zusatzkosten sind:

- kalkulatorischer Unternehmerlohn,
- kalkulatorische Miete für firmeneigene Räume,
- kalkulatorische Zinsen auf das eingesetzte Eigenkapital.

Lösung zu Aufgabe 2:

a) Die Unterscheidung zwischen primären und sekundären Kosten bezieht sich auf die Herkunft der Kostengüter. Die sekundären Kosten entstehen durch den Verbrauch von Leistungen, die im Unternehmen selbst erstellt wurden. Die primären Kosten dagegen kennzeichnen den Verbrauch von Gütern und Dienstleistungen, die das Unternehmen von außen bezieht. Da sich die sekundären Kosten auf primäre Kosten zurückführen lassen, werden sie auch als zusammengesetzte Kosten bezeichnet.

b) Einzel- und Gemeinkosten unterscheiden sich nach ihrer Zurechenbarkeit. Die Einzelkosten können dem Kostenträger (Erzeugnis, Auftrag etc.) direkt zugerechnet werden. Fallen die Kosten jedoch gemeinsam für verschiedene Kostenträger an, so wird eine präzise Zuordnung problematisch. Diese Gemeinkosten müssen dann über eine geeignete Schlüsselung möglichst verursachungsgerecht auf die Kostenträger verteilt werden.

Lösung zu Aufgabe 3:

Im Rahmen der Kostenstellenrechnung werden die im Unternehmen entstehenden Gemeinkosten den einzelnen Kostenstellen möglichst verursachungsgerecht zugeordnet. Kostenstellen sind Unternehmensbereiche, die sich durch eine Zusammenfassung anhand von räumlichen, fertigungstechnischen oder organisatorischen Gesichtspunkten ergeben. Die

Kostenstellenrechnung ermöglicht dann eine systematische Wirtschaftlichkeitskontrolle der einzelnen Teilbereiche des Unternehmens. Es kann jeweils eine individuelle Kosten- und Leistungsrechnung aufgestellt werden. Ein Teil der Gemeinkosten kann den Kostenstellen direkt zugerechnet werden. Bei diesen sogenannten Kostenstelleneinzelkosten wird der Forderung nach einer möglichst verursachungsgerechten Kostenerfassung Rechnung getragen. Der Anteil der über eine Schlüsselung – und damit weniger verursachungsgemäß – zu verteilenden Gemeinkosten wird dann reduziert. Jede Kostenstelle sollte einen Leiter haben, der im Rahmen der Wirtschaftlichkeitskontrolle Ansprechpartner ist.

Lösung zu Aufgabe 4:

a) Kostenstellen sind nach bestimmten Kriterien zu einer Einheit zusammengefasste Betriebsbereiche. Die hauptsächlichen Gliederungskriterien hierzu sind räumlicher, fertigungstechnischer oder organisatorischer Natur. Haupt- und Hilfskostenstellen unterscheiden sich nach dem jeweiligen Kontakt zum Kostenträger (Produkte, Aufträge etc.). Die Hauptkostenstellen werden vom Kostenträger direkt durchlaufen und können daher ihre Kosten unmittelbar auf diese überwälzen. Hilfskostenstellen haben dagegen keinen unmittelbaren Kontakt zum Erzeugnis. Sie liefern ihre Leistungen an andere Kostenstellen, denen sie dann auch ihre Kostenpositionen übertragen.

b) Die im Rahmen der Kostenartenrechnung ermittelten Kosten werden über die Kostenstellenrechnung auf die einzelnen Kostenstellen verteilt. Die Gemeinkosten, die einer Kostenstelle direkt zugerechnet werden können, werden als Kostenstelleneinzelkosten bezeichnet. Kostenstellengemeinkosten sind demzufolge solche Kosten, die den Kostenstellen nicht unmittelbar zugerechnet werden können. Für ihre Zuordnung werden Schlüsselgrößen benötigt.

Lösung zu Aufgabe 5:

Aufgabe der Kostenumlage ist es, alle im Betrieb anfallenden Gemeinkosten auf Hauptkostenstellen zu sammeln und sie von dort aus den Kostenträgern zuzurechen. Bezieht eine Kostenstelle Leistungen von einer anderen Kostenstelle, so werden auch die durch diese Leistungen verursachten Kosten jeweils an die beziehende Kostenstelle weiterverrechnet (Sekundärkostenrechnung) bis schließlich alle Hilfskostenstellen auf Hauptkostenstellen abgerechnet sind. Dieses Verfahren wird dann problematisch, wenn die (Hilfs-)Kostenstellen in einem gegenseitigen Leistungsaustausch stehen, sie also sowohl von einer anderen Stelle Leistungen beziehen als auch Leistungen an diese liefern. Die liefernde Stelle kann ihre Kosten nur dann der belieferten Stelle anlasten, wenn sie ihrerseits bereits von der anderen Stelle belastet wurde. Diese benötigt aber zur Kostenverteilung wiederum die Belastung durch die liefernde

Stelle usw. Eine Lösungsmöglichkeit für dieses Problem bilden simultane Gleichungssysteme.

Lösung zu Aufgabe 6:

Ein zentrales Instrument für die im Rahmen der Kostenstellenrechnung notwendige Kostenumlage ist der Betriebsabrechnungsbogen (BAB). Dies ist ein Schema, mit dessen Hilfe zunächst die Verteilung der primären Gemeinkosten auf die Hilfs- und Hauptkostenstellen vorgenommen wird. Anschließend werden die in den Hilfskostenstellen gesammelten Kosten („sekundäre Kosten") auf die Hauptkostenstellen verteilt. Der Betriebsabrechnungsbogen bildet somit die Grundlage sowohl für die Verrechnung der primären Kosten als auch für die innerbetriebliche Leistungsverrechnung (Sekundärkostenrechnung).

Lösung zu Aufgabe 7:

Die Kostenträgerrechnung hat die Aufgabe, den Kostenträgern (Produkte, Aufträge etc.) die entstandenen Kosten möglichst verursachungsgerecht zuzuordnen: Sie dient folglich dazu, die jeweiligen Selbstkosten der betrieblichen Leistungen zu ermitteln. Ein hierzu im Rahmen der Einzel- oder Variantenfertigung häufig verwendetes Verfahren ist die Zuschlagskalkulation: Dem – mit den Einzelkosten bereits belasteten – Kostenträger werden in jeder Kostenstelle die dort jeweils verursachten Gemeinkosten überwälzt. Dies geschieht mit Hilfe von kostenstellenspezifischen Zuschlagsätzen und Schlüsselgrößen, die die relative Stellenbeanspruchung durch die unterschiedlichen Kostenträger widerspiegeln. Eine Zuschlagskalkulation eignet sich daher besonders für Betriebe mit verschiedenartigen Produkten. Die Kostenstellenrechnung bildet insofern die zentrale Voraussetzung der Zuschlagskalkulation, als mit ihrer Hilfe die Endkosten der einzelnen Hauptkostenstellen bestimmt werden. Diese bilden dann die Grundlage für die Kalkulation der Zuschlagssätze.

Lösung zu Aufgabe 8:

a) Mit Hilfe der Zuschlagskalkulation werden auf der Grundlage von Schlüsselgrößen (z.B. Einzelkosten, Maschinenstunden) und Zuschlagssätzen die Gemeinkosten den Kostenträgern zugerechnet. In der differenzierten Zuschlagskalkulation wird dieses Verfahren in jeder Kostenstelle für sich vorgenommen. Die summarische Zuschlagskalkulation dagegen behandelt das ganze Unternehmen wie eine einzige Kostenstelle. Hier werden erst die Gemeinkosten des gesamten Unternehmens ermittelt und dann „in ihrer Summe" den Kostenträgern entsprechend überwälzt.

b) Die Divisionskalkulation geht von den gesamten Kosten des Betriebes aus. Die Selbstkosten (Stückkosten) werden dadurch ermittelt, dass diese Gesamtkosten durch die Anzahl der hergestellten Einheiten (Produktionsmenge) dividiert werden. Sie unterscheidet sich insofern von der Zuschlagskalkulation, als sie nicht nach Einzel- und Gemeinkosten trennt und auch keine Gliederung der Kostenstellen vornimmt und ist deshalb für Einproduktunternehmen geeignet.

Lösung zu Aufgabe 9:

Die Divisionskalkulation findet hauptsächlich in solchen Betrieben Anwendung, in welchen nur eine Produktart gefertigt wird. Sie geht grundsätzlich von den Gesamtkosten aus, die dann auf die hergestellten Erzeugnisse jeweils in gleicher Höhe verteilt werden. Die mehrstufige Divisionskalkulation ist dort angebracht, wo die verschiedenen Stufen des Fertigungsprozesses von jeweils unterschiedlichen Mengen von Halbfertigfabrikaten durchlaufen werden. Auf jeder dieser Stufen werden die gesamten dort entstandenen Kosten ermittelt und auf die jeweils durchlaufende Produktionsmenge gleichermaßen verteilt. Vor allem dann, wenn sich zwischen den Fertigungsstufen Läger mit schwankenden Beständen befinden, ist eine individuelle Divisionskalkulation für alle Ebenen des Betriebsprozesses angebracht.

Lösung zu Aufgabe 10:

Der Deckungsbeitrag bezeichnet die Differenz zwischen Absatzpreis und den variablen Kosten. Weist eine Produktart einen positiven Deckungsbeitrag auf, so trägt sie zur Deckung der Fixkosten bei und sollte deshalb nicht aus dem Sortiment genommen werden. Übersteigt die Summe der Deckungsbeiträge der Produkte die Fixkosten, so entsteht ein Betriebsgewinn. Um entscheiden zu können, ob die Produktart B vorübergehend aus dem Produktionsprogramm genommen werden soll oder nicht, müssen folglich die Deckungsbeiträge betrachtet werden:

$G_A = 100 \qquad G_B = -20 \qquad K_B^{fix} = 30 \qquad U_B = 40$

$G_B = U_B - K_B^{fix} - K_B^{var} \Rightarrow K_B^{var} = U_B - K_B^{fix} - G_B = 40 - 30 - (-20) = 30$

Deckungsbeitrag: $D_B = U_B - K_B^{var} = 40 - 30 = 10$

Durch eine vorübergehende Einstellung der B Produktion könnten die variablen, nicht aber die fixen Kosten abgebaut werden. Dem ursprünglichen Gesamtgewinn von 80 würde dann ein Gewinn von nur noch 70 gegenüberstehen, da die Belastung durch B von 20 (Verlust) auf 30 (fixe Kosten) ansteigt. Der positive Deckungsbeitrag in Höhe von 10 spricht folglich für eine Aufrechterhaltung der Herstellung von B.

Diese Vorgehensweise ist jedoch nur dann sinnvoll, wenn der von B verursachte Verlust nur vorübergehend erwartet wird. Auf Dauer muss jede Produktart ihre Fixkosten vollständig decken, weil es sonst günstiger wäre, die Produktion einzustellen und die Fixkosten endgültig abzubauen.

Lösung zu Aufgabe 11:

Als Kuppelprodukte werden solche Produkte bezeichnet, die – meist aufgrund technischer Gegebenheiten – im Produktionsprozess zusätzlich anfallen. Es sind somit „Nebenprodukte", die sich bei der Herstellung eines „Hauptprodukts" zwangsläufig ergeben, die dann aber selbständig verwertet werden können. Eine verursachungsgerechte Verteilung der gesamten Produktionskosten auf die verschiedenen Produkte ist in der Regel nicht möglich. Für die Kalkulation haben sich daher zwei willkürliche Methoden herausgebildet:

- Bei der Restwertmethode wird der gesamte Erlös, der mit den Nebenprodukten erzielbar ist, von den Gesamtkosten abgezogen. Der Kostenrest wird dann dem Hauptprodukt zugerechnet.
- Die Verteilungsmethode versucht, die Gesamtkosten anhand möglichst charakteristischer Schlüsselgrößen (z.B. das unterschiedliche Niveau der Marktpreise) auf die einzelnen Produkte umzulegen.

Lösung zu Aufgabe 12:

- Im Rahmen der Kostenartenrechnung werden alle in einer Abrechnungsperiode entstandenen Kosten gesammelt und in Kostenarten eingeteilt. Diese können beispielsweise nach primären und sekundären Kosten, nach betrieblichen Teilbereichen wie z.B. Fertigungskosten oder Vertriebskosten, bzw. nach Verwendungscharakter wie etwa Materialkosten oder Arbeitskosten unterschieden werden.
- Aufgabe der Kostenstellenrechnung ist die Verteilung der Gemeinkosten auf die verschiedenen Kostenstellen sowie auf die Abrechnung der Hilfskostenstellen auf Hauptkostenstellen. Die Kostenstellen können nach räumlichen, fertigungstechnischen oder auch organisatorischen Kriterien gebildet werden.
- Die Kostenträgerrechnung befasst sich mit der möglichst verursachungsgerechten Zuordnung der Kosten auf die jeweiligen Erzeugnisse (Kostenträger): Die Einzelkosten werden direkt, die Gemeinkosten über die Hauptkostenstellen verrechnet. Sie dient der Ermittlung der für die jeweiligen betrieblichen Leistungen anzusetzenden Selbstkosten.

Lösung zu Aufgabe 13:

Ein zentraler Bestandteil der Plankostenrechnung ist die Analyse der Abweichung zwischen den tatsächlich bei der gegebenen Produktionsmenge entstandenen Kosten (Istkosten bei Istbeschäftigung) und den bei dieser Menge nach dem Plankostenverrechnungssatz „zulässigen" Kosten (verrechnete Plankosten bei Istbeschäftigung). Im Rahmen dieser Abweichungsanalyse muss zwischen Verbrauchs- und Beschäftigungsabweichung unterschieden werden. Die Beschäftigungsabweichung kennzeichnet die Differenz zwischen Sollkosten und verrechneten Plankosten bei Istbeschäftigung.

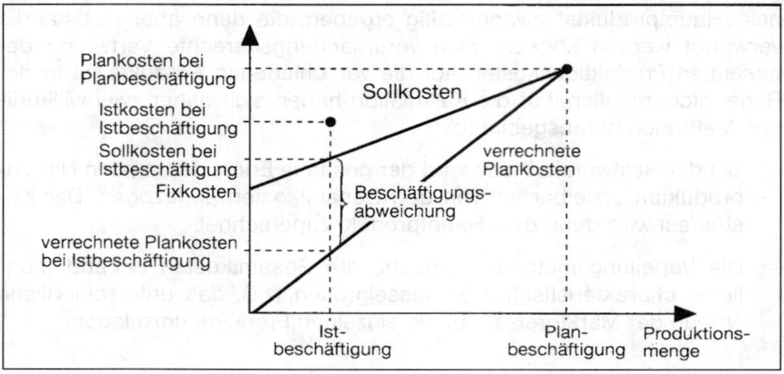

Im Gegensatz zu den Sollkosten, die die Remanenz der Fixkosten berücksichtigen, unterstellen die Plankosten einen proportionalen Abbau der Fixkosten. Die Ursache der Beschäftigungsabweichung liegt somit alleine in der, bei einer geringeren als der geplanten Produktionsmenge, relativ höheren Fixkostenbelastung je produzierter Einheit. Sie muss daher vom Kostenstellenleiter nicht vertreten werden.

Lösung zu Aufgabe 14:

Die im Rahmen der Plankostenrechnung durchgeführte Abweichungsanalyse unterscheidet zwischen Beschäftigungs- und Verbrauchsabweichung. Die Verbrauchsabweichung ergibt sich aus der Differenz zwischen den tatsächlichen Kosten bei gegebener Produktionsmenge (Istkosten bei Istbeschäftigung) und den bei dieser Menge anzusetzenden Sollkosten. Letztere sind die – unter Berücksichtigung der Fixkostenremanenz – bei der Istbeschäftigung zulässigen Kosten.

Die Verbrauchsabweichung ist in der Regel auf einen nicht geplanten Verbrauch von Kostengütern zurückzuführen. Sie muss daher vom Kostenstellenleiter vertreten werden. Zu berücksichtigen ist allerdings, dass die Verbrauchsabweichung lediglich Folge einer inflationären Preisentwicklung sein kann, die in den Planpreisen nicht berücksichtigt wurde. Eine solche „Preisabweichung" ist dann der Kostenstelle nicht anzulasten.

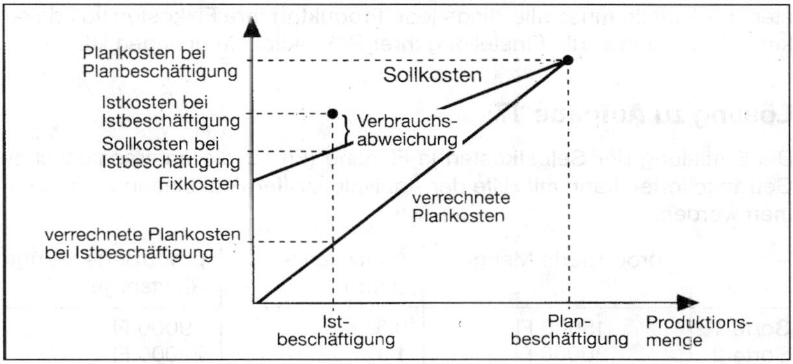

Lösung zu Aufgabe 15:

Die Verbrauchsabweichung wird im Rahmen der Plankostenrechnung als Kriterium der Wirtschaftlichkeitskontrolle ermittelt. Sie ergibt sich aus der Abweichung der beim gegebenen Produktionsniveau tatsächlich entstandenen Kosten von der bei dieser Beschäftigung anzusetzenden Sollkosten. Letztere berücksichtigen auch die Fixkostenremanenz (Beschäftigungsabweichung). Die Verbrauchsabweichung kann entweder auf einen unplanmäßigen Verbrauch von Kostengütern zurückzuführen sein oder aber sie stammt aus einer im Vergleich zu den Plankosten inflationären Preisentwicklung der Istkosten. Diese Preisabweichung könnte bei der Abweichungsanalyse dadurch „herausgerechnet" werden, dass entweder die Istkosten der Istbeschäftigung mit den ursprünglich angesetzten Planpreisen bewertet, oder die zugrunde gelegten Plankosten neu, auf Basis der Istpreise, berechnet werden.

Lösung zu Aufgabe 16:

In der Teilkostenrechnung wird eine strenge Trennung von fixen und variablen Kosten vorgenommen. Während die Fixkosten als Block erhalten bleiben, werden die variablen Kosten entweder direkt (Einzelkosten) oder über die Kostenstellen (Gemeinkosten) auf die Kostenträger aufgeteilt. Die Stückkosten werden folglich nur im Umfang der variablen Einzel- und Gemeinkosten ermittelt. Eine zentrale Größe der Teilkostenrechnung ist daher der aus der Differenz zwischen Absatzpreis und variablen Stückkosten zu ermittelnde (Stück-) Deckungsbeitrag. Im Gegensatz zur Vollkostenrechnung, die lediglich darüber Auskunft gibt, ob ein Produkt insgesamt Gewinn oder Verlust erwirtschaftet, erlaubt die Ermittlung und Analyse der Deckungsbeiträge tiefere Einblicke in die Kosten- und Erlösstrukturen. So kann es sinnvoll sein, Produktgruppen, die (vorübergehend) Verluste erwirtschaften, dann weiter im Sortiment zu behalten, wenn sie noch positive Beiträge zur Deckung des Fixkostenblocks leisten. Langfristig muss allerdings jede Produktart ihre Fixkosten voll dekken, da ansonsten die Einstellung ihrer Produktion zu erwägen ist.

Lösung zu Aufgabe 17:

Die Ermittlung der Selbstkosten je Flasche (Fl) für die unterschiedlichen Getränkesorten kann mit Hilfe der Äquivalenzziffernkalkulation vorgenommen werden:

	produzierte Menge	Äquivalenzziffern	produzierte Menge Richtsorge
Sorte 1	15000 Fl	0.6	9000 Fl
Sorte 2	20000 Fl	1.0	20000 Fl
Sorte 3	18000 Fl	1.5	27000 Fl
Sorte 4	12000 Fl	2.0	24000 Fl
			80000 Fl

Die produzierten 80000 Fl Richtsorte werden zu den Gesamtkosten 40000 DM ins Verhältnis gesetzt. Als Kosten je Einheit Richtsorte ergibt sich 40000 / 80000 = 0.50 DM. Die Kosten können damit wie folgt aufgeteilt werden:

	Gesamtkosten	Selbstkosten je Flasche
Sorte 1	9000 Fl · 0.50 DM = 4500 DM	$\frac{4500 \text{ DM}}{15000 \text{ Fl}} = 0.30 \text{ DM/Fl}$
Sorte 2	20000 Fl · 0.50 DM = 10000 DM	$\frac{10000 \text{ DM}}{20000 \text{ Fl}} = 0.50 \text{ DM/Fl}$
Sorte 3	27000 Fl · 0.50 DM = 13500 DM	$\frac{13500 \text{ DM}}{18000 \text{ Fl}} = 0.75 \text{ DM/Fl}$
Sorte 4	24000 Fl · 0.50 DM = 12000 DM	$\frac{12000 \text{ DM}}{12000 \text{ Fl}} = 1.00 \text{ DM/Fl}$

Lösung zu Aufgabe 18:

Die Deckungsbeitragsrechnung für das Produkt A kann wie folgt angesetzt werden:

Fixkostenblock	:	20000 DM
Einzelkosten Produkt A	:	1000 DM
variable Stellengemeinkosten	:	30000 DM
Maschinenstunden (gesamt)	:	500
Maschinenstunden (Produkt A)	:	100
Stückzahl Produkt A	:	5

Für die Ermittlung des (Gemeinkosten-) Zuschlagsatzes werden als Bezugsgröße die Maschinenstunden verwendet. Es ergibt sich für das Produkt A:

$$\text{Zuschlagsatz: } \frac{\frac{100}{500}}{5} = 0.04$$

Dieser Gemeinkostenzuschlag wird im Rahmen der Teilkostenrechnung lediglich auf die variablen Kosten bezogen:

Stellengemeinkostenzuschlag (variabel)	: 0.04 · 30000 DM	= 1200 DM
Herstellkosten Produkt A (variabel)	:1000 DM + 1200 DM	= 2200 DM
Stückdeckungsbeitrag Produkt A	: 3500 DM – 2200 DM	= 1300 DM
Gesamtdeckungsbeitrag Produkt A	: 5 · 1300 DM	= 6500 DM

Die Produktgruppe A erwirtschaftet somit einen hohen Deckungsbeitrag. Während sie nur (100 / 500 =) 20 % der Kapazität der Kostenstelle beansprucht, leistet sie einen Beitrag, der (6500 / 20000 =) 32.5 % ihrer fixen Kosten abdeckt.

Lösung zu Aufgabe 19:

Im Rahmen der Kostenstellenrechnung werden die Kosten auf die verschiedenen Betriebsbereiche (Kostenstellen) verteilt. Da die Einzelkosten zumeist über „Begleitscheine" unmittelbar den verursachenden Kostenträgern zugerechnet werden, gehen in die Kostenstellenrechnung allein die Gemeinkosten ein. Auch hier kann wiederum in Kostenstelleneinzelkosten (z.B. Gehalt eines Kostenstellenleiters) und Kostenstellengemeinkosten (z.B. Heizungskosten) unterschieden werden. Da die Kostenstellengemeinkosten nicht direkt einer Kostenstelle zugeordnet werden können, müssen sie über eine Schlüsselung den Kostenstellen angelastet werden.

Lösung zu Aufgabe 20:

Die Prozesskostenrechnung sollte dort eingesetzt werden, wo Produktionsprozesse stark automatisiert sind. Da in solchen Unternehmen die Tätigkeiten der indirekten Leistungsbereiche, z.B. Arbeitsvorbereitung, Planung, Steuerung, Koordination, immer mehr an Bedeutung gewinnen, steigen dort auch die Gemeinkostenblöcke. Die Prozesskostenrechnung zerlegt die Aufgabenkomplexe in Teilprozesse und erreicht so eine möglichst verursachungsgemäße Verrechnung der in den indirekten Leistungsbereichen angefallenen Gemeinkosten auf die Kostenträger. Dies hebt sie von den „klassischen" Vorgehensweisen der Gemeinkostenzurechnung über Einzellöhne oder Maschinenstunden ab, die nicht in der Lage sind die komplexen Kostenstrukturen zu berücksichtigen. Sie ermöglicht eine detailliertere Analyse der Kostenbeziehungen und damit eine verlässlichere Kalkulation der Produkte.

Lösung zu Aufgabe 21:

Die Prozesskostenrechnung möchte eine möglichst verursachungsgemäße Verrechnung der in den indirekten Leistungsbereichen (z.B. Arbeitsvorbereitung, Planung, Steuerung, Koordination) anfallenden Gemeinkosten auf die Kostenträger erreichen. Hierzu werden die Aufgabenkomplexe der Kostenstellen in Teilprozesse zerlegt. Die Weiterverrechnung der Kosten erfolgt auf Basis der Kostentreiber, die zumeist mit der Prozessmenge übereinstimmen (z.B. Anzahl der Aufträge). Aus der Division der Kosten der Teilprozesse durch deren Kostentreiber ergeben sich die Prozesskostensätze.

Man unterscheidet die leistungsmengeninduzierten (lmi) und die leistungsmengenneutralen (lmn) Prozesse: Während bei lmi-Prozessen variable Kosten anfallen, haben lmn-Prozesse nur fixe Kosten. In der Regel werden zunächst den lmi-Prozessen Kostentreiber zugeordnet, mit deren Hilfe sich dann die Zuschläge für die lmn-Prozesse errechnen lassen.